Über dieses Buch »Kein Beruf bedarf einer so strengen, wissenschaftlichen psychologischen Schulung, theoretischer wie praktischer, wie der des Strafrechtsjuristen ...«

Diese Auffassung, 1908 von E. Sello geäußert und 1932 von Reik aufgegriffen, hat in gewisser Weise auch heute noch kaum etwas von ihrer Gültigkeit verloren. Im ersten Teil des vorliegenden Buches untersucht Reik auf der Grundlage zahlreicher Fälle aus der Kriminalgeschichte psychologische Motive eines Täters, psychologische Aspekte der Verbrechensaufklärung, psychologische Klischeevorstellungen, die in scheinbar lückenlosen Indizienbeweisen eine Rolle spielen, und die darauf beruhenden Urteilssprechungen.

Der zweite Teil des Buches enthält verschiedene kleinere psychoanalytische Studien, die sich u. a. mit dem Zusammenhang von Angst und Haß, mit der Theorie des Geständniszwangs und dem Glauben an ausgleichende Gerechtigkeit beschäftigen, mit Themen also, die sozusagen als Ergänzung zum ersten Teil gesehen werden können.

Über den Autor Theodor Reik, 1888 in Wien geboren, studierte Psychologie, Literaturwissenschaft, Philosophie und Religionswissenschaft. 1910 erster Kontakt zu Freud; er wurde einer der ersten Schüler Freuds, der sich nachdrücklich um seine Ausbildung kümmerte und ihm auch weiterhin in jeder Hinsicht Unterstützung gewährte. Von 1918–1934 arbeitete Reik zusammen mit Hans Sachs und Otto Rank an den Psychoanalytischen Instituten von Wien und Berlin. 1934 Emigration nach Holland, 1938 nach den USA. 1948 gründete Reik die National Psychological Association for Psychoanalysis. Er starb 1969 in New York, wo er bis zuletzt als psychoanalytischer Praktiker tätig war.

Theodor Reik

Der unbekannte Mörder

Psychoanalytische Studien

Fischer Taschenbuch Verlag

Ungekürzte Ausgabe
Fischer Taschenbuch 6767
März 1983
Fischer Taschenbuch Verlag GmbH, Frankfurt am Main
Lizenzausgabe mit freundlicher Genehmigung
des Hoffmann und Campe Verlages, Hamburg

Umschlaggestaltung: Jan Buchholz/Reni Hinsch
Druck und Bindung: Clausen & Bosse
Printed in Germany
1480-ISBN-3-596-26767-6

Inhalt

TEIL I

Der unbekannte Mörder

TEIL I

Der unbekannte Mörder

Von der Tat zum Täter

Ein kriminalistisches Interesse

Es sind nicht psychologische Fragen, die uns zuerst beschäftigen, wenn wir von einem unaufgeklärten Verbrechen hören. Vor anderen drängt sich die Frage auf: »Wer ist der Täter?« In Fällen, in denen die Begleitumstände bei Ausführung des Verbrechens rätselhaft sind, werden sich andere Fragen dieser anreihen. Wir werden wissen wollen, wie ein Mord begangen wurde, welchem Plane der unbekannte Verbrecher folgte, wie er sich der Ermittlung entzog usw. Auch die Aufmerksamkeit des Psychologen wird sich in solchen Fällen eher oder stärker der Sicherstellung und Deutung von Tatspuren zuwenden als den unbewußten Verbrechensmotiven des Täters. Die Schlüsse, welche die Kriminalpolizei aus dem Vorhandensein und der Art dieser Spuren zog, die Nachforschungen, die von hier ausgingen, wie sich der Kreis der in Betracht kommenden Personen erweiterte und verengte, alles das wird uns stärker beschäftigen als etwa der Beteiligungsgrad des Ichs an der Psychogenese des Verbrechens.
Die Art der Aufklärung, die kriminalistische Tatbestandsermittlung, namentlich die Verwertung der Spuren, der sachlichen Indizien, ziehen unsere Aufmerksamkeit auf sich. Wenn wir uns selbst wegen der Art dieses Interesses zur Rede stellen, müssen wir uns die Antwort schuldig bleiben. Es ist ein abwegiges Interesse, das wir da in uns finden. Um so sonderbarer, als wir meinten, unser Interesse in der Kriminologie gelte nur der Aufdekkung der unbewußten Motive und Ziele des Verbrechens und

der strafenden Gesellschaft. In der analytischen Literatur wurden bisher verschiedene Fragen der Verbrecherpsychologie, der Verbrechensprophylaxe und -therapie, des Strafvollzugs und der Strafrechtsreform behandelt, aber die Beschäftigung mit diesen Problemen setzt natürlich voraus, daß der Verbrecher bekannt ist. Man kann einen Unbekannten nicht psychologisch untersuchen.

Die Auffindung, Deutung und Verwertung von Sachspuren, die Indizienforschung im Dienste der Verbrechensaufklärung führen von psychologischer Betrachtungsweise weit ab. Unser Interesse wäre noch gut verständlich, wenn es Methoden zur Assoziationsprüfung, wie sie versuchsweise in der Tatbestandsdiagnostik zur Anwendung kamen, wären, wenn es psychischen Vorgängen gelte, wie sie sich dem als Sachverständigen zugezogenen Neurologen, Psychiater oder Psychologen darstellen. Aber Fingerabdrücke, Streichhölzer, ein Stückchen Papier, achtlos verstreute Asche? Das sind Dinge, die in der kriminalistischen Praxis eine Rolle spielen mögen, die Beschäftigung mit ihnen ist Sache der Chemie, der Mikrophotographie usw., keinesfalls der wissenschaftlichen Psychologie. Die Spuren am Tatort, die zumeist Stücke der anorganischen Natur sind, fallen durchaus außerhalb des Rahmens dieser Forschung.

An die Stelle dieses Interesses an leblosen Indizien, das vom Psychologischen in ein weit entferntes Gebiet führt, muß langsam ein anderes treten, das uns vertrauter anmutet. Es ist ein Staunen über das eigene psychische Phänomen. Es ist nämlich die Frage aufgetaucht, was dieses Interesse psychologisch bedeutet, und woher es stammt. Damit aber sind wir auf unser, auf das psychologische Gebiet zurückgekehrt. Die folgende Untersuchung wird von dieser Frage, die wir uns gestellt haben oder die sich uns gestellt hat, ausgehen und zu ihr zurückkehren.

Sicherlich wird es der Darstellung nicht möglich sein, alle Spuren meiner vielfach in die Irre und manchmal in die Breite gehenden

Bemühungen, die Probleme zu bewältigen, zu verwischen. Es ist mir bewußt, wie sehr sie hinter dem Bilde einer geschlossenen wissenschaftlichen Beweisführung einer These zurückbleibt. Es wurde nicht versucht, die unvermeidbaren Lücken, Unklarheiten und Unsicherheiten zu verhüllen. Man könnte vielleicht beweisen, daß eine andere Art der Darstellung besser gewesen wäre als diese genetische, die zeigt, wie ein Problem zuerst auftauchte, wie es seine vielen Seiten zeigt und wie die Bemühungen, es zu lösen, verliefen. Ich kann dies nicht bestreiten. Vielleicht besteht doch ein verborgener innerer Zusammenhang zwischen Inhalt und Form des Dargestellten, und es ist dieser unterirdische Zusammenhang, der sich in der Darstellung durchsetzt. Der der Gestaltung gegenüber spröde Stoff hat sich auch inhaltlich als ausgebreiteter, komplizierter und beziehungsreicher erwiesen, als sein Ausgangspunkt ahnen ließ, wie dies ja in Leben und Wissenschaft zu geschehen pflegt. Es zeigte sich bald als unmöglich, bei der ursprünglich begrenzten Fragestellung zu verbleiben, die Demarkationslinie einzuhalten. Das Anfangsproblem mußte bald zurücktreten, weil sich neue, nicht umgehbare Probleme wie Hürden auf der Bahn zum Ziele entgegenstellten.

Die vorliegende Untersuchung wird, so hoffe ich, zeigen können, daß die Bedeutung der Psychoanalyse für das Gebiet der Kriminologie keineswegs auf die Behandlung der Fragen beschränkt ist, die bisher von den Analytikern diskutiert wurden. Ein neues, bisher nicht erschlossenes Gebiet der analytischen Forschung tritt hier ans Licht. Auf den folgenden Seiten wird versucht zu zeigen, ob und was die Psychoanalyse zu dem Problem des unbekannten Verbrechers beizutragen hat, ja, was dieses Problem überhaupt psychologisch bedeutet. Im Anfang war die Tat. Die Tat des Verbrechers hat indessen selten Zeugen, und die Untersuchungsrichter, Strafrichter und Geschworenen sind meistens auf Indizien angewiesen, denen eine bestimmte Bedeutung für die Annahme von Schuld oder Nichtschuld einer Person zukommt. Die Gesamtheit dieser Indizien wird zum Beweis herangezogen, spricht für oder gegen die Täterschaft eines Angeklagten – auch dann und insbesondere dann, wenn sie stumm und leblos sind.

Von der Tat zum Täter

Was sind Indizien? Nach *Glaser*[1] umfaßt der Begriff »alles, was zum Beweis dient, aber noch nicht Beweis macht«. Allgemein sind unter Indizien Tatsachen zu verstehen, deren Vorhandensein auf die Existenz einer anderen, zu beweisenden Tatsache schließen läßt. Im Strafprozeß hat die Bezeichnung immer deutlicher die Bedeutung von Tatsachen, die eine Schlußfolgerung auf die Schuld oder Unschuld eines Beschuldigten zulassen, angenommen. Man erkennt die außerordentliche Wichtigkeit des Begriffes für den Strafprozeß, wenn man sich vergegenwärtigt, daß es meistens Indizien sind, die es möglich machen, sich eine Meinung über den Tatbestand zu bilden. Daneben kommt nur die Ertappung auf frischer Tat in Betracht. Sie und das Geständnis, das ehemals als die Krone der Beweise galt, sind Ausnahmefälle innerhalb der Beweiserhebung.

Bevor die Indizien als Beweisglieder gewürdigt werden, dienen sie als Hinweise, Anzeigen, wie der Wortsinn sagt, zur Aufklärung des Verbrechens. Sie stehen im Mittelpunkt der Kriminaltaktik, welche die Spuren der Tat und den psychischen Prozeß ihrer Verarbeitung bis zur endgültigen Fixierung in Form der richterlichen Überzeugung verfolgt.

Innerhalb der Indizien hebt sich nun eine Gruppe von Tatsachen deutlich heraus: die sachlichen Spuren. Ein deutscher Fachmann gibt der Bezeichnung Spuren den Sinn[2]: »alles, was der Kriminalist wahrzunehmen und irgendwie kriminalistisch zu verwerten vermag«. Die hier gemeinte Wahrnehmung beschränkt sich natürlich nicht auf den Gesichtssinn: Auch der Petroleumgeruch an einer Brandstelle ist eine Spur. Die Spurensuche und Spurensicherung beschränkt sich nicht auf den Tatort. Neben den Tatortspuren gibt es andere Anzeichen fern davon, zum Beispiel Blutspuren an der Kleidung verdächtiger Personen. Die moderne Kriminalistik unterscheidet zwischen Spurensichern, Spurenuntersuchen und Spurenverwerten. Der Beweiswert sachlicher Spuren ist so groß geworden, daß das chemische Laboratorium geradezu als Vorzimmer des Gerichtshofes bezeichnet worden ist[3]. Wie weit ist ein Sherlock Holmes hinter den Kriminalisten unserer Zeit zurückgeblieben; wie armselig muten uns seine Methoden, wie primitiv seine Technik der Verbrechensaufklärung an. Sherlock Holmes kannte das Auto nicht, nicht das Telephon, nicht die drahtlose Telegraphie, nicht das Lichtbild, nicht die Daktyloskopie und das Moulageverfahren usw.[4]. Man vergleiche das Vorgehen des Detektivs, den uns *Conan Doyle* schildert, mit den Mitteln, über welche die heutige Kriminalistik verfügt, die Ergebnisse, zu denen er in einer bestimmten Zeit gelangen konnte, mit den jetzt erreichbaren. In einer der Erzählungen Doyles[5] wird in einem kleinen Hause die Leiche eines Mannes gefunden; neben ihr ein goldener Ring; an der Wand ist mit Blut das Wort »Rache« geschrieben. Holmes stellt zunächst fest, daß der Ermordete das Haus in Begleitung eines großen Mannes – die auffallende Schrittweite der Fußspuren zeigt ihm die Größe – betreten und daß dieser es dann allein verlassen hat. Ferner sieht Holmes, daß der Ermordete unverletzt ist. Es ist erkennbar, daß er vergiftet wurde. Nirgends gibt es Anzeichen von Kampf. Auch der Täter dürfte nicht verletzt sein. Woher stammt das Blut an der Wand? Der Verbrecher wird Nasenbluten bekommen haben. Das würde voraussetzen, daß er vollblütig war; er dürfte ein rotes Gesicht haben. Es ergibt sich so als erste und provisorische Beschreibung des Täters: ein großer Mann mit einem roten Gesicht.

Man vergleiche nun dieses Resultat etwa mit dem, zu welchem der Gerichtsarzt *Pfaff* in einem bestimmten Falle gelangte[6]. Ein Verbrecher hatte am Tatort eine Mütze zurückgelassen, in der sich zwei graublonde Haare befanden. Der Arzt fand mit dem Mikroskop in der Marksubstanz noch zahlreiche pechschwarze Pigmentzellen. Die Schnittflächen der Haare waren ganz scharf, die Haarwurzeln beträchtlich atrophiert. In der Epithelialschicht waren mehrere, von Schweiß herrührende, warzenförmige Hervorragungen zu erkennen. Dr. Pfaff konnte in seinem Gutachten erklären: Der Verbrecher ist ein kräftiger, zur Korpulenz neigender, in den mittleren Jahren stehender Mann mit schwarz- und graumeliertem Haar, das neulich geschnitten wurde, und beginnender Glatze[7].

Die Daktyloskopie, die Fortschritte der Mikrophotographie und der Mikrochemie, der Medizin und anderer Disziplinen sind in den Dienst der Verbrechensaufklärung getreten. Die Bereicherungen und Verfeinerungen der Technik sind natürlich auch den Verbrechern zugute gekommen, und man kann mit Recht von einem technischen Wettlauf der Kriminalistik mit dem Verbrechen sprechen. Nicht immer ist die Polizei in diesem Wettbewerb siegreich geblieben.

Die Deutung und Verwertung der Spuren kann nach zwei Richtungen bedeutsam werden: nach der Richtung des objektiven Tatbestandes, in dessen Erforschung die Frage: »Was ist geschehen und wie ist es geschehen?« im Mittelpunkt steht, und nach der Richtung des subjektiven Tatbestandes, für den die Antwort auf die Frage »Wer ist der Täter?« entscheidend ist. Es ist klar, daß die Untersuchungen nach beiden Richtungen geführt werden müssen, ebenso klar aber, daß sie häufig voneinander unabhängig geführt werden.

Die Praxis zeigt oft, daß der objektive Tatbestand rasch, ja im ersten Augenblick erkennbar ist, während keine oder nur wenig Spuren vorhanden sind, welche den subjektiven Tatbestand aufklären könnten. Vielleicht ist es am günstigsten, wenn wir einen bestimmteren Eindruck von der Vielheit und Verschiedenheit der Gesichtspunkte durch eine Reihe von Beispielen zu gewinnen trachten. Schon 1889 gelang Dr. *Jeserich* in einem Falle vor dem Landgericht Aurich der Nachweis, daß zunächst ein Mord begangen war, dem eine Brandstiftung folgte, um ihn zu verdekken. Jeserich fand nämlich in dem der Lunge des verkohlten Leichnams entnommenen Blut keine Spur von Kohlenoxid. Beim Brande war also kein Atmen mehr erfolgt[8]. Hier wird sogleich deutlich, wie wichtig die Ermittlung des objektiven Tatbestandes ist. Sie entscheidet z. B. über die Frage, ob ein Verbrechen oder ein Unfall vorliegt. An der rechten Hand einer Leiche lag ein Revolver. Man hatte zuerst einen Selbstmord angenommen, doch der Tote war, wie festgestellt wurde, linkshändig gewesen. Der erwähnte Umstand war es, der zuerst den Verdacht auf einen verschleierten Mord lenkte. Selbstverständlich wird es von der präzisen und gewissenhaften Feststellung des objektiven Tatbestandes abhängen, ob und in welche Richtung die Suche nach dem unbekannten Täter erfolgt. Dabei ereignet es sich nicht selten, daß sich diese Frage sozusagen von selbst löst. Ein berühmt gewordenes Beispiel dieser Art: Zwei Gutsbesitzer fahren zusammen in einem Wagen, die Pferde gehen durch. Einer der beiden Herren stürzt aus dem Wagen und findet den Tod. Eine genauere, fast als überflüssig empfundene Besichtigung des Wagens zeigt zwischen den Rädern hinten einen Blutspritzer. Ein solcher konnte bei einem Sturz aus dem Wagen nicht entstanden sein. Das Ende dieser Untersuchung war, daß der zweite Gutsbesitzer des Mordes überführt wurde. Er hatte den anderen unter einem Vorwand zum Aussteigen veranlaßt und ihn hinter dem Wagen erschlagen.

Die Kriminalisten haben eine Art Katechismus aufgestellt, nach welchem man bei jedem geheimnisvollen und komplizierten Kriminalfall zu fragen hat: die »sieben goldenen W des Krimina-

listen«. Das will heißen, daß die richtige Beantwortung von sieben bestimmten Fragen die ausreichende Aufklärung über jedes Verbrechen garantiert. Die Fragen sind: *Was – Wer – Wann – Wo – Wie – Womit – Weshalb?* Nehmen wir an, ein Mann werde tot, anscheinend ermordet, aufgefunden. Was ist geschehen? Wer ist der Ermordete? Wann ist es geschehen? Wo geschah es? Wie geschah es? Womit geschah es? Weshalb geschah es? Gelänge es, alle diese Fragen bei einem Kriminalfall zu lösen, so wäre er vom kriminalistischen Standpunkte aus völlig aufgeklärt. Häufig ist die Hälfte dieser Fragen sogleich gelöst; oft aber bleibt ein Fall völlig im dunkeln, weil eine einzige von ihnen sich als unlösbar erweist. Wir werden im Verlaufe dieser Arbeit so viele Beispiele von Bemühungen zur Beantwortung dieser Fragen vorführen, daß es nicht notwendig erscheint, jede einzelne in ihrer Bedeutung für die Verbrechensaufklärung darzustellen. Hier sei nur betont, daß alle Momente, welche zur Beantwortung einer einzelnen oder aller dieser Fragen geeignet erscheinen, als Indizien angesprochen werden müssen.
Es ist klar, daß die erste, nämlich »Was ist geschehen?«, die Kardinalfrage für den Anfang der Untersuchung ist. Wir haben ja gesehen, daß es oft von ihrer Beantwortung abhängt, ob eine solche Untersuchung überhaupt stattfindet. Die Frage »Wer ist der Ermordete?« ist oft schwer zu ermitteln, sei es, daß die äußeren Umstände des Todes, sei es, daß der Mörder selbst die Leiche unkenntlich gemacht haben. Ein Versicherungsbetrug wurde einmal in der Art ausgeführt, daß der Versicherte einen Handwerksburschen aufnahm, als der Verbrecher sich mit seinem Auto auf einer einsamen Landstraße befand. Er tötete den Armen und stattete die Leiche mit den eigenen Dingen (Paß, Uhr usw.) aus, dann steckte er das Auto und die Leiche in Brand. Man mußte annehmen, der Besitzer des Autos, der sich in Wirklichkeit auf der Flucht ins Ausland befand, sei der Verunglückte.

Die Lösung der unscheinbaren Frage »Wann ist es geschehen?« hat schon oft die Entscheidung über einen schwer aufklärbaren Fall gebracht. So kann das Gutachten der Ärzte in Mordfällen, wann der Tod eingetreten ist, von eminenter Bedeutung für den Tatbestand werden. Kleine Einzelheiten wie eine stehengebliebene Uhr, ein Abreißkalender können eine exakte Lösung der Täterfrage manchmal wesentlich fördern. *Weingart* erwähnt folgenden Fall[9]: Am Tage nach einem Diebstahl fand man bei einem Verdächtigen Geld, das in Zeitungspapier eingewickelt war. Er behauptete, daß er das Geld schon seit vier Wochen besitze und seit dieser Zeit so eingewickelt an diesem Orte liegen habe. Es wurde festgestellt, daß das Zeitungsblatt am Tage vorher gedruckt war. Damit war die Aussage widerlegt. Die Bedeutung der zeitlichen Umstände sowie der Indizien, welche in diese Richtung weisen, sei z. B. an einem Fall gezeigt, den der bedeutende amerikanische Kriminalist Albert S. *Osborn* in seinem Werk ›The Problem of Proof‹ anführt[10]: Ein Brief, der die Echtheit einer Schuldangabe über mehrere tausend Joch Land beweisen sollte, war im Jahre 1892 datiert und mit einer Remington-Schreibmaschine geschrieben. Nun hatten die Remington-Maschinen unter anderen Veränderungen den Abstand des unteren Teiles des großgeschriebenen P von 048 zu 060 Zoll im Jahre 1898 geändert. Der als Bestätigung vorgebrachte Brief zeigte nun schon die erwähnten Veränderungen; das P hatte schon einen Abstand von 060 Zoll. Dieses Beispiel, in dem die Messungen der Typen die »controlling facts« des Falles darstellten, kann gleichzeitig zeigen, in welcher Art das Werkzeug des Verbrechers manchmal zum Verräter an ihm wird. Die große Bedeutung der zeitlichen Indizien braucht nicht eingehender erwiesen zu werden, wenn man an die Überzeugungskraft eines Alibis erinnert. Der Kriminalist *Karl Stieler* behauptete einmal, für einen ordentlichen Wilddieb seien nur drei Dinge notwendig: Ein Abschraubegewehr, ein geschwärztes Gesicht und ein verläßlicher Alibibeweis. Der Ort, an dem das Verbrechen geschah (»Wo geschah es?«) mag dem Laien manchmal als von geringerer Wichtigkeit erscheinen; seine Eruierung führt aber häufig zur Ermittlung des Täters. Dies geschieht nicht nur durch direkte Tatortspuren wie Fingerabdrücke usw.; die Ortsfeststellung als solche läßt manchmal bedeutsame Schlüsse zu. So wird etwa das tote Opfer zu einem abgelegenen Ort geschleppt, um die Tatspur überhaupt zu verwischen. Hier seien zur zwei Beispiele erwähnt, die zeigen sollen, in wie verschiedener Art die Tatortermittlung für die Aufklärung eines Verbrechens wichtig wird[11]: Nach einer Brandstiftung fand man an einer Fahrradlaterne eines Verdächtigen hängengebliebene Teile einer Getreideähre von gleicher Art und gleichem Reifegrad wie auf einem Getreidefeld neben dem Tatort. Der Brandstifter hatte, um schnell an den Tatort zu und wieder zurückzukommen, sein Fahrrad benützt und es während der Tat in das Getreidefeld gelegt. Hier war der Tatort gegeben; seine unmittelbare Umgebung wurde zum Verräter. In anderen Fällen ist der Tatort unbekannt, und seine Eruierung wird zum wichtigsten Hinweis auf die Täterschaft wie z. B. in folgendem Falle: Auf einer norddeutschen Eisenbahnstrecke war ein mit Geld gefüllter Postbeutel seines Inhaltes beraubt und dann zur Verdeckung der Tat mit Sand gefüllt worden. Der Zug hatte etwa zwanzig Stationen berührt. Um den Tatort zu ermitteln, wendete man sich an einen Geologen. Dieser ließ sich in einzelnen Behältern Sand von sämtlichen Stationen kommen, verglich ihn mit dem Sand im Postbeutel und stellte fest, daß der Sand von einer bestimmten Station herrührte. Dort war der Diebstahl ausgeführt worden.

Die nächste Frage »Wie konnte es geschehen?« macht die Erkundung der äußeren Umstände der Tat nötig. Hier werden sich häufig Indizien ergeben, die unzweideutig auf den Täter hinweisen. Das »Wie« der Tat gibt in einer außerordentlich großen Anzahl von Fällen mittelbare Auskunft über den Täter selbst. Alles, was der Mensch tut und unterläßt, was er ist und was er sein möchte, kann hier zum Ausdruck kommen und Spuren hinterlassen. Die Ausführung von Tätigkeiten, die mit dem Verbrechen nur mittelbar im Zusammenhang stehen, sagt oft mehr über einen Täter aus als die Zeugen.

Hier ein Beispiel von kriminalistischer Verwertung eines solchen Hilfsindizes[12]. Anfang 1923 wurde Dr. *W. Schatz* vom Inhaber eines Getreidegeschäftes gebeten, ihm bei der Aufklärung von Getreidediebstählen behilflich zu sein. Ein in Verdacht stehender Arbeiter, der dem Betrieb angehörte, konnte nicht überführt werden. In dem Raum, aus dem mehrere Säcke gestohlen worden waren, fand man keine Spuren. Schatz bemerkte zufällig das Ende eines frei herumliegenden Bindfadenknäuls, das einen ganz frischen Schnitt aufwies. Die Durchsuchung der Wohnung des betreffenden Arbeiters hatte den Erfolg, daß dort ein ungefähr zwei Meter großes Stück gleichen Bindfadens gefunden wurde, von dem ein Ende genau auf den Schnitt des am Tatort befindlichen Schnittes paßte, wie sich mittels des Mikroskopes nachweisen ließ. Der Täter hatte die von ihm entwendeten Säcke mit einem Bindfaden zusammengebunden und aus dem Dachfenster in den Nachbargarten geworfen, um sie später abzuholen. Schatz zog aus der Beschaffenheit des Fundes den Schluß, daß zwei Personen an der Tat beteiligt gewesen sein müssen. Der Schnitt am Bindfaden war nämlich nicht gerade, sondern schräg geführt worden. Einzelne Personen schneiden nun in der Regel derbere Bindfäden so, daß sie eine Schlinge bilden und das Messer in gerader Richtung durchführen. Wenn sich aber zwei Personen beteiligen, bewegt der Schneidene das Messer meistens von sich weg, so daß ein Schrägschnitt entsteht. Der Arbeiter gestand, daß sein Sohn ihm beim Verschnüren der Säcke und beim Abschneiden der Stricke geholfen habe. Gerade in der Beurteilung solcher Indizien und in den Schlußfolgerungen, die ihre sachgemäße und wissenschaftliche Untersuchung gestattet, feiern die gerichtliche Medizin, die Mikrochemie und Mikrophotographie ihre Triumphe. Unscheinbare Dinge werden zu Beweisstücken, deren Überzeugungskraft außerordentlich ist[13]. So wurde einmal auf dem Tatort ein Arbeitsrock gefunden, der äußerlich keinen Anhaltspunkt für die Person des Besitzers bot. Der Rock wurde nun in einen gut geklebten Sack aus starkem Papier gebracht und das Ganze so lange und stark mit Stäben geklopft, als es das Papier gestattete, ohne zu zerreißen. Dann wurde der Sack geöffnet, der Staub, der sich auf dem Papier unter dem Rock befand, sorgfältig gesammelt und dem Mikroskopiker übergeben. Die Untersuchung ergab, daß der Staub, der reichlich aus dem Rock herausgefallen war, hauptsächlich aus fein zerriebener Holzfaser bestand, so daß man annehmen durfte, der Rock gehöre einem Schreiner, Zimmermann, Sägemüller. Solche Spuren, die durch die Anwesenheit des Täters am Tatort entstehen, sind entweder Einwirkungen seines Körpers auf die Umgebung (z. B. Abdrücke und Eindrücke), oder Einwirkungen der Umgebung auf den Körper (auf die Kleidung oder Objekte des Täters). Die Spuren, die von den Rippen einer Samtjacke auf einer staubigen Marmorplatte hinterlassen wurden, haben die Überführung eines Mannes ermöglicht, der in der Gegend von Tours einen Mord begangen hatte[14]. In einem anderen Falle fiel ein Dieb beim Erklimmen einer Mauer auf die Knie; er trug eine Samthose, die an einer Stelle mit anders gemustertem Stoff geflickt war. Er hinterließ, dank dieser Kleinigkeit, eine ganz charakteristische Spur, die seine Entlarvung erleichterte[15]. Im Falle eines Petersburger Bankiers[16], der in seinem Bureau getötet wurde, hatte man in der Nähe der Leiche eine Zigarre gefunden, die deutliche Zahnabdrücke zeigte, und zwar, wie man feststellen konnte, nicht die des Opfers. Die verräterischen Spuren klärten den Fall auf: der Mörder war der Cousin des Bankiers. In ähnlicher Art werden andere Gegenstände, die Zahnabdrücke zeigen, z. B. eine Pfeife, wichtige Hilfsmittel zur Identifizierung

des Täters. Die Art der Verletzungen ergibt bei Mordfällen oft als solche einen Hinweis auf die Person des Verbrechers. Ein Mädchen war durch zwei regelrecht auf beiden Seiten des Halses beigebrachte Schnitte in die Karotiden ermordet worden. Mit Recht schloß man aus dieser Art der Tat auf einen Fleischer (nach *Tardieu*). A. *Griffith* erzählt in seinen ›Mysteries of Police and Crime‹ den interessanten Fall der Madame Henri, der sich etwa 1830 in Frankreich zutrug. Teile eines männlichen Körpers in einem Sack wurden im Fluß gefunden. Man zog aus dem Umstand, daß der Sack oben zugenäht war, den Schluß, daß eine Frau die Täterin sei, denn man nahm an, ein Mann hätte den Sack zugebunden und zugeknöpft. Diese Beobachtung führte auf Madame Henri, sobald der Körper als der ihres Gatten agnosziert war.
Womit wurde die Tat begangen? Die Wichtigkeit der Lösung dieser Frage leuchtet unmittelbar ein. In Dresden hatte ein Fleischergeselle einer Frau ein langes Fleischmesser in die Brust gestoßen und es in der Eile der Flucht stecken lassen. Das Messer war schon jahrelang benutzt und deshalb oft geschliffen worden. Es hatte durch das viele Schleifen eine ganz eigenartige, etwas sichelähnliche Form erhalten. Der Verdächtige bestritt, daß das Messer von ihm sei. Seine übrigen Messer wurden herbeigezogen und damit verglichen; sie hatten sämtlich die gleiche sichelartige Form. Es wurden nun noch zahlreiche andere, oft geschliffene Messer von mehreren Fleischern zum Vergleich herangezogen; bei allen diesen hatte das Schleifen die Form ganz anders verändert. Der Mord an dem Kinogeschäftsführer Schmoller in Berlin (1931) wurde durch ein Indiz, das von den Schießsachverständigen klargestellt wurde, aufgeklärt: durch die Beschaffenheit der Revolverkugel. Die gefundenen Geschoßhülsen stammten von einem Typ der amerikanischen Munition »Colt«, die erst seit sechs Monaten im Handel war. Der Verdächtigte, der Artist Urban, kam erst Anfang Januar 1931 von Amerika, wo er eine

zweijährige Tournee gemacht hatte, zurück. *Hermann Zafita* hat besonders darauf hingewiesen, in welcher Art die Requisiten einen Täter charakterisieren. Er betont, wie wichtig es kriminalpsychologisch sei, die Objekte zu untersuchen, die der Mensch als Mittel seiner verbrecherischen Betätigung heranzieht[17].

Auch abgesehen von solchen kriminalpsychologischen Gesichtspunkten, die über allgemeine Bemerkungen bisher nicht hinausgeführt haben, wird die Bedeutung der Werkzeuge und Mittel in der Tatausführung für die Lösung der Täterfrage klar, wenn man sich etwa folgendes Beispiel vor Augen hält, das die Thüringer Landes-Kriminalpolizei angeführt hat: In einem Dorf ging ein Hof in Flammen auf. Beim Durchsuchen einer Scheune fand man, von einem herabgefallenen Dachziegel verdeckt und durch ihn vor Feuer geschützt, einen kleinen bedruckten Papierstreifen, dessen sich der Brandstifter vermutlich bedient hatte. Die Polizei stellte fest, daß der bedruckte Streifen aus einem Kinderlesebuch herausgerissen worden war, und ermittelte den Besitzer des Buches. Man hat gesagt, der größte Verräter des Verbrechers sei die Hand. Dies galt bereits zu der Zeit, da es noch keine Daktyloskopie gab: Ein Bauer zeichnete mit einem Stück Holz dem Nachbarn in großen Umrissen das Wort »Geizhals« in die Saat und streute Kornblumen in die Spur. Der vom Beleidigten zugezogene Sachverständige ließ die Schriftzüge photographieren: sie stimmten mit der Handschrift eines feindlichen Nachbarn völlig überein[18]. Es ist wirklich so, daß alles, was wir tun, Spuren hinterläßt, die von unserer persönlichen Art erzählen könnten.

Dieses Beispiel ist geeignet, zu der letzten Frage aus der Reihe jener sieben goldenen W des Kriminalisten überzuleiten: Weshalb wurde die Tat verübt? Oft gibt der Charakter der Tat selbst ausreichende Auskunft, oft aber bedarf es großer Mühe, um sie zu beantworten. Wir kommen auf diese Frage und ihre Rolle in der

Verbrechensaufklärung zurück. Unsere Absichten erfordern keine weitere Aufzählung von Beispielen, kein näheres Eingehen auf die speziellen kriminalistischen Gesichtspunkte. Von den Unterscheidungen der Spuren in führende und lückenschließende, eindeutige und mehrdeutige, kreisbegrenzende, gruppenbestimmende, einzelbestimmende usw. sind gewiß nicht alle bedeutsam.

Der Laie weiß nicht, wieviel Mühe und wie großer Aufwand von Gedanken und materieller Arbeit bei der Aufklärung einzelner Verbrechen notwendig ist und daß der Kriminalist mit der Schlauheit des Verbrechers und mit dem Zufall zu rechnen hat, die ihn in seiner Arbeit empfindlich stören und irreleiten können. Hier ist der Ort, auf »Trugspuren« hinzuweisen, welche oft zu verhängnisvollen Irrtümern führen. Es ist wirklich und wahrhaftig vorgekommen, daß man an einer Mordstelle ein Messer gefunden hat, das ein harmloser Wanderer eine Stunde vor der Tat gerade dort verlor; Blutspuren, an die der Gerichtsarzt die wichtigsten Folgerungen knüpfte, rührten vom Nasenbluten einer kurz vorher am Tatort anwesenden, völlig unbeteiligten Person her. Der Kriminalist muß die größte Aufmerksamkeit der Unterscheidung, ob eine Spur mit der Tat in Zusammenhang steht oder nicht, zuwenden. Bei einem Mordfall fielen vor dem Hause Blutspuren auf, an die man verschiedene Schlüsse knüpfte. Wie sich später herausstellte, stammten die Blutspuren von einer Beißerei zwischen zwei Hunden[19]. Zu den Trugspuren gehören natürlich auch solche, welche vom Verbrecher selbst fingiert werden und einen bestimmten Tatbestand vortäuschen sollen. Die Kriminalisten gestehen zu, daß in einer solchen künstlichen Herstellung von Spuren manchmal ein beachtenswertes Stück gedanklicher Arbeit steckt. Der Verbrecher muß in seiner Vorstellung die voraussichtlichen Schlüsse der untersuchenden Personen vorwegnehmen und die Dinge so arrangieren, daß sie in diesem bestimmten, ursächlichen Zusammenhang zu stehen scheinen. Der Erfolg solcher Bemühungen ist in vielen Fällen unbestreitbar. Oft wurde das Opfer eines Verbrechens schon anstandslos beerdigt; erst viel später wurde durch einen Zufall oder unvorhergesehene Umstände die gewaltsame Natur des Todesfalles klar. Bei der Leiche eines erschossenen Försters, der seit Tagen hinter einem berüchtigten Wilddieb S. her war, fand man das offene Notizbuch, worin mit zittriger Hand gekritzelt war: »S. hat mich erschossen.« Da noch andere Indizien hinzukamen, wurde S. zum Tode verurteilt, das Urteil wurde jedoch nicht vollstreckt. Lange Zeit später äußerte sich ein Junge, der Sohn eines gewissen G., über merkwürdige Redensarten, die er bei Streitigkeiten zwischen seinen Eltern gehört hatte. G. wurde verhört und gestand endlich, daß er den Förster erschossen hatte. Bei der Tat hatte er sich durch Anlegen eines falschen Bartes dem S. möglichst ähnlich gemacht. Den Vermerk in das Buch hatte er absichtlich »zittrig« geschrieben[20]. Das Erzeugen falscher Spuren ist keinswegs leicht aufzuklären; oft genug wird der untersuchende Beamte durch sie getäuscht. Die Wendung »Crime does not pay« entstammt einer optimistischen Weltanschauung, die trotz ihres kaufmännischen Charakters die Voraussicht und Geschicklichkeit mancher Verbrecher unterschätzt. Wird freilich die Unechtheit, die fingierte Natur von Spuren entdeckt, so werden sie erst recht und in ganz anderer Art, als ihr Produzent es wünschte, zum Mittel, den Tatbestand festzustellen.

Schließlich muß erwähnt werden, daß die kriminalistische Untersuchung, die sich mit der des Sachverständigen vergesellschaftet, Gegenindizien erkennen kann, d. h. also Zeichen dafür, daß der Verdächtigte nicht der Täter ist. Da es sich uns hier darum handelt, ein Bild der kriminalistischen Situation zu geben, sei nur ein interessantes Beispiel für so viele herangezogen. Es soll dieses Mal die Astronomen als Sachverständige in einem Strafprozeß zeigen[21]: Im Frühjahr 1910 wurde ein Mann in Nebraska verdächtigt, eine Explosion verursacht zu haben. Zur fraglichen Zeit war der Mann mit einem Handkoffer von zwei Zeuginnen gesehen worden. Zufällig hatte ein Amateur Leute, die aus einer, eine halbe Stunde vom Tatort entfernten Kirche kamen, photographiert; darunter auch die beiden Zeuginnen. Astronomen berechneten nun aus einem Schatten, den irgendein Mann nach der Photographie auf eine Mauer geworfen hatte, mit voller Bestimmtheit (auf wenige Minuten) die Zeit der Aufnahme. Im Vergleich zur Zeit der Explosion ergab sich daraus, daß der (schon zu fünfzehn Jahren Zuchthaus verurteilte) Mann unmöglich der Täter sein konnte. In der zweiten Verhandlung wurde er freigesprochen.

In dem gleichen Maße, in dem die wissenschaftlichen Untersuchungen die Gefahren der Zeugenaussage zeigten, haben sie den Vorrang des Tatsachenbeweises ermöglicht. Das Vertrauen in diesen »technischen Beweis« ist ständig im Wachsen, und die Wissenschaft legt steigend Wert auf Vervollkommnung der Methoden, die sich mit der Untersuchung der »Realien«, des Tatsachenbefundes und der Spuren, beschäftigen. Sie soll das wirksamste Gegenmittel gegen »das Gift der Zeugenaussage« bilden[22]. Die Einführung wissenschaftlicher Methoden in die Kriminaluntersuchung hat dieses Gift gewiß nicht ausgeschaltet, aber vielleicht in seiner Wirksamkeit sehr abgeschwächt. Es liegt freilich in ihr selbst so viel verborgenes Gift.

Der »indirekte Beweis durch sachliche Indizien«, wie man ihn in strenger kriminalistischer Terminologie nennen muß, überführt den Schuldigen nicht durch sich selbst. Er setzt vielmehr eine strenge methodische Verwertungsarbeit voraus; die Spuren müssen gedeutet, untereinander verglichen, überprüft werden. Das Vorkommen von Gift in einer Leiche beweist die Vergiftung, nicht ein Verbrechen; der Fingerabdruck am Tatort beweist die Anwesenheit einer Person, nicht den begangenen Diebstahl dieser Person. Die sorgfältige und präzise Feststellung des

Tatbestandes ist die erste Aufgabe des Kriminalisten; sie muß der Überprüfung und Deutung der Indizien vorausgehen. In einem englischen Kochbuch beginnt das Kapitel, das die verschiedenen Arten der Zubereitung des Hasen behandelt, mit dem lapidaren Satz: »First catch the hare!«

Zuerst Collegium logicum

Das Indiz ist eine Tatsache, die eingegliedert, in ursächlichen Zusammenhang oder eine andere Beziehung zu anderen Tatsachen gebracht werden muß, um für die Tatbestandsermittlung wertvoll zu sein. Mit anderen Worten: Das Indiz erhält seinen Wert erst durch einen bestimmten seelischen Vorgang beim Untersuchenden. Von welcher Art ist nun dieser psychische Prozeß? Tatsachen untereinander in Beziehung setzen, sie miteinander so verknüpfen, daß ihre funktionale Bedeutung ersichtlich wird, das Wesentliche streng vom Zufälligen sondern, aus bestimmten Prämissen Schlüsse ziehen – das sind logische Operationen. Die Logik ist es also, die hier das erste Wort zu reden hat? Oder das letzte?

Es ist logische Denkarbeit, so scheint es, der die Kriminalisten ihre großen Erfolge zu verdanken haben; es ist diese intellektuelle Leistung, die wir manchmal bewundern. Die Handbücher für Richter und Kriminalbeamte weisen mit Nachdruck auf die Notwendigkeit des logischen Denkens und auf die Gefährlichkeit falscher Schlüsse in der kriminalistischen Arbeit hin, und diese Betonung logischer Reinheit und Folgerichtigkeit ist sehr verständlich. Wer eine einzige falsche Schlußfolgerung zieht, kann wirklich sehr weit vom Wege abkommen und immer tiefer in die Irre gehen. Das gilt bereits von der Erfassung des Zusammenhanges zwischen Spur und Täter. Eine Fußspur, eine Schartenspur, ein Zigarrenstummel, diese Spuren in ursächlichen Zusammenhang mit dem Handeln des Täters zu setzen – hier beginnt die logische Arbeit. *Hans Gross* sagt darüber in seiner berühmt gewordenen Kriminalpsychologie: »So einfach diese Feststellung bezüglich des ursächlichen Schließens ist, so wichtig ist sie für uns, weil das fortwährende und immer wieder erneuerte Fragen: Was ist hier Wirkung, wo ist die Ursache? die eigentliche und wichtigste Arbeit für uns bleibt. Wer daran festhält, sich das bis zum Überdruß oft zu fragen, kann nicht leicht einen größeren Fehler begehen.«

Als Vorbild logisch richtigen Denkens wird etwa den jungen Kriminalisten Sherlock Holmes gezeigt. Gewiß, das ist Literatur, die Hilfsmittel, die der Engländer anwendet, sind längst überholt, aber die Gabe der Beobachtung und Schlußfolgerung, die er sein eigen nennt, bleibt für den Kriminalisten beneidenswert [23].

Dieser Detektiv beobachtet scharf geringfügige Einzelheiten, die niemand sonst der Beachtung wert hält, denkt über sie nach, setzt sie in Beziehung zueinander, legt sie seinen Deduktionen zugrunde. Er beobachtet die Form der Hände, der Fingernägel, der Schwielen, die Haltung eines Menschen, Details seiner Kleidung, etwa der Rockärmel, der Hosenknie, der Stiefel. Abgescheuerte Stellen der Kleidung führen ihn oft zu den verblüffendsten Schlußfolgerungen, lassen ihn mit Sicherheit den Hergang eines Verbrechens erschließen und erlauben ihm, einen verborgenen Tatbestand auf das Genaueste zu rekonstruieren. Solche Beobachtungen an sonst unbeachteten Kleinigkeiten führen zu Einsichten in den Beruf, die Lebensgewohnheiten, das gegenwärtige und vergangene Leben einer Person. Zu solcher Beobachtungsgabe tritt nun jene treffsichere Art der Schlußfolgerung, welche fast nie irrt. *Lothar Philipp*, der eine eigene kriminalistische Denklehre fordert, stellt Sherlock Holmes' Weise der Beobachtung und Schlußfolgerung als Muster hin[24].

Wären wir durch die rein äußerliche, auf Knalleffekte berechnete Art des englischen Detektivs nicht ernüchtert, wir könnten manchen Zug der hier beschriebenen kriminalistischen Technik mit der besonderen Art psychoanalytischer Beobachtung und Deutung vergleichen. Ist es vielleicht gerade diese Ähnlichkeit der Methoden, die unser Interesse geweckt hat? Hier wie dort die Beobachtung und ihre Deutung sowie die Dienste, welche sie, in besonderen Zusammenhang gebracht, zur Aufdeckung verborgener Tatbestände leisten? Gewiß, hier gibt es bestimmte Ähnlichkeiten methodischer Art[25], doch sind darüber die einschneidenden Differenzen nicht zu vernachlässigen. Auch wenn man von der Verschiedenheit der Voraussetzungen und Ziele der beiden intellektuellen Prozesse absieht, bleiben noch genug und genug entscheidende Differenzen.

Im Falle der kriminalistischen Gedankenarbeit handelt es sich um ein streng logisches Schließen; es gibt einen Obersatz, einen Untersatz (oder mehrere) und eine Schlußfolgerung. Die psychischen Vorgänge beim Analytiker, der Verborgenes entdecken will, sind von anderer Art. Sie haben mit bewußter Logik wenig zu tun; der Analytiker bedient sich anderer Erkenntniswege und -mittel. Der Zweck der kriminalistischen Gedankenarbeit ist das Erkennen eines materiellen Vorgangs und die Ermittlung einer unbekannten Person; das der analytischen Arbeit ist das Aufdecken eines psychischen Vorganges oder einer Abfolge psychischer Vorgänge. In der Psychoanalyse ist alles unwesentlich gegenüber der psychologischen Erkenntnis, während dem Kriminalisten der psychische Vorgang nebensächlich oder unwichtig erscheint, verglichen mit der Realität, die klarzustellen sein erstes und oft auch sein einziges Bemühen ist. Hier wie dort werden freilich Spuren beobachtet, verwertet und gedeutet, aber der wesentliche Unterschied liegt in der Art dieser Spuren und in der Art ihrer Verwertung. Die sachlichen Indizien sind zumeist Stücke der anorganischen Natur. Ein bißchen Staub, ein Fingerabdruck, ein Hemdkragen erzählen dem Kriminalisten ganze

Geschichten, erlauben ihm bestimmte Rückschlüsse; die Objekte als solche sprechen. Der Analytiker gelangt zu ähnlichen Schlüssen in der überwiegenden Anzahl von Fällen erst durch die Beobachtung der Handlungen der Personen. Das unbelebte Objekt als solches sagt ihm nichts, wenn nichts mit ihm geschieht, wenn es nicht berührt oder bewegt wird, wenn es nicht zugleich Objekt der Aktivität jener Person wird, die ihn interessiert. Der Psychoanalytiker würde jenem kriminalistischen Ausspruch, der größte Verräter des Menschen sei seine Hand, in einem Sinne beistimmen können. Der Kriminalist meint z. B. den Fingerabdruck, wie er durch die Methoden der Daktyloskopie sichergestellt ist. Der Abdruck, den er an der Schublade des Tatortes findet, ist für ihn als solcher von höchster Bedeutung; er liefert vielleicht unzweideutige Auskunft über den unbekannten Täter. Dem Psychoanalytiker hat der Fingerabdruck als solcher nichts zu sagen, aber er könnte gewisse Schlüsse ziehen, wenn er etwa einen Menschen beobachtet, der mit seinen Fingern gedankenlos mit einem bestimmten Objekt spielt oder sonst unbewußt hantiert. Man sieht, die Ähnlichkeiten beschränken sich auf einzelne Züge der Methoden und ergeben sich zum Teil aus dem gemeinsamen Bemühen, einen verborgenen Sachverhalt ans Licht zu bringen[26].

Es obliegt uns jetzt, zu einer Behauptung zurückzukehren, dic uns schon, als wir sie aufstellten, nicht ganz richtig zu klingen schien. Wir sagten, die Wege, auf denen der Kriminalist zu seinen Resultaten gelangt, sind rein logischer Art. Die Kriminalisten selbst werden das gerne, viele sogar sehr gerne hören. Viele, namentlich die jüngeren unter ihnen, sagen, solche logische und kombinatorische Arbeit mache das Wesentliche ihrer Ermittlungstätigkeit aus. Sie stellen ihre Erfahrungen dar, zeigen die Art dieser entscheidenden Operationen, ihrer Erfolge sowie durch Fehlschlüsse bedingte Mißerfolge und bemühen sich, die Notwendigkeit, ja Unerläßlichkeit logischer Überlegungen in

der Kriminalistik zu erweisen. Das kühle und sachliche Nachdenken, die Überprüfung einer Sachlage nach logischen Regeln, das »Raisonnement« (Locard) steht so im Mittelpunkt der kriminalistischen Denkarbeit. Liest man manche jener Handbücher, könnte man fast meinen, daß die genaue Kenntnis der verschiedenen Arten der Schlußfolgerung über den kriminalistischen Erfolg oder Mißerfolg entscheidet. Da werden die Möglichkeiten falscher Schlußfolgerungen auf das strengste differenziert und katalogisiert, da wird die verschiedene Verläßlichkeit, da wird der Umfang von Obersatz und Untersatz überprüft, da werden die Gesetze des richtigen Schließens gelehrt und Zirkelbeweise, Heterozetese und Unvollständigkeit der Disjunktion in ihrer Bedeutung für die Kriminalistik gewürdigt[27].
Die Unterscheidung der Prämissen als apodiktische, assertorische und problematische soll nach dieser Ansicht dem Kriminalisten ebenso vertraut sein wie die Theorie logischer Fehlschlüsse oder Syllogismen, der Satz des ausgeschlossenen Dritten, des zureichenden Grundes, des Widerspruches usw. muß ihm ebenso wichtig sein wie die Stellung des Mittelbegriffes, die spezifische Schlußgattung oder Schlußfigur. Es wird die strenge Forderung aufgestellt[28], daß der Kriminalist »die Gesetze der Logik beachten, daß er folgerichtig denken lernen müsse«[29].
Ich bin skeptisch genug, den Wert solcher Einführung und Ausbildung in der logischen Disziplin nicht hoch anzuschlagen, ja manchmal bin ich sogar der Ansicht, sie könnten in der Aufklärung bestimmter Fälle indirekt geradezu schädlich sein, da sie die Aufmerksamkeit vom Wesentlichen ablenken. Bei der Bewertung von Indizien, fürchte ich, wird es dem Untersuchungsrichter wenig helfen, wenn er die hypothetisch-disjunktive Schlußform von der kategorischen so scharf zu unterscheiden gelernt hat, wie es die »kriminalistische Denklehre« vorschreibt. Nehmen wir an, ein Kriminalkommissar sei mit der Aufklärung eines Einbruches betraut, so wird er kaum viel klarer sehen, wenn er

sich vor Augen hält[30]: »Die Anzahl der möglichen Tatbestände steht in reziprokem Verhältnis zur Anzahl der Indizien, sie verringert sich in dem Maße, wie sich die Anzahl der Indizien vergrößert.« Vom beschränkten Wert der Warnung vor falschen Schlußfolgerungen haben wir schon gesprochen: Die Gefahr solchen Falschschließens ist als solche keineswegs so groß, wie man nach der Ansicht der kriminalistischen Theorie annehmen sollte[31]. Die Forscher berichten uns, daß bei den Hupa-Indianern die erlegten Hirsche vorschriftsmäßig zubereitet, serviert und gegessen werden müssen, weil nach dem Glauben dieser Stämme die anderen Hirsche dem Jäger sonst nicht mehr in den Weg laufen würden. Der Ethnologe *Preuß* behauptet, diese Gewohnheit könne nicht aus Küche- und Speisegewohnheiten entstanden sein; es müsse ihr vielmehr die magische Ansicht zugrundeliegen, daß die Reste oder Teile des erlegten Tieres das gleichartige Wild anziehen. Man wird an einen solchen Glauben erinnert, wenn man sich vergegenwärtigt, in welcher Art die Bedeutung streng logischer Überlegung für die Ermittlung unbekannter Verbrecher durch die kriminalistische Theorie dargestellt wird[32].

Nehmen wir irgendeines der Beispiele, welche uns die Kriminalisten in ihrer Darstellung falscher Schlußfolgerungen liefern und durch die sie die Unerläßlichkeit logischer Kenntnisse und Unterscheidungen illustrieren[33]: In einem Keller hat ein Einbruch stattgefunden. Der Anzeiger A. meint, die Tat sei dem mit ihm verfeindeten M. zuzutrauen. Tatsächlich rührt eine Fingerspur an der Bierflasche, welche der Einbrecher angeblich ausgetrunken hat, von M. her. Diese Fingerspur ist ein Indiz gegen M., aber, so warnt uns der Kriminalist, es ist ein irreführendes. In unserem Falle hatte A. die Bierflasche aus dem Gartenhause M.s in seinen Keller gebracht und den Einbruch vorgetäuscht. Die Schlußfolgerung, M. ist der Täter, ist falsch, denn, so wird uns gesagt, sie entspricht nicht den Gesetzen der Logik. In Wahrheit entsteht der Irrtum aber durch die mangelnde Einsicht in das Wesen der Fingerspuren, nicht durch logische Schwäche. Jeder vorurteilsfreie Mensch wird sagen, diese Tatortfingerspur, wie es in Fachkreisen so schön heißt, beweist nur, daß ihr Verursacher den Gegenstand berührt hat, nicht, daß er den Einbruch begangen hat. »*There needs no ghost*«; es braucht kein Gespenst aus dem Grabe der formalistischen Logik herzukommen, um uns solches zu lehren. Die Schwächen dieser Art von Schlußfolgerungen entstammen der falschen, flüchtigen oder unvollständigen Beobachtung oder, wenn man es logisch ausdrücken will, sie sind schon im Untersatz enthalten, sie haben nichts mit Fehlern in der Kunst des Schließens zu tun. In der kriminalistischen Praxis zeugen die Folgerungen oft von erstaunlichem Scharfsinn, aber die Prämissen beruhen auf mangelnder Kenntnis oder mangelhafter Beobachtung. Man gelangt etwa in einem bestimmten Fall zu der Annahme, der Täter müsse auf diese Art entflohen sein. Bestimmte Umstände lassen diese Annahme als unmöglich erscheinen; sie wird als logisch unhaltbar fallengelassen. Bald aber stellt sich heraus, daß diese »Unmöglichkeit« in Wirklichkeit keine ist, der Täter entfloh doch so. Das Schema von Obersatz, Untersatz, Schlußfolgerung, die Methodik des logischen, abstrakten Denkens ist in solchen Fällen der Tatbestandsermittlung unangebracht. Man wird an den Spott *E. A. Poes* erinnert, der behauptet, die als scharfsinnig gerühmte Pariser Polizei gehe nach einer bestimmten Anzahl von Regeln vor, wenn es gelte, Verbrechen aufzuklären. Diese Regeln entsprechen indessen ihrem Zweck nicht selten so schlecht, daß man unwillkürlich an jenen Herrn erinnert wird, der seinen Schlafrock verlangte, um die Musik besser hören zu können. Folgender Fall blieb angeblich durch die Schuld logischer Mängel längere Zeit rätselhaft: Ein Schlächter wurde, als er sich frühmorgens an seine Arbeitsstelle begeben wollte, in einer einsamen Straße niedergeschossen. Die Frau hatte einen jungen polnischen Arbeiter zum

»Hausfreund«; dieser wies jedoch nach, daß er die ganze Zeit über, vom Abend bis zur Auffindung des Toten, zu Hause gewesen war. Mit ihm zusammenwohnende, einwandfreie und glaubwürdige Leute bestätigten das; die Wohnung lag immerhin ziemlich vom Tatort ab. Das Verbrechen erhielt folgende Aufklärung: der Mann hatte den Weg des Schlächters vorher genau berechnet und ihm am Tage zuvor durch einen Jungen Botschaft vom Meister geschickt, er solle genau um sechs Uhr an der Arbeitsstelle sein. Einige Minuten bevor der Schlächter nach seiner Berechnung in der Nähe des Hauses vorbeikommen mußte, suchte er das auf dem Treppenabsatz liegende Klosett auf. Dann wie der Blitz auf die Straße, auf Strümpfen eine ganze Strecke hinter dem Schlächter hergeschlichen, ihn niedergeschossen und zurück auf das Klosett. Eine Minute später schimpfte schon sein Schwager an der Tür wegen seines »langen Sitzens«.
Dieser von *Anuschat* angeführte Fall[34], der übrigens die besondere Wichtigkeit präziser örtlicher und zeitlicher Daten beweist, kann nicht als Schulbeispiel für die besondere Bedeutung logischer Kenntnisse und Erwägungen für den Kriminalisten dienen: Es ist nicht ein logischer Fehler, der das Verständnis des Falles aufgehalten hat, es ist eher ein Mangel an Skepsis. Die Aussagen der Leute, welche das Alibi bezeugten, wurden nicht genügend auf ihre objektive Richtigkeit geprüft, sondern akzeptiert, weil es sich eben um vertrauenswürdige Personen handelte.
Immer wieder, wenn man die Handbücher der Kriminalistik studiert und überprüft, findet man, daß die Bedeutung der Logik für die Tataufklärung weit überschätzt wird. Dies gilt sowohl negativ als positiv: es werden Mißerfolge auf das Konto der Logik gesetzt, während Mängel der Beobachtung und des Wissens für sie verantwortlich sind. Es werden der Logik kriminalistische Erfolge zugeschrieben, die wesentlich durch andere psychische Vorgänge bestimmt werden. Hier ein Beispiel der zweiten Art, die Aufklärung einer schwierigen Kriminalaffäre: Man fand in

Berlin-Dahlem eine Taxe, die blutbefleckt war; die Scheibe war zertrümmert, auf dem Trittbrett war eine Patronenhülse. Fast zur selben Stunde wurde in Ferch bei Berlin die Leiche eines Chauffeurs, der erschossen worden war, gefunden. Der Zusammenhang zwischen den beiden Funden war leicht herzustellen. Bald war auch der Tote als der Taxibesitzer Fritz Ponick erkannt. Der Fall schien in ein undurchdringliches Dunkel gehüllt; es waren keine brauchbaren Indizien vorhanden. Die gefundenen Patronen waren gewöhnliche Geschosse ohne jedes besondere Merkmal. Die einzige Spur, die vorhanden war, erwies sich als irreführend: Ponick hatte durch eine Gerichtsaussage einen Arbeiter um seine Stellung gebracht. Es wäre denkbar gewesen, daß dieser Mann Ponick aus Rache erschossen hätte. Die Spur wurde verfolgt und war vollkommen ergebnislos. Unübersehbar war die Fülle von einlaufenden Meldungen und Angaben; diese Fülle barg aber keinen kriminalistisch wertvollen Inhalt. Fest stand nur, daß der Mord auf der Chaussee nach Ferch verübt worden war. Die beiden Kriminalkommissare, die mit der Aufklärung betraut wurden, fragten sich, warum der Täter gerade diese Chaussee für sein Verbrechen erwählt hatte. Sie vermuteten, daß er die Chaussee gut kannte. Gewiß kennen auch die Berliner die Straße gut, aber die Fercher kennen sie sicherlich besser; am besten vielleicht die Fercher, die dort ein Auto haben oder zumindest chauffieren können. Nun begann die kriminalistische Kleinarbeit, die von der Frage ausging: Wer kann in Ferch Auto fahren? Es dauerte zwölf Tage, bis man das Alibi aller Fercher, die chauffieren konnten, nachgeprüft hatte, bis man auch allen denen nachgespürt hatte, die seit kürzerer oder längerer Zeit von Ferch nach Berlin gezogen sind. Unter den Übersiedlern befand sich auch der 23jährige Johann Kablitz, dessen Alibi nicht stimmte und der als Täter eruiert wurde. Diese Verbrechensaufklärung, die man als einen Sieg der kriminalistischen Logik bezeichnet hat, ist nur zum geringsten Teil an logische Voraussetzungen

zungen geknüpft. Die Schlußfolgerung (der Mord ist in Ferch verübt worden – die Chaussee wird von einem Fercher am besten gekannt – sie wird am besten von einem Mann gekannt, der die Chaussee selbst mit einem Auto befahren hat – der Mord wurde vermutlich von einem Bewohner von Ferch, der chauffieren kann, begangen) ist gewiß logisch, und ihr Wert sowie ihre Verläßlichkeit müssen von den logischen Instanzen geprüft werden. Ihr wesentlicher Inhalt ist aber von anderer Art. Es waren, anders ausgedrückt, nicht logische Urteile, sondern psychologische Vor-Urteile, die auf die Spur des Verbrechers lenkten. Schon in den Vermutungen, warum der Täter gerade die Chaussee nach Ferch wählte, spielen solche psychologischen Faktoren unbewußt eine Rolle. Der Wert logischer Überlegungen, namentlich ihr Wert als Korrektiv, soll natürlich auch in der kriminalistischen Aufklärungsarbeit nicht geleugnet werden. Es bleibt indessen unbestreitbar, daß die Erfolge der Kriminalisten in der erdrückenden Majorität der Fälle nicht logischen, sondern andersartigen seelischen Vorgängen zu verdanken sind. Das soll nicht ausschließen, daß sich diese andersartigen Vorgänge eines logischen Deckmantels bedienen. Die Logik läßt sich unschwer irreführen, unser Verstand ist nur zu willfährig, häufig von anonymen Kräften geführt. So kann man mit der einwandfreiesten Logik zu den falschesten Schlüssen gelangen.

Häufig wurden logische Fehler vorgeschoben, wenn erwiesen wurde, daß ein Justizirrtum von Sachverständigen verschuldet wurde. Man lese etwa die Gutachten von Ärzten und Chemikern, auf die sich so viele gerichtliche Urteile stützen, die nur hundert Jahre alt sind, und man wird verwundert wahrnehmen, auf Grund welcher Entscheidungen Menschen schwerster Verbrechen schuldig erkannt wurden. Und warum in die Ferne schweifen, wenn das Falsche, Schiefe, Oberflächliche so nahe liegt? Man lese psychiatrische oder psychologische Gutachten unserer Tage und vergegenwärtige sich ihre Tragweite für die

Frage der Täterschaft eines Verdächtigten[35]. Man braucht kein Prophet zu sein, um vorauszusagen, daß der künftige Betrachter über manche Gutachten unserer wissenschaftlichen Autoritäten nicht wenig entsetzt sein wird. Es sind nicht die logischen Fehler, die uns bestürzt machen, wenn wir solche Gutachten lesen; es sind meistens die oberflächlichen und falschen Voraussetzungen, welche zu den verhängnisvollen Konsequenzen führen[36]. Die fehlerhafte Tatbestandsfeststellung auf Grund falscher Voraussetzungen ist in Wahrheit viel mehr zu fürchten als Mängel der Deduktion.

Es wurde früher gesagt, daß die gedankliche Arbeit der Kriminalisten nur selten eine rein logische ist, daß sie sich aber gerne ihres nur-logischen Charakters rühmt, es gerne sieht, wenn man ihr nachsagt, sie sei ganz auf Verstandesoperationen gestellt. Dies gilt ebensowohl vom Kriminalkommissar wie vom Untersuchungsrichter, vom Staatsanwalt wie vom Verteidiger. Dabei geschieht es sehr häufig, daß eine Behauptung als logischer Akt, als Schlußfolgerung bezeichnet und bewertet wird, während gerade die logische Qualität in der vorangehenden Überlegung oder Erwägung keine oder nur eine untergeordnete Rolle gespielt hat. Dies tritt auch negativ hervor, indem man sich nachzuweisen bemüht, welche logischen Mängel zu einer falschen Behauptung geführt haben. *Gross* betont in seiner Kriminalpsychologie, daß eine wichtige Fehlerquelle in bezug auf die Verbindung von Ursache und Wirkung in der allgemeinen und tiefgreifenden Annahme liegt, daß die Ursache eine gewisse Ähnlichkeit mit der Wirkung haben müsse. Als Beispiel einer solchen völlig ungerechtfertigten Verknüpfung führt er an, ein ganz intelligenter Mann habe den Verdacht wegen eines begangenen Mordes gegen einen Menschen ausgesprochen, weil die Mutter des Bezeichneten gewaltsam ums Leben gekommen war. Der Zeuge blieb dabei: »Der Mensch hatte schon einmal mit dem Umbringen zu tun; er wird auch hier dabei gewesen sein.«[37] Gewiß liegt

hier eine falsche Schlußfolgerung vor, aber nicht der logische Defekt ist das Interessante und Aufschlußreiche, sondern der Grund der psychologischen Verknüpfung. Die Konstatierung der logischen Fehlerhaftigkeit ist nur eine Vorstufe zu der entscheidenden Frage, warum der Mann eine solche Verknüpfung als notwendig annimmt. Diese Frage ist eine psychologische und kann nur durch psychologische Erfahrung gelöst werden. Der rein intellektualistische Standpunkt des Beobachters führt gerade Kriminalisten und Strafrechtswissenschaftler dazu, daß diese wesentlichere Seite völlig vernachlässigt wird. Eben fällt mir eine Arbeit »Kriminalistische Beurteilung« von Prof. von *Liszt*[38] in die Hände; sie will zeigen, wie sorgfältig der Kriminalist in seinen logischen Konstruktionen sein müsse. Gegen eine solche Sorgfalt ist sicherlich nichts einzuwenden, wenn sie nicht eine Unterschätzung der Wichtigkeit anderer Funktionen bedingt. Liszt führt zwei Beispiele falscher Schlußfolgerung an, wovon das erste dem Staatsanwalt, das andere dem Richter zur Last fällt. Hier das erste:
»Ich verteidigte einst einen bei Nacht in einem der äußeren Wiener Parks (Humboldtpark) verhafteten, wegen Diebstahls (als Leichenfledderer) angeklagten Mann. Bei seiner Verhaftung war die ganze Umgebung des Schauplatzes ebenso wie der Verhaftete selbst seitens der Patrouille mit negativem Erfolg durchsucht worden. Während der Hauptverhandlung behauptete der Staatsanwalt, ein unbekannter Diebsgenosse müsse mit der dem Betrunkenen gestohlenen Brieftasche rechtzeitig durchgegangen sein, und sagte mit Nachdruck: ›Warum wäre der Angeklagte überhaupt bei Nacht in den Humboldtpark gegangen, wenn er nicht stehlen will!‹ Und er schaute recht verwundert drein, als ich erwiderte: ›Mit dem großen Unbekannten habe ich bisher nur Verbrecher manipulieren gesehen, die Staatsanwaltschaft aber sollte es unter ihrer Würde finden. Und wenn bei Nacht nur Leute in den Humboldtpark gehen, die stehlen wollen – warum

geht denn überhaupt ein Dieb hin, da er doch nur Kollegen dort treffen kann? Und wie ist der angeblich Bestohlene selbst hingekommen?‹«

Gewiß ist diese Zurechtweisung berechtigt, wenngleich ihr leise triumphierender Ton, ihre belligerante Art zu denken gibt, wenn es sich nur um rein logische Operationen handelt. Ist der Irrtum des Staatsanwaltes wirklich, wie der Verteidiger meint, ein logischer, ist er wirklich eine falsche Schlußfolgerung? Wenn der Staatsanwalt behauptet, daß der Angeklagte bei Nacht in den Park ging, um zu stehlen, und daß niemand dorthin gehe, der nicht stehlen wolle, so hat er psychologische Behauptungen ausgesprochen. Nicht an der Logik, an der Psychologie ist es, die Behauptung nachzuprüfen, ob Menschen nur zu dem Zweck des Stehlens nachts einen Park aufsuchen. Auch die Zurückweisung der staatsanwaltschaftlichen Behauptung – mag sie nun von schlechter oder guter Psychologie zeugen – erfolgt von psychologischen Gesichtspunkten. Der Verteidiger fragt: »Warum geht dann überhaupt ein Dieb hin, da er doch nur Kollegen dort treffen kann?« Das ist ein psychologisches, kein logisches Problem; es ist die Frage nach menschlichen Absichten und Zielen, nach bestimmten seelischen Vorgängen. Die Form der aufgestellten Behauptungen ist logisch, ihr Inhalt psychologisch. So ist es aber häufig in Strafrechtsfällen: Unter der ausgeprägt, ja oft überscharf formulierten Außenseite gewahrt man überall die psychologische Fragestellung[39]. Überall, wo logische Fehlschlüsse aufgezeigt werden, hat man das Recht, auch verborgene, bewußte oder unbewußte Tendenzen zu suchen; es wird unter der falschen Fahne der Logik viel geschmuggelt, was sich frei nicht gerne sehen läßt.

Das andere Beispiel, das *Liszt* anführt, ist von ähnlicher Art; es ist dieses Mal ein Beispiel »richterlicher Schlußfolgerungskunst«, wie es Liszt sarkastisch bezeichnet: »Die Hausfrau war an der Wohnung einer eben bei offener Wohnungstür waschen-

den Mietpartei stehen geblieben, und es entspann sich ein Wortwechsel. Plötzlich sprang die Hausfrau auf die Waschende zu, entriß ihr ein Stück nasser Wäsche, schlug es ihr um den Kopf und warf es zu Boden. Die Waschende bückte sich und hob das Wäschestück auf. In diesem Augenblick kam auch der Hausherr hinzu und drang mit erhobener Faust und Schimpfworten auf die Gebückte los. Diese richtete sich rasch auf und wollte die drohende Faust abwehren. Dabei soll sie der Hausfrau mit dem flatternden Wäschestück ins Gesicht gekommen sein. Die streitbare Hausfrau erhob deshalb die Beleidigungsklage. Ich wies durch zwei ganz nah bei den Streitenden stehende Zeugen nach, daß die Mietpartei keinesfalls einen Schlag gegen die Hausfrau geführt hatte und dieser höchstens – vielleicht – zufällig an das Gesicht gekommen sei. Der Richter verurteilte aber die Angeklagte mit folgender, von mir wörtlich mitstenographierter Begründung: ›Zwar haben zwei Zeugen ausgesagt, daß die Angeklagte keinen Schlag ausgeführt hat. Aber die beiden Zeugen scheinen mit ihren Sympathien nicht auf der Seite der Hausfrau zu stehen. Und es ist psychologisch wahrscheinlich, daß eine Frau, die geschlagen wird, auch zurückschlägt.‹«
Kein Zweifel, der Autor irrt sich hier ebenso wie früher: Der Richter weist sogar ausdrücklich auf den psychologischen Charakter seiner Urteilsbegründung hin. Zweifellos wird hier psychologisch, nicht logisch gewertet[40].
Wir haben diese beiden Fälle nicht etwa als besonders repräsentativ angeführt, viel eindringlichere und wirkungsvollere wären hier beizubringen. Worauf es uns ankommt, ist die Hervorhebung der Tatsachen, daß die Feststellung des objektiven Tatbestandes ein psychischer Vorgang ist. Hier aber erhebt sich gebieterisch eine Forderung, ein strafrechtliches, nein, ein menschliches Postulat: Wenn dies so ist, so ist es wichtiger, über die seelischen Vorgänge in Verbrechern etwas zu wissen als über Regeln der Schlußfolgerung. Ist es nicht wichtiger, zu verstehen,

was in dem aufklärenden Kriminalkommissar und im Untersuchungsrichter psychisch vorgeht, als in den Lehrbüchern der Logik Bescheid zu wissen? Man warnt den Kriminalisten vor falschen Schlußfolgerungen, übereilten Deduktionen, fehlerhaften logischen Akten jeder Art. Wer warnt ihn vor psychologischen Irrtümern? Wenn die Tatbestandsfeststellung ein psychischer Vorgang ist, ist die Gefahr, psychologisch schlecht zu urteilen, nicht näherliegender als die falschen Schließens?

Psychologische Indizien

Einer der wichtigsten Wege zur Ausforschung des unbekannten Verbrechers ist die Suche nach dem Tatmotiv. Kein Zweifel; hier ist die Domäne der Psychologie. Es ist kein Teil der richterlichen Pflicht, das Motiv oder vielmehr die Motive einer verbrecherischen Tat klarzustellen, aber sie bleibt rätselhaft, solange darüber keine Klarheit herrscht. Ja, man muß zugestehen, daß diese Rätselhaftigkeit von anderer, beunruhigenderer Art ist als etwa die, welche ein zeitliches oder örtliches, nicht aufgeklärtes Moment hat. Das Fehlen jedes Motivs in einem Mordfall hat etwas Seltsames, das den Kriminalisten dazu reizen muß, den Fall immer wieder zu erforschen. Die Wichtigkeit der Erhellung der Motive für den Indizienbeweis ergibt sich nicht nur daraus, daß das Motiv als solches ein schwerwiegendes Indiz darstellt. Oft können andere Indizien nicht oder nicht nach ihrer ganzen Bedeutung gewürdigt werden, solange nicht ein Motiv für das Verbrechen gefunden wird. Die Frage nach der Tatmotivierung wird so manchmal zum Sprungbrett, von dem aus die kriminalistische Verbrechensaufklärung erfolgt. Diese Frage scheint vom Standpunkt einer naiven Psychologie leicht zu lösen: Die Natur des Verbrechens selbst scheint darüber Auskunft geben zu können. Es ist klar, daß hier ein Mord aus Rache, dort ein Einbruch zur

Entwendung von Waren, dort eine Dokumentenfälschung aus gewinnsüchtiger Absicht vorliegt. Allein diese schöne Sicherheit wird durch zwei Einwände erschüttert. Der erste weist darauf hin, wie häufig in der Kriminalgeschichte Vortäuschungen eines bestimmten Sachverhaltes vorkommen. Da wird ein Einbruch begangen, alle Laden wurden durchwühlt; es wird festgestellt, daß Geld und Wertsachen gestohlen wurden. Dieser Diebstahl ist nur vorgetäuscht; dem Täter kam es nur auf den Besitz bestimmter Briefe an, von deren Existenz die Polizei nichts wußte. Der zweite Einwand besagt: Jener Schluß vom Effekt auf die Absicht erweist sich manchmal deshalb als falsch, weil er sich auf unserer Identifizierungsfähigkeit mit dem Täter aufbaut. Vor allem erscheint dem Kriminalisten solche Identifizierung als ein vom bewußten Willen abhängiger, mechanischer Prozeß, den er nach seinem Belieben durchführen kann oder nicht[41]. Der Effekt einer Handlung kann sehr wohl auf eines ihrer wirksamen Motive zurückweisen, aber diese Folgerung setzt voraus, daß wir mit einem Seelenleben rechnen, das unserem ähnlich ist. Sie stimmt nicht, wenn wir es etwa mit einem Fall von Psychose zu tun haben. Ein Paranoiker hat einen Mann niedergeschlagen, weil er ihm als sein Verfolger erschien. Wir suchen den unbekannten Verbrecher, vermuten ein uns bekanntes Motiv, etwa politische Feindschaft, Eifersucht usw. Wir haben eines jener Motive vermutet, die dem allgemeinen Menschenwahn entstammen, doch keines vorausgesetzt, das nur die Psychopathologie dieses besonderen Wahnes erklären kann. Die Suche nach einem wirksamen Verbrechensmotiv kann z. B. fehlgehen, weil wir die Voraussetzungen seelischer Vorgänge bei einem Angehörigen eines fremden Volkes nicht würdigen. Ich erinnere mich an einen rätselhaften Mordfall, der die österreichischen Gerichte während des Krieges in Montenegro beschäftigte. Unser Verständnis wurde dadurch beeinträchtigt, daß wir die Bedeutung, welche die Blutrache für bestimmte Albanerstämme hat, psychologisch nicht erfaßt hatten. Wie groß die praktisch-kriminalistische Wichtigkeit der Verbrechensmotivierung ist, haben wir erst unlängst wieder anläßlich der großen Eisenbahnattentate von Jüterbog und Bia-Torbagy sowie der Anschläge von Anzbach und Neulengbach konstatieren können. Die schrecklichen Katastrophen schienen die Vermutung nahezulegen, daß eine internationale Verbrecherbande an verschiedenen Orten die Attentate ausführe, um politische Ziele zu verfolgen. Ein am Tatort vorgefundener Zettel mit der Ankündigung weiterer Attentate mußte diese Annahme bekräftigen; er wies auf eine kommunistische Aktion hin. Die mühevollen und zeitraubenden Nachforschungen in dieser Richtung waren erfolglos: der später ermittelte Verbrecher, Silvester Matuschka, war ein schwer pathologischer Mensch, der durch Explosionen und andere Katastrophen seine sexuelle Befriedigung fand und eine Art herostratischen Ruhmes ersehnte.

Man sieht, wieviel für die Lösung kriminalistischer Aufgaben von der psychologischen Kenntnis und Begabung abhängt. Mehr als dies: Man erkennt, wie wenig wir von den psychischen Voraussetzungen und Motiven, von der Psychogenese der Kapitalverbrechen wissen. Jenes furchtbare Wort über das Verbrechen: »Erst war's vorher, dann war's vorbei. Dazwischen ist kein Raum«, ist gerade für den Stolz des Psychologen schwer erträglich. Wir müssen uns sagen, daß wir trotz vielem Bemühen von den seelischen Vorgängen im Verbrecher noch wenig wissen. Es wird noch immer zu wenig beachtet, daß der Täter im Augenblick der Tat ein anderer ist als nachher – so sehr, daß man manchmal meinen möchte, zwei völlig verschiedene Individuen vor sich zu haben. Gerade in manchen Fällen schwerster Verbrechen wird man durch die Differenz solcher Eindrücke an den mittelalterlichen Glauben der Besessenheit erinnert. (*Nietzsche* hat in der »Genealogie der Moral« ausgesprochen, daß es zu den Zügen der ferneren Entwicklung des Strafrechtes gehören wird, den Verbrecher und seine Tat voneinander zu isolieren.) Unser psychologisches Urteil, unser Instinkt ebenso wie unsere Erfahrung scheinen uns manchmal zu sagen, daß die Tat nicht zu diesem Täter, der Täter nicht zu dieser Tat paßt. Dennoch muß die Tat ein Ausdruck der seelischen Spannung des Verbrechers sein, muß seinen psychischen Voraussetzungen entstammen, seinen seelischen Bedürfnissen Befriedigung versprochen haben. Wir stehen vor einem Rätsel, weil wir nicht wissen, welches Motiv den Täter trieb. Weiß er es besser? In vielen Fällen und gerade bei den schwersten Verbrechen könnte er beim besten Willen zur Aufrichtigkeit nur unzulängliche Auskunft geben und wäre unfähig, eine feste Verbindung zwischen der Tat und der eigenen Person zu schlagen[42]. Man hat mit Recht daran gezweifelt, daß die psychologische Kenntnis und das psychologische Verständnis des Richters Problemen dieser Art gewachsen sind. Es ist so, wie wenn man mit einem Spaten aus einem Kinderwerkzeugkasten zu den tiefen Schichten der Erde vordringen wollte. Man spreche nicht vom gesunden Menschenverstand, der auch den Richter bei seinen Untersuchungen leitet. Die folgenschwersten Dummheiten werden noch immer im Namen des gesunden Menschenverstandes gemacht. Die Art, wie der Richter, der Staatsanwalt, der Verteidiger den Angeklagten kennenlernt, ist die denkbar flüchtigste, das Material, das ihnen zur Verfügung steht, das dürftigste, die Methoden, die sie besitzen, die oberflächlichsten. Es wäre etwa so, wie wenn ein Reisender behaupten wollte, er kenne London sehr gut, weil er eine jener Stadtrundfahrten gemacht hat. In Wirklichkeit hat er einige bemerkenswerte Punkte von London gesehen, und zwar gerade diejenigen, welche man gerne Touristen zeigt, einschließlich einiger besonders unheimlich anmutender Straßen der China-Town.

Bietet schon die Frage, welche Motive eine Person zum Verbrechen geführt haben, bestimmte Schwierigkeiten, wenn man den Täter bereits kennt, so wird sie besonders schwierig, ja manchmal unlösbar, wenn es gilt, das Motiv und von ihm aus den unbekannten Täter zu erraten. Hier kommt die Quartanerpsychologie der Kriminalisten oft in beschämender Art zum Vorschein. Die Frage nach dem Motiv ist, soweit sie Auskunft über den vermutlichen Täter geben soll, als solche in besonderem Grade irreführend. Wenn man nur nach dem Motiv urteilen wollte, würde sich bald eine groteske Situation ergeben. Wenn jeder, der ein Motiv dazu hat, mordete, so würde es wenige Fälle von natürlichem Tode geben.

Jenseits der Motivforschung wird die Primitivität kriminalistischer Psychologie für jeden Vorurteilsfreien erkennbar, wenn die verfängliche Frage auftaucht, ob die Tat dem A. oder B. zuzutrauen ist, mit anderen Worten, in der Bewertung von charakterologischen Indizien. In den Versuchen zur Beantwortung dieser Frage tritt eine psychologische Naivität zutage, die an die Erkundigung jenes kleinen Mädchens: »Mama, wie sieht ein Dieb aus?« erinnert. Wie man früher annahm, es gebe eine bestimmte Verbrecherphysiognomie, wie sich geradezu ein Ohrläppchenkult entwickelte, so meint man jetzt aus dem Gesamteindruck oder aus Einzelzügen herausfinden zu können, ob man jemandem einen Mord oder Diebstahl zutrauen dürfe. Es handelt sich um psychologische Clichés, sozusagen um »*standardized*« Psychologie: Die berühmten Giftmischerinnen aus der Zeit Ludwigs XIV. sahen aus wie Engel und waren von besonderer Sanftmut.

Viele Jahre hindurch hat Denke in seinem Hause, das mitten in einem schlesischen Orte stand, seine Opfer niedergeschlagen und faßweise eingepökelt. Er galt allgemein als sehr rechtlicher, harmloser Mensch ruhigen Charakters, den Gesetzen und der Religion treu ergeben. Ebenso Angerstein, der seine Familie ausrottete, ebenso Matuschka, wegen seiner Frömmigkeit besonders verehrt, der Eisenbahnzüge voll Menschen in Tod und Verderben schickte; ebenso viele andere Massenmörder. Die bürgerliche Gesellschaft liebt es, die Kluft zwischen sich und dem

Rechtsbrecher als völlig unüberbrückbar zu bezeichnen, und erschrickt, wenn es sich dann zeigt, daß auch Massenmörder Fleisch von unserem Fleisch sind und sich in allen Richtungen des Lebens so benehmen wie wir alle – jeder neben dir kann ein Mörder sein. Die Genügsamkeit der Bewußtseinspsychologie, die Oberflächlichkeit psychologischer Betrachtungsweise in der Kriminalistik kommt nirgends besser zum Vorschein als in der Behandlung der Frage, ob man die Tat jemandem zutrauen solle oder nicht. Solcher primitiver Art des Sehens gegenüber steht noch immer Goethes Selbstcharakteristik: »Es gibt kein Verbrechen, dessen ich mich nicht für fähig hielte.«

Man erinnere sich der bedeutsamen Rolle, welche das charakterologische Indiz im Falle des Landarbeiters Josef Jakubowski gespielt hat. Dieser Mann, ein früherer russischer Kriegsgefangener, war angeklagt, sein dreijähriges Kind ermordet zu haben. Immer wieder beteuerte der Unglückliche: »Ich bin unschuldig. Ich nichts getan. Wozu viel reden?« Noch dieses Verhalten wurde ihm ungünstig ausgelegt. In der Urteilsbegründung findet sich der Satz, der Angeklagte sei »ein schlauer, durchtriebener und skrupelloser Mann«, dem »man einen Mord zutrauen kann«. Das Todesurteil an Jakubowski, dessen Unschuld sich später zweifelsfrei herausstellte, wurde am 15. Februar 1929 vollstreckt, nachdem die Regierung des Freistaates Mecklenburg-Strelitz es abgelehnt hatte, von dem Begnadigungsrecht Gebrauch zu machen. In diesem, nur auf Indizien aufgebauten Prozeß war das psychologische Moment eines der gewichtigsten Indizien. In wie vielen Fällen stehen diese, die psychologischen Gründe, nicht in der Urteilsbegründung und begründen doch das Urteil. Wie viele Indizienbeweise wären als mißglückt oder lückenhaft erkannt worden, wenn der Angeklagte geschickter gewesen wäre und sich umgänglicher und sympathischer gezeigt hätte. Man darf einen unbewußten, ungünstigen Eindruck auf Richter und Geschworene nicht unterschätzen; er vermindert das Mißtrauen gegen sonst sehr sorgfältig geprüfte Indizien. Die Art psychologischen Denkens, welche die Tatbestandsdiagnostik beherrscht, wird am gefährlichsten, wenn sie als Gewicht in die Waage der Justiz geworfen wird. Es wird hier falsch gewogen, mag es sich nun darum handeln, »Sachverständige« über das Erinnerungsvermögen von Zeugen einzuvernehmen oder sich ein Urteil über die Identität der Triebimpulse eines Verdächtigen zu bilden, um auf Grund eines solchen Gutachtens die Tatfrage zu entscheiden. Es kann nicht meine Aufgabe sein, nachzuweisen, in wie vielen tausend Fällen das naive Vertrauen in die eigene psychologische Erkenntnis oder das eigene Verständnis fremder Seelenvorgänge zu schweren und schwersten Justizirrtümern geführt hat[43]. Es handelt sich ja nicht darum, die Sachlage vollständig, sondern repräsentativ darzustellen. Ein Beispiel muß hier viele hunderte vertreten, ein Fall für viele stehen: In den siebziger Jahren des vorigen Jahrhunderts saß ein reicher Bauer an einem Kirchtag in einem kleinen österreichischen Städtchen im Wirtshaus. Dort erklärte er vor allen Anwesenden einem jungen Forstadjunkten, der in die Tochter des Bauern sehr verliebt war und sich stürmisch um das junge Mädchen beworben hatte, daß von einer Heirat zwischen den beiden nicht die Rede sein könnte. Der junge Forstadjunkt saß, verzweifelt vor sich hinstarrend, an einem Tisch. Plötzlich schrie er so laut, daß alle Gäste es mitten im Lärm hören konnten: »Diesem Hund wird man es noch zeigen! Der wird sehen! Und nicht ich, er wird unglücklich werden.« Der Adjunkt trank weiter. Der Bauer ging nach Hause. Am nächsten Tage wird der Leichnam des Bauern auf der hellbeleuchteten Straße gefunden. Zwei Obdachlose berichten, daß sie gesehen haben, wie der Forstadjunkt den Dolch, mit dem der Bauer getötet worden war, aus dem Rücken des Ermordeten gezogen habe. Man prüft den Dolch; der Adjunkt wird verhaftet. Er beteuert immer wieder: »Ich bin unschuldig.« Man hält ihm alle so schwerwiegenden Indizien vor, nimmt ihn ins Kreuzverhör. Er bleibt dabei, daß er unschuldig sei. Er wird zum Tode durch den Strang verurteilt, zu zwanzig Jahren Zuchthaus begnadigt. Nachdem er zwölf Jahre abgebüßt hatte, legt der wirkliche Täter am Totenbett ein Geständnis ab. Es wurde klar, wie der Fall wirklich lag: Im Dorfe gab es einen Bauern, der in mißlichen Geldverhältnissen lebte und wußte, daß jener andere Bauer, der Vater des Mädchens, die Brieftasche voll Banknoten bei sich hatte. Als der Forstadjunkt beim Wirtshaustisch trank, stahl ihm jener Bauer heimlich den Dolch aus der Scheide und stach dann auf der Straße den heimkehrenden Bauern nieder. Der Forstadjunkt, der den Leichnam auf der Straße findet, erkennt entsetzt seinen eigenen Dolch im Rücken des Getöteten. Nun weiß er, er wird des Mordes beschuldigt werden, sein Dolchmesser wird den stärksten Beweis gegen ihn bilden. Er zieht, um sich zu retten, den Dolch aus dem Körper und wischt ihn ab – in dieser Situation wird er eben von den beiden Obdachlosen gesehen. Neben diesen Zeugenaussagen war das wichtigste Moment in der Anklage das psychologische: Die Bewertung der Wut und Verzweiflung des jungen, abgewiesenen Freiers gegen den reichen Bauern. Die wüsten Drohungen im Wirtshaus bezeugten deutlich genug das Ausmaß der schweren Feindseligkeit, ja sie wiesen unzweideutig auf die Angriffsabsicht hin. Hier aber, in der Verwertung der psychischen Situation, zeigte sich in diesem Falle wie in unzähligen anderen die Armseligkeit der kriminalistischen Psychologie. Daß der Forstadjunkt jenen reichen Bauern bedroht hat, daß er ihm sogar den Tod in Aussicht stellte, muß nicht unbedingt für seine tatsächliche Schuld sprechen; es kann unter Umständen sogar dagegen sprechen, wenn man psychologisch wertet. Das gesprochene Wort, die Beschimpfung, der Fluch und die Drohung wirken oft wie ein psychisches Ventil, funktionieren häufig im Sinne einer Abzugsquelle für eine seelische Spannung. (»Groß war das Wort, weil es die Tat nicht war.«) Wir wissen, in wie vielen Fällen die verbale Aktion die motorische ersetzt. Freilich ist diese Bewertung auch nach der anderen Seite hin unzuverlässig: Trotz wüstem Schimpfen und Toben kann es doch zum tätlichen Angriff, zum Mord, kommen. Wir haben kein Mittel, die Wirksamkeit der individuellen Hemmungseinrichtungen abzuschätzen.

Dostojewski hat mit Bezug auf die Psychologie im Indizienbeweis gesagt, sie sei ein Stock mit zwei Enden[44]. Wirklich entzieht sich die Psychologie nicht ihrem Gebrauch zur Belastung oder Entlastung des Angeklagten. Es ist Sache des Psychologen, dieses Mißverständnis seiner Wissenschaft klar erkennen zu lassen und abzulehnen. Es bliebe noch dann Mißbrauch, wenn die Mißverständnisse weniger kläglich, die Untersuchungsmethoden minder grobschlächtig, die Überlegungen der Kriminalisten dem seelischen Bereich, den sie ergründen wollen, angemessener wären. Die Deutungen menschlichen Verhaltens in solchen Untersuchungen sind oft von beschämender Naivität, die psychologischen Experimente im Verhör manchmal Kindereien, die Beobachtungen ohne jede Kontrolle und Sicherheit, die Folgerungen daraus oft von erschreckender Weltfremdheit. Nun wäre eine solche Schlichtheit in der Auffassung psychologischer Tatbestände beim Juristen kein Malheur; sie kann es aber werden, wenn von ihr die Entscheidung über Schuldig und Unschuldig mitbestimmt wird. Der Bau der Strafrechtspflege kracht in allen Fugen, aber so lange er hält, gilt für den Richter: Soll er strafen oder schonen, muß der Mensch menschlich sehen. Überall wird im Strafprozeß die Unzulänglichkeit der kriminalistischen Psychologie offenbar. Schweigt der Angeklagte, so wird das als Ausdruck des Schuldgefühles gedeutet, ebenso, wenn er erregt spricht.

Im Ritualmordprozeß Hilsner wies der Staatsanwalt auf bestimmte Zeugenaussagen hin, die an dem Angeklagten eine gewisse Beklommenheit und Nachdenklichkeit, sowie Erröten bemerkt hatten. Der Staatsanwalt berief sich darauf und sagte: »Daß an Hilsner wirklich ein solcher Kampf, daß an ihm eine seelische Beklemmung zu erkennen war, muß ich Ihnen nicht sagen, da Sie Gelegenheit hatten, ihn im Laufe der Verhandlung zu beobachten... Dieses krampfhafte Bewegen der Finger, dieses Verändern der Farbe sind kein gutes Gewissen.« Auch wenn wir annehmen, der letzte Satz soll ausdrücken, daß Hilsners Verhalten von keinem guten Gewissen zeuge, stellt die Behauptung eine Deutung des staatlichen Funktionärs dar, und manche könnten, im Sinne jener Dostojewskischen Auffassung, die Zeichen im entgegengesetzten Sinn deuten. Hier wird das Janusgesicht psychologischer Betrachtung im gerichtlichen Verfahren wahrnehmbar, die Gefährlichkeit falscher und einseitiger Verwertung psychologischer Indizien erkennbar. Oft ist der Schuldige durchaus ruhig und selbstsicher, während der zu Unrecht Beschuldigte den Eindruck des Schuldbewußten macht[45]. Der Angeklagte stottert, ist verwirrt, beschämt, verlegen, er redet in inkohärenten Sätzen; was er sagt, macht den Eindruck dummer Ausflüchte; seine Stimme ist unsicher und stockend; im Verhör scheint er Details zu erfinden, da er nach Worten sucht, und doch ist er nicht schuldig. Der wirkliche Täter, der etwa als Zeuge einvernommen wird, erscheint mit klaren Augen vor Gericht, voll Ruhe und Sicherheit; er antwortet offen und in kurzen, präzisen, vernünftigen Sätzen, ist geistesgegenwärtig, und man hat den Eindruck, die Sache gehe ihn nichts weiter an. Man hat schon einigemal einen Angeklagten gesehen, der angesichts der ihm vorgewiesenen blutigen Waffe einen Kollaps bekam und doch unschuldig war. Die Überschätzung psychologischer Indizien in ihrer Beweiskraft für die Tatfrage ist noch jetzt, da man anerkennt, daß eine Erregung ebensooft von bestimmten endokrinen Vorgängen als von der tatsächlichen Schuld zeugt, nicht gewichen. Man denke etwa daran, daß ein Angeklagter lügt, diese Lügen nachgewiesen wurden und welche psychologischen

Folgerungen daraus gezogen werden. Wie viele und wie verschiedene Motive kann der Angeklagte für seine Lüge haben – selbst vorausgesetzt, daß er sie immer als solche erkennt. Die Deutung der Lüge als Schuldbeweis oder zumindest als Verdachtsgrund ist so allgemein, daß sie fast als zwangsmäßig erscheint. Im Ritualmordprozeß Hilsner, den ein berufener Anwalt »einen der beschämendsten Justizirrtümer« nennt, war der Verdacht des Mordes auf sexueller Grundlage aufgetaucht, und der Angeklagte wurde nach seinem Sexualleben gefragt. Er behauptete, impotent zu sein und wurde durch eine Zeugin widerlegt. Ebenso behauptete er fälschlich, die Leiche der Ermordeten nicht gesehen zu haben. Beide Aussagen erwiesen sich als Lügen, indessen wurde es klar, daß der Beschuldigte glaubte, durch eine bejahende Antwort seine Situation zu verschlechtern. Die Schlußfolgerungen, die man aus den beiden Lügen auf die Täterschaft zog, waren durchaus irreführend. Die naive Analogie, die der Richter in seinem psychologischen Denken häufig zeigt, ist erstaunlich.

E. Zola schildert einmal, wie verständnislos ein Untersuchungsrichter einem Manne gegenübersteht, der sich nicht im geringsten schämt, einen Diebstahl einzugestehen, aber von Scham bewältigt wird, wenn es gilt, zuzugeben, daß er den Strumpf einer geliebten Frau für sich behalten hat. Es sind besonders psychologische Widersprüche, welche die Kriminalisten in Erstaunen setzen, in ein Erstaunen, das sich leicht in Erbitterung verwandelt. Diese Erbitterung äußert sich in einer Tendenz, die Aussage von solchen Widersprüchen, welche schwer erträglich sind, freizumachen. In dem früher erwähnten Werke Zolas (›La bête humaine‹) hat Roubaud aus Eifersucht einen Mann getötet. Der Untersuchungsrichter Denizet, dem der Fall übertragen wurde, kann nicht glauben, daß Eifersucht das Motiv der Tat war: Die Frau Roubauds hatte nachher auch einen Liebhaber. Warum hat er jenen getötet, nicht diesen? »Ich weiß es nicht...

Ich habe den anderen getötet, ich habe diesen nicht getötet.« Denizet, der auf seine psychologische Begabung und seine Kunst psychologischer Durchdringung sehr stolz ist, fährt den Verbrecher unwillig an: »Sagen Sie mir nicht mehr, daß Sie eifersüchtig sind und sich rächen wollten! Ich rate Ihnen, diesen Roman nicht den Herren Richtern vorzutragen, denn sie werden darüber die Achseln zucken... Glauben Sie mir, ändern Sie Ihr System, nur die Wahrheit könnte Sie retten.« Und doch ist es die Wahrheit, die Roubaud gesprochen hat[46]. Ähnliche Situationen spielen sich täglich vor den Kommissaren und Untersuchungsrichtern der ganzen Welt ab. Es ist bemerkenswert, daß die Situation des Beschuldigten selbst den Untersuchungsrichter unbewußt in der Richtung zum ungünstigen Urteil beeinflußt. Wird der Angeklagte bei einer Lüge ertappt, so hat der Richter sozusagen Blut geleckt. Das hartnäckige Leugnen erbittert ihn unbewußt wie eine persönliche Beleidigung; es ist so, wie wenn der Beschuldigte ihn für dumm hielte, ihn betrügen wolle, und der Richter reagiert entsprechend darauf.

Meinen die meisten Menschen, daß sich das Psychologische von selbst verstehe, so ist dem Kriminalisten im Besonderen die Seele kein weites Land, sondern eher ein genau eingeteilter polizeilicher Bezirk. Es liegt in der Natur des Untersuchungsrichters, daß er Überraschungen im Psychologischen nicht liebt.

Die ethische Anschauung des Richters gestattet es ihm nicht, den Zusammenhang zwischen der Tat, deren ein Angeklagter beschuldigt wird, und seiner moralischen Haltung in anderen Angelegenheiten zu vernachlässigen. In einem Mordfall in Österreich hatte man es dem Verbrecher besonders verargt, daß er angesichts des Erschlagenen sein Abendessen eingenommen hatte. In einem anderen Falle, in dem die Ehefrau und der Knecht gemeinsam den Bauern getötet hatten, hatte man es den beiden besonders angekreidet, daß sie unmittelbar nachher koitiert hatten. Sie hatten sich sozusagen angesichts der Leiche unanständig benommen. Man hatte bei diesen Mördern das Zartgefühl vermißt und offenbar geglaubt, sie würden eine Art Respektpause einhalten. Es geschieht nicht selten, daß das Vorleben des Angeklagten – anständige Bürger haben kein »Vorleben« – als Verdachtsgrund in besonderer Art erscheint. Nicht nur das Verbrechen wird beurteilt, sondern der Charakter, und eine verbrecherische Tat ist dem, der etwa einmal zynisch über Gott oder die Ehe gesprochen oder sich über die Polizei lustig gemacht hat, eher zuzutrauen als dem untertänigen Bürger. Wie sehr diese moralischen Anschauungen der Untersuchungsrichter und Geschworenen ihre Meinung über die Schuld oder Unschuld des Angeklagten beeinflussen, ist bekannt genug[47].

Wir haben keinesfalls die Absicht, uns über das Fehlen der psychologischen Schulung und den Mangel an psychologischem Verständnis in der üblichen Art zu beklagen. Diese Schulung ist gewiß ein Ziel, aufs innigste zu wünschen, aber nicht in dem Sinne, wie es jetzt von seiten der Strafrechtstheoretiker geschieht, um die psychologischen Indizien gegen den Verdächtigten schärfer fassen zu können und um Richter und Kriminalkommissare sicherer in ihrer Aufgabe des Schuldbeweises zu machen. Fast würde ich es wagen, das Gegenteil zu sagen: um sie unsicherer darin zu machen. Das will heißen: Die Funktionäre, denen die Wahrheitsforschung im Strafprozeß obliegt, sollten genug Einblick in die wissenschaftliche Psychologie gewinnen, um zu erkennen, wie unzuverlässig und ungeeignet psychologische und charakterologische Indizien in der Tatbestandsdiagnostik sind, in wie seltenen Fällen und mit welcher Vorsicht sie heranzuziehen sind.

Wie bisher halten wir die Erwerbung psychologischer Kenntnisse bei den gerichtlichen Funktionären für dringend notwendig. Sie wird nicht nur der so notwendigen Korrektur der naiven psychologischen Anschauungen dienen, sondern Richter, Staatsanwälte usw. gegen ihr eigenes Urteil skeptisch machen.

Sie wird dem Kriminalisten helfen, das Werden und Wesen einer verbrecherischen Tat besser zu verstehen, wenn der Täter festgestellt ist. Als Beweismittel, als Indiz für oder gegen die Täterschaft ist die Psychologie unbrauchbar. Der Mißbrauch der Psychologie im Indizienprozeß begegnet uns täglich im Gerichtssaal. Die vielen Hunderte von Beispielen, welche die Strafrechtsgeschichte liefert, sind, so scheint es, nicht stark genug, solche psychologischen Betrachtungen auszuschalten. Die plastischste Warnung in *Dostojewskis* ›Brüder Karamasow‹, eindringlicher dargestellt als in den Handbüchern der Strafrechtstheoretiker, ist ohne Nutzen verhallt. Wir lesen mit Entsetzen in den Protokollen der Hexenprozesse, welche Beweismittel man für die Schuld dieser armen Weiber anführte. Eine Zukunft, die vielleicht nicht mehr sehr entfernt ist, wird ähnlich von den heutigen psychologischen Indizien und von den Methoden, einen Charakter im Strafprozeß zu bestimmen, denken.
Die Psychologie ist, so scheint es, nicht geeignet, Menschen mittels eines entsprechenden wissenschaftlichen Verfahrens eines Verbrechens zu überführen. Ist keine Hoffnung auf eine zuverlässige psychologische Methode, den Täter eines Verbrechens zu eruieren, vorhanden? Ist von seiten der Psychologie in absehbarer Zeit keine Hilfe in der Lösung dieser Aufgabe zu gewärtigen? Ich glaube: nein. Die Gesetze des Seelenlebens kümmern sich anscheinend nicht darum, daß die Gesellschaft Unglückliche bestimmter Art Verbrecher nennt.

Indizienbeweis und Psychoanalyse

Es ist nicht mehr zweifelhaft, daß das Eindringen psychoanalytischer Gesichtspunkte die Strafrechtspflege langsam verändern muß. Diese Veränderungen werden sich vermutlich nicht in der Art vollziehen, wie die einen fürchten und die anderen hoffen.

Sie läßt sich schwer voraussagen, wenngleich sie in letzter Zeit von Strafrechtslehrern und Psychoanalytikern häufig und mit großer Sicherheit vorausgesagt wurde. Der Beobachter, der die Strafrechtspflege in den großen Veränderungen unserer Zeit studiert, wird sich, zu einer Ansicht herausgefordert, in einer um so schwierigeren Situation befinden, als es sich bei Kriminalisten und Analytikern nicht um zwei einander entgegengesetzte Gruppen handelt, sondern um so und so viele untereinander verschiedene Persönlichkeiten mit gesonderten Meinungen. Es ist nicht meine Absicht, in eine Diskussion der Bedeutung der Psychoanalyse für die Kriminalistik einzugehen. Es sei nur gesagt, daß wir Psychoanalytiker nicht immer unschuldig sind an den vielen und manchmal grotesken Mißverständnissen unserer Absichten auf kriminalistischem Gebiete. Ich meine, wir haben uns allzu bereitwillig in den Dienst der Strafrechtspflege gestellt, ohne ausdrücklich zu betonen, wie fragwürdig uns dieser Dienst als solcher erscheint. So schien es *Alexander* und *Staub* von vornherein richtig und wichtig, daß der Psychoanalytiker in den Gerichtssaal »hereingelassen« werde[48]. Sie prophezeiten dann, die Psychoanalyse werde aus dem Gerichtssaale nicht mehr verschwinden[49]. In einer Besprechung des Buches von Alexander und Staub, deren Meriten in kriminalpsychologischer Richtung ich hervorhob, gab ich dem Zweifel Ausdruck, ob es denn wirklich so wünschenswert sei, daß die Psychoanalyse in den Verhandlungssaal eingelassen werde. Ich fürchtete, so führte ich dort aus, daß die Gerichtsfunktionäre die analytische Lehre falsch verstehen und daß sie jetzt mit Hilfe der neuen Theorien den Verbrecher lehren werden, daß, was er sonst getrieben frei, eins, zwei, drei dazu nötig sei.

Kaum waren diese Sätze geschrieben, als sie sich als prophetisch erwiesen: Im Vatermordprozeß gegen Philipp Halsmann hat es die Innsbrucker medizinische Fakultät als wahrscheinlich hingestellt, daß Halsmann einen Ödipuskomplex habe und diese seelische Konstellation, die man sich in Innsbruck gerne als Eigentümlichkeit einiger Menschen vorstellt, offenbar als Verdachtsgrund gegen den Angeklagten in Erwägung gezogen. *Freud* hat dann selbst gezeigt, wie die Erwägung des Ödipuskomplexes in einem solchen Falle besonders müßig und irreführend ist[50]. Demjenigen aber, der solche Einführung der Psychoanalyse in den Gerichtssaal für eine nahe Zukunft erwartet, eröffnen sich Perspektiven, die grauenhaft und bizarr zugleich sind: Die Existenz des Ödipuskomplexes als Indiz gegen den Beschuldigten verwendet, die unbewußten Regungen, die durch Psychoanalyse gefunden wurden, als Schuldbeweis vor Gericht gestellt, ein Hexensabbath des gesunden Menschenverstandes. Nein, ich wünsche nicht, daß die Psychoanalyse in den Gerichtssaal »hereingelassen« werde. Sie soll lieber draußen bleiben als solche Verwendung finden.

Ich meine, der Gerichtssaal ist vielleicht überhaupt nicht das richtige Milieu für die Psychoanalyse. Die Tiefenwirkung der Psychoanalyse geht in andere Richtung: Ihre Forschungen auf kriminalistischem Gebiet werden dazu führen, die Strafrechtspflege in ihrer ganzen Problematik erkennen zu lassen.

Es schien eine Zeitlang, als könnten die analytischen Gesichtspunkte auch in der Erreichung bestimmter Ziele dienlich sein, die jeder Erörterung über den Zweck der Strafe, über Strafbemessung und Strafvollzug vorangehen müssen. Ist die Psychoanalyse geeignet, einen Beitrag zur Frage nach den unbekannten Tätern zu geben, ja vielleicht sogar diese Frage zu lösen?

Das Problem der psychologischen Tatbestandsdiagnostik taucht immer wieder auf; immer wieder hat es Richter und Laien, Geschworene und Verteidiger interessiert, zu erfahren, ob nicht ein Verfahren gefunden werden kann, das den Angeklagten nötigt, seine Schuld oder Unschuld durch objektive, seinem Willen entzogene Zeichen zu erweisen. Wenn es solche zuverlässige psychologische Methoden gäbe, so würde der Strafprozeß eine umwälzende Veränderung erfahren. *Wertheimer* und *Gross* haben eine Methode gesucht, die durch Assoziationsexperimente, unabhängig von den Angaben der Versuchsperson, erkennen lassen sollte, ob ihr ein bestimmter Sachverhalt bekannt ist oder nicht. Das Aufdeckungsverfahren für verborgenes seelisches Geschehen sollte hier zum objektiven Selbstverrat verwendet werden. In *Freuds* Vortrag »Tatbestandsdiagnostik und Psychoanalyse« waren die allgemeinen Gesichtspunkte, welche ein solches Verfahren möglich machen könnten, klar dargelegt worden[51]. Dort war freilich betont worden, daß ein Einfluß dieses psychologischen Experiments auf die Entscheidung der Täterfrage nicht in Betracht kommen könne. Die Unterschiede in der seelischen Situation des Verbrechers und des Neurotikers, des Untersuchungsrichters und des Psychoanalytikers sind so einschneidende, daß an eine praktische Verwertbarkeit der psychoanalytischen Methode, die nicht zur Erforschung der materiellen Wirklichkeit geschaffen wurde, in der Frage der Täterschaft nicht gedacht werden konnte. Die Versuche haben ergeben, daß in manchen Fällen der Tatbestand gegen den Willen des Verdächtigten durch eine solche psychologische Tatbestandsdiagnostik ermittelt werden konnte. Ihnen gegenüber stehen Fälle, in denen die erreichten Reaktionen einen eindeutigen und sicheren Schluß nicht zulassen. Unser Ceterum censeo: Die Psychoanalyse ist nach dem jetzigen Stand unseres Wissens zur Lösung der Täterfrage weder kompetent noch geeignet. Man kann nicht wissen, wie die Frage der praktischen Verwertbarkeit der analytischen Methode in der nächsten Generation beantwortet werden wird.

Die eben heraufkommende Generation analytischer Forscher scheint in dieser Beziehung außerordentlich zuversichtlich zu sein, was besonders erfreulich wäre, wenn sich dieses Gefühl auf neue Erkenntnisse stützen könnte. So glaubt *Fromm*[52], »daß die Psychoanalyse gerade in den Fragen der Tatbestandsfeststellung ihre Einsichten durchsetzen wird, d. h. also in Fällen, wo die Psychologie dazu dienen soll, den Tatbestand zu klären, wo sie dazu verhelfen soll, festzustellen, ob ein Angeklagter der Täter ist oder nicht«. Nach diesem Autor kommt der Psychologie in diesen Fällen eine ähnliche Rolle zu wie etwa der Chemie oder der Medizin: »Die Zahl der Fälle, in denen psychologische Erwägungen für die Feststellung, ob ein Angeschuldigter der Täter ist oder nicht, wichtig sind, ist recht groß. Es handelt sich vor allem um solche Fälle, in denen ein Geständnis des Täters nicht vorliegt und die Auffindung eines plausiblen Motivs entscheidend ist dafür, ob man ihm die Tat zutraue oder nicht, ferner um andere, in denen nicht die Tat, sondern ihre strafrechtliche Einordnung zweifelhaft erscheine. In allen diesen Fällen nun könnte die analytische Psychologie auch *de lege leta* Verwendung finden, weil sie hier nicht durch ihre Auffassung von dem Schuld-, Verantwortungs- und Besserungsproblem in einem Gegensatz zum System des heutigen Strafrechts steht, sondern innerhalb desselben dieselbe Funktion ausübt, wie es etwa die Chemie tut, wenn sie Aufklärung darüber schafft, ob ein Blutfleck von menschlichem oder tierischem Blut stammt, oder die Graphologie, wenn sie die Identität des Schreibers zweier Handschriften feststellt.«

Die hier vertretene Anschauung zeugt von einem Optimismus, dem die Tatsache, daß ihr Inhalt falsch ist, sicherlich wenig anhaben kann. Richtig ist in ihr allein die Konstatierung der Tatsache, daß die Fälle, in denen psychologische Erwägungen für die Frage der Täterschaft wichtig geworden sind, recht groß ist. Fraglich bleibt, wieweit diese Erwägungen verläßlich sind und wieweit sie nicht falsch am Ort sind. Sonst sind die Behauptungen *Fromms* in erstaunlicher Art irreführend. Der Vergleich, demzufolge die Psychoanalyse in diesen Fällen eine ähnliche Rolle spielen könnte wie die Chemie oder Medizin, ist durchaus schief. Der entscheidende Unterschied springt sofort in die Augen, wenn man bedenkt, daß das Anwendungsgebiet der genannten Wissenschaften ein *toto genere* verschiedenes ist. Das Reich der Chemie und Medizin ist von dieser greifbaren (wenngleich nicht immer faßbaren) Welt, es ist materiell; das der psychischen Vorgänge, das Reich der Psychologie, liegt auf einer anderen Ebene. In der Chemie gibt es feste, scharf umrissene Reaktionen, deren Natur vom Geruch-, Geschmacks- und Gesichtssinn entschieden wird. Man sieht im Reagenzglas die Probe darauf, ob ein Stoff von dieser bestimmten Art ist. Die Reaktion im Seelischen weist auf kein solches materielles Vorhandensein hin – und wiese sie auch darauf hin, es wäre für die psychologische Forschung nicht das Wesentliche. Es kann z. B. eine bestimmte mimische Reaktion als »Ausdruck der Gemütsbewegungen«, wie man es früher nannte, deshalb eintreten, weil ein Mensch ein Verbrechen begangen hat; sie kann sich aber auch einstellen, weil er es zu begehen wünschte. Die psychische Realität ist für die Psychologie das einzig Entscheidende, die materielle tritt zurück.

Wenn in jenem kriminalistisch-analytischen Programm der psychoanalytischen Betrachtungsweise eine besondere Bedeutung in der Frage, ob man einem Beschuldigten die Tat zutrauen dürfe oder nicht, zugeschrieben wird, so sei auf die vorangehenden Bemerkungen verwiesen. Die Frage des »Zutrauens« einer Tat ist durch die Analyse nicht lösbar – sie gehört aber auch nicht zu den Fragen, deren Beantwortung die Analyse anstrebt. Die Analyse ist viel eher geeignet, Aufklärungen über einen Verbrecher zu geben, der die Tat sicher begangen hat und dem sie nicht zuzutrauen ist.

Im Gegensatz zu *Fromm* und zahlreichen anderen Analytikern und Psychologen halte ich die Psychoanalyse für völlig ungeeignet zur Hilfe in der materiellen Wahrheitsforschung, die dem Richter obliegt. Ich sehe auch keinen Weg, unsere wissenschaftlichen Methoden so umzuformen, daß sie den Anforderungen der Kriminalistik dienlich sein können, wenn sie die Spuren des unbekannten Verbrechers verfolgt. Greifen wir noch einmal zur Revision auf den Vergleich zurück, wie ihn Fromm zwischen der Rolle der Psychoanalyse und der Chemie ausgeführt hat. Nehmen wir an, es sei ein Notzuchtsakt an einem Kinde vollzogen worden. Ein Landstreicher wird unter dem Verdacht, das Verbrechen begangen zu haben, verhaftet; an seiner Hose zeigen sich Flecken von auffälliger Beschaffenheit, sie werden untersucht, es sind Samenflecken. Diese Spermatozoenspuren werden sicherlich als Indizien gewertet, die zusammen mit anderen einen Tatbeweis konstituieren können. Kann die Psychologie wirklich, wie jener Analytiker behauptete, in einem solchen Falle eine ähnliche Rolle spielen wie die Chemie? Keineswegs. Der Analytiker mag es mit dem freien Einfall, mit Assoziationsexperimenten, mit der Deutung von Träumen und Fehlleistungen, mit der analytischen Verwertung anderer psychischer Aktionen probieren, er wird nichts für die Täterfrage Belangvolles beibringen können. Seine Bemühungen werden auf bestimmte psychische Erlebnisse hinweisen, aber sie werden nichts zur Beantwortung der Frage beitragen können, ob die beobachteten Reaktionen sich auf bestimmte materielle Vorgänge beziehen. Dies gilt für den günstigsten Fall, daß die Versuchsperson bereitwillige Auskunft über ihre seelischen Prozesse geben will. Und nun bedenke man die Situation eines Angeklagten, der wegen eines Verbrechens verdächtigt wird. Der Psychoanalytiker, beauftragt, sein psychologisches Gutachten über die Frage abzugeben, ob man dem Angeklagten dieses Verbrechen zutrauen dürfe, betritt die Zelle des Untersuchungshäftlings – wird er auch willkommen scheinen?

Ist es klar, worin der Unterschied zwischen den genannten Wissenschaften und der Psychoanalyse in ihren Anwendungsmöglichkeiten liegt? Nicht in einem Plus oder Minus an Exaktheit, nicht in der Differenz der Zuverlässigkeit und Sicherheit der Me-

thoden, nicht in einem Unterschied des empirischen Charakters der Untersuchung, sondern in der wesenhaften Differenz des Untersuchungsgebietes. *Fromm* meint, die Psychoanalyse könne in den bezeichneten Fällen innerhalb des heutigen Strafrechtes dieselbe Funktion ausüben wie etwa die Chemie, wenn sie Aufklärungen darüber schafft, ob ein Blutfleck von menschlichem oder tierischem Blut stammt, oder wie die Graphologie, wenn sie die Identität des Schreibers zweier Handschriften feststellt. Allein der Blutfleck und das Blatt mit der fraglichen Handschrift gehören der materiellen Realität an, die Vorgänge, welche der Analytiker zu untersuchen hat, der psychischen Realität. Die Diskussion mit der Frommschen Auffassung wurde hier nicht wegen deren Bedeutsamkeit so eingehend geführt, sondern weil sie und ihr nahestehende Meinungen geeignet sind, gefährliche Mißverständisse über den Anwendungsbereich der Psychoanalyse zu begünstigen. Es muß jedem für dieses Gebiet interessierten Psychologen, das will heißen, jedem Psychologen am Herzen liegen, das Halbdunkel, das über diesem Problem liegt, aufzuklären und die Sachlage so scharf und eindeutig wie möglich darzustellen. Man erweist der analytischen Psychologie keinen Dienst, wenn man ihr Anwendungsgebiet ins Imaginäre erweitert; dadurch wird die Aufmerksamkeit von ihrem wirklichen Rayon abgezogen[53]. Es gibt gerade auf kriminalistischem Gebiete für die Psychoanalyse Aufgaben, die noch nicht einmal gesehen, geschweige in Angriff genommen wurden.
Der Strafrichter, welcher fragt: »Ist dieser Mann, diese Frau der Täter?« erwartet von den psychologischen Sachverständigen die Antwort: Ja oder nein. Der Psychoanalytiker aber kann – auch unter den günstigsten Bedingungen – nach Abschluß seiner Untersuchung über das Triebleben eines Menschen darüber nichts aussagen. Er könnte etwa in einem Falle sagen: Ich habe gefunden, daß dieser Mann, welcher das Muster zarter Rücksicht und größten altruistischen Eifers ist, schwere sadistische Triebre-

gungen unbewußter Natur zu bewältigen hat. Der Weg von solcher Triebrichtung und -intensität zur entsprechenden Tat, zur aggressiven Ausschreitung ist ein weiter, ja, er ist kein direkter. In den meisten Menschen ist die Reaktion auf solche verpönte Triebregungen so stark geworden, daß sie jede äußere reale Befriedigung ausschließt. Die Existenz so starker verbotener Impulse hat die ganze Macht der psychischen Abwehrkräfte wachgerufen, so daß jene sich nur in Träumen und unbewußten Gedanken Ausdruck verschaffen können. Ich weiß nicht, wo ich einmal den prägnanten Satz las: »Das Mädchen war arm, aber sauber; ihre Phantasien waren das Gegenteil.«

Nun wäre die psychologische Situation nicht schwer zu erfassen, wenn sich der Tatbestand so einfach darstellte, daß verdrängte Triebkräfte von ziemlicher Stärke eine Art Garantie gegen antisoziale Triebbefriedigung bildeten. Das ist aber keineswegs der Fall. Diese unterdrückten Triebimpulse können plötzlich und an unvermuteter Stelle mit der besonderen Kraft lange gestauter Energie durchbrechen und zu sadistischen Szenen, zu brutalen perversen Aktionen und zu verbrecherischen Handlungen führen[54]. Wir können die Psychologie in keiner Art darüber entscheiden lassen, ob jemand seiner Triebanlage nach ein Verbrechen begangen hat oder nicht. Es ist ja nicht nur die Intensität der Triebregungen, sondern auch die der Gegenbesetzungen bestimmend, die ganze Dynamik des Trieblebens, die sich auf die Kräfteverhältnisse der einzelnen Determinanten bezieht, ist hier ebenso zu beachten wie die Topik der seelischen Vorgänge. Auch quantitative Momente, die zwischen Wunsch und Ausführung, Absicht und Ausführung vermitteln und die abzumessen uns kein Mittel zur Verfügung steht, sind im Spiel.

Es sei uns gestattet, zu jenem früher zitierten Ausspruch aus der Gerichtsszene der ›Brüder Karamasow‹, die Psychologie sei ein Stock mit zwei Enden, zurückzukehren. *Freud*[55], der den Satz wiederholt anführt, hebt hervor, der Ausspruch stelle eine großartige Verhüllung dar; nicht die Psychologie, sondern das gerichtliche Ermittlungsverfahren verdiene den Spott: »Es ist ja gleichgültig, wer die Tat wirklich ausgeführt hat, für die Psychologie kommt es nur darauf an, wer sie in seinem Gefühl gewollt und, als sie geschehen, willkommen geheißen hat.« Mit diesen Worten ist nicht nur der Interessenkreis der Psychologie abgegrenzt, sondern auch die Grenze ihrer Kompetenz klargestellt[56]. Die Lösung der Täterfrage liegt außerhalb ihres Rahmens; sie hat andere Aufgaben und Probleme, deren Tragweite kaum geringer ist.

Der Selbstverrat

Innerhalb der Indizien gibt es eine Gruppe, die auf den Beobachter einen bestimmten Eindruck macht: es scheinen Unbedachtheiten oder Unvorsichtigkeiten zu sein, die den Verbrecher verraten, während er seine Aufmerksamkeit darauf gerichtet hat, all seine Spuren zu verwischen. Solche Indizien, deren Existenz man mit der Annahme von »Dummheit« des Verbrechers zu verknüpfen versucht, liefern ihn häufig der Strafe aus. Diese selbstverratenden Indizien können in der Art des Verbrechens, in den Werkzeugen, in Zeit und Ort der Tat, in allen Begleitumständen entdeckt werden. Am 4. Dezember 1924 meldeten die Zeitungen, daß eine Räuberbande die Villa des Direktors einer Kalksteingrube bei Stegen, Angerstein, überfallen habe. Sämtliche Anwesenden, acht Personen, wurden getötet, mit Ausnahme Angersteins selbst, der schwer verletzt wurde. Man vermutete, daß das Ziel des Überfalls ein Lohngeldraub war; die Villa selbst war von der Bande in Brand gesteckt worden. Dieser Bericht konnte sich vornehmlich auf die Aussagen des schwerverletzten Angerstein, der im Krankenhaus einvernommen wurde, stützen. Man konstatierte indessen, daß die Tat wesentlich früher begangen sein mußte, als Angerstein angab; an der Leichenstarre der acht Opfer konnte man die Todesstunde ungefähr feststellen. Diese Möglichkeit hatte Angerstein in seinem schrecklichen Mordplan nicht berücksichtigt. Ein anderes Beispiel: Dr. Erdély, der Gatte der schönen Budapester Schauspielerin Anna Forgács, reiste kurz nach der Hochzeit mit seiner jungen Frau nach Millstatt in Kärnten. Bald darauf erfuhr man, daß Frau Erdély in eine 17 Meter tiefe Schlucht in der Nähe des Kurortes abgestürzt sei. Ins Hotel gebracht, starb sie. Der Arzt konstatierte Herzlähmung und gab die Leiche zur Bestattung frei. Der Gatte schien völlig zusammengebrochen zu sein. Immerhin telegraphierte er an die Versicherungsgesellschaft, sie möge ihm sofort die 20 000 Dollar, mit denen das Leben der Frau Erdély versichert war, überweisen. Die Gesellschaft war indessen mißtrauisch geworden und drang auf Obduktion der Leiche. Dr. Erdély hatte nicht bedacht, daß Würgespuren bei durch Absturz Verunglückten nicht vorzukommmen pflegen. Wenn der Verbrecher sehr vorsichtig sein will, alle Möglichkeiten genau voraussehen und berücksichtigen will, so kommt es oft vor, daß er zu »vorsichtig« wird, sich gerade durch seine Umständlichkeit selbst verrät. Manche Kriminalisten behaupten, eine sichere Art, ein Verbrechen zu begehen, sei die, es unter der Herrschaft des Impulses zu tun. Wenn der Verbrecher dann durch glückliche Umstände begünstigt wird, wird er vielleicht niemals entdeckt. Die sorgfältig geplanten und bis ins Detail voraus berechneten schweren Verbrechen werden häufig durch einen »dummen« Zufall verraten. Der Verbrecher sorgt z. B. für ein lückenloses Alibi, aber es ist zu sorgsam vorbereitet, und gerade dadurch läßt sich eine verborgen gehaltene Lücke erkennen. Der Artist Urban, der den Direktor des Mercedes-Palastes in Neukölln tötete, gab an, daß er um die Zeit der Tat ein Telefongespräch mit seiner Braut in Leipzig geführt hatte. Die Angabe war nahezu richtig, aber die genaue Zeit des Gespräches konnte durch die Buchung des Fernsprech-

amtes kontolliert werden: Die Korrektheit und Präzision des amtlichen Apparates wurde Urban zum Verhängnis. Ein drittes Beispiel: Der Tankwärter Hoba in Wannsee bei Berlin wurde in einer Septembernacht besinnungslos in seiner Tankstelle aufgefunden. Der Mann röchelte schwer; die Schubladen waren durchwühlt, das Geld geraubt worden; alles deutete auf einen Überfall hin. Der Verletzte konnte am nächsten Tag schildern, wie zwei Männer auf einem Motorrad vorgefahren wären, die ihn niederschlugen und die Kasse raubten. Hoba hatte einen Umstand nicht genügend berücksichtigt: im Tank fehlten 165 Liter Benzin, und 165 Liter Benzin konnten die Verbrecher nicht auf ihrem Motorrad mitgenommen haben. Hoba hatte der Zapfstelle Benzin entnommen und die Kassengelder unterschlagen. Der Überfall war fingiert worden.
Die Kriminalisten beweisen uns, daß solche Indizien, die sie als »Sicherung des Beweises durch den Rechtsbrecher selbst« bezeichnen, gerade bei den schwersten Verbrechen nicht selten vorkommen. Man denke nur an die Aufzeichnungen der Massenmörder Haarmann und Denke. Der Leichtsinn, dem solche verräterische Indizien zuzuschreiben sind, kontrastiert seltsam mit der großen Vorsicht bei Ausführung der Tat. In einem von *Wulffen* berichteten Falle[57] benützte ein Lackierer, der einen Knaben ermordet hatte, eine Scherbe des Emailkruges, den das Kind vor der Tat in der Hand getragen hatte, als Farbentopf in der Werkstatt. Er hatte diese Scherbe so achtlos auf dem Fensterbrett stehen, daß sie von einem vorübergehenden Polizeibeamten dort gesehen wurde. Niemand findet etwas Sonderbares darin, daß Verbrecher nicht ihre Visitenkarte am Tatort zurücklassen. Es ist viel sonderbarer, daß sie es manchmal doch tun. Das »Berliner Tageblatt« berichtet z. B. unter der Überschrift »Das durfte nicht kommen« (30. Juli 1931), daß der Schneider Paul Kneisel der Kriminalpolizei nicht viel Probleme stellte. Dieser Mann hatte mit zwei Freunden in der Nacht zum 7. Juli 1931

einen Einbruch in ein Herrenkonfektionsgeschäft in der Berliner Krummen Straße verübt. Die drei Freunde hatten den Wunsch, sich neu zu bekleiden. Beim Weggehen hatten sie weitere drei neue Anzüge mitgenommen, die sie dann verkauften. Kneisel allein hatte, als er seine alte Jacke am Tatort zurückließ, vergessen, seinen polizeilichen Anmeldeschein herauszunehmen.

Das Material ist hier so überreichlich, daß man nicht die kriminalistische Literatur bemühen muß. Was der Tag uns zuträgt, genügt für unsere Zwecke. Besonders auffällig und aufschlußreich sind Fälle, in denen sich die Züge, die man gemeinhin als Nachlässigkeit, Unachtsamkeit, Verbrecherdummheit bezeichnet, häufen und dies gerade bei Verbrechen, vor deren Ausführung jede Einzelheit sorgsam bedacht und geprüft wurde. Nehmen wir den Fall des Generalkonsuls von Barckhausen, dessen rätselhafter Tod (Juli 1931) viel erörtert wurde. Dr. Barckhausen, der eine glänzende Laufbahn rasch durchmessen hatte, führte ein glückliches Familienleben und war in weiten Kreisen besonders beliebt und geachtet. Niemand ahnte, daß der lebenslustige Mann, der jugoslawischer Generalkonsul in Berlin war, mit schweren materiellen Sorgen zu kämpfen hatte, und sein zur Schau getragener Reichtum seinen Ruin auf die Dauer nicht verdecken konnte. Barckhausen beschloß in seiner verzweifelten Lage, wenigstens die Zukunft seiner Familie sicherzustellen. Der Vertrag seiner Lebensversicherung lautete auf 200 000 Mark, welche seinen Angehörigen bei seinem Tode (außer im Falle des Selbstmordes) ausbezahlt werden sollten. Barckhausen arbeitete nun sehr sorgfältig einen Plan aus, der die Untersuchungskommission zu der Annahme führen mußte, daß der Konsul von Einbrechern in seiner Villa überfallen und ermordet worden war. Als man Barckhausen in seinem Arbeitszimmer erschossen auffand, sprachen alle Zeichen für einen solchen Überfall. Es war alles so inszeniert, daß man eine Ermordung durch unbekannte Täter, die durch das Fenster eingedrungen waren, glauben mußte. Erst spät entdeckte die kriminalistische Untersuchung einige Einzelheiten, welche diesen Tatbestand ausschlossen und endlich nur jenen anderen, den verschleierten Selbstmord, zuließen. Es waren ein paar Kleinigkeiten, winzige Fehler in dem Meisterwerk an Berechnung und Überlegung, das der Plan des Versicherungsbetruges darstellte. Gerade an diesen kleinen Fehlern aber scheiterte der Plan. Es sollte der Eindruck erweckt werden, daß Barckhausen Sonntagnacht während des Schreibens ein Geräusch von Einbrechern vernommen habe, ihnen entgegengeeilt und von ihnen im Kampf erschossen worden sei. Das war gut berechnet, und alle Einzelheiten im Zimmer deuteten darauf hin, aber der Füllfederhalter, mit dem jener so jäh unterbrochene Brief geschrieben war, war geschlossen. Als man die Leiche Barckhausens fand, hielt der Tote in der rechten Hand krampfhaft einen Totschläger und eine zerrissene Krawatte. Der zu rekonstruierende Tatbestand mußte sich dem kriminalistischen Beobachter aufdrängen: Barckhausen war offenbar mit den Eindringlingen in ein Handgemenge geraten und hatte einem im Kampf den Schlips heruntergerissen. Allein auch in dieser Rechnung gab es einen kleinen, unauffälligen Fehler: der Tote hielt die Krawatte so, daß ihr Inneres nach außen lag. Hätte er seinen Mörder an der Krawatte gepackt und sie zerrissen, so hätte er mit dem Handteller unter die Krawatte greifen müssen und der Totschläger wäre ihm entglitten. Wiesen schon diese zwei Züge darauf hin, daß ein Überfall der angenommenen Art höchst unwahrscheinlich war, so brachte das Verschwinden und das Auffinden der Brieftasche des Toten Klarheit über den Tatbestand. Als die Leiche Barckhausens entdeckt wurde, suchte man vergebens nach seinem Portefeuille. Am nächsten Tag meldete sich ein Briefträger, der beim Leeren des Briefkastens am Nachbarhause die Tasche gefunden und auf seinem Postamt abgegeben hatte. Zur Zeit aber, als der Briefträger Sonntagnacht den Briefkasten leerte, lebte Barckhausen noch. Zu eben dieser Zeit hatte er sich zum letztenmal mit seiner Hausangestellten unterhalten. Das Fehlen der Brieftasche sollte auf den Einbrecher hinweisen; der Fund am nächsten Tag sollte die Annahme des Einbruches noch bestätigen: Der Verbrecher hatte anscheinend das geleerte Portefeuille in den nächsten Briefkasten geworfen, um sich seiner zu entledigen. Barckhausen hatte aber vergessen, sich zu vergewissern, wann der Briefkasten zum letztenmal entleert werden würde. Er nahm wohl an, daß am Sonntag keine Leerung mehr erfolgen würde. Die Zeit des Einwurfes erbrachte den Beweis, daß Barckhausen selbst die angeblich geraubte Tasche in den Postkasten geworfen hatte. Hier sowie in einer großen Anzahl von Fällen, welche die Kriminalgeschichte berichtet, findet sich eine Reihe verräterischer kleiner Fehlgriffe gerade in einer Aktion, die bis ins kleinste vorausgedacht und -berechnet wurde. Oft ist es nur ein winziger Lapsus, der einen ausgezeichneten Plan, ein mit vollendeter Logik aufgebautes, verbrecherisches Schema zum Scheitern bringt. Es ist immerhin auffällig, daß sich solche kleinen selbstverräterischen Züge, insbesondere bei schweren Verbrechen, einstellen; wir werden uns zu fragen haben, ob dafür besondere Gründe erkennbar sind.

Der Verbrecher scheint den Neid der Götter zu fürchten, wie die Werkmeister des Tempels von Nihko. Das Tor dieses nordjapanischen Heiligtums war von so vollendeter Schönheit, seine überreichen, erhabenen Schnitzereien so vollkommen gearbeitet, daß die Baumeister nach seiner Fertigstellung annahmen, es habe den Neid der höheren Mächte erweckt. Die Folgen eines solchen Gefühles wären schreckliche gewesen, hätten die Werkmeister nicht absichtlich an einer der Säulen einen ungeschickten Fehler angebracht, um die erzürnten Götter zu versöhnen.

Oft begnügt sich ein Verbrecher damit, einen Teil der zu erwartenden Spuren künstlich zu erzeugen, aber er unterläßt es, sie weiterzuführen. In einer von einem Teich umschlossenen Villa war ein Diebstahl verübt worden. An der Parkmauer fanden sich

Spuren davon, daß man dort überklettert war; ebenso waren auf dem sandbestreuten Wege bis zur Villa Fußspuren zu sehen. Eine genauere Besichtigung ergab, daß an der Parkmauer zwar Spuren vom Herunterrutschen einer Person zu sehen waren, daß aber an ihrer Außenseite Spuren vom Überklettern fehlten. Der Dieb war sonach unter den Insassen des Grundstücks zu suchen[58]. Verstand und scharfe Überlegung bieten keinen Schutz gegen diese »*avenging chance*«, die der kriminalistischen Untersuchung manchmal zu Hilfe kam: Ein mit allem Raffinement gefälschtes Testament datierte vom Jahre 1868. Allein das Wasserzeichen des Papiers, auf dem es fixiert war, wies das Wappen des Deutschen Reiches auf; ein großer Aufwand von Scharfsinn war vertan. Auch nachträgliche Versuche der Spurenverwischung sind oft solchen Tücken des Objekts, die vom Subjekt nicht unabhängig sind, ausgesetzt. Die *Materia peccans* revoltiert hier gegen den Menschen. Ein Mann saß wegen Meineides in Untersuchungshaft. Er wurde auch einer Reihe von Diebstählen, die weit zurücklagen, verdächtigt. Es drohte seine Überführung, da man an den Tatorten Fingerabdrücke gefunden und festgehalten hatte. Der Verbrecher wollte nun die Beweiskraft der Fingerabdrücke radikal widerlegen. Er produzierte im Gefängnis seine Fingerabdrücke auf Glasscheiben; eben zur Entlassung kommende Sträflinge nahmen diese Glasscheiben mit. Bei einem neuen Einbruch deponierten die hilfreichen Kameraden diese Fingerabdrücke unauffällig, indem sie die betreffende Glasscheibe unter die zerbrochenen Scheiben eines von ihnen eingeschlagenen Fensters mischten. Der Verbrecher, dessen Fingerabdrücke hier erschienen, konnte unmöglich an der Tat beteiligt gewesen sein, da er zur selben Zeit im Gefängnis saß. Mit der gelungenen List wäre auch das ganze System der Daktyloskopie, eines der wichtigsten Hilfsmittel der kriminalistischen Untersuchung, in seiner Unzuverlässigkeit und Unzulänglichkeit erwiesen worden. Allein die List des Gefangenen mißlang; die Götter wollten sein Verderben. Das Glas mit den Fingerabdrücken war unglückseligerweise dünner als die Scheibe, die bei dem Einbruch eingeschlagen worden war. Es gibt Beispiele genug, die zeigen, daß derselbe Mensch, der mit dem eindringlichsten Scharfsinn und dem größten Raffinement alle Künste und Arrangements gewiegter Verbrecher durchkreuzte, selbst zum Verbrecher geworden, demselben dunklen Verhängnis unterliegt, dieselben Fehler und »Dummheiten« begeht, die er bei anderen erkannt hatte. Der Generalstabsoberst Redl, der die österreichische Kundschafterstelle leitete, hatte viele Spione mit besonderem kriminalistischem Geschick entlarvt[59]. Viele Jahre war die Aufdeckung der gegen Österreich arbeitenden Spionage sein Fachgebiet gewesen. In seinem Bureau gab es präparierte Zigarettenschachteln und Bonbonnieren, die dem Besucher gereicht wurden, um so auf unverdächtige Art Fingerspuren zu erhalten; Besucher wurden ohne ihr Wissen photographiert, ihre Worte insgeheim festgehalten. Vielen Spionen wurde auf die raffinierteste Art eine Falle gelegt. So wurde der Major Ritter von Wienckovsky in Stanislau von Redl der Spionage überführt. Eine Offizierskommission nahm in der Wohnung des Verdächtigen eine Hausdurchsuchung vor. Im Kinderzimmer spielte das sechsjährige Töchterchen des Majors mit der deutschen Gouvernante. Das hübsche Kind, das anfangs sehr befangen war, starrte die fremden Offiziere an. Redl wußte die Kleine zutraulich zu machen, nahm ihre Händchen und plauderte polnisch mit ihr. Er fragte sie, wieviel zweimal vier sind, stellte sich überrascht über ihre richtige Antwort und lobte sie sehr. »Bist du auch so gescheit, daß du weißt, wo Papa seine Briefe versteckt?« – »Natürlich«, antwortete die Kleine rasch, läuft in das Arbeitszimmer des Vaters, kriecht unter den Schreibtisch und deutet unter dessen linke Ecke. Das schwere Möbelstück wird umgelegt; ein verborgener Knopf wird gefunden und ein Fach mit belastenden Dokumenten geöffnet. Derselbe Mann, der so das Vertrauen eines Kindes zu erwerben und zu mißbrauchen gewußt hatte, benahm sich, als sein Geheimnis in Frage kam, kindisch genug. Niemand ahnte, daß der Leiter des Kundschaftsbureaus selbst in den Diensten der russischen Spionage stand. Angesichts der Kriegsgefahr wurde damals die Privatpost überwacht. Im März 1913 kamen zwei Briefe mit der Chiffre »Opernball B« aus Eydtkuhnen beim Hauptpostamt Wien an. Die Briefadresse war mit Schreibmaschine geschrieben, der Inhalt hohe Geldbeträge. Redl behob den Brief erst am 24. Mai 1913 und entwischte den im Postamt wachenden Detektiven in einem Auto, das er vor dem Amte angekurbelt warten ließ. Der Wagen wurde später festgestellt, der Weg, den er genommen hatte, konstatiert. Er führte zum Hotel Klomser. Im Fond des Taxis fanden die zwei Detektive das Futteral eines Taschenmessers, eine Hülle aus hellgrauem Tuch. Vermutlich hatte der Unbekannte, der die Briefe behoben hatte, das Taschenmesser zum Aufschneiden benützt. Das Futteral wurde dem Portier des Hotels übergeben; er sollte die Gäste befragen, wem es gehöre. Eben kommt Oberst Redl die Treppe herab, legt den Schlüssel seines Zimmers auf den Tisch. Der Portier fragt: »Haben Herr Oberst das Futteral Ihres Taschenmessers verloren?« – »Ja«, antwortet der Oberst und steckt das ihm gereichte hellgraue Tuchsäckchen gedankenlos ein, »wo habe ich es denn...?« Er bricht den Satz ab, da er sich erinnert; sein Blick fällt auf einen fremden Herrn, der am selben Tisch interessiert Briefe durchsieht. Der Oberst ahnt, daß er verloren ist.

Wir haben nun genug Beispiele angeführt. Was sind das nur für dunkle Kräfte, welche die Absichten so vieler Verbrecher durchkreuzen? Es muß doch eine psychologische Erklärung für das Zustandekommen solcher typischer Übersehen und Unvollkommenheiten, die zu wichtigsten Indizien werden, geben. Die Kriminalpsychologie hat dieses Moment als die Lehre »von der einen Dummheit« zusammengefaßt, die fast bei jedem sehr schweren Verbrechen gemacht zu werden pflegt[60]. Trotz dem Übereinstimmen zahlreicher Kriminalisten wollen wir es nicht glauben, daß diese typische Dummheit bei fast allen großen Verbrechen vorkommt. Die Kriminalgeschichte liefert uns eine Unzahl schwerer Verbrechen, die tadellos ausgeführt wurden und deren Täter die irdische Gerechtigkeit schweren Herzens der himmlischen überließ.

Die Improvidenz des Täters

Die Kriminalisten haben für jene Unvorsichtigkeiten, Unbedachtheiten und Nachlässigkeiten die allgemeine Bezeichnung »Verbrecherpech«, und für sie ist das Verbrecherpech »etwas ganz Selbstverständliches«[61]. Es handelt sich, wie *Wulffen* in seiner großen Kriminalpsychologie auseinandersetzt, eben um die »Improvidenz des Täters«. Es scheint *Wulffen* keine Schwierigkeiten zu machen, diese Namensgebung eine psychologische Erklärung zu nennen. Der eben geschilderte Fall des Obersten Redl zeigt sicherlich eine solche Improvidenz in klarer Form, aber mit dieser Bezeichnung ist die kriminalpsychologische Untersuchung nicht geschlossen, sondern eröffnet. Wie konnte der so gewiegte Kriminalist jenes Futteral vergessen, und wie konnte es ihm passieren, daß er sich sofort verriet, als man es ihm vorzeigte? Wie ist diese Improvidenz, um *Wulffens* Ausdruck beizubehalten, mit dem Höchstmaß der Vorsicht, Schlauheit und Berechnung zu vereinbaren, die der Oberst bei anderen Gelegenheiten bewies, wie mit dem besonderen Scharfsinn seiner Methoden, Verbrecher zu überführen, wie mit dem nicht gewöhnlichen Wissen darüber, wie Spione sich verraten? Wir haben gerade diesen Fall gewählt, weil die Existenz der Providenz nicht gut geleugnet werden kann und weil in ihm der Verbrecher und der Kriminalist durch Personalunion verbunden waren. Ähnlich intellektualistisch wie *Wulffen* urteilt auch *Hans Gross,* der betont, wie oft Kriminalisten von einem schon betretenen richtigen Weg wieder abgelenkt wurden, bloß weil man sich sagte: »Nein, so dumm kann der Täter doch nicht gewesen sein.« Ebenso viele Prozesse aber beweisen, daß er es doch gewesen sei[62]. »Ja, ich habe einmal sogar gefragt, ob das Wesen des Verbrechers nicht gerade in der Unfähigkeit besteht, große Fehler zu unterlassen?«

Wie man sieht, meinen die Kriminalisten, daß es sich auch bei jenem Verbrecherpech um den Ausdruck der kommunen Dummheit, einer physiologisch bedingten intellektuellen Minderwertigkeit handelt. Diese mag wohl in vereinzelten Fällen in der Ausführung von Verbrechen in Erscheinung treten; sicherlich nicht in der großen Anzahl mit äußerster Vorsicht und Voraussicht geplanter Verbrechen, die sich doch durch einen kleinen Fehler verraten. Man muß sich nach anderen Erklärungen umsehen, und die beste, welche uns die Wissenschaft bisher zur Verfügung gestellt hat, ist die psychoanalytische. Diese versichert uns, daß »die Sterblichen kein Geheimnis verbergen können« *(Freud)* und daß der Selbstverrat ihnen aus allen Poren dringt. Jene kleinen Aktionen und Unterlassungen lassen sich als Fehlleistungen verstehen, in denen dem Ich unbekannte, seelische Regungen Ausdruck gewinnen. Hier wird nun der Gegensatz zwischen der äußersten Vorsicht und Voraussicht des Rechtsbrechers und seiner »Improvidenz« erklärbar. Es handelt sich nicht um ein intellektuelles Versagen schlechthin, um vermeidbare Fehler. Hier wirkt ein seelischer Zwang, der nicht weniger zwingend ist, weil seine Motive anonym bleiben. Läßt man die Beispiele dieser Art, welche uns die Kriminalgeschichte in bisher nicht erschöpfter Fülle liefert, Revue passieren, so wird die Annahme nicht mehr abweisbar, daß es sich in der überwiegenden Anzahl um solche unbewußt determinierte Fehlleistung der Täter handelt. Ein Mörder hat seinen Plan mit dem größten Raffinement durchgeführt,

sich mit außerordentlicher List seinen Verfolgern entzogen und sich später doch durch eine kleine Unvorsichtigkeit verraten: Er weiß wohl gut sich mit der Polizei, doch schlecht sich mit dem Blutbann abzufinden.
Die Improvidenz des Täters, die uns als letztes psychologisches Motiv jener selbstverräterischen Indizien vorgestellt wurde, ist also unbewußte Providenz mit dem Ziele des Selbstverrates, ist von dunklen, dem Täter unbekannten Absichten geführt. Sein Geheimnis ist stärker als sein Wille. Ein Gegenwille, der mächtiger ist als seine bewußten Vorsätze, durchkreuzt alle Vorsicht. Wer Verbrechen ohne Zeugen verübt hat, ist der einzige, der darum weiß, und es ist, als ob er dieses Wissen teilen, mitteilen müßte, als ob er es nicht bei sich behalten könnte, als wüchse eine seelische Spannung in ihm, die ihn drängt, dieses Wissen zu verraten, koste es, was es wolle – selbst den eigenen Kopf. Die Kinder haben ein Spiel, in dem gefragt wird: »Ich weiß etwas, was du nicht weißt ... Was ist es?« und nun wird eine Anspielung auf dieses Unbekannte gemacht, etwa eine seiner Eigentümlichkeiten genannt, sein Ort angedeutet usw. Die Mitspielenden haben dann in Verwertung dieser Andeutungen oder, wie wir sie nennen könnten, Indizien den bestimmten Gegenstand oder die gedachte Tätigkeit zu erraten. Etwas Ähnliches wie jene im Spiel auftretende Tendenz muß in dem Verbrecher unbewußt vorhanden sein und ihre Wirkungen in der Produktion der beschriebenen Fehlleistungen entfalten. Es ist so, wie wenn er (wie das spielende Kind) der Justiz ein Rätsel aufgäbe: »Ich weiß etwas, was du nicht weißt...« Wenn jemand das sagt, wird es der andere auch bald wissen, insbesondere dann, wenn der erste sich seines geheimen Wissens rühmt. Geheimnis ist nämlich jenes Wissen, das zur Offenbarung drängt. Der unbewußte Selbstverrat äußert sich gerne in vieldeutigen Worten. Wenn aber die psychische Spannung nicht mehr ertragbar ist, drängt er zu dem Worte, das nur mehr eine Deutung zuläßt. In einer Nacht des

Jahres 1887 wurde der Kaufmann Kreyns in seinem Laden in Berlin ermordet[63]. Das Verbrechen wurde erst spät am nächsten Morgen entdeckt. Früh kurz nach 6 Uhr bat ein Mann eine die Treppen hinaufgehende Zeitungsfrau um eine Nummer des Journals. Bei der Rückkehr fragte die Frau: »Na, schon gelesen?« Der Mann antwortete: »Ach, es steht ja noch nichts drin von dem Mord.« Sie fragte: »Schon wieder ein Mord?« – »Ja, in der Adalbertstraße.« Der so sprach, war der Mörder selbst.

Was ist es, daß die Verbrecher zur entstellten, verhüllten Mitteilung ihrer Tat drängt, was bewirkt es, daß Mord oft spricht in sonderbaren Zungen[64]? Es ist klar, daß im Verbrecher zwei seelische Kräfte um die Herrschaft ringen: Die eine, welche alle Spuren der Tat verbergen will, und die andere, welche die Tat und den Täter allen zeigen möchte. Ich werde auf Wesen und Wirksamkeit dieser zweiten unbewußten Tendenz hier nicht näher eingehen, weil ich sie in einem 1925 erschienenen Werke ausführlich dargestellt habe[65]. Es sind insbesondere Impulse, die aus dem unbewußten Strafbedürfnis aufsteigen, die sich in dieser Art der Fehlleistungen durchsetzen. Natürlich gibt es eine unbestimmt große Anzahl von Verbrechern, die auf ihre Tat nicht in dieser Art reagieren. In einzelnen Fällen, welche die Kriminalliteratur überliefert, werden die aus dem unbewußten Strafbedürfnis stammenden Regungen so stark, daß sie den Verbrecher gleichsam überrumpeln, seine Tat zunichte machen und ihn noch vor ihrer Ausführung ins Verderben stürzen. Nur einige der Beispiele, die bei *Wulffen* unter der Bezeichnung Verbrecherpech oder -dummheit erscheinen, mögen hier erscheinen: Ein epileptischer Dieb brach in die Wohnung eines Arztes ein. Als er sich im Arbeitszimmer plötzlich einem menschlichen Skelett gegenübersah, fiel er vor Schrecken in epileptische Krämpfe und wurde so aufgefunden. Ein anderes Beispiel, das *Wulffen* anführt, ist so merkwürdig, daß es ihn an der Improvidenz des Täters als Erklärung des Verbrecherpechs hätte stutzig machen müssen. Franz Gal aus Kaposvar in Ungarn hatte in Erfahrung gebracht, daß sein Nachbar Josef Varga seine Ochsen für 900 Kronen verkauft hatte. Er wartete, bis die Eheleute ihr Haus verlassen hatten und stahl das Geld. Das sechsjährige Töchterchen Vargas allein war zu Hause, und Gal beschloß, die unbequeme Zeugin zu beseitigen. Er knüpfte einen Strick an den Deckenbalken des Vargaschen Hauses, machte eine Schlinge und forderte das Kind auf, den Kopf hineinzustecken. Die Kleine wünschte, Gal sollte ihr das vormachen. Er stieg nun auf einen Stuhl, um dem Kinde zu zeigen, wie es den Kopf in die Schlinge stecken sollte. Plötzlich stürzte der Stuhl um, so daß Gal in der Schlinge hängen blieb. Das erschreckte Kind lief aus der Wohnung. Als seine Eltern kamen, war der Einbrecher schon eine Leiche. Hier ist das Beispiel einer Fehlleistung, die sich als Unglück maskiert, ein verhüllter Selbstmord, der sich einer Ungeschicklichkeit bedient. Die Selbstbestrafungstendenzen sind hier wie manchmal in der Zwangsneurose der Ausführung einer verpönten Tat vorausgegangen und haben das Ich in den Tod getrieben, den es unbewußt über sich verhängt hatte[66].

Ähnliche Beispiele scheinen auf eine psychische Entwicklung hinzuweisen, die man als Verinnerlichung des *Jus talionis* beschreiben könnte. Jedenfalls mußten sie den Kriminalisten darüber belehren, daß es in der seelischen Unterwelt des Verbrechers Vorgänge gibt, die ihnen bisher unbekannt waren und für deren Resultat sie nur unzulängliche und banale Erklärungen zu geben hatten. Diese Erklärungen gingen manchmal von der Auffassung der Schwerverbrecher, der Mörder und Wüstlinge als *»bêtes humaines«* aus. Die Wirksamkeit unbewußter, selbstbestrafender und zerstörender Impulse, die manchmal gerade bei den schwersten Verbrechen auftreten, zerstörten diese Legende, die ja den menschlichen Narzißmus wieder aufrichten sollte, indem sie eine Distanz ungeheuerlich vergrößerte. Auf der anderen Seite darf die Existenz und Wirkung unbewußter moralischer

Faktoren nicht dazu verführen, in den Schwerverbrechern Edelmenschen zu sehen und zu bewundern[67].

Die Visitenkarte des Verbrechers

Eine chemische Untersuchung der Fäkalien, welche manche Verbrecher am Tatort zurücklassen, hat in zahlreichen Fällen zur Ermittlung des Täters geführt. Diese Untersuchung war manchmal so aufschlußreich, daß ein französischer Kriminalist (*Reiss* in Lyon) den am Tatort zurückgelassenen Stuhl *»la carte de visite odorante«* des Verbrechers nannte. Es ist leicht nachweisbar, daß der *Grumus merdae* mit mannigfachen abergläubischen Vorstellungen verknüpft wird. So meint man in Verbrecherkreisen manchmal, man habe keine »Nachjagd«, wenn Stuhl am Tatort zurückbleibt. Um die Frist zu verlängern, wird der Kothaufen häufig mit Objekten bedeckt. Volkstümliche Bezeichnungen für die Fäkalien wie »Wächter«, »Posten« (Deutschland), *»Schuldwächten«* (Holland), *»Sentinelle«* (Frankreich), *»Uomini di notte«* (Italien) bezeugen den erwähnten Aberglauben. *Wulffen* erklärt die Kothaufen am Tatort als »sichtbare Zeichen des Übermutes des Verbrechers«[68]. Gewiß wird auch eine solche Absicht der Verhöhnung manchmal nachweisbar sein, es ist jedoch ausgeschlossen, daß sie das primäre Motiv der seltsamen Gewohnheit ist. Vorsichtiger als *Wulffen* hat *Hellwig* den Verbrecherbrauch, den er in vielen Ländern nachweist, erklärt[69]. Er meint, daß der *Grumus merdae* auf die Idee zurückzuführen sei, der Täter müsse irgend etwas am Tatort zurücklassen, um selbst glücklich zu entkommen. Der zugrundeliegende Gedanke sei der Glaube, daß jedes Verbrechen eine Sühne erfordere. Durch das freiwillige Opfer glaube man, entweder die Gottheit zu versöhnen oder sie geradezu zu zwingen, den Täter im übrigen straffrei zu lassen. Wie man sieht, hat sich *Hellwig* die Aberglaubenstheorie zu eigen gemacht. Tatsächlich ist diese geeignet, den Brauch bis zu einem gewissen Punkt zu erklären. Der Charakter des freiwilligen Opfers, der Strafablöse, wird dem am Tatort zurückbleibenden Kot von vielen Verbrechern wirklich zugeschrieben.

Zwei Momente werden uns indessen zurückhalten, die *Hellwig*sche Theorie als eine ausreichende psychologische Erklärung gelten zu lassen. Das erste ist eine Überlegung allgemeiner Art, die sich als Erwerb der analytischen Praxis darstellt: Sie sagt, daß das von den Abergläubischen angegebene Motiv nichts Letztes und Eindeutiges ist, sondern selbst der psychologischen Untersuchung und Erklärung bedarf. Diese Personen geben nur einen Teil der Gründe ihres Glaubens, nämlich die bewußtseinsfähigen Motive an, während sie naturgemäß über die wichtigeren, unbewußten Tendenzen ihres Verhaltens nichts aussagen können. Wir meinen also, daß die Aberglaubenstheorie der psychologischen Vertiefung bedarf. Der andere Einwand gegen die *Hellwig*sche These ist von besonderer Natur; er wird klar, wenn wir vorläufig, sozusagen zu Versuchszwecken, die Aberglaubenstheorie akzeptieren. Wenn der Brauch auf jenen erwähnten Aberglauben zurückgeht: muß sich nicht dem Verbrecher am Tatort manchmal die bange Frage aufdrängen, woher er, nicht der Not gehorchend, nur dem inneren Triebe, das Material für sein Opfer nehmen soll? Gewiß kommt es hier auf die Möglichkeit der Produktion an: »Bereit sein ist alles.« Gerade in dieser Bereitschaft auf Wunsch liegt, wie mir scheint, ein Rätsel.

B. Kraft, dem die meines Wissens neueste Arbeit über den Gegenstand zu verdanken ist, weist die Theorie, derzufolge das Zurücklassen der Exkremente infolge eines alten Aberglaubens geschieht, entschieden zurück[70]. Er nimmt vielmehr an, daß durch die Nervosität des Verbrechers eine vermehrte peristaltische Bewegung des Darmes bewirkt wird, wodurch der Drang entsteht, sich der Faeces zu entledigen. Weiter weist dieser Autor darauf hin, daß die Erscheinung mit der Gewöhnung an das Verbrechen mehr und mehr schwindet. Er gelangt so zu der Schlußfolgerung, daß die Anwesenheit von Fäkalmassen am Tatort in den meisten Fällen für die Ausführung der Tat durch eine im kriminellen Gewerbe noch nicht abgestumpfte Person spreche oder daß zum mindesten eine solche Person bei der Tat zugegen war. *Kraft* nimmt ferner an, daß es dieser dargestellte Grund ist, der den Anlaß zu dem erwähnten Aberglauben gegeben habe.

Wir verdanken *Freud* den Nachweis, daß der Kot vom Kinde als Geschenk, als Zeichen der Zärtlichkeit gewertet wird, daß sich das Kind seiner zugunsten einer geliebten Person entäußert[71]. Diese infantile Bedeutung des eigenen Stuhles schließt seine gelegentliche Verwendung im Sinne des Trotzes nicht aus; diese ist nur die negative Wendung der früheren primären Bedeutung. Der *Grumus merdae* würde so nach *Freud* beides bedeuten: den Hohn und die regressiv ausgedrückte Entschädigung. Hier findet sich die von *Kraft* allgemein als Nervosität bezeichnete Erregung näher bestimmt: sie ist zu ihrem wesentlichen Teile Angst. Die Entstehung jenes Verbrecheraberglaubens, der Sühne- und Schutzbedeutung des zurückgelassenen Stuhles, wird aus dem Charakter der Fäkalien als einer in infantiler Art ausgedrückten Entschädigung verständlich. Der Anteil von Hohn tritt neben der Wirkung jener regressiven unbewußten Tendenz deutlich hervor.

Der Kot vertritt als Stück des eigenen Leibes den Täter selbst; im Sinne jener infantilen Anschauung bleibt er gleichsam als *pars pro toto* am Tatort zurück. Auf einer anderen kulturellen Ebene wird sich derselbe Gedanke im Strafrecht halbwilder Völker und im Frühmittelalter in anderer Form äußern: auch Totschlag, Mord und Raub können durch Geldbußen oder durch Ablieferung einer Anzahl von Haustieren gesühnt werden.

Der demonstrative Charakter des *Grumus merdae* weist darauf hin, daß er einen Ausdruck des unbewußten Geständniszwanges darstellt: Der Stuhl erscheint hier als Ausdruck der sozialen Angst. Es stimmt gut zu dieser Auffassung, daß die Anwesenheit von Fäkalien nach *Kraft* für einen noch jungen oder nicht abgestumpften Verbrecher spricht. Manchmal würde man, vom Effekt auf die unbewußten Motive schließend, annehmen, daß der Verbrecher seinen Stuhl zum Selbstverrat zurückgelassen habe. Wenn wir hören, wie häufig man durch die Untersuchung des Kotes zur Verfolgung einer bestimmten Spur gelangt[72], erkennen wir, daß jener Aberglaube vom Schutz des Verbrechers durch den Kot die optimistische Umdeutung jenes Glaubens ist. Er kann sich auf die Überzeugung stützen, daß der Verbrecher in dieser infantilen Form schon der Gerechtigkeit oder dem Geschädigten seinen »Tribut« gezollt hat. Es kommt nicht selten vor, daß der Selbstverrat sich bei dieser Funktion noch in anderer Art durchsetzt. So berichtet *Gross* den Fall eines gefährlichen Einbrechers, Demeter Radek, der ein Geschäft in Cernowitz plünderte. Radek, der soeben aus dem Lemberger Gefängnis entlassen worden war, entleerte sich in dem erbrochenen Verkaufsraum und nahm zum Abwischen den auf seinen Namen lautenden Entlassungsschein aus dem Gefängnis.
Vielleicht geht die psychologische Erklärung, welche die Psychoanalyse für den *Grumus merdae* gegeben hat, über diesen besonderen Fall hinaus und behält ihre Geltung für eine ganze Gruppe von Indizien? *Hellwig* berichtet[73], daß man in der ganzen Umgebung von Alecksine glaube, wenn einer einen Menschen töte, brauche er nur ein Stück seiner Kleidung auf den Ermordeten zu werfen, dann könne ihn keiner fangen. Vor ungefähr 25 Jahren ereignete sich folgender Fall, der die Natur dieses Glaubens illustriert: Eines Nachmittags geriet ein Bauer aus der Umgebung von Soho Banja mit einem anderen Bauern in einem Kaffeehaus in Alecksine in Streit. Das Lokal war gut besucht. Ein

Wort gab das andere, schließlich ging der Streit in Tätlichkeiten über. Der Bauer aus der Gegend von Soho Banja zückte sein Messer und tötete seinen Gegner durch einen Stich. Hierauf zog er seine Pelzmütze vom Kopf, warf sie auf die Leiche, bahnte sich durch die umstehende Menschenmenge einen Weg und entkam. Die Leute meinten, er sei deshalb nicht gefangen worden, weil er seine Mütze auf den Ermordeten geworfen hätte. Nach dem Volksglauben in Bosnien und Herzegowina wird ein Mörder vom Blut des Getöteten derart angezogen, daß er sich von dem Ermordeten nicht entfernen kann. Um dies zu können, müsse er einen ihm gehörigen Gegenstand, z. B. ein Gewehr, auf den Toten werfen. In den Abruzzen muß der Mörder seine Waffe in bestimmter Richtung wegwerfen. In Sizilien glaubt man, daß der Mörder, welcher den Dolch behält[74], von einer unwiderstehlichen geheimnisvollen Macht in die Hände der Justiz getrieben wird. Wie ein ähnlicher Aberglaube Indizien produziert, möge etwa folgendes, von *Hellwig* beigebrachtes Beispiel zeigen: Eine Frau setzte ihr zehn Monate altes Kind in bitterkalter Winternacht auf die Landstraße, neben ihm ließ sie ihre Schuhe zurück in der Hoffnung, ihr Name werde dann nicht ermittelt werden können. Gerade mit Hilfe der Schuhe wurde indessen die Frau ausfindig gemacht, da sich der Ortsschuhmacher erinnerte, für wen er seinerzeit die Schuhe anfertigte. *Hellwig* meint nun, die Schuhe wären in dem Glauben zurückgelassen worden, daß dann die Fußspur nicht erkannt, also auch nicht ermittelt werden könnte, wohin die Frau gegangen sei. In einem Falle wurde der Abdruck einer mit Blut beschmierten Hand am Tatort vorgefunden. Man beschloß daraus, der Täter habe entweder seine Hand besudelt oder sie zerschnitten. Bei seiner Verhaftung gestand er, sich die Hände vorsätzlich zerschnitten zu haben, um eine derartige Spur zu hinterlassen. Der blutige Händedruck vertritt nach *Hellwig* im Volksglauben den Menschen selbst. Alle diese Glaubensvorstellungen der Verbrecher, wie sie von *Hell-*

wig und anderen Autoren gesammelt wurden, legen Zeugnis von der Annahme eines magischen Bandes zwischen dem Opfer und dem Verbrecher ab. Der Ermordete ist nach diesem Glauben nicht ganz tot und kann jederzeit Rache an seinem Mörder nehmen. Ihn oder seinen rachsüchtigen Geist, der ursprünglich mit dem körperlichen Ich des Getöteten identisch ist, zu versöhnen, gab es ursprünglich nur ein Mittel: den Tod des Täters nach dem *Jus talionis*. Der Mörder konnte später ein solches Selbstopfer durch ein Stück seines Ichs (den eigenen Kot, sein Blut, ein Stück seiner Kleidung usw.) ablösen. Das, was später als Indiz verwertet wurde, ein Stück Material, das auf den Täter hinwies, war also einmal ein Stück des Täters selbst. Was später unbewußt vergessen wurde, was als Resultat einer unbewußten Fehlleistung zum Anhaltspunkt für die Persönlichkeit wird, war ursprünglich etwas von ihm absichtlich, zu magischen Zwecken Zurückgelassenes. Was später als Indiz Verwendung fand und die Spur des Täters wies, hat einen bestimmten Platz im lebendigen Aberglauben vieler Verbrecher. Die seelische Entwicklung hat hier zwei Vorgänge umfaßt: eine Verschiebung auf das Kleinste und eine Verallgemeinerung, die vom ursprünglich Leiblichen auf alles, was mit dem Mörder in Berührung kam, übergriff. Im Sinne der Ambivalenz hat sie die freundliche, aussöhnende, primär apotrophäische Bedeutung des zurückgelassenen Objekts als eines Sühnemittels in ihr gefühlsmäßiges Gegenteil verkehrt. Eine solche Herkunft des Indizes läßt verstehen, daß dasselbe Objekt, das den Verbrecher vor Verfolgung und Strafe schützen soll, ihn der Rache ausliefert. Der Verbrecher zeigt in seinem Aberglauben eine archaische Denkart, welche die technisch-naturwissenschaftliche Betrachtungsweise nicht ausschließt, wenn es sich um die Ausführung seines Verbrechens handelt. Die Geschichte des Indizes gibt auch Auskunft darüber, wie an Stelle der Selbstbestrafung der Selbstverrat, an die Stelle der zwanghaften Sühnungstendenz der unbewußte Geständniszwang in der Produktion von Fehlleistungen getreten ist. Die Sühnehandlung wurde durch die Fehlhandlung ersetzt, aber die Fehlhandlung ist selbst unbewußt eine Sühneaktion. Mord verlangte einst den eigenen Tod als Buße; dasselbe unerbittliche Gesetz fordert nun, unbewußt geworden, daß der Täter sich der Justiz durch den Selbstverrat ausliefere. Auch dieses seelische Gesetz kennt kein Erbarmen: *dura lex, sed lex*.

Die Rückkehr zum Tatort

Wenn unsere Ableitung richtig ist, müßte sich noch im Glauben heute lebender Menschen ein Rest jener Anschauung, daß der Tote seinen Mörder nicht loslasse, ihn als Sühne für die Tat haben will, finden lassen. Hier soll nur auf eines der Phänomene hingewiesen werden, die mit dieser Anschauung in noch nicht erfaßtem psychologischen Zusammenhang stehen: Auf die Rückkehr des Mörders zum Tatort.

Natürlich verspüren nicht alle Mörder diese starke Tendenz, und sicherlich geben ihr nicht alle Mörder, die sie verspüren, nach. Für uns Psychologen ist es wichtig, daß sich diese Absicht oft mit zwanghafter Stärke geltend macht. Was treibt die Verbrecher zu so widersinnigem Tun? *Wulffen* zeigt, daß in manchen Fällen praktische Zweckmäßigkeitsgründe ein so befremdendes Verhalten erklären könnten[75]. In einem Falle hatte z. B. ein Verbrecher vergessen, seinem Opfer die Rocktaschen zu durchsuchen. Er kehrte zurück und holte das Versäumte nach. Ein anderer hatte sein Notizbuch am Tatort verloren; er mußte es holen, weil es zum Verräter an ihm geworden wäre. Ebenso kann die Absicht wirksam sein, Veränderungen am Tatort vorzunehmen. So zerstampfte in einem von *Wulffen* erwähnten Falle ein Verbrecher bei seiner Rückkehr, um einen Überfall mehrerer Personen glaubhaft zu machen, die Erde am Tatort.

Solche zutage liegende Gründe brauchen nicht die einzigen und brauchen nicht die ausschlaggebenden zu sein. Könnten sich nicht hinter ihnen andere, dumpfere, unklarere verbergen und sie im Sinne der Rationalisierung vor dem eigenen Ich benützen? Auch *Wulffen* muß zugeben, daß die praktische Zweckmäßigkeit in einer Reihe von Fällen fehlte. So erklärte ein Mörder, er sei zurückgekehrt, um noch einmal bei hellem Tag den Tatort zu sehen, an dem die Tat ihn in der Abendstunde gewissermaßen selbst überraschte und wider eigenes Erwarten gelang. Es wundert uns freilich, daß eine solche Erklärung, die gewiß die wirksamen Motive nicht rein wiedergibt, von dem Kriminalpsychologen als Auskunft angenommen wurde. Dasselbe naive Vertrauen in die introspektive Begabung des Verbrechers zeigt *Wulffen* im Falle eines Mädchenmörders, der versicherte, er sei zurückgekehrt, weil ihn die Schönheit der Landschaft gerührt und er das Opfer nachträglich bedauert habe. »Bei diesem Verbrecher kamen also ästhetische Gefühle in Betracht«, meint *Wulffen* arglos. Indessen erkennt er, daß sich die Mörder zuweilen »selbst nicht im klaren sind, durch welche Gründe sie zur Wiederkehr bestimmt werden«, und setzt mit imponierender psychologischer Sicherheit hinzu, »wie sie überhaupt Instinktmenschen sind und wenig nach Grundsätzen handeln«. Jenseits dieser Auskunft versichert *Wulffen,* daß der Tatort den Mörder unwillkürlich, man möchte sagen, geheimnisvoll anziehe. Weil die Tat ihn in Gedanken noch beschäftige, fessele ihn auch ihr Schauplatz. Damit verbunden seien nun eigenartige Gefühle: Der große Verbrecher schätze seine Untat leicht als Tat ein, verherrliche sie und finde gerade am Tatort Beruhigung. So erkläre sich »die eigentümliche, uns kaum faßbare Empfindung der Sicherheit des Täters am Tatorte, die ihn gerad nicht selten dem Verfolger in die Arme liefert«[76]. Der Mörder könne sich in seinem eigentümlichen Dunstkreis einbilden, seine Anwesenheit verleihe ihm über denselben eine Art Herrschaft. *Wulffen* verweist auf die Wiederkehr Raskolnikoffs an den Ort seines zweifachen Mordes und seinen Wunsch, jene Wohnung zu mieten. Diese Absicht sei sehr charakteristisch, auch wenn man sie nicht ernst nehme. Sie zeige »zumindest den Gedankenwunsch Raskolnikoffs, dauernd in der Mordwohnung zu hausen, ja ein instinktives Verlangen, über die Mordstelle eine Art Herrschaft auszuüben«[77].

Wenn es richtig ist, daß die tiefsten Motive so befremdender Aktionen unbewußt sind, so können wir die Auskünfte, welche uns die Verbrecher selbst geben, nur als Substrat der psychologischen Forschung, nicht als psychologische Erklärung gelten lassen. Der größere und bedeutsamere Teil der seelischen Voraussetzungen und Motive der Tat liegt im dunkeln. Ebenso unbewußt sind für den Verbrecher seine eigenen psychischen Reaktionen auf die Tat. Was in ihm nachher vorgeht, ist zum wesentlichen Teil dem Ich entzogen, wird ihm nicht bekannt. Gerade von den schwersten Verbrechen könnte man behaupten, sie stellen ein psychisches Trauma auch für den Täter dar, ein Trauma, das er seelisch bewältigen muß. Nur die oberflächlichste psychologische Betrachtung könnte dagegen einwenden, daß ja das Verbrechen vom Täter selbst geplant und vorbereitet, »getan« wurde. Dennoch kann sie für ihn eine Überraschung sein, dennoch kann er der eigenen Tat manchmal »persönlichkeitsfremd« gegenüberstehen.

Wir müssen zugestehen, daß es uns nicht gelungen ist, jene seltsame Rückkehr des Mörders zum Tatort psychologisch zu erfassen. Paradoxerweise ist solche Erkenntnis beruhigender als die psychologische »Erklärung« des Phänomens durch die Kriminalpsychologie, welche es völlig durchschaut und nichts Rätselhaftes mehr in ihm findet. Das Wenige, das wir von seinem verborgenen Sinn zu erraten meinen, kann wohl von der unbewußten, dem Ich fremden Absicht ausgehen, die Tat seelisch zu bewältigen. Wer mit psychoanalytischen Anschauungen vertraut ist, wird nicht darüber erstaunt sein, daß diese Rückkehr auch Antriebe zur Wiederholung des Verbrechens in sich schließt, dunkle Impulse drängen dorthin, wo eine starke, dunkle Lust verspürt wurde[78]. Der Tatort wird vielleicht die genußvolle Erinnerung an die Tat wiederbringen, das lustvolle Erlebnis in der Phantasie wiederholen lassen. Wenn wir an den früher erwähnten Fall jenes Mädchenmörders denken, so werden wir vermuten, daß sein Bedürfnis, den Tatort bei Tageslicht wiederzusehen, vielleicht nur einem unbewußten Wunsch, den Mädchenkörper wiederzusehen, vertritt. Die Tendenz, genossene Lust wieder zu verspüren, ist sicherlich eines der verborgenen Motive, welche den Verbrecher zum Tatort zurückführt. Der seelische Mechanismus, der diese Tendenz an den Ort knüpft, ist, wenn man von banaler Begründung absieht, noch nicht klar. Ebensowenig, warum gerade Mörder solchem geheimnisvollen Drang stärker verfallen sind als Verbrecher anderer Art. Dem unbewußten Drang, alte Lust zu erinnern und wiederzuerleben, ist eine andere, nicht minder zwingende Tendenz vergesellschaftet: Das unbewußte Strafbedürfnis. Das mag paradox erscheinen, doch das Seelenleben ist voll solcher Paradoxien: Wenn alle Lust Ewigkeit will, so will sie sicher auch jene Ewigkeit der Vernichtung. Wie zwei annähernd gleiche, gegensätzliche Strömungen hier zu einer einzigen Aktion zusammenwirken, bedarf noch näherer und tieferer Untersuchung.

Die Tatsache der Rückkehr des Verbrechers ist noch nicht einmal phänomenologisch richtig dargestellt worden. Es ist fast nie der Fall, daß ein Mörder bald nach seiner Tat zum Tatort zurückkehrt. Die Rückkehr des Verbrechers ist nur die andere Seite seiner Flucht, und die eine Erscheinung ist ohne die andere nicht zu erklären. Die Tendenz zur Rückkehr setzt spät ein; ja, sie ist vielleicht nur die Fortsetzung des ersten Fluchtreflexes. Die Rückkehr zum Tatort ist ein Teil der Flucht, in der sie die Richtung, nicht ihr Wesen geändert hat. Sie darf nicht isoliert, sondern muß im Zu-

sammenhang mit den übrigen seelischen Reaktionen des Verbrechers – besser gesagt: eines Verbrechertypus – betrachtet werden.
Mörder lassen selten ihre Taten auf sich beruhen. Manche Kriminalisten behaupten, die Wahrheit würde in zahlreichen Fällen vielleicht nie herauskommen ohne solche intensive gedankliche Beschäftigung des Verbrechers mit seiner Tat. Die Art dieser Beschäftigung, die wir als Versuch der seelischen Bewältigung der Tat bezeichnen wollen, ist von verschiedener Art. Manche Verbrecher bemühen sich, die Tat einem anderen in die Schuhe zu schieben, andere verfolgen jede Einzelheit der Nachforschungen nach dem Täter; manche schreiben Briefe an die Kriminalpolizei. Diese Briefe oder Nachrichten an die Behörden sind von besonderer Art: Sie verhöhnen die kriminalistische Arbeit, machen sich über die Polizei lustig oder kündigen neue Verbrechen an. Manche Beispiele zeigen, daß es gerade durch diese Briefe der Kriminalpolizei gelungen ist, des Verbrechers habhaft zu werden; in anderen Fällen haben diese Indizien versagt. Sollte es nicht eine der unbewußten Absichten solcher Aktionen gewesen sein, den nachforschenden Funktionären Material zu geben? Eine so seltsame Art unbewußten Selbstverrates braucht jene andere Absicht, die der Herausforderung und des Trotzes, nicht auszuschließen. Der Massenmörder Kürten hörte überall aufmerksam den erregten Gesprächen über die geheimnisvollen Morde zu, verfolgte die Nachforschungen mit fieberhaftem Interesse, drängte sich an die Kriminalisten, welche die Spuren verfolgten, heran und verwickelte sie in Gespräche. Nach seiner eigenen Aussage befand er sich dabei in einer seltsamen seelischen Verfassung: Er war gleichzeitig ängstlich aufgeregt und erwartungsvoll; er hatte auch ein deutliches Überlegenheitsgefühl, weil er alles viel besser wußte, weil er alles bis in letzte Detail hätte erzählen können. Diese besondere Gefühlskonstellation läßt vermuten, daß der Trotz und das Überlegenheitsgefühl, der

herausfordernde, hohnvolle Ton in den Briefen mancher Mörder die verborgene Unsicherheit, die geheime Absicht der Selbstdestruktion verbergen sollen. Jene Reaktion, die ich die hybride nennen möchte, stellt einen Ausdruck des Ankämpfens gegen die unbewußten Kräfte, welche zur Auslieferung drängen, dar.

Die analytischen Gesichtspunkte legen gerade für die schweren Verbrechen die Annahme bestimmter Projektionsmechanismen nahe: Der Verbrecher flieht vor dem eigenen Gewissen wie vor einem äußeren Feind, ja er projiziert diesen inneren Gegner nach außen. Unter einem Druck, gegen den sich das schwächer werdende Ich des Täters vergebens zur Wehr setzt, begeht er häufig Unvorsichtigkeiten, verrät er sich. Vor der übermächtig werdenden inneren Gewalt flüchtet er zur äußeren, vermutlich, weil mit dieser Wendung eine psychische Entlastung verbunden ist, die in vielen Fällen größer ist als die Angst vor der Strafe. Wir bekommen eine Ahnung, warum die äußeren Machthaber so viel weniger zu fürchten sind als jene seelischen, wenn wir die Psychogenese des Gewissens studieren, wie sie *Freud* gekennzeichnet hat. Die Erinnyen, die den Orest verfolgen, sind die wiedererstandene ermordete Mutter selbst, die in vervielfältigter Gestalt vor dem Verbrecher auftaucht. Vor ihr, vor solchem sichtbaren, doch unfaßbaren Wesen flüchtet der Mörder zur irdischen Gerechtigkeit, nimmt die von ihr auferlegte Strafe auf sich, weil sie barmherziger ist als jener Schrecken.

Wenn so Gewissen Feige auch aus den Verbrechern macht, so macht es, wenn es härter, quälender, unerbittlich geworden ist, Verwegene aus ihnen; dies zeigt jenes merkwürdige Phänomen der Rückkehr zum Tatort. Diese Rückkehr erscheint fast wie eine trotzige Frage an das Schicksal, wie ein unbewußtes Orakel, mutet an wie ein introjiziertes Ordal: Wenn es mir gelingt, diesen Ort wieder zu betreten, sozusagen die Tat wieder zu begehen, ohne verhaftet zu werden, wenn es mir gelingt, davonzukommen, dann bin ich sicher, dann stehe ich unter dem Schutz von

Gewalten, denen die Polizei nicht gewachsen ist. Es ist einige Male vorgekommen, daß sich ein Verbrecher mit den Untersuchungsbehörden ins Einvernehmen gesetzt hat, um sie auf falsche Spuren zu lenken, daß er im Gespräch mit Kriminalisten mit großem Vergnügen die eigene Gewandtheit und Selbstbeherrschung konstatiert hat und keine Ahnung davon hatte, daß er sich durch eine kleine Einzelheit verraten hatte. In manchen Fällen wird man die Wirkung dieser Doppeltendenz dort nachweisen können, wo der Verbrecher die Polizei irreleiten will, und sie gerade durch diese Bemühung zur eigenen Spur hinführt. Hier sträubt sich das Ich vergebens gegen den unbewußten Geständniszwang[79]. Die Wiederkehr des Mörders wird sich in diesen Zusammenhang einfügen, denn eines der verborgenen Ziele dieser Rückkehr ist die dem Ich verborgene Sehnsucht, sich dem Gerichte zu stellen[80].

Der königliche Schurke Richard fürchtet seinen (V, 3) Traum tausendmal mehr als das rächende Heer, das ihn am Morgen erwartet: »Bei dem Apostel Paul! es warfen Schatten
Zu Nacht mehr Schrecken in die Seele Richards,
Als wesentlich zehntausend Krieger könnten,
In Stahl, und angeführt vom flachen Richmond.«

Es wäre unrichtig zu sagen, daß der Selbsthaß des Verbrechers schlechthin ihn zu diesen selbstverräterischen Aktionen treibt, die ihm nicht bewußt sind, vielleicht ist es in manchen Fällen eher das Mitleid mit sich selbst oder die Liebe zu dem im Ich introjizierten Objekt. Was bedeutet die Strenge des irdischen Richters, verglichen mit der Pein, die das Über-Ich über den Mörder verhängt? Vielleicht bedeutet es schon eine Milderung der Selbstzerstörung, eine Art Begnadigung oder Rast für den Gehetzten, wenn er dem Gesetze ausgeliefert ist. »Es ist jemand hinter mir her, und das bin ich«, so hat einmal ein mehrfacher Mörder seine seelische Situation beschrieben. Auch der Schwerverbrecher dieses Typus hat Angst vor der Wut seines Über-Ichs, vor der Aggression, die von innen kommt und ihn ins Verderben stürzen will. Nach dem ungeschriebenen *Jus talionis* fürchtet er nicht nur das Schicksal seines Opfers, den Tod, sondern auch alle Angst und alle Pein des Sterbens, die jenes Opfer zu erleiden hatte. Die Polizei hat in der Verfolgung dieses Verbrechers den besten Bundesgenossen in ihm selbst. Die gesetzliche Strafe kann manchmal als ein Purgatorium erscheinen, verglichen mit dem Inferno, das jene unbewußten Gewissensmächte herzustellen vermögen.

Es ist keinesweg verwunderlich, daß es gerade Schwerverbrecher, Mörder und Totschläger sind, die so starke unbewußte Impulse des Selbstverrates zeigen. Es sind auch meistens diejenigen Verbrecher, die keine Reue, kein bewußtes Schuldgefühl zeigen. Viele Fälle von *moral insanity* gehören hierhier. Ihr Schuldgefühl wäre überflüssig, da es durch jene unbewußten Tendenzen der Selbstvernichtung mehr als ersetzt ist.

Die heimliche Bundesgenossenschaft der Verfolgung von außen und des Über-Ichs, jenes verborgene Einverständnis, bedient sich einer Geheimsprache, von der das Ich nichts weiß und in der sich jene zwei Faktoren über alles Trennende hinweg miteinander verständigen: Es sind eben jene unbewußt produzierten Indizien, die so deutlich sprechen. Die Indizien sind ein Ersatz für die Person des Täters selbst. In der Rückkehr zum Tatort ist der Täter endlich wirklich dorthin zurückgekehrt, wohin es ihn drängte: Er ist ein zur Person zurückgewandeltes Indiz, *totus pro parte*. Es ist erklärlich, daß sich diese Erscheinung bei den großen Verbrechern viel häufiger findet als bei der »*petite criminalité*« der Diebe, Fälscher, Betrüger. Auch bei dem Schwerverbrecher geht etwas in dem seelischen Raum, der ihm nicht zugänglich ist, vor, drängt sein Geheimnis nach außen, will sein unbesänftigtes Gewissen sprechen. Auch der Schwerverbrecher, der den Verfolgungen der Polizei entgangen ist, ist nicht sicher vor den Überraschungen, die von innen kommen.

Wir haben gehört, in welcher Art die Kriminalpsychologie die Indizien auffaßt und in welcher Art der Richter sie in der Beweiswürdigung verwertet. Ist es die einzig mögliche, ja ist es die einzig gerechtfertigte Art der Betrachtung der Indizien im Strafprozeß? Vielleicht darf man darauf hinweisen, daß in der unbewußten Produktion von Indizien verborgene seelische Kräfte zur Äußerung drängen, die bisher von der Rechtsfindung nicht beachtet wurden und nicht beachtet werden konnten. Die Sage erzählt, ein indischer Richter habe einen Einbrecher freigesprochen, weil dieser in Träumereien darüber versunken war, ob er dem Loch beim Einbruch die Gestalt einer Lyra oder die eines Schmetterlings geben sollte. Vielleicht gab es so kunstsinnige Richter nur im Indien der Sage, aber ein Hauch von dem psychologischen Geiste, den ein solches Urteil atmet, möchte man jedem Richter gern zumuten.

Ein Fall aus dem Jahre 1386

Ein sonderbares Interesse hat uns dazu gedrängt, uns mit der Bedeutung sachlicher Indizien zu beschäftigen. Wir sind dazu gelangt, die Art dieses Interesses nicht nur fragwürdig, sondern auch der Frage und Erkundung wert zu erachten. Ist es nur das Vergnügen am Scharfsinn und an der logischen Kunst des Kriminalisten, wie sie in den Schlußfolgerungen aus der Indizienbewertung zutage treten? Unstreitig ist ein solches Vergnügen vorhanden, aber die kriminalistische Indizienforschung und -deutung ist nur zum geringsten Teil von logischer Art. Wir fanden uns auf die Psychologie zurückverwiesen. Welche psychologischen Momente sind in der kriminalistischen Indizienwürdigung bestimmend? Im Bemühen, diese Faktoren klarzustellen, mußten wir uns mit der Rolle der Psychologie im Indizienbeweis überhaupt sowie mit der Bedeutung psychologischer Indizien im

Strafrechtverfahren beschäftigen. Dabei durften wir einige prinzipiell wichtige Fragen nicht übergehen, verfängliche Fragen mitunter. Wir konnten sie in diesem Zusammenhang nicht mit der wünschenswerten wissenschaftlichen Genauigkeit behandeln, doch erforderte es unser Gegenstand, etwa das Problem, ob die Psychoanalyse zur Lösung der Täterfrage berufen sei, sowie unsere Anschauungen über die forensische Bedeutung psychologischer Indizien darzustellen. Jenseits der bisher üblichen Betrachtungsweise tauchte ein neuer psychologischer Gesichtspunkt auf: Die sachlichen Indizien wiesen auf bisher nicht gekannte oder nicht gewürdigte unbewußte Tendenzen des Täters hin. Auf verborgene Impulse, deren Feststellung freilich keine große Bedeutung für die Eruierung der Person des Täters, vielleicht aber einige für die psychologische Erforschung seiner Persönlichkeit beanspruchen dürfen.

Wir wollen es nicht beschönigen und nicht verbergen: unsere bisherige Ausbeute ist recht gering. Das logische Interesse an der kriminalistischen Deutung und Verwertung sachlicher Indizien hat sich als enger erwiesen, als wir gedacht hätten. Das psychologische Interesse hat uns auf ein der Kriminalpsychologie bisher unbekanntes Gebiet geführt. Es ist mehr in die Breite und Tiefe gedrungen, als wir vermutet hätten, doch vermag es nicht, das Ausmaß unserer Aufmerksamkeit für die indirekten Indizien zu rechtfertigen. Vielleicht wissen wir noch zu wenig von ihrem Wesen und Werden? Die kriminalistische Literatur gibt uns Beispiele in Fülle, aber nur Beispiele. Die unbewußte Bedeutung, welche Indizien als Mittel des geheim beabsichtigten Selbstverrates beanspruchen, hat uns zu einer neuen Fragestellung geführt: Was haben Indizien früher bedeutet? Sind sie nicht an die Stelle anderer Erscheinungen, welche früher die Beziehungen zwischen Rechtsbrecher und strafender Gesellschaft bestimmten, getreten? Die Indizien stehen ja nicht außerhalb der Abfolge der strafrechtsgeschichtlichen Entwicklung; sie ersetzten andere

Institutionen der Verbrechensaufklärung und Wahrheitsfindung und werden vermutlich selbst wieder von anderen ersetzt werden. Damit aber haben wir das Reich der Geschichte betreten. Sie, die große Lehrmeisterin, und die ihr verschwisterte vergleichende Völkerkunde werden sicherlich imstande sein, die genetische Seite unseres Problems weitgehend klarzustellen.
Dürfen wir nicht den günstigen Zufall begrüßen, der uns gerade von ungefähr einen Bericht über einen schwierigen kriminalistischen Fall, der etwa 550 Jahre zurückliegt, in die Hände spielt? Er soll als Auftakt der folgenden Abschnitte willkommen sein[81].
Wie in den Kreuzzügen verließen auch in dem Hundertjährigen Krieg zwischen England und Frankreich die Ritter häufig auf unbestimmte Zeit Frau und Burg und vertrauten beide dem Schutze eines Freundes an. Uns erhaltene Berichte sagen, daß Jean Carouge desgleichen tat, als er im Jahre 1385 mit dem Geschwader des Admirals von Vienne nach England ging. Sein Nachbar und Freund Jacques Legris übernahm die heilige Pflicht der Sorge für Dame Maria Carouge und für die Burg. Ein Jahr später kehrte Jean Carouge vom Kriegszug zurück; er fand Maria in tiefster Niedergeschlagenheit. Nach langem Fragen erfuhr er, daß Jacques Legris ihr in Gegenwart seines Stallmeisters Louvet Gewalt angetan habe. Aufs tiefste in seiner Ehre getroffen, schwor der Ritter Rache. Der geliebten Gattin konnte er nicht zürnen, denn sie war nur der Gewalt gewichen. Der Stallmeister Louvet hatte sie, wie sie eingestand, festgehalten. Der Lehnsherr Graf von Alençon berief ein Schiedsgericht von Geistlichen, Rittern und Räten. Vor diesem Gericht sollten Carouge und Legris sich äußern nach ritterlichem Gebrauch und Recht. Carouge erschien vor dem Tribunal als Kläger und warf seinen Handschuh als Zeichen der Fehde gegen Legris auf den Tisch des Gerichtes. Die weisen Herren forderten zuerst die Aussage von Louvet. Dieser konnte sich indessen an nichts erinnern. Legris leugnete und warf wie Carouge seinen Handschuh in die Schranken des

Gerichtes. Auch er erklärte sich bereit, seine Unschuld im ritterlichen Kampfe zu erweisen. Das Tribunal beriet lange und gelangte endlich zu dem Urteil, daß man bei so widerspruchsvollen Aussagen keinem der beiden Ritter den Kampf, der die Frage der Schuld klarstellen würde, verweigern könne. Der König Karl VI., der sich auf dem Wege nach dem englischen Kriegsschauplatz befand, verschob die Angelegenheit bis zu seiner Rückkehr, da er selbst dem Kampfe beiwohnen wollte. Der 13. Dezember 1386 wurde als Kampftag bestimmt. Das Pariser Parlament, das jenen Entschluß gefaßt hatte, ließ die Schranken rüsten, die Tribünen bauen und bestellte die Kampfordner. Karl VI., Königin Isabeau, die Großen des Reiches mit ihren Damen und eine ungeheure Menge Volkes umgaben die Stichbahn, in der Carouge und Legris ihre Ehre verteidigen wollten. Auch Dame Maria war im Trauergewand erschienen, um dem Kampfe zuzusehen, doch wurde sie im Namen des Königs zurückgewiesen. Da sagte ihr Carouge: »Dame, für Sie bringe ich mein Leben in Gefahr, Sie allein wissen, ob meine Sache recht ist vor Gott.« Sie antwortete: »Kämpfen Sie getrost, Ihre Sache ist gut.« Er umarmte die Gattin, bekreuzigte sich und ging in die Schranken. Die Richter nahmen beiden Rittern einen feierlichen Eid ab, daß sie kein Zaubermittel gebraucht hätten. Der König gab das Zeichen zum Kampf. Das Lanzenstechen zu Pferd brachte kein Ergebnis. Im Schwertkampf zu Fuß, der folgte, verwundete Legris seinen Gegner an der Hüfte. Carouge erhob sich indessen rasch und stieß Legris, der sich der Gefahr nicht versah, das Schwert in den Leib. »Gestehe, daß du mein Weib entehrt hast«, rief Carouge und kniete auf dem Sterbenden. Legris beschwor seine Unschuld noch mit dem letzten Röcheln und starb auf dem Kampfplatz. Carouge trat als Sieger vor den König und beugte seine Knie. Die Leiche des Schuldigen wurde aufgehängt; seine Güter zugunsten des Siegers versteigert. Dieser aber zog ins Heilige Land, die Ungläubigen zu bekämpfen, mit seinem

Knappen de Tillières, der seinerzeit bei Dame Maria in der Burg geblieben war. Als die Dame erfuhr, daß ihr Gatte im Kampf gegen die Araber gefallen war, ließ sie sich in einer Klosterzelle einmauern, in der sie noch fünf Jahre als fromme Büßerin lebte. Am Totenbette, so wird berichtet, soll Tillières viel später gebeichtet haben, daß er einst die Dame Carouge vergewaltigt habe. Ein Mönch berichtet dieses Geständnis Tillières'. Die Akten wurden dem König vorgelegt. Karl VI., den man den Wahnsinnigen genannt hat, schrieb zwei Zeilen voll Weisheit darunter: »Was ist menschliche Gerechtigkeit? Was ist Wahrheit? Spielball sind wir eines rätselhaften Geschicks.«

Seit Karl VI. diese Worte in jenen Akt schrieb, sind fast sechs Jahrhunderte verstrichen. Die Beweismittel des Gerichtes haben sich radikal geändert. Wir glauben nicht mehr, daß durch einen ritterlichen Zweikampf vor Gericht entschieden wird, ob jemand ein Verbrechen begangen hat, aber jene Worte haben nichts von ihrer eindringlichen und melancholischen Wahrheit verloren. Die Menschen des 14. Jahrhunderts waren völlig davon überzeugt, daß Gott den Schuldigen erweisen werde, indem er ihn im Lanzenstechen unterliegen lasse. Die Menschen unseres Jahrunderts sind davon durchdrungen, daß die Wahrheit durch den Kampf mit logischen Waffen gefunden wird. Sie sind von der absoluten Geltung des Indizienbeweises so überzeugt, wie ihre Vorfahren etwa von der Unfehlbarkeit der Feuerprobe. Auch die Richter des 14. Jahrhunderts wollen auf ihre Art die Wahrheit finden, und niemand kann sie tadeln, da sie sich nach bestem Wissen und Gewissen bemühten, die Täterfrage zu lösen. Es ist lächerlich anzunehmen, daß die Richter, welche die Hexen zu schrecklicher Todesstrafe verurteilten, und jene, welche im Dienste der heiligen Inquisition Mohammedaner und Juden als Ketzer verbrennen ließen, minder eifrig und gewissenhaft im Dienste der Wahrheitsfindung waren als die Strafrichter unserer Tage. Die Mittel der Wahrheitsfindung waren verschieden von den unseren, aber die Beweisgründe, über welche die Kriminalisten jener Zeit verfügten, galten ihnen genauso überzeugend wie uns etwa der Beweis durch die Daktyloskopie. Man befragte einst den Dorfgötzen, man holte sich Rat im Vogelflug, man unterwarf sich dem Ordal, um den Täter eines Verbrechens zu eruieren, und niemand kann sagen, daß dieser Weg viel unzuverlässiger war als der unsere. In den Dienst der Wahrheitsforschung trat die Folter wie jetzt das Verhör im Untersuchungsverfahren. Man wandte besondere Methoden wie Aufhängen, Daumenschrauben, Aufsradflechten an. Der Drang, die Wahrheit über ein Verbrechen zu finden, hat sich nicht selten verbrecherischer Mittel bedient.

Kriminalgeschichte ist Kulturgeschichte. Wer immer sich um die Frage bemüht, wie die Gemeinschaft auf das Verbrechen reagierte, welche Mittel ein Volk anwandte, um einen unbekannten Verbrecher zu ermitteln, wird überraschende Auskünfte über das kollektive Seelenleben erhalten können[82]. Vor allem ist es überraschend zu erfahren, daß vielleicht viele Jahrtausende lang dieses Problem die Gesellschaft gar nicht interessierte. Die Rechtshistorie und das vergleichende Studium der Rechtsinstitutionen, das auch die kriminalistischen Methoden wilder und halbwilder Völkerschaften erforscht, liefert über diese Frage der Verbrechensaufklärung ein ungeheures Material, das wenig bearbeitet und geformt ist. Es ist dem einzelnen nicht möglich, das ausgedehnte Material der Rechtsgeschichte und der vergleichenden Rechtskunde zu überblicken – könnte er es aber, er würde nichts als eine amorphe Sammlung historischer Tatsachen, eine Registrierung von Quellen, Textstellen, Urkunden und Berichten wahrnehmen, ein Material, das, oft nicht einmal im gröbsten gegliedert, geistige Durchdringung und psychologische Kontinuität vermissen läßt[83]. Es ist dem Studierenden überlassen, sich eine Entwicklung in bestimmter Richtung vorzustellen, das geistige Band zu suchen, das diese verstreuten Elemente vereint. Es kann nicht in unserer Absicht liegen, die rechtsgeschichtliche Entwicklung der verschiedenen Beweisverfahren zu verfolgen oder ihre verschiedenen Formen bei dem primitiven Völkern zu studieren. Eine solche Darstellung ist dem Laien nicht möglich. Sie ist aber auch nicht notwendig, weil unser Gegenstand von spezieller Art ist. Wir wollen nur das Wesen und die Entwicklungsgeschichte des jüngsten Beweismittels, der sachlichen Indizien, studieren, und die verschiedenen Beweisverfahren der Antike und der primitiven Völker interessieren uns hier nur insofern, als sie uns Hinweise auf die kulturelle Entwicklung geben, welche zur Einführung des Indizienbeweises führte. An repräsentativen Beispielen, die wir mit den Methoden moderner Kriminalistik vergleichen werden, wollen wir zu erkennen versuchen, was diese Entwicklung psychologisch bedeutet.

Anfänge der Kriminalistik

Es geschieht in der Wissenschaft nicht selten, daß schon in einer ersten Fragestellung verborgen jener Fehler liegt, der dann zu einer schiefen und ungerechtfertigt vereinfachenden Behandlung des Gegenstandes führen muß. Als einer dieser Fälle erscheint mit die bisherige Darstellung der primitiven Verbrechensaufklärung oder, wenn man will, der Anfänge des Beweisverfahrens. Wir sind natürlich bereit, anzunehmen, daß auf tiefen Kulturstufen und in prähistorischer Zeit Verbrechen in wesentlich anderer Art betrachtet wurden, ja daß das, was uns als Verbrechen erscheint, damals nicht als solches angesehen wurde, daß es rechtliche Institutionen gab, die den unseren nicht ähnelten. Es wird uns wenig Schwierigkeiten machen, zu glauben, daß es in den Kulturanfängen keine Kriminalistik, vielleicht nicht einmal eine ganz rohe und elementare Verbrechensaufklärung gegeben habe. Für die Zeit aber, da es eine solche gab, setzen wir mit der

naiven Selbstverständlichkeit des gebildeten Europäers voraus, daß die Grundlage der Strafrechtspflege dieselbe gewesen sein muß wie die unsere.
Eine jener fundamentalen Naivitäten liegt in der Annahme, daß die Reihenfolge Verbrechen–Verbrechensaufklärung–Täterermittlung–Bestrafung die natürliche und einzig mögliche sei. Wir machen uns gar keine Gedanken darüber, daß diese Abfolge für eine von uns völlig verschiedene Kulturwelt vielleicht nicht existierte, daß schon diese unsere Voraussetzung falsch sein kann. Verschiedene Züge, wie sie noch die Strafrechtspflege der frühen geschichtlichen Antike und der halbwilden Völker des australischen Kontinents zeigt, sind geeignet, uns mißtrauisch gegen derartige Vorurteile und »natürliche« prinzipielle Voraussetzungen zu machen. So unterscheidet sich etwa die primitive Auffassung von der unseren durch die merkwürdige Ansicht, daß nicht der einzelne, sondern der Stamm das Verbrechen begangen habe und auch die Strafe oder Buße erleiden müsse. Die strafrechtliche Konsequenz dieser besonderen Anschauung ist in der Institution der Blutrache gegeben. Uns ist eine so primitive Ansicht von der Natur des Mordes fremd. (In Ausnahmefällen ist es freilich legitim, ja staatlich sanktioniert: der Krieg, der Pogrom, die bewaffnete Unterdrückung von Minderheiten sind solche Fälle.)
Die oben bezeichnete Auffassung überträgt unsere modernen Begriffe in eine Zeit und ein Kulturmilieu, die völlig andere seelische Voraussetzungen hatten. So seltsam dies zuerst klingen mag, einer prähistorischen Zeit und einer anderen kulturellen Schicht liegt eine Reihenfolge näher, an deren Anfang die Bestrafung und an deren Ende die Verbrechensaufklärung steht. Das erscheint auf den ersten Blick sehr befremdend, verliert diesen Anschein aber bei schärferer Betrachtung, die sich die archaischen Vorstellungen vom Wesen des Verbrechens und der Strafe vergegenwärtigt. Das Verbrechen ist für die Menschen einer

prähistorischen Periode wie für die Primitiven, welche den Kultureinflüssen fast entzogen sind, eine Verletzung der großen Tabuvorschriften, welche die Organisation der Gemeinschaft bestimmen und erhalten. Rechtsbrecher ist, wer diese Gesetze, die niemand schrieb, doch jeder kennt, übertritt und so, durch die außerordentlich starke und gefürchtete Infektionsfähigkeit des Tabus, seinen Clan gefährdet. Die Notwendigkeit, die Gemeinschaft zu schützen, den Verbrecher zu ermitteln und zu isolieren, gehört schon einer späteren Zeit an. Ein Bruch des Tabus straft sich ursprünglich selbst; diese automatische Wirkung macht eine Verbrechensaufklärung oder eine kriminalistische Arbeit in unserem Sinne zuerst überflüssig. Ein Mann stirbt plötzlich. Für den Primitiven besteht kein Zweifel, daß er getötet wurde, weil er eine Tabuvorschrift verletzt hat. Er starb an dieser Verletzung eines Tabus, wie eine Person an den Wirkungen eines starken elektrischen Schlages stirbt. Eine Aufklärung seines Verbrechens erübrigt sich; sie ist aber auch unmöglich. An eine Verwertung von Indizien in seinem Sinne ist unter so verschiedenen kulturellen Bedingungen gewiß nicht zu denken, aber auch eine andersartige Verwendung der Spuren, etwa im Sinne magischer Prozeduren, kommt auf dieser Entwicklungsstufe nicht in Betracht. Der Tote ist tabu, der Mörder ist tabu; alles, was er berührt hat, und alles, was ihn berührt hat, ist tabu. Die hohe Infektionsmöglichkeit des Tabus schließt jede kriminalistische Beschäftigung mit der Tat aus. Es müssen tiefgehende Veränderungen innerhalb der Tabureligion vor sich gehen, alte Einschränkungen aufgehoben, Glaubensvorstellungen in ihrer früher unbeschränkten Macht abgeschwächt worden sein, ehe sich das Interesse an der Verbrechensaufklärung, kühner geworden, ans Tageslicht wagte. Der moderne Priester, der dem Strafgefangenen geistliche Tröstung bringt, beruft sich freilich, seltsam genug, noch immer auf das Wort: »Die Rache ist mein«, spricht der Herr. In jener Zeit aber, die den Herrn nicht nur so sprechen, sondern auch so handeln

ließ, solange Jahve ein böser und rachsüchtiger Gott primitiver Stämme war, der den Frevler im Dunklen schlug, die Hand, die sich am Verbotenen vergriff, selbst lähmte, in dieser Zeit bedurfte man keiner kriminalistischen Aufklärung. Der Gott oder der Dämon des Clans wachte selbst darüber, daß seine Gesetze eingehalten wurden, und bestrafte unbarmherzig den Rechtsbrecher. Das Auge des Stammeshäuptlings, der nach seinem Tode allmählich zum Stammesgott geworden war, war selbst das Auge des Gesetzes.
Jene uns fremd anmutende Auffassung, die erst vor den Wirkungen der Bestrafung aus zur Verbrechensaufklärung gelangt, gehört schon dieser späten Phase der primitiven Kulturentwicklung an, welche die ursprünglich unbeschränkte Herrschaft des Tabuglaubens gelockert zeigt. Er ist da noch immer von ungeheurer Macht und wird es trotz allen sozialen Veränderungen noch für viele Jahrtausende bleiben; noch immer ist das Verbrechen ein Bruch der Tabugesetzgebung der primitiven Gesellschaft. Das sicherste Zeichen, daß ein solcher schrecklicher Verstoß geschehen ist, ist eben das Eintreffen der Bestrafung: Ein schweres Unglück, eine Katastrophe, die über die Gemeinschaft oder über den einzelnen hereingebrochen ist. Dieses Unglück zu bannen, der Not, der Krankheit, dem Mißgeschick und dem Tode, die als Folge des Tabubruches alle Stammesmitglieder bedrohten, entgegenzutreten, diese Motive gaben den wirksamsten Anstoß zur Verbrechensaufklärung. Man darf sagen, wenn es auf dieser Kulturstufe eine Einrichtung gibt, die ihrer Stellung nach in der primitiven Gemeinschaft der Strafe entspricht, so ist es die rituelle Reinigung, die wir als Konsequenz der Verbrechensaufklärung finden[84]. Die Strafe ist die Voraussetzung, die *conditio sine qua non* der Verbrechensaufklärung, nicht ihr primäres Ziel. Die uns so paradox erscheinende Umkehrung der Reihenfolge Verbrechensaufklärung–Strafe ist nicht nur in Spuren, welche Bruchstücke der Überlieferung, Sage und Folklore

enthalten, erkennbar; sie findet sich auch in einer, der langen Entwicklung entsprechend veränderten Form noch lebendig bei manchen australischen Stämmen.
Die Beispiele, die einem sogleich einfallen, wenn man einmal auf jene umgekehrte Reihenfolge aufmerksam geworden ist, sind zu zahlreich, um aufgezählt zu werden. Das Wüten der Pest in Theben gibt die Veranlassung zur Aufklärung jener alten Tat des Ödipus. Die Mißerfolge des israelitischen Heeres machen es notwendig, zu erfahren, wegen welchen Verbrechens der Herr seinem auserwählten Volke zürne; eine Hungersnot, das Ausbrechen einer epidemischen Krankheit haben die gleiche kriminalistisch-religiöse Wirkung. Bekanntlich gibt es nur ausgewählte Völker; so wird ein großes Mißgeschick, das einen Stamm trifft, dem Zorne des Stammesgottes, der ihn sonst liebt, wegen eines Verbrechens, das nicht gesühnt wurde, zugeschrieben. Mythen und Märchen geben klare Auskunft über diese Anschauungen. Sie scheinen auch zu beweisen, daß der Stammesgott oft nur der avancierte Stammeshäuptling war, der nach seinem Tode den Clangenossen zürnt. Statt vieler sei hier nur ein Beispiel aus dem Leben der Kaileute im früheren Deutsch-Neu-Guinea gekennzeichnet, jenes halbwilden Papuavolkes, über das wir ausgezeichnete Berichte des Missionars *M. Keysser* haben[85]: Wie die meisten Naturvölker nehmen auch die Kai an, daß jeder Tod durch Zauberei verursacht sei. Der schuldige Zauberer verfällt der Blutrache; ebenso seine Verwandtschaft. Fast alle Kriege zwischen Dörfern und Stämmen kommen auf das Konto solcher Racheexpeditionen. Der Geist der Toten fordert gebieterische Rache und wird, wenn er sie nicht erhält, seine Verwandten ihre Nachlässigkeit schwer büßen lassen. Er wird ihnen nicht nur kein Glück bei der Jagd schicken, er wird Wildschweine in ihre Felder treiben, welche die Saat zertrampeln, und ihnen jede Unbill zufügen. Wenn eine Epidemie ausbricht, erkennen die Leute den Zorn des Geistes, der nur durch das Schlachten des

bösen Zauberers oder sonst einer Person besänftigt werden kann. Noch die mittelalterliche Kirche hat von Krankheit, Mißernte und Niederlage im Krieg auf heimliche Sünden in der Christenheit geschlossen. Der einzelne geht psychologisch ursprünglich denselben Weg: der Dulder Hiob erkrankt an jenem schrecklichen Aussatz. Es ist für ihn und den antiken Kulturkreis, in dem er lebt, das Natürlichste, zu denken, sein Leid sei die göttliche Strafe für ein unbekanntes oder unerkanntes Verbrechen. Seine Frage gilt nur einem Gegenstand: Welches Verbrechen habe ich begangen? Wir bemerken schon, wir stehen hier bereits an der Schwelle einer neuen Zeit, denn es handelt sich nicht mehr – oder nicht nur – um rituelle Fehler oder Mißgriffe, nicht mehr um Verstöße gegen die Tabugesetzgebung in ihrem ursprünglichen Sinn. Es ist notwendig, hier, wo zuerst das Problem der Gedankensünde auftaucht und uns in seine Tiefen ziehen will, abzubrechen.

Wir haben keinen Anlaß, uns in diesem Rahmen mit den langsamen und kulturellen Veränderungen zu beschäftigen, welche diese primitive Reihenfolge Strafe (eigentlich Verbrechenswirkung)–Verbrechensaufklärung in die uns geläufigere verwandelten[86]. Es war wichtig, den Charakter jener archaischen Phase der Kriminalistik scharf zu formulieren, denn nur aus ihren Voraussetzungen, namentlich aus der der Tabuwirkung des Verbrechens, werden sich die Entwicklungen, Wege und Methoden der frühen Verbrechensaufklärung und des ersten Beweisverfahrens verstehen lassen.

Primitive Motivsuche

Als *Leopold von Ranke* einmal im Kreise seiner Fachgenossen gefragt wurde, warum er Geschichtsforscher geworden sei, antwortete er: »Aus Neugierde.« Es wäre ungerechtfertigt, zu behaupten, daß die Gelehrten, die sich der Erforschung der Geschichte des Strafrechts gewidmet haben, wenig von dieser Eigenschaft oder diesem Laster besitzen. Es ist indessen nicht unwahrscheinlich, daß ihre Neugierde gerne gebahnte Wege geht und unbekannte Straßen gerne vermeidet. Wie wäre es sonst möglich, daß z. B. der Ursprung der Indizien bisher nicht erkannt wurde? Dieses Ursprungsgebiet aber ist die Zauberei. Sehr viele wilde Stämme sind der Ansicht, daß sie niemals sterben würden, wenn nicht die bösen Künste der Zauberer ihren Lebensfaden abschnitten. Es wäre vielleicht falsch, zu sagen, sie glauben nicht an einen natürlichen Tod, und richtiger, zu behaupten, daß sie annehmen, jeder Todesfall sei ein gewaltsamer, meistens durch Magie verursachter[87]. So meinten die Abiponer, ein jetzt ausgestorbener Indianerstamm in Paraguay, daß keiner von ihnen sterben würde, wenn nur die Spanier und die Zauberer aus Amerika verbannt würden. Selbst wenn ein Mann mit vielen Wunden oder an Altersschwäche stirbt, glauben sie fest daran, daß er verzaubert wurde. So geschah es z. B., daß in einem Streit, der zwischen zwei Männern über ein Pferd entstand, ein dritter Mann, der den Zank schlichten wollte, durch ihre Speere tödlich verwundet wurde und nach einigen Tagen starb. Uns mag es wohl so erscheinen, daß der Friedensstifter durch die Speerwunden, die er erhielt, getötet wurde, aber kein Abiponier würde dies einen Augenblick annehmen. Sie behaupten fest, daß ihr Kamerad durch die Zauberei einer unbekannten Person getötet wurde; ihr Verdacht fiel auf ein bestimmtes altes Weib, das als Hexe bekannt war und der der Dahingeschiedene in letzter Zeit eine Wassermelone verweigert hatte. Man nahm an, daß sie den Mann aus Rache durch ihre Zauberkünste getötet hatte, wenngleich er nach europäischen Begriffen an einer Speerwunde gestorben war[88]. Ebensowenig glauben die kriegerischen Araukanier in Chile an einen natürlichen Tod. Selbst wenn ein Mann im Alter von hundert Jahren friedlich einschlummert, glauben sie, daß er von einem Feinde verzaubert worden sei[89]. Als *Karl von den Steinen* einen Bakairi-Indianer in Brasilien den Satz »Jedermann muß sterben« in die Bakairi-Sprache übersetzen ließ, blieb der Indianer zum Erstaunen des Forschers lange Zeit schweigend. Der Fragende mußte erkennen, daß die Notwendigkeit des Sterbens für den Wilden keineswegs klar war; die Bakairi glauben, daß jede Krankheit und jeder Todesfall auf die Wirkung von Zauberei zurückzuführen sei, und wissen nichts über ein natürliches Ende des Lebensprozesses[90]. Ebenso allgemein ist diese Anschauung bei den Indianern von Guiana. Sie glauben, jeder Mensch habe einen Körper und eine Seele und daß Zauberer ihre Seele aus ihrem Körper entfernen können, um weit entfernte Personen zu schädigen. Nicht immer geschieht dies unsichtbar; der Zauberer kann sich auf diesen verbrecherischen Expeditionen in eine Schlange, einen Vogel, ein Insekt oder ähnliches verwandeln. So wird also ein Indianer, der von einem wilden Tiere angegriffen wird, nicht annehmen, daß dieses sein Feind ist, sondern der Zauberer, der sich in dieses Tier verwandelt hat[91]. Wir wollen die praktischen Konsequenzen eines solchen Glaubens etwa an einem Fall, den *J. I. Monteiro*[92] von den Eingeborenen des Kongo-Ufers erzählt, studieren: »Während meines Aufenthaltes in Ambrizette gingen drei Cabinda-Frauen an den Strom, um Wasser zu schöpfen. Eine nach der anderen füllte ihre Krüge; da wurde diejenige, die in der Mitte war, plötzlich von einem Alligator erfaßt, herabgezogen und verschlungen. Die Familie der armen Frau klagte sogleich die zwei anderen an, sie verzaubert zu haben, so daß sie aus ihrer Mitte von dem Alligator erfaßt wurde. Ich machte ihnen Vorhaltungen und versuchte, ihnen die tiefe Absurdität ihrer Anklage zu zeigen, aber sie antworteten: ›Warum hat der Alligator gerade diese in der Mitte und nicht eine von denen, die auf jeder Seite waren, erfaßt?‹ Es war unmöglich, ihnen diese Idee zu nehmen. Die beiden Frauen wurden gezwungen, die ›Casca‹ (Giftordal) zu trinken.« *Monteiro* glaubt, daß eine der beiden daran starb. Aus derselben Gegend berichtet *H.M.Bentley*, daß man annehme, die Zauberer verwandeln sich häufig in Krokodile oder Leoparden, um so ihr Opfer zu töten[93]. Die Eingeborenen versichern auf das energischste, daß die Krokodile als solche harmlos sind. Davon sind sie so überzeugt, daß sie an manchen Stellen ohne Zaudern in den Strom steigen, um ihre Fischfallen zu besichtigen. Wenn einer von ihnen dann von einem Krokodil verzehrt wird, halten sie ein Palaver, um den schuldigen Zauberer zu entdecken, töten ihn und benehmen sich mit den Krokodilen so sorglos wie vorher. Niemand in Madagaskar glaubt an einen natürlichen Tod. Mit Ausnahme von Hundertjährigen stirbt jeder, so glaubt man, als Opfer der schrecklichen Künste der Zauberer. Die übliche Beileidsformel, die man Leuten sagt, deren Verwandte gestorben sind, lautet: »Verflucht sei der Zauberer, der seinen Tod verursacht hat.«[94] Wenn man in einem Malariabezirk die Krankheit erworben hat, wird sie noch immer einem Zauberer zugeschrieben, der irgend einen tödlichen Stoff in den Körper gezaubert hat. Diese Beispiele müssen viele Hunderte, welche *Frazer* anführt, vertreten. Sie sollen uns nur auf einen grundlegenden Unterschied zwischen der primitiven und unserer kriminalistischen Einstellung hinweisen. Kein Untersuchungsrichter, kein Kriminalbeamter glaubt mehr an den Mord durch Zauber. So wären also die Ermittlungsmethoden unserer Kriminalistik durch einen Abgrund von der elementaren Verbrechensaufklärung der Naturvölker getrennt? Ja und nein. Was bedeutet es denn, wenn die halbwilden Völker etwa behaupten, dieser oder jener Zauberer habe diese Person durch Magie getötet? Sie meinen es natürlich ganz wörtlich, aber die psychologische Bedeutung eines solchen Glaubens wird erst durch die Annahme übermenschlicher oder zumindest außergewöhnlicher seelischer Kräfte klar. Diese Kraft hat vorwiegend ein Ziel: dem Nebenmenschen zu schaden, sein Leben und sein Gut anzutasten. Es ist auch nur scheinbar so, daß die Eingeborenen diesen oder jenen Zauberer aufs Geratewohl als den Urheber der bösen Tat bezeichnen. Sie haben unbewußte Motive für diese Annahmen; sie schreiben nämlich den betreffenden Personen die böse Absicht des Tötens zu, sie nehmen an, daß dieser Mann den anderen gehaßt habe. Dabei geben sie freilich wie bei uns die Zwangsneurotiker diesen Absichten eine besondere Kraft, unmittelbar Wirklichkeit zu werden, sich zu erfüllen. Gewiß, unsere Kriminalistik geht nicht von diesen Voraussetzungen aus, aber wir fanden ein Stück jenes primitiven Glaubens, der auf eine unbewußte Gleichsetzung von Absicht und Tatausführung zurückführt, in der Frage, ob jemandem das Verbrechen zuzutrauen sei, wieder. Gewiß, die Unterschiede sind nicht zu übersehen; ebensowenig aber, glaube ich, die Übereinstimmungen zwischen jener elementaren Kriminalistik und der unseren: die Wilden, welche jenem Zauberer die Tat zutrauen, töten ihn auf dem kürzesten Wege. Ihr Zutrauen ist so stark, daß sie ihr primitives psychologisches Urteil als genügenden Schuldbeweis für den Verdächtigten nehmen. Manche Justizmorde der neueren Zeit haben keine stärkere Begründung als die Tatsache, daß man diesem oder jenem Manne die verbrecherische Tat zutrauen könne. Wir finden also die alte Zauberatmosphäre in nur wenig modernisierter Form als psychologische Betrachtung in der modernen Kriminalistik wieder. Wir haben früher als Beispiel der allgemeinen Annahme der Naturvölker, daß jeder Tod auf eine Verzauberung zurückführt, den Fall jener drei Frauen vom Kongo-Ufer, wie *J. Monteiro* ihn schildert, berichtet. Auch hier ist die psychologische Voraussetzung für die Annahme, jene beiden Freundinnen hätten die Verunglückte verzaubert, leicht erratbar: es ist die unbewußte Erkenntnis der zwischen den drei Freundinnen herrschenden verdrängten Feindseligkeiten, der die Eingeborenen nun die Kraft zugetraut haben, die eine der Frauen zu töten. Aber ist es wirklich so weit von solcher primitiver Annahme zu unse-

ren Anschauungen, lebt jene nicht, nur leise verändert, unter uns weiter? Stellen wir jenem Fall der verunglückten Cabinda-Frau ein Beispiel aus der Kriminalgeschichte unserer kultivierten Zonen zur Seite[95]: Im Jahre 1886 ließ sich ein Ehepaar namens Druaux in einem kleinen Orte Malaunay nieder, wo die Ehefrau ein Schankgeschäft eröffnete. Bei ihnen wohnte ein Bruder der Frau, Gaston Delacroix. Das Zusammenleben der drei Personen war nicht friedlich. Die beiden Schwäger vertrugen sich zwar gut, aber zwischen ihnen und der Frau D. kam es häufig zu Streitigkeiten. Diese war dem Trunke ergeben, nahm es auch mit der ehelichen Treue nicht genau. Zwischen den Eheleuten war deshalb wiederholt Zank ausgebrochen, in dessen Verlauf Frau D. ihren Mann einige Male mißhandelt hatte. Die gleiche Behandlung hatte sie auch ihrem Bruder angedeihen lassen, der auf seiten ihres Mannes stand und ihr wegen ihres Lebenswandels öfter Vorhaltungen machte.
Am 6. April 1886 überraschte Druaux, als er von der Arbeit zurückkehrte, seine Frau beim Ehebruch. Er jagte sie sofort aus dem Hause und erstattete bei der Gendarmerie Anzeige. Frau D., die kein anderweitiges Unterkommen hatte, irrte am 7. April im Walde umher und kam des Abends wieder zu ihrem Gatten mit der Bitte, sie noch einmal aufzunehmen. Der Ehemann gab dieser Bitte nach unter der Bedingung, daß die Schankwirtschaft geschlossen werde. Dies geschah. Am 9. April wurden die Eheleute von Nachbarn zuletzt gesehen. Da am Sonntag, den 10. April, die Nachbarn niemanden von der Familie zu Gesicht bekamen, drangen sie in das Haus ein. Sie fanden die beiden Männer als Leichen. Der Ehemann lag tot in seinem Ehebett, die Leiche des Schwagers, vollständig bekleidet, im Erdgeschoß neben der Küchentür. Die Ehefrau war im Hause und hatte fast den ganzen Sonntag, ohne sich zu melden oder Hilfe zu holen, bei den Leichen zugebracht. Sie schien betrunken zu sein. Ein sofort hinzugezogener Arzt vermochte an den Leichen keinerlei Verlet-

zungen oder Spuren erkennbarer Krankheiten festzustellen. Bei der Leichenöffnung wurde konstatiert, daß die beiden Männer einer Vergiftung erlegen waren. Der Verdacht, sie durch Gift aus dem Wege geräumt zu haben, konnte sich auf niemand anderen als auf die Ehefrau D. lenken. Sie wurde verhaftet und wegen zweifachen Giftmordes unter Anklage gestellt.
Sie bestritt ihre Schuld, mußte aber ihren unsittlichen Lebenswandel sowie die Tatsache zugeben, daß sie in Unfrieden mit Mann und Schwager gelebt und beide des öfteren gröblich mißhandelt hatte. Über die Vorgänge am 8., 9. und 10. April konnte sie nur folgendes angeben: Nachdem ihr Mann sie am 7. April wieder aufgenommen habe, sei die Aussöhnung durch einen Trunk gefeiert worden. Sie beide hätten stark dem Schnaps zugesprochen, der Mann so stark, daß er die nächsten Tage krank gewesen und nicht zur Arbeit gegangen sei. Er habe schon lange über Kopfschmerzen geklagt, so auch am 8. und 9. April. Am 9. April sei er dann um 4 Uhr morgens aufgestanden, um aufs neue zu trinken; um 7 Uhr habe sie ihm noch Kaffee gegeben, worauf sie beide wieder eingeschlafen seien. Erst am Nachmittag sei sie aufgewacht und habe nun entdeckt, daß ihr Mann tot neben ihr liege. Sie sei hinuntergegangen, um dies ihrem Bruder mitzuteilen, und habe auch diesen tot gefunden. Woran die beiden gestorben seien, wisse sie nicht. – Frau D. hatte gelegentlich geäußert, ihr Mann werde nicht sehr alt werden; ein anderes Mal, als er sich nicht wohl fühlte: Sterben müssen wir alle; niemand ist unersetzlich. Solche Reden erschienen recht verdächtig.
Die vernommenen Sachverständigen Dr. Cerné, Dr. Pennetier und Professor der Chemie Renard bekundeten übereinstimmend, daß beide Todesfälle auf Vergiftung mit demselben Gift zurückgeführt werden müßten; doch seien in den Leichen keinerlei Spuren gefunden, die einen sicheren Schluß auf die Natur des Giftes zuließen. Mineralische Gifte ständen nicht in Frage. Als einzige Möglichkeit komme ein animalisches Gift, Cantha-

ridin, in Betracht. Bei der mikroskopischen Untersuchung der Eingeweide des Ehemannes sei auch ein Partikelchen gefunden worden, das einem vom Cantharidin herrührenden völlig ähnlich sei.

Auf Befragen des Präsidenten gaben die Sachverständigen noch an, daß die beiden Opfer ungeheure Schmerzen im Magen und Abdomen hätten ertragen müssen und daß es »absolut unmöglich« sei, daß der Mann neben seiner Frau gestorben sei, ohne daß diese davon etwas gemerkt habe.

Unter Zubilligung mildernder Umstände wurde die Angeklagte, obwohl nicht aufgeklärt werden konnte, woher sie das Cantharidin bekommen habe, zu lebenslänglicher Zwangsarbeit verurteilt.

In das Druauxsche Gasthaus war noch im Herbst 1887 das junge Ehepaar Gautier eingezogen. Sehr bald darauf wurde Frau Gautier von Schwindel und Ohnmachtsanfällen heimgesucht, mehrere Male wurde sie besinnungslos und ganz kalt am Boden liegend aufgefunden. Eines Tages, im Mai 1888, stürzte sie in ihrer Küche tot zu Boden. Sie wies die gleichen Vergiftungserscheinungen auf wie die beiden (angeblichen) Opfer der Frau D.

Andere seltsame Umstände kamen hinzu: Fische, die Gautier in seine Räume brachte, zersetzten sich in ganz kurzer Zeit »wie durch Zauberei«. Auch fielen des öfteren Gäste, die des Abends, um ein Glas Bier zu trinken, in die Herberge gekommen waren, nachdem sie sich einige Zeit dort aufgehalten hatten, bewußtlos nieder.

Im Jahr 1889 übernahm das Ehepaar Dubeaux, nach dem Tode der Frau Gautier, die Schankwirtschaft. Nach kurzer Zeit wurden auch sie von unerklärlichen Kopfschmerzen, Schwindelanfällen, Ohnmachten und Übelkeiten befallen. Eines Tages – Mitte der neunziger Jahre – fiel Frau Dubeaux tot zur Erde, fast zur selben Zeit fand man ihren Gatten entseelt in der Wohnung.

Endlich kam man auf den Gedanken, daß der unmittelbar an die Wirtschaftsstube anstoßende Kalkofen des Nachbargrundstükkes die Ursache dieser unerklärlichen Todesfälle sein könne. Man löschte ihn aus. Seit diesem Augenblick zeigten sich keinerlei weitere Krankheitserscheinungen bei den Bewohnern und Gästen des Nachbarhauses. Durch Sachverständige wurde nun zweifelsfrei festgestellt, daß sämtliche Krankheits- und Todesfälle auf eine Vergiftung durch Kohlenoxidgas zurückzuführen waren, das vom Kalkofen durch die undichte Mauer in die Wirtsstube hatte einströmen können.
Die Witwe Druaux wurde, nachdem sie acht Jahre ihrer Strafe verbüßt hatte, freigesprochen.
Ist hier nicht derselbe Glaube wirksam, der uns bei den Eingeborenen Afrikas und Australiens so merkwürdig vorkam? Lebt nicht auch in den Untersuchungsrichtern, die den Fall zu entscheiden hatten, der Unglaube, daß die beiden Männer, die Objekte des Hasses der Frau D. waren und die an einer natürlichen Todesursache gestorben waren, einem Unfall zum Opfer gefallen seien? Wie weit ist diese Annahme von der jener Wilden entfernt? Ist es nicht so, daß die Überzeugung, welche die halbkultivierten Völker zu sofortiger Tötung des angeblichen Zauberers führt, psychologisch dem Urteil des französischen Gerichtshofes, der Frau Druaux zu lebenslänglichem Zuchthaus verurteilte, entspricht? Wir ahnen schon, daß eine psychologische Vertiefung in dieses Problem zu besonderen Aufklärungen über die seelischen Voraussetzungen unserer Strafrechtspflege führen muß. Wir verschieben diese Aufgabe für einen späteren Teil dieser Untersuchung und verfolgen den bisher eingeschlagenen Weg weiter. Er hat uns dazu geführt, auch im Strafrechtsverfahren der wilden Völker ein nicht bewußt gewordenes Stück Psychologie als wirksames Element wiederzufinden. Es sind, könnte man sagen, unbewußte psychologische Indizien, die in diesem rohen Strafrechtsverfahren erscheinen und irgendwie Berück-

sichtigung finden. Wenn etwa in unserer gerichtlichen Voruntersuchung wegen Mordes bewußt die Frage »*Cui bono?*« erscheint und als Indiz gewertet wird, so wird sie freilich in der Welt der Primitiven nicht ausdrücklich gestellt, aber sie ist doch in der Form: »Wer hatte ein Motiv zur Tat?« unbewußt vorhanden und lenkt vielleicht unterirdisch den Ausfall jener Verbrecherorakel.

Um zu zeigen, in welchem überraschenden Sinne diese Indizien im Leben primitiver Völker betrachtet werden, sei auf einen Bericht verwiesen, den *Malinowski* über den legalen Aspekt der Zauberei in Melanesien gegeben hat[96]. Auch dort wird jede schwere Krankheit und jeder Todesfall der schwarzen Magie zugeschrieben; die Zauberei ist als eine genuine legale Macht anerkannt. Dies wird etwa durch die Art bewiesen, in der man die Gründe findet, warum ein Mann durch Zauberei getötet wurde. Diese Untersuchung geschieht durch eine genaue Deutung bestimmter Zeichen oder Symptome, die man an dem exhumierten Körper bemerkt. Etwa 12 bis 24 Stunden nach dem provisorischen Begräbnis wird bei Sonnenuntergang das Grab geöffnet, die Leiche gereinigt, bemalt und untersucht. Unter bestimmten, dramatisch anmutenden Zeremonien wird der Leichnam mit Kokusnußsahne gewaschen und die Zeichen an ihm werden registriert und gedeutet. Diese Symptome weisen auf bestimmte Charakterzüge oder Gewohnheiten hin, welche die Feindseligkeit einer Person erregten und dazu geführt haben, den Betreffenden durch einen Zauberer töten zu lassen. Wenn z. B. der Körper Risse oder Schrammen besonderer Art an der Schulter zeigt, welche den Liebesmalen *(kimali)* während des Sexualverkehrs ähneln, heißt es, der Verstorbene habe sich des Ehebruches schuldig gemacht oder sei bei Frauen zu erfolgreich gewesen und habe so den Zorn eines Häuptlings oder eines Zauberers erregt. Dieselbe Todesursache oder vielmehr dasselbe Mordmotiv verrät sich auch auf andere Art: so wenn die Leiche z. B. mit auseinandergespreizten Beinen oder mit gespitztem Munde gefunden wird. Dieselbe Bedeutung hat es, wenn der Tote mit Läusen bedeckt gefunden wird, weil Einander-Lausen als besonders zärtlicher Ausdruck der Liebe betrachtet wird. Gewisse Symptome erscheinen schon vor dem Tod und werden in dieser besonderen Art gedeutet. Ein konkreter Fall: Ein sterbender Mann hatte einen schmatzenden Laut ausgestoßen (wie man ihn ertönen läßt, wenn man eine geliebte Person zu einem heimlichen Stelldichein ruft). Bei der Exhumierung wimmelte der Leichnam von Läusen. Es war bekannt, daß dieser Mann es sich gestattet hatte, öffentlich von einer der Frauen Numakalas, des früheren Oberhauptes des Kiriwina-Stammes, gelaust zu werden. Offenbar war er auf höheren Befehl bestraft worden. Wenn am Leichnam Zeichen gefunden werden, die an Schmuck, Gesichtsbemalung oder bestimmte Tanzverzierungen denken lassen, so hat die persönliche Schönheit dem dahingeschiedenen Don Juan den bösen Zauber zugezogen. Rote, schwarze und weiße Farben auf der Haut, Muster, ähnlich den Zeichnungen am Hause eines Edlen, Geschwülste, ähnlich den Balken eines reichen Yam-Hauses, zeigen an, daß der Tote sich zu ehrgeizige Ausschmückung seiner Hütte erlaubte und sich so den Zorn des Häuptlings zuzog. Taro-ähnliche Beulen oder ein ungewöhnlicher Appetit auf dieses Gemüse kurz vor dem Tode weisen darauf hin, daß der Verstorbene zu schöne Taro-Anlagen hatte oder nicht genug Abgaben von dieser Ware an den Häuptling zahlte. Der Häuptling liebt es nicht, wenn einer seiner Untergebenen das Zeremoniell nicht streng genug eingehalten und sich nicht tief genug vor ihm verbeugt hat; so ein Mann wird später in seinem Grabe zusammengekrümmt gefunden werden. *Malinowski* hat durch Diskussion konkreter Fälle einen ganzen Zauber-Code für diese Leichenschau der wilden Stämme zusammengestellt.

Kein einsichtsvoller Kriminalist wird leugnen, daß die Marken oder Symptome, die so sorgsam untersucht werden, den Namen von Indizien verdienen. Wenn der moderne Kriminalist aus dem Leichenschaubefund bestimmte Schlüsse auf die Motive und die Person des Mörders zieht, so tut hier sein Kollege unter den Wilden Australiens dasselbe, und niemand kann nachweisen, daß die logischen und psychologischen Fähigkeiten, die bei solchen Überlegungen entscheidend sind, bei den Untersuchenden mit weißer Hautfarbe höhere sein müssen als bei dem schwarzen Zauberer. Wichtiger als die Unterscheidung zwischen den wahnhaften oder magischen und den mechanisch-kausalen Voraussetzungen dieser Indiziendeutung ist das, was über den Abgrund der Kulturstufen hinweg ihr Gemeinsames ausmacht: die psychologische Motiverforschung auf Grund der Leichenschau. Es ist ferner wichtig, daß sich die melanesischen Kriminalisten im Gegensatz zu den unseren mit der Konstatierung des Tatmotivs häufig begnügen, als ob sie meinten, nicht der Mörder, der Ermordete sei schuldig. Wir gelangen hier wieder zur Betonung jener Differenz zurück, die wir früher dargestellt haben: das kriminalistische Interesse auf den früheren Kulturstufen geht von der Strafe beziehungsweise von einem Ereignis, das als Strafe gedeutet wird, aus und erhält von dort aus den Impuls zur Verbrechensaufklärung oder zur Aufhellung des Tatmotivs. Bei bestimmten Stämmen auf anderer Entwicklungsstufe werden diese Todesfälle einer direkten Tat böser Geister, nur manche der indirekten Betätigung von Zauberern zugeschrieben. Die praktischen, man möchte sagen: strafrechtlichen Konsequenzen einer solchen Unterscheidung, die man vielleicht als rein theoretische auffassen möchte, sind bedeutend. Während nämlich Todesfälle durch Zauberei nach Ansicht der Wilden gerächt werden müssen, indem man einen oder mehrere Zauberer erschlägt, kann der Tod durch böse Geister nicht gerächt werden, weil die Täter unerreichbar sind. Beachten wir die Bedeutung dieser Differenz, indem wir noch einmal zum Beispiel der Indianer von Guiana zurückkehren. Ein Missionar berichtet uns[97], daß der

Medizinmann gerufen wird, wenn eine Person gestorben ist, und daß dieser nun zu entscheiden hat, ob der Mann durch böse Dämonen oder durch einen Zauberer zugrunde ging. Wenn der Spruch dahin lautet, daß der Mann durch die Böswilligkeit eines Geistes dahinschied, wird die Leiche ruhig begraben, und niemand denkt mehr an die Sache. Wenn aber der Zauberer erklärt, daß die Todesursache Zauberei war, wird die Leiche genau untersucht und ein blaues Zeichen, das etwa an ihr gefunden wird, als die Stelle bezeichnet, an welcher der unsichtbare vergiftete Pfeil des Zauberers eindrang. Der beschuldigte Zauberer wird dann getötet. Für einen Mörder unter diesen Stämmen ist es also sehr wichtig, seinen Stammesgenossen die Überzeugung beizubringen, daß der Tote einem Geist oder einem Gott zum Opfer gefallen sei. Gelingt es dem Mörder, in dem untersuchenden Zauberer diese Anschauung zu erwecken, so ist er vor Strafe sicher, mögen auch mehrere Zeugen sein Verbrechen gesehen haben. Ein Mann mit Gott ist nach *Bismarcks* trotzigem Wort immer in der Majorität.

Der Mörder wird gesucht

Die Kai-Stämme im früheren Deutsch-Neu-Guinea glauben, daß der Tote, der auf die Bahre gelegt wird, den Betel, den man ihm in den Mund steckt, ausspuckt oder ein Zeichen ähnlicher Art gibt, wenn sich sein Mörder ihm nähert. So erklärt es sich, daß die Verwandten eines Toten oder Schwerkranken gegen diejenigen, welche ihn nicht besucht oder seinem Leichenbegängnis nicht beigewohnt haben, schweren Verdacht hegen[98]. Bei bestimmten melanesischen Stämmen wird der Sterbende, der gleichsam schon als Toter betrachtet wird, nach seinem Mörder gefragt. Man glaubt, daß ein Tabaran (Dämon) den Kranken besessen hat, und die Antworten stammen von diesem Geist, wenn sie auch durch die Stimme des Sterbenden mitgeteilt werden. Man fragt ihn z. B.: »Wer hat dich verzaubert? Antworte schnell, oder man wird dich verbrennen[99].« In der Provinz Viktoria in Australien beobachtet man sorgfältig die Beine des Sterbenden; ihre Bewegungen zeigen die Richtung an, in der der Verbrecher zu suchen ist[100]. Bei den Narrenyerie in Süd-Australien schläft in der ersten Nacht nach dem Tod der nächste Verwandte mit dem Kopf auf der Leiche, damit er träume, welcher Zauberer den Tod herbeigeführt hat. Am nächsten Tag wird der Leichnam auf eine Art Bahre, Ngaratta genannt, gelegt und diese auf die Schulter bestimmter Leute gehoben. Die Freunde des Verstorbenen bilden dann einen Kreis um ihn, und es werden verschiedene Namen ausgesprochen, um zu beobachten, welche Wirkung sie auf den Leichnam haben werden. Am Ende spricht der nächste Verwandte den Namen jener Person aus, von der er geträumt hat. Die Eingeborenen glauben nun, daß der Leichnam in diesem Augenblick seinen Trägern einen Stoß versetzt, dem sie angeblich nicht widerstehen können. Dieser Stoß ist das Zeichen, das beweist, daß der Name der gesuchte ist[101]. Noch direkter ist das Totenverhör in Neu-England[102]. Die Verwandten versammeln sich in der Nacht nach dem Tode vor der Hütte des Verstorbenen. Der Zauberpriester *(tena agagara)* ruft mit lauter Stimme den Geist des Toten und fragt ihn nach dem Namen der Person, die ihn verzaubert hat. Erfolgt keine Antwort, spricht der Tena agagara den Namen einer Person aus, die man verdächtigt. Wird wieder keine Antwort vernommen, so wird ein anderer Name genannt und so fort, bis sich endlich im Hause selbst oder in der Muschel, die der Zauberer in der Hand hält, ein Ton hören läßt. Dieser Ton im Augenblick des Aussprechens eines Namens gilt als entscheidendes Indiz. Bei den Dieri in Südost-Australien ergibt sich ein solches Hauptindiz aus der Richtung, in der der Leichnam vom Kopf der zwei Leute, die ihn tragen und ins Grab senken, herabfällt. In dieser Richtung ist der Mörder zu suchen[103]. Die Antwort des Toten auf die ihm gestellte Frage ist eben dieses Zeichen, das ursprünglich grob materieller Natur ist. Wenn bei den australischen Eingeborenen der am Mord schuldige Stamm nicht anderswie entdeckt wird, löst man die Frage, indem man den Leichnam auf einen Baum legt. Man verfolgt die Richtung, den der erste Blutstropfen, der vom Leichnam auf den sorgsam geebneten Boden fällt, anzeigt[104]. Auch in Afrika wird der Tote selbst gefragt; in der Wüste von Guinea wird der Tote, der von einigen Männern auf die Schultern gehoben wird, verhört. Die Bewegungen, die der Tote seine Träger auf geheimnisvolle Art machen läßt, werden als ja gedeutet, sonst verbleiben die Träger unbeweglich[105]. In Togo gibt man dem Toten einen Stab in die Hand und trägt ihn zweimal durch das Dorf; derjenige, den der Leichnam mit dem Stock zu bezeichnen scheint, wird schuldig geglaubt[106]. Die gemeinsame Anschauung, die aus diesen Beispielen erkennbar wird, ist so klar, daß wir sie nicht diskutieren, sondern lieber analoge Beispiele aus der Frühzeit der Germanen anreihen wollen. Bei den Friesen blieb die Leiche unbestattet, doch aufgebahrt, bis der Tod gerächt war. Der Tote selbst sorgte für die Entdeckung des Mörders. Als Hagen an die Leiche Siegfrieds trat, fing der Leichnam zu bluten an[107]. Die Bahrprobe, die man in den früher erwähnten australischen Gebräuchen wiedererkennt, hat, wie insbesondere *Rudolf His* wahrscheinlich gemacht hat[108], ursprünglich die Absicht, aus einer Reihe von Personen den Täter herauszufinden. In Freiburg in Uechtland hat man die Bahrprobe spät auch bei Ertrunkenen angewandt; man berührte den Leichnam mit dem Gerichtsstab und beschwor ihn im Namen der heiligen Dreifaltigkeit, durch ein Zeichen den etwaigen Urheber des Todes anzugeben. Später ist es nicht mehr der Tote, der den Mörder angibt, sondern Gott selbst – man könnte sagen, der Tote in seiner späteren deifizierten, unendlich gesteigerten und sublimierten Gestalt. In der Szene des Bahrrechtes ist der Tote in zweifacher Art anwesend:

als Leichnam, stumm und kalt, doch noch nicht ganz entseelt, in seiner irdischen Form und als Gott, zu dem der verehrte und gefürchtete Tote geworden ist, überirdisch, doch mit Erdenresten behaftet. Diese nur historisch begreifbare Verdoppelung einer ursprünglich einheitlichen Gestalt wirkt sich auch in der Verwandlung der Bahrprobe aus; sie wird zum Gottesgericht. Gott überführt nun den verborgenen Mörder durch ein Wunder, das an der Leiche erkennbar wird, statt durch ein Wunder, das die Leiche produziert. Das Bahrrecht hat sich in dieser theologisch-kriminalistischen Form noch bis zum 17. Jahrhundert erhalten. Die Marburger Juristische Fakultät hat noch im Jahre 1608 den Ausgang der Bahrprobe für ein entscheidendes Indiz gehalten[109]. Da bei Shakespeare der schreckliche Richard an der Bahre erscheint, ruft Anna[110]:

»Ihr Herrn, seht, seht! des todten Heinrichs Wunden
Öffnen den starren Mund, und bluten frisch. –
Erröthe, Klumpe schnöder Mißgestalt!
Denn deine Gegenwart haucht dieses Blut
Aus Adern, kalt und leer, wo kein Blut wohnt…«

Shakespeares Dramen zeigen auch, wie nahe noch die Elisabethanische Zeit dem Glauben stand, daß der Tote selbst den Mord und den Mörder verrät:

»My father's spirit in arms!
All is not well
I doubt some foul play…«

ruft Hamlet ahnungsvoll, als er von dem Erscheinen des Geistes hört (I, 2).

Bestimmte Zeichen sprechen dafür, daß dieser Glaube, daß der Tote auf die eine oder andere Art seinen Mörder bekanntgibt, selbst schon eine späte Entwicklung einer noch primitiveren und radikaleren Anschauung darstellt: nämlich, daß der Tote seinen Mord an dem Verbrecher selbst rächt, ihn verfolgt und tötet[111]. In dem reichen Material, aus dem wir hier nur einige Proben der

Vorstellungen der germanischen Vorzeit und der jetzigen Primitiven angeführt haben, hat er sich schon mit einer bescheideneren, kriminalistischen Rolle zufrieden geben müssen. Wir können uns hier nur diesen Hinweis auf eine kulturell und sozial bedingte Entwicklung der Anschauungen, deren Spuren noch im frühen germanischen Strafrecht erkennbar sind, gestatten[112]. Es kommt uns hier nicht auf die prozessuale, sondern in erster Linie auf die kriminalistische Seite der Frage an. Es gilt, die Mittel, durch welche ein unbekannter Verbrecher – hier ein Mörder – eruiert wird, klarzustellen. Der Tote, der vor Gericht oder vor den Zauberpriester getragen wird, ist ursprünglich ebenso *Corpus delicti* wie Kläger selbst. Das Blut, das rinnt, die Körperbewegung, die er macht, das Zittern, das über seine Züge zu gleiten scheint, der Stoß, den der Leichnam seinen Trägern gibt, es sind Zeichen, Inzichten im strengen kriminalistischen Sinne. Der Eingeborene Zentralaustraliens, der unser Zeitgenosse auf einem fernen Kontinent ist, und der Germane aus der vorchristlichen Ära begegnen sich in dem Glauben, daß der Tote nicht ganz tot ist, daß er den Willen und die Fähigkeit hat, seinen Mörder bekanntzugeben. Eine prähistorische Zeit hat sicher geglaubt, daß der Tote selbst die Rache ausübt, die später seine Verwandten als heilige Pflicht übernehmen; die Erinnye ist ursprünglich die Ermordete selbst, die nun, zum Totengeist geworden, Orest verfolgt.

Wie steht es denn mit unserem Glauben, daß die Toten schweigen? Wir sind zwar bewußt völlig überzeugt, daß dies so ist, aber unbewußt lebt in uns die Ansicht, daß die Toten die Macht haben, ihre Mörder zu verraten und der Bestrafung zuzuführen. Ist nicht in den Methoden der modernen kriminalistischen Untersuchung eines Mordfalles noch etwas von jenem Glauben – freilich in völlig umgeformter Art – wirksam? Lebt nicht noch etwas von jenen dunklen Gefühlen, die zur Institution der Bahrprobe führten, weiter, wenn wir den Verdächtigen zum Lokalaugenschein und vor den Leichnam führen? Die Untersuchung des Toten bringt selbst Aufklärung und Zeichen, die zur Eruierung des Mörders führen können. Dem Wilden zeigt der Blutstropfen, der von dem Leichnam rinnt, die Richtung, in welcher der Mörder zu suchen ist, dem modernen Kriminalisten gibt die Art des Blutes, das vergossen wurde, die Form der Blutspritzer, der Umstand, daß kein Blut fließt usw. Hinweise, aus denen sich bestimmte logische Folgerungen ziehen lassen, die für die Verbrechensaufklärung entscheidend sind. Die Blutzeichen bei der Bahrprobe können als Ahnherren der Indizien der modernen Kriminalistik bezeichnet werden. Was hier wissenschaftlich untersucht und verwertet wird, sollte dort auf einem magischen Wege erreicht werden. Unverkennbar ist dem tieferen Blicke der verborgene Zusammenhang zwischen den beiden, anscheinend durch eine tiefe Kluft voneinander getrennten Phänomenen. Wir rufen uns die seit Kindertagen vertraute Szene aus dem Nibelungenlied ins Gedächtnis zurück, die schildert, wie die Leiche des toten Helden Siegfried zu bluten beginnt, da der düstere Hagen herantritt. Hier ist das klassische Beispiel einer altdeutschen Bahrprobe, in welcher der Tote seinen Mörder angibt. Man vergleiche mit diesem kriminalistischen Verfahren das moderne, wie es etwa *Gross* in einem nach mancher Richtung hin lehrreichen Fall geschildet hat[113]:

In einem Fluß war der vollkommen nackte Leichnam eines Bauernmädchens gefunden worden. Man hatte – es war Hochsommerzeit – sofort die sichere Annahme bereit, daß es beim Baden ertrunken war. Die trotzdem veranlaßte Obduktion ergab, daß die Ertrunkene im vierten Monate schwanger war, und jetzt wurde wieder ebenso rasch behauptet, daß sie sich aus diesem Grunde ertränkt habe. Nun trug die Leiche aber längs des ganzen Rückens und über das Gesäß auffallende, parallel dunkelrote Streifen, die bei Einschnitt vitale Reaktion gezeigt hatten. Hierdurch wurde klar, daß die Verstorbene über einen Gegenstand gestreift worden sein mußte, der in gleichen Abständen Hervorragungen hatte. Weiter hatten aber die vitalen Reaktionen dargetan, daß die Verstorbene jenen Gegenstand passiert haben muß, als sie noch am Leben war. Man vermaß und zeichnete jene Streifen, ließ den Leichnam behufs etwa nötiger neuer Vergleiche usw. einstweilen nicht beerdigen und unternahm eine Wanderung längs des Flusses in der Richtung, wo der Leichnam hergekommen war. Ein fortwährendes genaues Besichtigen des Flußbettes und aller Gegenstände, die in und an diesem irgendwie auffällig waren, ließ an einer im Wasser liegenden Baumwurzel einen Kleiderfetzen und später mehrere solche an anderen Hervorragungen entdecken. Mittlerweile hatte ein Gendarm die Identität der Verstorbenen konstatieren können. Er kam der erhebenden Kommission mit der Mutter der Ertrunkenen entgegen. Es war nun leicht festzustellen, daß die aufgefundenen Fetzen von deren Kleidern herrührten. Das Mädchen war also keineswegs nackt ins Wasser gekommen. Erst im rasch strömenden und mit vielen Baumwurzeln u. dgl. versehenen Wasser waren die Kleider und die Wäsche vom Leichnam gerissen worden. Die Ertrunkene hatte keine Schuhe getragen, sie war barfuß gegangen. Nach langer mühsamer Wanderung, auf der noch Reste der Kleider und der Wäsche aufgefischt wurden, kam die Kommission an der Behausung der Verunglückten (etwa 1500 Schritte seitwärts vom Flusse) vorbei, ohne das Hindernis entdeckt zu haben, das jene striemenartigen Streifen am Körper des Mädchens erzeugt haben konnte. Mittlerweile hatte man von der Mutter der Toten erfahren, daß sie einen Geliebten gehabt hatte, der in einer Lohstampfe (mühlenartige Einrichtung zur Erzeugung von Gerberlohe) bedienstet sei. Die Lohstampfe liege noch etwas stromaufwärts. Die Kommission wanderte nun bis zur Lohstampfe. Unterhalb dieser war nun das sogenannte Mühlfluder durch einen großen hölzernen Rechen durchquert, bei dem die Querstäbe einige Zoll über den Hauptbalken emporrag-

ten, während dieser etwa eine Spanne hoch vom Wasser überflutet wurde. Vorgenommene Messungen ergaben, daß die Entfernungen jener überragenden Querstäbe genau mit der Entfernung der kratzerartigen Streifen auf dem Rücken der Verunglückten übereinstimmten. Zweifellos war also, daß sie über dem Rechen ins Wasser gefallen war, und daß dies nicht weit über diesem gewesen sein konnte, denn wie die vitalen Reaktionen bewiesen, hatte das Mädchen noch gelebt, als es über den Rechen geschwemmt wurde. Nahe über diesem war aber die Lohstampfe, wo der Liebhaber des Mädchens wohnte, der auch der Vater des zu gewärtigenden Kindes war. Es wurde festgestellt, daß er vor zwei Tagen abends seine Geliebte zu sich bestellt und daß niemand seitdem das Mädchen lebend gesehen hatte. Es war kaum mehr daran zu zweifeln, daß er sie ins Wasser gestoßen hatte.
Das Blut an Siegfrieds Körper und die dunkelroten Streifen an der Leiche des Bauernmädchens sind beides Indizien im Sinne des Untersuchungsrichters. Und doch, wie verschieden von uns deuten die Helden, die sich um Siegfrieds Leichnam geschart haben, die Blutstropfen. Auch jene blutigen Streifen am Körper des Mädchens geben einen Hinweis auf den Täter, auch sie drängen zu bestimmten Schlußfolgerungen und doch, wie anders wirkt dies Zeichen auf den modernen Kriminalisten ein. Die ganze Entwicklung der Menschheit – manche würden sagen: der ganze Kulturfortschritt der Menschheit – vom magischen Denken zu Glauben an kausal-mechanische Gesetze spiegelt sich in dieser Differenz.

Die Kraniche des Ibikus und die Fliegen des Mr. Breese

In *Schillers* Gedicht vertraut der Sterbende, den Räuber überfielen, den vorüberfliegenden Kranichen die Rache an, und der Mörder verrät sich selbst, da er die Vögel wiedersieht. Was wir in dem Gedicht miterleben, ist ein psychischer Vorgang. Das Erscheinen der Kraniche ist nur ein auslösendes Moment für die folgende Szene, das Wesentliche ist der unbewußte Geständniszwang des Mörders[114]. Man ist versucht, die ursprüngliche Form der Sage von der Ermordung des Ibikus zu rekonstruieren[115], indem man die uns bekannten Glaubensvorstellungen antiker und primitiver Völker über die Eruierung unbekannter Verbrecher heranzieht.

Wir fanden, daß der einfachste Weg zur Ermittlung eines unbekannten Mörders im Glauben der Primitiven der ist, den Toten zu befragen. Hier wollen wir den Fall ins Auge fassen, daß der Ermordete diesen kriminalistischen Dienst nicht leisten kann oder nicht leisten will. Einer der Wege, der dann zur Eruierung des Verbrechers führt, ist der des Tierorakels. So berichtet *J. Dawson* über bestimmte australische Stämme, daß Indizien für die Schuld des oder der Zauberer in einem Mordfalle in dieser besonderen Art gewonnen werden: wenn der Leichnam begraben ist, wird die Oberfläche des Grabes geglättet. Die erste Ameise, welche darüberläuft, zeigt die Richtung an, in welcher der Stamm wohnt, der den Tod verschuldet hat[116]. Diese Ameise beantwortet hier an Stelle des Toten die Frage nach dem Mörder. Bei den Watchandis Australiens[117] wird der Erdboden rings um das Grab von Steinen, Pflanzen usw. entblößt und dann mit besonderer Sorgfalt völlig eben gemacht. Jeden Morgen sieht man dann nach, ob ein lebendes Wesen hier passiert hat. Sicherlich entdeckt man früher oder später Spuren irgendeines Tieres (es kann auch ein kleines Insekt sein), und die so angezeigte Richtung weist auf den Ort des Stammes hin, dem der böse Zauberer angehört. Die antike Auguralwissenschaft wurde sicherlich ebenfalls zu solchen Tierorakeln herangezogen, wenn es galt, Verbrechen aufzuklären[118]. Die Wanyanwesi in Afrika sind überzeugt, daß der Tod immer durch Giftmord verursacht wird. Um einen solchen unbekannten Giftmörder zu entdecken, zerteilen die *bafüme,* eine Art Oberpriester und Zauberer, lebende Hühner und geben vor, die Namen der Schuldigen in den Eingeweiden zu lesen[119], ein Glaube, der sich auch bei anderen Volksstämmen nachweisen läßt.

Wer ist eigentlich jene Ameise oder jener Skarabäus, die über das Grab kriechen und den Mörder verraten? Das läßt sich unschwer erraten, wenn man sich des bei den antiken und halbwilden Völkern verbreiteten Glaubens an die Seelentiere erinnert[120]. Die Seele wird später als Vogel gedacht; noch die Raben Odins, die seine Begleiter sind, vertreten ihn selbst. Die Kraniche des Ibikus sind vielleicht an Stelle der Geier getreten, die von dem Leichnam gefressen haben; sie sind aber ursprünglich der Tote selbst in vervielfältigter Gestalt[121]. Es war ursprünglich ihr Flug, der als Anzeichen, als Indiz gewertet wurde, nicht der Ausruf des einen Mörders; es war die Richtung, die sie angaben wie die Ameise, welche über das Grab eines Eingeborenen in Australien kriecht. Kein Zweifel, für die primitiven Stämme ist dieses Indiz ebenso zuverlässig wie ein anderes sachliches Indiz für unsere Kriminalisten[122].

Diese Ordaltiere, wie wir sie nennen wollen, sind vermutlich solche, welche mit dem Toten selbst in Berührung gekommen sind, vielleicht von dem Leichnam gefressen haben[123]. Der Begriff der Berührung wird in diesem Fall in dem weiteren Sinne genommen wie bei dem Phänomen des primitiven Tabuglaubens; so werden Tiere, die in der Nähe eines Toten waren, hier einbezogen. Die Ordaltiere erfüllen also eine magische Funktion. Die Tatsache, daß sie ursprünglich der Tote selbst in Tiergestalt sind, läßt sich leicht mit der anderen vereinen, daß sie in manchen Fällen als Geister oder übernatürliche Wesen erscheinen.

Die primitive Vorstellung, daß eine Ameise, die über das Grab eines Toten kriecht, den bösen Zauberer und Mörder angibt, muß jedem naturwissenschaftlich Erzogenen phantastisch vorkommen. Natürlich sind so abergläubische Vorstellungen, welche einen Kausalzusammenhang etwa zwischen der Richtung eines fliegenden Tieres und dem Aufenthalt eines unbekannten Verbrechers annehmen, unserer Kriminalistik, welche mit den modernsten Mitteln der exakten Wissenschaft arbeitet, fremd. Nicht nur dies; die ganze »prälogische« Denkungsart der Naturvölker unterscheidet sich so fundamental von dem diskursiven, streng logischen Denken der modernen Kriminalistik, daß es fast sakrilegisch ist, die beiden Betrachtungsweisen in einem Atem zu nennen. Um den ganzen Abstand, der ein gewaltiges Stück der Kulturentwicklung kennzeichnet, zu erkennen, braucht man den Beispielen der primitiven Zauberpraktiker und des ihnen zugrunde liegenden Glaubens nur einen Fall von kriminalistischer logischer Schlußfolgerung entgegenzustellen. Warum sollten wir nicht ein Stück Genugtuung aus der Überlegung gewinnen, wie weit der Kulturfortschritt auch auf diesem, dem kriminalistischen Gebiet, gegangen ist? Ein guter Beobachter[124], der die Vereinigten Staaten von Nordamerika bereist hat, erkannte einen charakteristischen Zug in der Aufschrift auf dem Bahnhof einer kleinen Stadt, die den Reisenden in besonders großen Lettern zurief: *»See us increase!«* (Sieh uns wachsen!) Warum sollten wir uns nicht in ähnlicher Art unserer kulturellen Errungenschaften freuen! Da kommt uns ein vorzügliches Beispiel aus der amerikanischen Kriminalgeschichte zurecht:

Am Morgen des 5. Juni 1925 war der angesehene Millionär Mr. Ellington Breese in Philadelphia ermordet aufgefunden worden. Es bestand kein Zweifel, daß Breese durch Giftgas, das während der Nacht in seinem Schlafzimmer erzeugt worden war, getötet wurde. Breeses Diener, ein Neger, hatte seinen Herrn um 8 Uhr morgens tot im Bett gefunden. Auf dem Kaminsims fand man eine Glasflasche mit einem Fassungsraum von ungefähr einem Liter, daneben einen Stöpsel. Das Gefäß war von der Art, wie man es in chemischen Laboratorien verwendet. Nach Aussage der Sachverständigen hatte man eine bestimmte chemische Flüssigkeit auf eine zweite gegossen, wodurch das Giftgas erzeugt worden war. Das Gas mußte sich dann rapid im Zimmer verbreitet haben. Weder an dem Glasgefäß noch an anderen Gegenständen wurden Fingerabdrücke gefunden. Jedes Lebewesen im Zimmer war unter der fast augenblicklichen Wirkung des Gases getötet worden, obwohl die beiden Fenster (Schiebefenster mit Vorhängen) zwanzig Zentimeter vom unteren Rand offenstanden. Der Stieglitz lag tot im Käfig. Viele Fliegen und Mücken lagen tot am Fensterbrett.

Zwei junge Männer, die beide Kenntnisse in chemischen Dingen hatten und die Lebensverhältnisse des Ermordeten gut kannten, wurden unmittelbar des Mordes verdächtigt. Der eine war Walter Breese, der Neffe und gleichzeitig der einzig überlebende Verwandte des Toten. Der andere war Breeses Privatsekretär Adam Boardman. Beide beteuerten ihre Unschuld, beide konnten auch ein gewisses Alibi nachweisen. Polizeiliche Auskünfte ergaben, daß beide weder Schulden noch kostspielige Verhältnisse hatten. Auffällig schien nur, daß man beiden ein starkes Motiv zur Tat zuschreiben durfte. Das Testament Breeses lautete nämlich dahin, daß die Hälfte seines großen Vermögens Wohltätigkeitsanstalten zufallen, die andere Hälfte aber, etwa eine halbe Million Dollar, zwischen dem Neffen und dem Sekretär geteilt werden sollte. Diese testamentarischen Bestimmungen waren beiden bekannt. Die ärztliche Untersuchung wurde zwei Stunden nach Auffindung der Leiche durchgeführt. Sie ergab, daß Breese mindestens vier, möglicherweise aber bereits zehn Stunden tot sei. Nach der Lage des Leichnams in seinem Bett mußte der Tod völlig überraschend eingetreten sein. Die Kriminalisten hatten den Neffen und den Privatsekretär gleichermaßen in Verdacht. Man konnte den Mörder überführen, so lautete das vorläufige Ergebnis ihrer Arbeit, wenn man annähernd die Stunde ermitteln könnte, in der das giftige Gas in Breeses Schlafzimmer erzeugt worden war. Von dieser Bestimmung hing alles ab.

Der Privatsekretär Boardman gab nämlich an, daß er sich bis kurz nach zwölf Uhr bei Breese befunden habe. Die Haushälterin Breeses, deren Zimmer unmittelbar neben dem Mordzimmer im zweiten Stock lag, sagte aus, daß der Sekretär das Haus gegen zwölf Uhr verlassen hatte. Boardman hatte mit Breese eine dringliche Angelegenheit, deren Wichtigkeit er auch vor Gericht beweisen konnte, besprochen. Er gab an, er sei noch einmal zurückgegangen, um seine vergessene Aktentasche zu holen. Bei dieser Gelegenheit hatte er auf Breeses Wunsch das elektrische Licht im Schlafzimmer abgedreht und das Fenster bis auf einen Spalt von zwanzig Zentimeter geschlossen. Nach dem Verlassen des Hauses war er direkt in seine Wohnung gegangen, die er mit zwei anderen jungen Leuten teilte. Sein Alibi für den Rest der Nacht war zuverlässig.

Der Neffe Walter Breese war verreist gewesen und war gegen ein Uhr früh unerwartet aus Washington zurückgekehrt. Die Haushälterin hatte ihn kommen hören und hatte mit ihm im Korridor des zweiten Stockwerks gesprochen. Sie hatte gefragt, ob er noch etwas wünsche. Walter Breese antwortete, er habe keinen Hunger und wolle sogleich zu Bett gehen. Er erkundigte sich noch, wie es dem Onkel gehe, und erfuhr, daß Mr. Breese noch bis Mitternacht eine geschäftliche Besprechung mit seinem Sekretär gehabt habe. Dann stieg Walter Breese in sein Zimmer, das im dritten Stock lag, hinauf. Die Haushälterin sagte noch aus, sie habe wegen ihres Rheumatismus nicht vor vier Uhr einschlafen können. Sie hätte Schritte zur Tür des Ermordeten hören müssen.

Die Kriminalbeamten gelangten später zu folgendem Schluß: Wenn Breese vor Mitternacht starb, war der Sekretär Boardman der Mörder. Wenn Breese nach Mitternacht starb, mußte der Neffe das Giftgas erzeugt haben.
Walter Breese hatte die Tat begangen. Der Schluß von den Indizien auf den ungefähren Zeitpunkt des Mordes und damit auf den Mörder ging von einer einzigen Beobachtung aus: die tot aufgefundenen Fliegen und Mücken waren sämtlich auf dem Fensterbrett und nicht im Zimmer verstreut gefunden worden. Das wies darauf hin, daß sich das Gas erst nach Tagesanbruch im Zimmer ausgebreitet haben konnte. Die Gründe für diese Annahme lagen klar zutage: das Giftgas mußte natürlich kleine Insekten wie Fliegen und Mücken augenblicklich getötet haben. Folglich mußten die Fliegen und Mücken sich beim Fenster befunden haben, als sie vom Gas erreicht wurden. Daraus kann man schließen, daß es um diese Zeit bereits licht im Zimmer wurde. In einem sonst dunklen Raum lockt das beim Fenster einfallende Licht die Insekten ans Fenster. Wäre das augenblicklich tötende Gift im Dunkel der Nacht oder gar bei brennender Nachtlampe erzeugt worden, so hätte man nicht alle Insekten tot am Fensterbrett gefunden[125].
Auf Grund dieser Indizien wurde Walter Breese in ein neuerliches scharfes Kreuzverhör genommen: er brach schließlich zusammen und legte ein Geständnis ab. Bei Tagesanbruch hatte er sich vom dritten in den zweiten Stock hinabgeschlichen. Spielverluste hatten ihn zu dem Verbrechen getrieben. Er wurde 1926 hingerichtet.
Niemand wird ernsthaft daran denken, die so scharfsinnigen Schlußfolgerungen der Philadelphiaer Kriminalbeamten mit den abergläubischen, auf Magie basierenden Vorstellungen australischer Medizinmänner in eine Linie setzen zu wollen. Und doch ist es eine Linie, wenngleich keine gerade, sondern eine vielfach gewundene Linie mit seltsamen Krümmungen, welche die Ent-

wicklung menschlicher Einrichtungen widerspiegelt. Die kühle, logische Überlegung und Schlußfolgerung der Kriminalisten, die sich völlig im Abstrakten abspielt und zu so sicheren Resultaten führt, und der Aberglaube der Naturvölker, der geheimnisvolle Kausalverbindungen knüpft, die jenseits jeder uns zugänglichen Logik sind, haben nichts miteinander zu tun. Und doch: die Ameise, die über das Grab eines Ermordeten läuft, und die Fliegen im Zimmer des toten Mr. Breese – haben sie nicht dieselbe Funktion, nämlich die, zu helfen, den Mörder ausfindig zu machen? Die Überlegungen der amerikanischen Kriminalpolizei in dem dargestellten Fall gingen von einer Beobachtung aus so wie die Einsicht des australischen Zauberers – und doch scheint eine Welt zwischen den zwei Betrachtungsweisen zu liegen.

Wie gelangt der Zauberpriester der Wilden (und sein Volk) zu der Ansicht, daß die Ameise die Richtung angibt, in der sich der unbekannte Mörder befindet? Das ist so mysteriös, daß man, um es zu verstehen, etwas noch Mysteriöseres annehmen muß: nämlich daß im Glauben dieser Stämme die Ameise, die aus dem Grab kommt, den Toten vertritt, ja ursprünglich dieser Tote selbst ist. Dieser Glaube aber hat seine tiefliegenden seelischen Voraussetzungen und Motive, von denen wir einige der wichtigsten zu erraten meinen.

Wie steht es nun mit jenem Kriminalkommissar in »*God's own country*«, den wir Inspektor Smith nennen wollen und dessen Schlußfolgerungen die Aufklärung des Giftmordes an Mr. Breese zu verdanken ist? Nun, er ist natürlich offiziell ein Methodist oder Presbyterianer, im intimeren Freundeskreis ein »*agnostic*«. So unsinnige oder groteske Anschauungen wie die des australischen Zauberpriesters liegen ihm völlig fern. Er arbeitet nicht mit magischen Vorstellungen, sondern mit logischen Schlüssen. Für den Mordfall Breese z. B. war nicht etwa ein geheimnisvoller Glaube, sondern die Angabe entscheidend, wann genau der Tod eingetreten war. Nach der Untersuchung des

Tatortes fällt der Blick des Inspektors vielleicht noch einmal auf die Fliegen am Fensterbrett. Er hat sie natürlich schon früher bei der genauen Untersuchung bemerkt. Sie gehören ja mit zu den Tatbestandselementen und werden in der Tatortsbeschreibung erscheinen: sie sind dem Gift ebenso rasch erlegen wie der Tote im Bett. Was dem Inspektor jetzt aber auffällt, ist etwas anderes: merkwürdig, wie sie alle da auf dem Fensterbrett liegen! Und nun, so meint der Laie, vollzieht sich, von dieser keineswegs ungewöhnlichen Apperzeption ausgehend, ein präziser, rein logischer Schluß, eine exakte Verstandesoperation: die Fliegen müssen, da sie alle am Fensterbrett liegen, und da sie augenblicklich vom Gift getötet wurden, in der Frühe ermordet worden sein, da sie sich erfahrungsgemäß in einem dunklen Zimmer zum Fenster drängen, wenn dort Licht einfällt. So scheint der Gedankengang des Kriminalbeamten gewesen zu sein. Ich glaube aber nicht, daß diese Beschreibung mehr als die oberste psychische Schicht wiedergibt, sie berücksichtigt die tieferen Schichten des Denkvorganges in keiner Art. In Wahrheit handelt es sich zum großen und sicherlich zum wesentlichen Teil um einen unbewußten Denkprozeß, der sich hinter diesen rein logischen Schlußfolgerungen eher verbirgt, als daß er aus ihnen erkennbar wird. Der Anblick der am Fenster liegenden toten Fliegen hat den Inspektor, der den Tatort mit minuziöser Sorgfalt untersucht hat, wieder zum Gedanken an den Hergang der Tat, d. h. hier an den Ermordeten selbst, zurückgeführt. Durch eine jener unbewußten Identifizierungen, die sich in einer dem Ich unzugänglichen Ebene abspielen, wurden der Tote und die Fliegen einander gleichgesetzt, sozusagen zu einer durch dieselbe Gefühlseinstellung gebundenen, gedanklichen Einheit. Das ist ja phantastisch, könnte man einwerfen, das heißt ja, daß der nüchterne Kriminalbeamte fast auf der Stufe des australischen Wilden steht, der die Ameise auf dem Grab und den Toten in seinem Denken miteinander in Verbindung setzt! Gerade unter dem Einfluß eines

Affektes, dessen Ausmaß dem Ich nicht bekannt sein muß, kommen solche Gleichsetzungen unbewußter Art vor. Sie stellen Regressionen in eine bewußt verschwundene Vorstellungswelt dar, wie wir sie bei den wilden Völkern und bei Kindern voraussetzen dürfen. Der dünne Firnis der Kultur, dessen Haltbarkeit wir sehr überschätzen, ist für die Dauer von Sekunden abgestreift, und der einzelne ist für diese kurze Zeit unbewußt zu einer sehr frühen und indifferenzierten Stufe des Denkens zurückgekehrt. Vermutlich steht der seelische Vorgang demjenigen am nächsten, der in der Psychogenese des Witzes von *Freud* rekonstruiert wurde: in unserem Beispiel ist ein vorbewußter Eindruck eben der Inhalt jener Beobachtung (»merkwürdig, wie da alle Fliegen am Fensterbrett liegen«), für einen Zeitbruchteil ins Unbewußte gesunken und hat dort eine Verarbeitung erfahren, die zu dem überraschenden Resultat führte. Das Ergebnis des seelischen Vorganges wurde vom Bewußtsein erfaßt, der Prozeß selbst blieb unbewußt und kann nur regressiv erschlossen werden. Das Wesentliche jener unbewußten Verarbeitung geht von der Identifizierung der Fliegen mit dem Ermordeten aus, einer Gleichsetzung, die durch die Tatsachen der Anwesenheit im selben Raum, der Tötung im gleichen Augenblick und derselben Todesursache vorbereitet war. In diesem Augenblick der Absence wurde also unbewußt die Schranke zwischen Mensch und Tier, die von so fundamentaler Wichtigkeit für unsere Welt ist, im Denken des sicherlich fortschrittlich orientierten Inspektors Smith aufgehoben, ohne daß ihm dies oder die Ähnlichkeit seines Denkvorganges mit dem eines *»coloured«* zum Bewußtsein gekommen wäre. Der gedankliche Vorgang von der Beobachtung (die Fliegen und Mr. Breese wurden am Morgen getötet), muß einem Kurzschluß verglichen werden. Die Einzelheiten des psychischen Ablaufes entziehen sich noch der psychologischen Analyse, doch darf man gewisse Vermutungen über sie aussprechen, wenn man den Vorgang mit ähnlichen, uns besser bekannten psychischen Prozessen vergleicht. So glaube ich annehmen zu können, daß sich bestimmte affektive Momente schon in den Wahrnehmungsakt, der den Fliegen galt, mengten. Unbewußt war ein wirksames Stück Affektbesetzung beim Leichnam Breeses verblieben. Dieser unbewußte Affekt, der unerledigt ist, begleitet sozusagen den gedanklichen Ablauf der nächsten Minuten. Auch dieser vollzieht sich nur zum Teil in der Bewußtseinsebene. Die Tatsache, daß alle Fliegen und Mücken tot am Fensterbrett lagen, muß sich mit einem vorbewußten Eindruck, daß sie ins Freie, ins Licht, ja, fliehen wollten, verbunden haben. Erst nachher, gleichsam zur Legitimierung dieses affektbetonten Zusammenhanges vor der Verstandesinstanz kam dann die Schlußfolgerung: es muß schon gegen Tag gewesen sein. So unglaubwürdig dies auch klingen mag, der logische Prozeß geht der Erkenntnis nicht voraus; er folgt ihr vielmehr nach. Das Resultat, zu dem unser Kriminalbeamter gelangte und dessen logische Präzision wir bewunderten, ist nicht das Ergebnis scharfen oder anhaltenden bewußten Nachdenkens (oder nur zum geringen Teil), sondern die gedankliche Verarbeitung eines aus dem Unbewußten aufsteigenden Einfalls mit den Mitteln, welche uns die Bewußtseinsinstanzen zur Verfügung stellen. Die wichtigste Funktion des logischen Prozesses wäre dann, die Erkenntnis, die auf unbewußtem Wege zustande kam, zu gliedern, ihr die Form einer logischen Operation zu geben und sie gleichzeitig auf ihre Zuverlässigkeit zu prüfen. Wir ahnen, daß die Bedeutung dieses besonderen, sekundären Charakters der logischen Prozesse weit über unseren Gegenstand hinausgeht und noch nicht genügend gewürdigt wurde.

Wie kommt es nun von dem speziellen Eindruck, der den Fliegen gilt, zu der Erkenntnis: der Mord an Mr. Breese ist vor Tagesanbruch und nicht in der Nacht geschehen? Hier greift der Vorgang auf jene unbewußte Affektbesetzung, die dem Toten gilt, zurück, erhält diese ein Stück Erledigung. Die Wahrnehmung der Situation der tot daliegenden Fliegen hat sich unbewußt mit dem Gedanken an die Mordszene verlötet. Der Gedanke oder die gedankliche Gleichsetzung: die Fliege, die bei Tagesanbruch gegen das Fenster fliegt, zum Licht, in die Freiheit will, und der unglückliche alte Mann, der seinen Todeskampf zur selben Stunde kämpft, ist hier aktuell geworden. Wieder wird sich erst später das logische Denken dieses unbewußten Gedankens bemächtigen und ihn aus seiner amorphen Form in die einer Schlußfolgerung verwandeln, die dem forschenden und prüfenden Verstand präsentiert werden kann. Aus dem Rohmaterial solcher unbewußter Eindrücke und Gedanken schält sich gleichsam die Zeitangabe los, die vom Bewußtsein erfaßt und in ihrer Bedeutung für die Verbrechensaufklärung gewürdigt wird. Vielleicht ist noch die Schlußfolgerung: Wenn Breese bei Tagesanbruch ermordet wurde, muß der Neffe sein Mörder sein, auf demselben Wege über unbewußte Eindrücke an die Oberfläche gelangt, hat erst später Anschluß an eine kausale Kategorie und an einen logischen Überbau gefunden. Es ist sehr wahrscheinlich, daß auch sie aus unbekannten psychischen Tiefenschichten aufstieg und sich erst später als Verstandesoperation verkleidet hat. Die logischen Prozesse können ihre Herkunft nicht ganz verleugnen; noch in ihnen wird ein freilich psychologisch sekundärer, künstlicher Zusammenhang zwischen Mr. Breese und den Fliegen, eine nun zeitlich bedingte Verknüpfung hergestellt. Die logische Schlußfolgerung des Kriminalisten ist nur scheinbar das Wesentliche unseres Falles; entscheidend ist vielmehr der unbewußte Vorgang, namentlich die verborgene, affektiv bestimmte Identifizierung zwischen Mr. Breese und den Fliegen. Was so überraschend, anscheinend als letztes Glied einer logischen Kette zutage trat, war unbewußt schon vorbereitet. Die Überraschung lag in der Begegnung und im Wiedererkennen eines bereits vorher Erkannten, das verdrängt wurde. In unserem Fall ist dieses Stück Verdrängte eben jene affektive und gedankliche Gleich-

setzung von Tier und Mensch.
Ich fürchte, wir haben uns weit von unserem Gegenstand, der sich auf das Wesen der Indizien beschränkt hat, entfernt. Der Rückweg ist leicht gefunden, wenn wir uns vergegenwärtigen, daß die Ameisen des australischen Zauberpriesters wie die Insekten im Sterbezimmer Mr. Breeses im kriminalistischen Sinne Indizien sind. Beide gehören zur »*circumstantial evidence*«, wie es der Philadelphiaer Inspektor bezeichnen würde, beide weisen auf den unbekannten Verbrecher hin. Ich glaube gezeigt zu haben, in wie tiefem psychologischen Zusammenhang noch die Betrachtungsweise der modernen Kriminalistik, die sich ihres rein naturwissenschaftlich-technischen Charakters rühmt, mit der abergläubischen Auffassung australischer Stämme auf der tiefsten Kulturstufe steht. Aller Fortschritt in der Kriminalistik konnte die animistische Denkweise unserer Ahnen nicht völlig überwinden, ja alte Denkwege mußten sich rationalistisch verkleiden und mit logischen Mitteln kaschieren, wie im Kriege Wege, die vom Feinde eingesehen werden konnten, künstlich verdeckt wurden. Das Wesentliche für unsere Untersuchung liegt aber nicht im Nachweis dieser unbewußten Verhüllung, sondern in dem der Herkunft der Indizien des modernen Strafrechtsprozesses aus dem Kreise rohester, abergläubischer Vorstellungen, die wir längst überwunden zu haben glaubten.
Unsere Zeit und die Kriminalistik unserer Zeit kennt freilich keine Tierorakel und keine Orakeltiere, welche das Altertum und die halbwilden Völker in den Dienst der Verbrechensaufklärung gestellt haben. Wir verfolgen nicht mehr mit gespannten Sinnen den Weg einer Ameise, die uns als magische Botin des Toten oder der Götter erscheint und uns zeigt, in welcher Richtung wir den Mörder zu suchen haben. Ein einziger Nachklang jener uralten Symphonie des magischen Glaubens, der einmal den Erdball umfaßte, dringt in unsere nüchterne Zeit, eine einzige Spur des alten Tierorakels ist noch erhalten, allerdings in so ver-

änderter Form, daß sie schwer als solche erkannt werden kann. Auch handelt es sich nicht mehr um ein Orakel, sondern um ein ganz rationales und methodisch angewandtes Hilfsmittel des kriminalistischen Ermittlungsdienstes; ich meine die Arbeit des Polizeihundes[126]. Er wird auf die Spur des unbekannten Verbrechers gesetzt[127], verfolgt die Fährte und verbellt den Täter, falls er noch erreichbar ist, noch nach Tagen. An die Stelle der primitiven Zauberpraktiken haben wir die kriminalistische Ausnützung der Dressur gesetzt.

»Exoriare aliquis nostris ex ossibus ultor«

Wir haben konstatiert, daß die Entwicklung der primitiven Glaubensvorstellungen dahin drängte, daß der Tote sein Amt als Rächer und Verfolger aufgab und sich mit dem Hinweis auf den bösen Zauberer, der ihn getötet hat, begnügte. Diese kriminalistische Arbeit wurde durch eine Art Verhör erreicht: Die Überlebenden fragen, und der Tote antwortet. Er antwortet mit seinem Körper, seinem Blut und den Bewegungen, die man an ihm zu bemerken scheint.

Viel zahlreicher sind freilich die Zeugnisse halbkultivierter Völker dafür, daß der Verbrecher auf eine andere, noch immer mit dem Toten verknüpfte Art festgestellt wird. Der Tote spricht, oder vielmehr ein Teil von ihm spricht, und gibt den Täter an. In der Grimmschen Sammlung findet sich das Märchen vom singenden Knochen, das aus Hessen stammt. Der ältere Bruder hat den jüngeren aus Neid von einer Brücke herabgestürzt und unter der Brücke begraben. Nach langen Jahren treibt ein Hirte seine Herde über die Brücke. Er sieht einen weißen Knochen da liegen und schnitzt daraus ein Mundstück für sein Horn. Als er zum erstenmal darauf spielen wollte, fing der Knochen selbst zu singen an:

»Ach, du liebes Hirtelein,
Du bläst auf meinem Knöchelein,
Mein Bruder hat mich erschlagen,
Unter der Brücke begraben.«

Man gräbt unter der Brücke die Erde auf und findet das Gerippe des Toten; der Mörder wird ertränkt[128]. Wir ahnen hier, daß die Phrase, das vergossene Blut schreie zum Himmel, einmal einen wörtlichen Sinn gehabt hat. Ein dem hessischen ähnliches Märchenmotiv findet sich bei vielen Völkern, z. B. bei afrikanischen Stämmen; ihm nahe steht die Erzählung vom Arm des Ermordeten, der sich aus dem Grabe reckt. Wirklich ersteht dem Gemordeten aus den Knochen ein Rächer, wie es jener Virgilvers wünscht. Verwandte Märchen werden in vielen Gegenden gefunden[129]. In einem sizilianischen Märchen wird aus Knochen und Haut des Toten ein Dudelsack angefertigt, der den Mord verrät. In nordafrikanischen Märchen wächst aus dem Grab des Toten ein Granatapfelbaum oder ein Weinstock, deren Frucht sich dann in den Kopf des Toten verwandelt[130]. Die Sage erzählt[131], der Hund eines Wiener Edelmannes, der sich auf der Jagd befand, grub im Jahre 1585 aus der Erde einige Knochen heraus. Der Edelmann übergab diese Knochen einem Schwertfeger, um daraus Griffplatten für einen Hirschfänger zu verfertigen. Kaum hatte der Schwertfeger die Knochen berührt, begannen sie zu bluten. Darüber war er entsetzt, die Reue überkam ihn, und er gestand, vor langen Jahren einen Kameraden erschlagen und dessen Leichnam in diesem Walde begraben zu haben.

Es ist klar, daß die Knochen als Teile des Toten jene anklägerische und rächende Funktion übernehmen, die früher das Ganze, nämlich der Körper des Toten, durchgeführt hatte. Die Knochen »sprechen«, und was sie sagen, weist die Spur. Dieselbe Anschauung, die sich in den angeführten Märchen und Sagen ausspricht, liegt der kriminalistischen Praxis, wie sie sich im Knochenorakel afrikanischer und australischer Stämme herausgebildet hat, zugrunde. Wählen wir aus den zahlreichen Beispielen etwa das Knochenorakel der Maquamba und Bawenda in Südafrika[132]. Ein Kaffer begibt sich zum Zauberdoktor, um die Hexe zu ermitteln, die sein verstorbenes Kind verhext hat. Der Zauberer holt aus seinem Bündel Knochen heraus und wirft sie wie Würfel vor sich hin. Er fragt nun die Knochen, ob der schuldige Zauberer (oder die Hexe) diesem oder jenem Stamme angehört und welchem Häuptling er unterstellt sei. Über jede Frage entscheidet ein Wurf der Knochen. Der Zauberdoktor rät nun weiter, bis er den Kraal und die Hütte des Mannes, der das Kind tot gehext hat, erraten hat. Ein Beispiel aus dem Westen Afrikas[133]: In Krankheits- oder Todesfällen ruft man bei den Ganguella den Wahrsager, um zu erfahren, wer für das Unglück verantwortlich ist; er stellt sich inmitten des im Kreise herumziehenden Volkes auf. Sein Handwerkszeug besteht aus einer Kalabasse mit großen Glasperlen und getrocknetem Mais, sowie aus einem Korb, der mit Steinen, Menschenknochen, Holzstäbchen, Vogelknochen, Fischgräten usw. gefüllt ist. Er beginnt die Geisterbeschwörung, indem er die Kalabasse in wildester Art schwingt. Dann schüttet er den Korb um und entscheidet nun je nach den Gegenständen, ob böse Geister oder Zauberer für den traurigen Fall verantwortlich sind. Im zweiten Fall nennt er den Namen einer bestimmten Person. Ebenso wird etwa im Brisban-Distrikt in Australien die Beantwortung der Frage nach dem Mörder den Knochen des Verstorbenen überlassen[134]. In der Moreton-Bay und ihrem Hinterland wird die Frage von der Haut des Ermordeten beantwortet[135].

Das sind gewiß Methoden der Kriminalistik, die von denen unserer Kulturschichten sehr verschieden sind. Und doch werden wir, sofern wir nicht Strafrechtslehrer und Kriminalisten sind, an sie erinnert, wenn wir erfahren, wie Mörder unserer Zeit manchmal ermittelt werden. In Hannover und Umgebung spülte die Leine eines Tages einen menschlichen Schädel ans Ufer, später einen zweiten. Nach einigen Wochen wurde ein dritter gefunden. Bei den Nachforschungen der Kriminalpolizei wurde in dem Fluß gefischt und getaucht: man fand einen großen Haufen von Knochen. Es ließen sich aus ihnen sechsundzwanzig vollständige Skelette zusammenstellen; sie stammten alle von jungen Männern. Hier war ein Massenmörder am Werk; man fand ihn nach vielen Mißgriffen und Irrtümern, den schrecklichen Georg Haarmann, der mitten in der Großstadt zahlreiche Menschen umgebracht hatte, während er als Vigilant der Kriminalpolizei Dienste leistete.

Bei den Wilden werden die Knochen des Toten von dem Zauberdoktor und den Stammesangehörigen als mit geheimnisvollen Kräften begabt betrachtet. Die Knochen sprechen eine bestimmte Sprache, dem kundigen Priester vertraut. Die Knochen im Falle Haarmann haben ebenfalls die entscheidende Rolle in der Verbrechensaufklärung gespielt, eine Rolle, die freilich nicht mehr magischer Art war. Nicht mehr der Medizinmann, aber sein Nachfolger, der Mediziner, hatte sich mit ihnen zu beschäftigen. Sie gaben ihm im Sektionssaal Kunde über den Verbrecher oder vielmehr über seine Opfer. Diese Befunde und die Schlußfolgerungen, die sich aus ihnen ergeben, werden für die kriminalistische Arbeit wertvoll. Man sieht wieder den Gegensatz: hier magische, dort wissenschaftliche Betrachtung, hier Divination, dort Schlußfolgerung.

Die Differenz der Betrachtungsweise tritt noch stärker hervor, wenn man diese Art der magischen Verwertung der Knochen usw. mit der mechanisch-kausalen Betrachtung dort vergleicht, wo sie nicht von wissenschaftlicher, sondern nur von sachkundiger Seite ausgeht. Man erkennt den Abstand am besten, wenn man Beispiele aus den so verschiedenen Sphären nebeneinander stellt: Wenn bei den Watschandis in Westaustralien der Schuldige auf keine andere Art gefunden wird, nehmen die Eingeborenen eine Handvoll Staub und werfen ihn in die Luft und beobachten nun die Richtung, in die er fällt. Dorthin laufen sie nun, um den Mord an ihrem Verwandten oder Freund zu rächen[136]. *Levy-Bruhl*, der diesen Brauch anführt, bemerkt, daß die Beobachtung unvollständig ist: es sei nicht Staub oder Feuer schlechthin, die den Eingeborenen die gewünschte Richtung anzeigen. Dieser Staub, dieses Feuer haben Teil an der Person des Toten; er ist es, der durch dieses Mittel auf die gestellten Fragen antwortet[137]. Das Beispiel der Dajah auf Borneo, die den Rauch des Feuers, in dem der Tote verbrannt wird, sorgsam beobachten, gehört hierher. Wenn das Feuer durch Wind oder andere Ursachen schief brennt oder der Rauch in bestimmte Richtung geht, schließen sie, daß der *anzu* (Geist) noch nicht zufriedengestellt ist und ein anderer Tod folgen wird[138]. Zweifellos gibt der verbrannte Tote selbst noch, in Flammen aufgehend, den Mörder an. Es ist der Tote in seiner verflüchtigenden Gestalt, der hier kriminalistisch Dienste leistet. Die Strafe, die seiner Auskunft über den Täter folgt, ist immer der Tod. Wenn z. B. bei den Stämmen von Viktoria in Australien ein Toter verbrannt wird, glauben die Eingeborenen, die schuldige Partei werde durch die Richtung des Rauches angegeben[139]. Die Söhne des Hingeschiedenen oder seine nächsten Verwandten begeben sich auf eine Racheexpedition und töten durch Speerwurf den Nächstbesten, den sie in der so bezeichneten Richtung finden, überzeugt, daß er der Mörder sei. Man stelle diesen primitiven Vorstellungen und Praktiken ein modernes Beispiel von Beobachtung eines Indizes gegenüber. *Feuerbach* berichtet in seiner Kriminalgeschichte von jenem jungen Pfarrer, der mehrere junge Mädchen, die er geschwängert hatte, tötete. Der Priester zerlegte die Leichen sorgfältig und verbrannte die Leichenteile im Pfarrhof, um alle Spuren radikal zu entfernen. Eines Tages ging das kleine Haus, das dem Pfarrhof gegenüberstand, in den Besitz eines Metzgermeisters über. Diesem sachverständigen Beobachter fiel nun bei ei-

ner Gelegenheit auf, daß der Rauch, der aus dem Schornstein des Pfarrhofes aufstieg, eine Färbung zeigte, die er nur bei Verbrennung von Fleisch und Knochen aufweist.
Diese Beobachtung wurde dafür entscheidend, daß der Zusammenhang zwischen den abgängigen Mädchen und dem Pfarrhof bald unzweideutig hergestellt wurde.

Kriminalistische und magische Technik

Wir haben die Entwicklung der primitiven Verbrechensaufklärung eine bestimmte Strecke weit verfolgt. Wir meinten zu erkennen, daß zuerst der Tote selbst die Verfolgung übernahm, später den Täter ermittelte, bis er diese Aufgabe dem Zauberpriester oder seinen Verwandten (die von seinem Hauch beseelt wurden) oder Tieren, Pflanzen usw., in die er oder ein Teil seines Ichs sich verwandelt hatte, überließ. Noch immer ist es der Tote selbst; erst spät macht sich die Anschauung geltend, daß der Elefant, der jenen des Mordes Verdächtigten niedergetrampelt hat, oder der Wurm, der aus dem Grab in die Richtung des feindlichen Stammes kriecht, gewissermaßen im Auftrag des Ermordeten handelt. Ursprünglich kann jener Denkweise gemäß, deren prälogischer Charakter seine eigene strikte und folgerichtige Logik hat, der Tote verwest im Grabe liegen und doch zugleich als Wurm über das Grab kriechen – eine Annahme, deren Charakter keineswegs absurder erscheint als etwa die christliche Lehre der Transsubstantiation. *»Hic et ubique?«* ruft Hamlet, der des Vaters Racheruf überall hört. Wirklich, hier und überall ist der Tote. Er ist in dem Zauberer, der den Mörder nennt, ist in den Knochen, die im Orakel auf den unbekannten Verbrecher hinweisen, ist in dem Zweig, der aus einem Grab blüht, und in dem Vogel, der sich von dort aus zum Flug erhebt.
Immer wieder muß man die magische Art der Verbrechensauf-

klärung neben die modernen kriminalistischen Methoden stellen, um sich einen starken Eindruck von gewissen Übereinstimmungen zu holen. Es ist selbstverständlich und bedarf keiner Hervorhebung, da dies ja als bekannt vorausgesetzt werden darf, welche und wie große Unterschiede zwischen diesen Arten von Kriminalistik bestehen. Für unsere Zwecke und für die allgemein-wissenschaftliche Aufklärung aber ist es wichtiger darzustellen, aus welchen psychischen Schichten der Glaube an Indizien stammt und in welchem verborgenen Zusammenhang diese Ur-Gründe noch mit den exakten naturwissenschaftlichen Voraussetzungen der modernen Strafrechtspflege stehen.
Wir wollen einmal von den Märchenmotiven ausgehen, die ja bestimmte Rechtsanschauungen einer Zeit so getreu widerspiegeln wie andere Formen der Tradition. In einem Märchen der Siebenbürger Sachsen verrät eine Flöte einen Mord[140]. Sie ist aus einem Rohrstengel verfertigt, der aus dem Grab jenes Ermordeten sprießt. Im Andersen-Märchen vom Rosenelf wird ein Mörder von den Jasminblumen getötet, die am Grab wachsen. Wenn in diesem Märchen die Seelen des Jasminstrauches bei Nacht zum Bett des Mörders fliegen und ihn mit ihren giftigen Stacheln töten, so ist dies nur eine besondere Form der Blumenrache, die als Märchenmotiv häufig erscheint. Es ist klar, daß die Pflanze hier auf magischem Weg etwas von der Kraft und dem Willen des Toten übernommen hat. Märchenmotive dieser Art zeigen die Wirkung der Übertragungsmagie. Die örtliche Nähe hat einen magischen Zusammenhang bewirkt, der nicht mehr gelokkert werden kann; eine Art infektiöser Wirkung geht nun von der Pflanze aus, die aus jenem Grab kam. Der allgemeine Gedanke, auf dem diese Zauberwirkung der sympathetischen Magie ruht, ist der, daß eine sympathetische Verbindung bestehen bleibt zwischen einer Person und allem, was einmal einen Teil ihres Körpers ausgemacht hat oder mit ihm nahe verbunden war. Es ist die örtliche Nähe des Toten, welche hier den Pflanzen jene

Zauberkraft, den verborgenen Verbrecher zu verraten und zu bestrafen, verliehen hat. In manchen Fällen ist eine Pflanze auch von der modernen Kriminalistik im Sinne eines Indizes verwertet worden. Auch dort ist es der örtliche Zusammenhang, der entscheidet, aber die Verwertung dieses Zusammenhanges ist nicht mehr magisch, sondern mechanistisch und rationalistisch. Stellen wir dem Märchenmotiv von der Blumen Rache und der Blumen Verrat, die so oft den unbekannten Verbrecher ermitteln, ein modernes Gegenstück zur Seite[141]. Am 23. August 1910 war in einem Dorf unweit von Arnhem in Holland ein dreizehnjähriges Mädchen vermißt worden. Nach längerem Suchen hatte man den Leichnam des Kindes im Eichengestrüpp liegend gefunden. Das Mädchen war nach dem Befund genotzüchtigt und dann mit einem Band erwürgt worden. Vom Täter fehlte jede Spur. Man hatte nicht darauf geachtet, daß der Tatort nicht verändert werden durfte; man fand dort am Erdboden nichts als dürres Eichenlaub. Versuche mit Polizeihunden blieben erfolglos. Im Verlauf der Erhebungen am selben Tage wurden dem Untersuchungsrichter auch zwei Arbeiter A. und R. vorgeführt. R. war in der Nähe des Tatortes gesehen worden. Beide Männer wurden körperlich genau untersucht. Als bei R. die Vorhaut zurückgezogen wurde, ergab sich ein merkwürdiger Befund. An der Unterseite der Eichel zeigte sich ein kleines dunkles Pfröpfchen, das mit etwas Watte weggenommen wurde. Als der Sachverständige Dr. W. Hesselink es untersuchte, fand er, daß es ein kleines Stück dürren Eichenblattes war. Es stimmte mit dem dürren Eichenlaub am Tatort überein. Gerade dieser Befund war wegen der versteckten Fundstelle am Penis besonders charakteristisch: Gerade bei dem betreffenden Verbrechen war diese Fundstelle für das dürre Eichenlaub am Tatort leicht zugänglich. Der Befund machte auf R., wie er selbst bezeugte, einen so überwältigenden Eindruck, daß er die Tat eingestand. Man wird die ganze, tiefe Kluft zwischen jenem Verrat durch Pflanzen in den Märchen und der Indizienverwertung in diesem Beispiel ermessen und doch zugestehen, daß die Parallele frappant ist. Ist der tiefe Eindruck auf den Verbrecher nicht darauf zurückzuführen, daß ihm der Sachverständigenbefund selbst wie eine Zauberei, wie ein Stück Magie vorkam? Kein Zweifel, das Gutachten des Sachverständigen ist an die Stelle des Orakels des Zauberpriesters getreten, und die exakte naturwissenschaftliche Beobachtung hat die Erbschaft der Divination übernommen.

Die Beispiele, die wir aus den Märchenmotiven holten, würde *Frazer* der kontagiösen Magie zurechnen, weil sie den Zusammenhang im Raum, die Kontiguität als wirksam annehmen. Von derselben Wichtigkeit für die Entwicklung der Kriminalistik sind die Prinzipien der imitativen oder homöopathischen Magie. Wir erkennen sogleich die Wichtigkeit dieser beiden Arten von magischen Prozeduren für die Kriminalistik, wenn wir uns vergegenwärtigen, daß die modernen kriminalistischen Methoden sich auf magische Handlungen als ihre direkten Vorstufen zurückführen lassen. Will man einem Feind schaden, bemächtigt man sich eines Stückes seiner Person, seiner Haare, seiner Nägel, seiner Exkremente oder eines Teiles seiner Kleidung und führt an diesem Objekten eine feindliche Aktion aus. Die magische Ansicht geht dahin, daß dasselbe, was man so einem Bestandteil einer Person oder einem ihr gehörigen Ding antut, dem Menschen widerfährt. Man schädigt einen Feind, indem man ein Bild aus Ton oder Holz von ihm macht und dieses Bild dann mit einem spitzen Nagel durchbohrt. Die Peru-Indianer formten Bilder aus einer Mischung von Fett und Korn und verbrannten dieses Abbild eines Menschen auf dem Weg, den die betreffende Person vorüberkommen mußte. Sie nannten das das »Verbrennen der Seele«. Das moderne Gegenstück ist etwa die steckbriefliche Verfolgung eines Menschen mit Hilfe der Photographie, des *Portrait parlé*. Wir erfahren, daß magische Prozeduren auch an den Eindrücken, welche ein menschlicher Körper im Sand hinterlassen hat, ausgeführt werden können. Die Eingeborenen von Süd-ost-Australien glauben z. B., sie könnten einen Menschen lähmen, indem sie scharfe Stücke Quarz, Glas, Knochen oder Kohle in seine Fußspuren stecken. In seinem Bericht über den Kurnai-Stamm von Viktoria erzählt *A. Howitt*[142]: »Als ich einen Tatungolung sehr lahm sah, fragte ich ihn, was ihm fehle. Er sagte: ›Ein Kerl hat Flasche in meinen Fuß gesteckt.‹ Ich bat ihn, mich den Fuß sehen zu lassen. Ich fand, daß er wahrscheinlich an Rheumatismus litt. Er erklärte, ein Feind müsse seine Fußspur gesehen und ein Stück einer zerbrochenen Flasche hineingegraben haben.«

Die moderne kriminalistische Technik bedient sich freilich nicht mehr magischer, sondern physikalisch-mechanischer Mittel, um dieselben Objekte, Eindrücke des Körpers, Fußspuren usw. der Ermittlung und der Bestrafung unbekannter Täter dienstbar zu machen. Die magische Verwendung von Fingerabdrücken wird zum System der Daktyloskopie, die feindselige Prozedur an den Exkrementen zur Untersuchung des am Tatort zurückgelassenen *Grumus merdae.* Wenn bei den Murrigs und anderen Stämmen von South Wales die Zähne junger Menschen nicht in einen Sack gesteckt werden dürfen, weil sonst jene ehemaligen Besitzer in große Gefahr stürzen könnten; wenn die Basutos in Afrika fürchten, daß ein Feind ihnen schweren Schaden bringen kann, wenn er an einem ihrer ausgefallenen Zähne eine magische Handlung vornimmt; so erinnert man sich zahlreicher Beispiele aus der Kriminalgeschichte, in denen etwa ein Zahnabdruck an einem Backwerk, einem zurückgelassenen Apfel zur Eruierung des Verbrechers gedient hat. Wir denken an die außerordentlich erfolgreichen Untersuchungen berühmter Gerichtschemiker wie *Jerserich, Papp* u. a., welche durch minuziöse Untersuchung von Haaren, Nägeln, Spermaflecken usw. so viel zur Ermittlung unbekannter Verbrecher beigetragen haben. Ein Zauberer der Marquesas-Insulaner nimmt z. B. etwas von dem Haar, Speichel oder anderen Abfällen eines Mannes, dem er schaden will, wikkelt sie in ein Blatt und steckt sie in eine Tüte aus Fäden oder Fasern, die ineinander verschlungen sind. Das Ganze wird dann unter bestimmten Zeremonien vergraben, worauf das Opfer an einer schleichenden Krankheit dahinsiecht. Ein Maori-Zauberer, der etwa darauf bedacht ist, jemanden zu behexen, wird sich eine Strähne von dessen Haar, ein Stück abgeschnittenen Nagels, einen Fetzen von seinem Gewand verschaffen. Wenn er diesen Gegenstand erlangt hat, wird er mit einer Fistelstimme gewisse Beschwörungen und Flüche darüber singen und ihn in der Erde begraben. Während das Objekt verwest, soll auch der Betreffende, von dem die Sache genommen ist, dahinsiechen. Das moderne kriminalistische Pendant ist in vielen tausend Fällen gegeben. Vor etwa zehn Jahren fand man auf einer Landstraße in der Nähe von Berlin ein ausgeraubtes Auto. Der Wagen war gegen ein über die Straße gespanntes Seil gefahren, das dem Chauffeur den Kopf abgerissen hatte. In den Drahtmaschen des Seiles fand sich ein mikroskopisch kleines Teilchen einer Wollfaser. Aus der Untersuchung dieses Objektes, der Farbe und Krümmung der Faser zog man den Schluß, daß es von einem grünen Sweater stammen dürfte. Die Kriminalpolizei suchte nun den Mann mit dem grünen Sweater. Sie fand einen Verdächtigen, der so bekleidet war. Der Vergleich der Wolle ergab die völlige Übereinstimmung des Stoffes und später die Täterschaft des Verdächtigen.

Wir kennen das Prinzip, das die Magie regiert, durch die Untersuchungen *Freuds*[143]: es ist der Glaube an die »Allmacht der Gedanken«. Jedes Beispiel, das wir hier von einer magischen Handlung anführten, zeigt dieses Prinzip in seiner vollen Wirksamkeit. Es wird im Verlauf der Untersuchung gezeigt werden, wie sich dieses Prinzip noch in der so späten Form des Indizienbeweises nachweisen läßt. Wenn man den langen Weg von der Magie, die man die Technik des Animismus genannt hat[144], bis zur modernen Kriminalistik, die eine der Techniken unseres wissenschaftlichen Zeitalters repräsentiert, ermißt, wird man über die Zähigkeit und Langlebigkeit alter Glaubensvorstellungen verwundert sein. Hier soll uns der zweite charakteristische Zug, den die magische Prozedur mit der Indizienverwertung unserer Kriminalistik gemeinsam hat, beschäftigen: das Phänomen der Verschiebung auf ein Kleinstes. Die Erscheinung ist gewiß auf beiden Gebieten nicht immer zu beobachten, doch ist sie besonders für die späteren Entwicklungsstufen charakteristisch. Die besondere Wertschätzung kleiner Anzeichen, sonst unbemerkter Details in der Kriminalistik ist in den vielen angeführten Beispielen deutlich geworden. Die Verwertung und Deutung gerne übersehener, kleiner Züge, unscheinbarer Indizien hat in der Verbrechensaufklärung des letzten Jahrhunderts oft die Hauptrolle gespielt. Die magischen Prozeduren, die uns von den primitiven Völkern berichtet werden, zeigen denselben Zug, daß sich nämlich der psychische Akzent langsam auf entfernte, vom ursprünglichen magischen Objekt weitabliegende, kleine Gegenstände verschiebt. Im Fall der Aufklärung des Mordes haben wir früher einige Beispiele gegeben, die von diesem Verschiebungszwang Zeugnis ablegen.

Das Verständnis für die beiden charakteristischen Züge des Glaubens an die Allmacht der Gedanken und des Verschiebungsprozesses auf ein Kleinstes, wie sie in der Magie deutlicher, in der kriminalistischen Technik nur umgeformt und entstellt erscheinen, wird am besten durch den Vergleich mit der Neurosensymptomatologie gewonnen. Man wird natürlich nicht erwarten dürfen, daß die Symptome einer nervösen Krankheit genau dieselben Erscheinungen zeigen wie eine Reihe magischer Handlungen oder eine kriminalistische Untersuchung. Es handelt sich nur um Ähnlichkeiten, deren tiefliegende psychische Voraussetzungen dem Analytiker klarwerden. Man vergleiche etwa den Glauben an die Allmacht der Gedanken und die Gemeinsamkeit des Verschiebungsmechanismus, die in den bisher angeführten

Beispielen deutlich wurden, mit den analogen Zügen in den Symptomen einer Patientin, die mit Zwangsgedanken zu kämpfen hat: Sie will einen Rahmen für die Photographie ihres Vaters kaufen. Sie kann keinen Rahmen kaufen, denn der erste, den sie sieht, ist aus schwarzem Holz. Die Vorstellung des schwarzen Holzstreifens um die Photographie hat sie an einen Sarg erinnert. Sie kann diesen Rahmen (später überhaupt einen Rahmen) nicht kaufen, sonst würde ihr Vater sterben. Dies entspricht völlig dem primitiven Glauben an den magischen Effekt einer Handlung. Es ist vielmehr den magischen Vermeidungen und Vorsichten an die Seite zu stellen, die wir bei vielen primitiven Völkern finden. Ein anderes Beispiel von derselben Patientin soll uns noch deutlicher die Angst vor der eigenen Gedankenallmacht sowie den Vorgang der Verschiebung auf ein Detail zeigen, wie sie die magischen Aktionen antiker und primitiver Zauberpriester aufweisen: Die Patientin will ihrem kleinen Neffen ein Spielzeug kaufen und betrachtet in einer Auslage ein kleines schönes Modell, das ein Känguruhweibchen darstellt, aus dessen Beutel ein Junges seinen Kopf herausstreckt. Die Dame will das niedliche Modell, das ihr wohlgefällt, schon kaufen, da überfällt sie ein schrecklicher Gedanke: Das Känguruhweibchen hat sie an die ältere Schwester, die Mutter des zu beschenkenden Neffen, erinnert, die gerade wieder vor einer Geburt steht. Das Modell mit dem kleinen Känguruh im Beutel des Weibchens hat in ihrer Vorstellung die Möglichkeit eines Abortus bei der geliebten und unbewußt beneideten Schwester wachgerufen, eine Möglichkeit, gegen deren Erfüllung sich die Kranke wehrt, indem sie sich den Kauf des Spielzeuges verbietet. Wie in der Magie[145] wird hier vorausgesetzt, daß die Relationen, die zwischen den Vorstellungen bestehen, auch zwischen den Dingen selbst vorhanden sein müssen. Auch der Vorgang der Verschiebung auf ein Kleinstes ist in diesem Beispiel gut zu studieren. Das neurotische Symptom zielt freilich auf die Abwehr des unbewußten Wunsches, die Schwester möge eine Fehlgeburt haben: Es läßt ein starkes Sträuben gegen jene unbewußt lustbetonte Vorstellung erkennen.

Die kriminalistischen Aufklärungsarbeiten sind am ehesten mit jenen magischen Prozeduren zu vergleichen, die einen bösen oder feindlichen Zauber auf eine entfernte Person ausüben, eine Person festhalten, hemmen oder schädigen sollen. Hier begegnen Verbrecher und Kriminalist einander, indem dieser sich dem unbekannten Verbrecher gegenüber derselben Mittel bedient, die man sonst als verbrecherische bezeichnen würde. Wir verstehen diese Gleichartigkeit besser, wenn wir uns vor Augen halten, daß die angewandten Methoden beider Gruppen ursprünglich im Dienst magischer Absichten standen. Bei den Primitiven gibt es neben der privaten, später geheimen und verbotenen Magie eine öffentliche Zauberei zum Wohl des Ganzen, der Gemeinschaft. Der Kriminalist und der Sachverständige, die an der Verbrechensaufklärung arbeiten, sind Nachfolger jener Zauberpriester im Dienst der offiziellen Magie.

Orakel und Ordal

Wir sind mißtrauisch gegen jene angeblich zuverlässigen Mittel geworden, welche einen verborgenen oder geheimnisvollen Tatbestand genau rekonstruieren wollen. Viele Jahrhunderte lang gab es keinen Zweifel an der Zuverlässigkeit der sonderbarsten Mittel der Wahrheitsforschung. Das Orakel, das Gottesurteil, der Eid bestimmten, welcher der Tatbestand gewesen war. Die Frage, die etwa in einem Ordal gestellt wurde, war durch den Ausgang der Probe eindeutig beantwortet. Gottes Rede war: »Ja, ja – nein, nein«. Erst später wurde sie ausführlicher, aber auch dunkler und unsicherer.

Die vorausgehende Untersuchung hat gezeigt, daß das Gottesurteil nicht eine sehr primitive Form der Wahrheitsforschung sein kann, obwohl es vermutlich durch eine lange Periode kultureller Entwicklung bei allen Völkern existierte[146], denn der Gefragte war ursprünglich nicht ein Gott, sondern der Tote – oder wenn man will – die Toten. Diese Toten, die freilich nicht ganz tot waren, wurden nach dem unbekannten Verbrecher gefragt, und die Toten beantworteten die Frage auf ihre Art. Es war dies sozusagen der Anfang ihrer divinatorischen Fähigkeit, denn später bezogen sich die Fragen, die man ihnen stellte, auf sehr verschiedene Dinge, auf Unternehmungen des privaten und des Stammeslebens, auf Krieg, Jagd usw. Nichts mehr im Wesen der späteren, der Religionsorganisation angehörigen Einrichtung des Orakels, etwa jenes von Delphi oder von Dodona, weist auf diesen seinen Ursprung hin: Kein toter Häuptling mehr ist der Gefragte, sondern ein Gott, Phoebus Apollo, aber vielleicht ist Apollo nur ein später Nachfahr eines zum Gott gewordenen, vergessenen Häuptlings der Danaer. Wir haben eine Entwicklung verfolgt, die ethnologisch und kulturhistorisch nachzuweisen ist und die zeigt, daß zuerst der Tote auf die ihm gestellte Frage antwortet, dann entscheiden Teile seines Körpers (Knochenorakel usw.), Objekte, die mit diesem in Berührung waren, und auch Dinge, die in einer manchmal für uns nicht mehr aufklärbaren, assoziativen Verbindung mit ihm standen. Wenn wir die Reihe solcher primitiver strafrechtlicher Entscheidungen Revue passieren lassen, könnte es scheinen, als ob sie einen gemeinsamen Zug aufweisen: das entscheidende Indiz oder die Indizien, die in ihnen erscheinen, sind Zeichen am Körper des Toten oder stehen mit ihm in Beziehung. Es ist derselbe Willensakt des toten Körpers, der den australischen Verwandten antwortet, wer den Dahingeschiedenen verzaubert hat, oder der die Bahrträger in Westafrika in die Richtung des Hauses des unbekannten Mörders stößt.

Diesem Teil der Ordalien aber steht ein ungleich größerer und ausgebreiteterer Teil gegenüber, in dem die Indizien am oder im Körper der Verdächtigten erscheinen. Die vergleichende Volkskunde und die Kulturgeschichte liefern ein viel reicheres Material von dieser Art Ordalien. Wählen wir einige Beispiele afrikanischer Kraft- und Geschicklichkeitsproben, denen sich der eines Verbrechens Beschuldigte unterwerfen muß und die keinerlei Verbindungen mit dem Toten mehr erkennen lassen. In Badagry setzt man dem Angeschuldigten eine große Mütze aus Holz, die mit drei Ecken versehen ist, auf. Sieht man, daß die Mütze auf dem Haupt des Verdächtigten zittert, wird er verurteilt. Macht sie keine merkbare Bewegung, so wird er freigesprochen[147]. Diesem ganz ähnlich ist das Ordal des Wassertragens bei den Bafioten: die Inquisiten müssen einen zum Überlaufen mit Wasser gefüllten Topf aufheben oder eine ziemlich vollgegossene Kürbisflasche auf den Kopf nehmen und getreu die Bewegungen des Uganga, des Zauberpriesters, der einen Tanz aufführt, nachahmen. Der Priester entdeckt nun den Schuldigen durch die Bewegung des Wassers, je nachdem es vorwärts, rückwärts oder seitwärts verschüttet wird[148]. Das Ordal des Nadelstiches, das an der Zunge oder dem Ohrläppchen des Beschuldigten durchgeführt wird, die Augenprobe, bei welcher Einträufelungen in dieses Organ über Schuld oder Unschuld entscheiden, die verschiedenen Giftproben, die Feuer-, Heißwasser- und Heißölproben, die Kaltwasserordalien, die Kesselprobe usw. reihen sich hier an. Allen diesen Ordalien ist gemeinsam, daß die Schuldkriterien am Körper des Beschuldigten gesucht werden: es ergibt sich hier ein auffallender Gegensatz zu der früher bezeichneten Gruppe von Indizien.

Wir erinnern uns zur rechten Zeit, daß unsere moderne Bezeichnung Indizien sich auf beide Gruppen von Anzeichen – und noch auf viele andere Gruppen – bezieht. So wird z. B. in einem Mordfall sowohl die Wunde des Toten als auch ein verlorenes Taschentuch des Täters als Indiz gewertet. In der vorliegenden Untersuchung, die sich bemühte, die Herkunft des Begriffes der Indizien aus der Sphäre magischer Vorstellungen abzuleiten, sind wir von den Anzeichen am Körper des Toten ausgegangen. Das Auftauchen jener zweiten Art von Indizien legt uns die Frage nahe, welche Anzeichen Anspruch auf den Charakter des Primären erheben dürfen. Wie haben wir uns die historische und psychologische Entwicklung der beiden Gruppen vorzustellen? Und welches ist die Beziehung zwischen den beiden? Wie kommt es zur Beobachtung und Verwertung andersartiger Indizien, die sich diesem Schema nicht einfügen? Einige Überlegung ergibt, daß man der Lösung dieser Fragen näherkommen könnte, wenn man die beiden Gruppen von Indizien scharf gegeneinander kontrastiert und die Herkunft jener zweiten Art untersucht. Es ist ziemlich gleichgültig, an welchem Beispiel von Ordal man diese Untersuchung vornimmt; es soll nur zwei Bedingungen erfüllen. Es müßte von repräsentativer Art sein, so daß es dem beschriebenen Totenordal oder -orakel entspricht, und es müßte sich auf die Aufklärung desselben Verbrechens beziehen, d. h. auf Mord. Ich wähle als Beispiel, das diesen Anforderungen entspricht, die Probe der Giftwirkung im Körper eines Verdächtigten, das Giftordal. Diese Bezeichnung ist freilich falsch gewählt: sie greift einen besonderen Fall aus einer umfassenderen Gruppe von Ordalien heraus und vernachlässigt die anderen Fälle, die zur selben Kategorie gehören. Das Wesentliche dieser Art von Proben ist, daß der Verdächtigte etwas zu essen oder zu trinken erhält und daß die Wirkung dieses Bissens oder Trankes auf seinen Organismus seine Schuld oder Unschuld erweisen soll. Man beraubt sich einer bestimmten Chance des Verständnisses, wenn man in der Untersuchung diese Art des Ordals auf die speziellere der Giftproben einschränkt. Das vom Verdächtigten verzehrte oder eingenommene Objekt muß nicht immer Gift sein; es ist freilich immer von besonderer Art, eine Zaubersubstanz, die ihre magische Wirkung hervorbringt. Es sei gleich bewiesen, wie sehr jene ungerechtfertigte Einschränkung auf die Giftbeispiele geeignet ist, den Blick vom Wesentlichen beim Studium dieser Probe abzulenken. *Curt Wiedemann,* der sich besonders gewissenhaft mit den Gottesurteilen afrikanischer Stämme beschäftigt hat, bemerkt[149]: »Während im Mittelalter so ziemlich alle wichtigen Arten von Gottesurteilen in Anwendung kommen, wird es nicht gelingen, ein Beispiel für die Giftprobe zu finden.« Dies würde dem Forscher nicht verwunderlich erscheinen, wenn er berücksichtigte, daß das christliche Mittelalter das Abendmahl als Beweismittel an die Stelle des Giftordals gesetzt hat. Das Charakteristische der Giftprobe ist, daß erwartet wird, die Substanz, die der Verdächtigte zu sich genommen hat, werde eine ganz bestimmte Wirkung auf seinen Organismus ausüben. Gewöhnlich stirbt oder erkrankt der Schuldige an dem Mittel, während es der Unschuldige ohne Schaden bei sich behält oder erbricht. Nach dem Glauben des Mittelalters würde aber der Sündige bei der Abendmahlprobe sterben, während der Unschuldige die Hostie mit ruhigem Gewissen nehmen kann. Es handelt sich zweifellos um dieselbe Art von Ordal, das im Mittelalter eine christliche Gestalt angenommen hat[150]. Daß hier eine Umformung desselben Ordals vorliegt und daß die Giftprobe auch in der Frühzeit der europäischen Völker im Rechtsleben bestanden haben muß, beweisen Redensarten wie: »Darauf will ich Gift nehmen«. Auf ähnliche Ordalien weisen Ausdrücke wie z. B.: »Es soll mir der Bissen im Halse stecken bleiben, wenn nicht ...« Ich schlage vor, für die Zwecke unseres Studiums an Stelle der zu speziellen Bezeichnung Giftordal nach dem Organ, an dem sich die Prüfung abspielt, den umfassenderen Namen »orale Probe« oder »orales Ordal« zu gebrauchen.

Das orale Ordal

Aus dem reichen ethnologischen Material geben wir ein paar afrikanische Beispiele: In Atakpame stellt man Gift aus der Rinde des Baumes *iroko* her; dieser Baum ist dem Fetisch geheiligt und darf nur von Fetischleuten berührt werden. Der zerriebene Giftstoff wird in Wasser oder Öl gelöst. Der Fetischpriester reicht dem Verdächtigten diesen Trank. Der Ankläger sagt: »*Two kpo ni,* du hast getötet.« Der Beschuldigte erwidert: »*Kpa (i) wo,* töten (tust) du (durch deine Anklage).« Erbricht der Angeklagte das Gift, so gilt er als unschuldig. Andernfalls erliegt er unter heftiger Atemnot und Krämpfen dem Gift und wird an Ort und Stelle verscharrt, nachdem man der Leiche das Herz herausgeschnitten hat[151]. Bei den Beronga in Südafrika werden dem Gifttrank Fett eines lange vorher an Aussatz Verstorbenen, das man konserviert hat, und Pulver aus einem verbrannten Knochen desselben Aussätzigen beigemengt. Läßt der Angeklagte nach dem Gifttrank bestimmte körperliche Symptome erkennen, gilt seine Schuld für erwiesen. Nach der Schilderung von *Compiegne*[152] zieht der Fetischpriester in Jombe eine Furche in den Sand, etwa zehn Schritte vor dem Verdächtigten, dem er die mit dem Gifttrank gefüllte Schale reicht. Dieser muß sie auf einen Zug leeren und auf ein Zeichen des Fetischpriesters vorwärtsschreiten. Fällt er unter Krämpfen zu Boden, bevor er die gezogene Furche erreicht hat, so ist seine Schuld erwiesen. Sein Todeskampf wird durch die wütende Menge der Zuschauer, die den Mann in Stücke hauen, verkürzt. Gelingt es dem Beschuldigten dagegen, die Furche zu überschreiten, so gilt er für unschuldig. Bei den meisten afrikanischen Stämmen gilt für unschuldig, wer das Gift erbricht, für schuldig dagegen, wer das Gift behält oder bei dem es als Laxiermittel wirkt. In Papabella reicht man als Ordal einen Aufguß der Kaska-Rinde. Wer das Gift nicht erbricht, wird von den Eingeborenen mit plumpen Messern zerhackt und über langsamem Feuer gekocht. Dieses Ordal nimmt nach *Johnston*[153] jeder auf sich, der für einen Todesfall verantwortlich gemacht wird. Die Massai trinken eine Mischung von Blut und Milch als legales Ordal[154]. Im alten Griechenland wurde Stierblut im Ordal verwendet[155]. Die Israeliten nahmen den Staub des Goldenen Kalbes in Wasser vermischt ein – eine Art kollektiven Ordals. In ähnlicher Weise mußte im alten Indien ein Verdächtigter Wasser trinken, in dem man die Bilder der »schrecklichen Götter« gebadet hatte. Während er es trank, wandte er sich zu den Göttern und sagte: »Ich habe dies nicht getan.«[156] In Madagaskar wurde ein starkes Gift *tanghin* für das Ordal verwendet[157]. Der Angeklagte hatte zuerst ein wenig Reis zu essen, dann legte der Ankläger seine Hand auf den Kopf des Verdächtigten und begann seine Beschwörung der *tanghin* mit den Worten: »Höre, höre sorgfältig! Sei aufmerksam! Manamango! Du bist nur ein einfacher Samen, ganz rund, ohne Augen, und doch siehst du klar, ohne Ohren, und du hörst, ohne Mund, und du sprichst. Durch dich zeigt Gott seine Wünsche.« Über die Opfer des *tanghin* gibt es natürlich keine Schätzung; nach den Angaben des Volkes stirbt jede fünfte Person von denen, die es nehmen. Im letzten Jahrhundert wurde etwa ein Zehntel der Bevölkerung von Madagaskar der Probe unterworfen, was dem Tode von 40 000 bis 50 000 Personen in einer Generation oder 1500 bis 2000 Todesfällen durch Ordal in jedem Jahr gleichkommt. Ein französischer Beamter erzählt, daß bei den Neyaux an der Elfenbeinküste ähnliche Ordalien die Bevölkerung vermindern, da jeder einzelne Todesfall den Tod von vier oder fünf Personen verursacht. Beim Tod eines Häuptlings gingen fünfzehn Männer und Frauen durch Giftordal zugrunde. Die französische Regierung hatte große Schwierigkeiten, das Ordal zu unterdrücken, da die Eingeborenen von der Gerechtigkeit der Probe vollkommen überzeugt waren und sich ihr im Bewußtsein ihrer Unschuld gerne unterwarfen[158]. Von demselben tiefen

Glauben an das Giftordal sind die Eingeborenen von Calabar erfüllt; das läßt sie selbst an das Ordal appellieren, um ihre Unschuld zu erweisen. Nach dem Zeugnis des Missionars Rev. *Hugh Goldie*[159] hat sich ein kleiner Stamm Uwet im Hügelland von Calabar durch die beständige Anwendung von Ordalien fast selbst vernichtet. Bei einer bestimmten Gelegenheit trank der ganze Stamm, um seine Unschuld zu beweisen, das Giftordal. Was soll das orale Ordal bedeuten? Was soll es z. B. heißen, welchen Sinn soll es haben (wofern es überhaupt einen Sinn hat), daß derjenige, der das Gift oder die Zaubersubstanz bei sich behält, schuldig erkannt, während der andere, der sie erbricht, als unschuldig angesehen wird? Bisher ist keine irgendwie plausible Erklärung für eine solche Annahme der wilden Stämme gegeben worden. Die analytische Deutungstechnik lehnt es ab, einen Volksbrauch, eine Glaubensvorstellung für unsinnig oder absurd zu halten, weil sie auf den ersten Blick so erscheint. Sie sucht hinter der oft unverständlichen äußeren Fassade einen verborgenen Sinn, einen bewußt verlorenen, psychologischen Zusammenhang. Folgen wir solchen Deutungsprinzipien auch in dem vorliegenden Fall, so ergibt sich ein verblüffendes Resultat. Unbeschadet aller anderen Bedeutungen des oralen Ordals muß nach analytischen Voraussetzungen das Gift oder die Substanz, welche der Beschuldigte zu sich nimmt, ursprünglich (und unbewußt noch jetzt) in irgendeiner Beziehung zu dem Verbrechen stehen, zu dessen Aufklärung das Ordal durchgeführt wurde. Die Art dieser Beziehung ist nicht schwer zu erfassen: Im Fall des Mordes z. B. stammt die Substanz jenes Giftes oder jener magische Stoff von dem Toten selbst, ist vielleicht ein Stück seines Körpers, ist von seinem Blut oder ersetzt dieses. Wenn diese Annahme richtig ist, wären wir zu einer ersten Aufklärung über den latenten Sinn der oralen Probe gelangt: sie ist, was immer sie sonst noch sein mag, eine Wiederholung des Verbrechens (eventuell an einem Ersatzmaterial) zu Inquisitionszwecken. Nun, das ist trotz seinem vorläufigen und unzulänglichen Charakter ein Ergebnis, das des Überdenkens wert wäre. Verhehlen wir uns nicht, daß es auch bedenklich klingt, ja daß es sich als unwahrscheinlich und grotesk darstellt. Schieben wir indessen vorläufig unsere Einwände und Bedenken zur Seite und akzeptieren wir versuchsweise diese unsere Annahme: In der oralen Probe nimmt der Beschuldigte ein Stück vom Leichnam des Ermordeten zu sich. Das würde also im Sinn des Ordals bedeuten: das Fleisch oder das Blut des Erschlagenen werde sich an dem Täter rächen, ihn schwer erkranken oder sterben lassen; wenn er aber unschuldig ist, werde er das Verzehrte ausbrechen wie etwas, an dem er keinen Teil haben will. Nun darf sich auch das zurückgedrängte Bedenken wieder melden: Wir sagten, die Substanz der oralen Probe muß in einer besonderen Beziehung zu der Tat, zu dem Verbrechen stehen, dessen man den Inkulpanten bezichtigt. Dieses Verbrechen aber ist in der überwiegenden Mehrzahl der Fälle Mord oder Totschlag. Die orale Probe wird freilich auch in anderen Fällen, z. B. bei Diebstahl oder Ehebruch, durchgeführt, doch ist diese Verwendung eine spätere und abgeleitete. Welches könnte nun die besondere Beziehung sein, die wir zwischen dem Verbrechen und dem besonderen Akt des Verzehrens eines Stükkes des Toten vermuteten? Das Verständnis der unbewußt wirkenden Gesetze des Seelenlebens führt zu einer psychologisch unentrinnbaren Folgerung, die allein dem archaischen *Jus talionis* entspricht. Wenn der Schuldige in diesem oralen Ordal nach dem Essen eines Stückes des Leichnams stirbt, so bestand sein Verbrechen im Verzehren dieser selben Person. Diese Folgerung verliert ihren für uns befremdenden Charakter, wenn wir bedenken, daß für eine niedrige Kulturstufe Ermorden und Fressen eines Menschen dasselbe bedeutet, daß der Mörder sein Opfer auch auffraß. Unsere Folgerung lautet demnach: Das orale Ordal bezog sich ursprünglich auf den Kannibalismus.

Dieser Ursprung des oralen Ordals ist mit der steigenden säkula-

ren Verdrängung kannibaler Tendenzen dem Bewußtsein verlorengegangen, aber der Effekt weist noch in den späten Entwicklungsphasen dieser Probe auf das primäre Motiv zurück. Hinter dem magischen Zusammenhang, der allein dem Ich zugänglich ist, wird noch der psychologisch wirksame erkennbar, da die zu büßende Tat in den späteren Formen der Probe an einem anderen Material wiederholt wird. Hier ist die Stelle, wo wir unsere Hypothese noch weiter zurück in eine prähistorische Zeit fortführen können. Das will heißen, daß die Form des oralen Ordals, die wir jetzt bei halbwilden Völkern antreffen, eine späte und abgeschwächte Fortentwicklung einer ursprünglich viel krasseren Probe ist, die durch die Macht der säkularen Verdrängung verschwunden ist. Ursprünglich mußte der Beschuldigte wirklich ein Stück von dem Leichnam einer ermordeten Person fressen oder von ihrem Blute trinken. Taucht hier nicht wieder der Gedanke an die christliche Eucharistie auf; sollte die mittelalterliche Verwendung des Abendmahles nicht als Ordal eine Rückkehr zu einer früheren Form bedeuten? In jenem Glauben, wer als Sünder den Leib des Herrn genießt, müsse sterben, wird die kannibalische Natur der Abendmahlprobe klar erkennbar.
Ein Einwand läßt sich hier vernehmen. Er wird darauf hinweisen, daß das orale Ordal keineswegs auf Mord beschränkt ist und in anderen Fällen eine talionsartige Wirkung der von uns vermuteten Art ihren Sinn verlöre. Wählen wir der Abwechslung halber ein Beispiel aus dem Südwesten Chinas, vom Stamme der Lolo, von denen *Colborne Baber* berichtet, daß das orale Ordal bei ihnen häufig angewandt wird[160]: Wenn z. B. ein Gegenstand von einigem Wert gestohlen wurde und der Dieb unentdeckt bleibt, werden die Leute vom Medizinmann versammelt; jeder Person wird eine Handvoll roher Reis serviert. Es folgt eine Zeit feierlichen Kauens. Sein Ergebnis wird ausgespien und ein Blutfleck an dem gekauten Bissen verrät mit absoluter Sicherheit den Schuldigen. Man versichert, daß das Zahnfleisch des Schuldigen

blute und daß ein Geständnis nachfolge. Hier wie in zahlreichen analogen Fällen gibt es keinen Toten, und der Probeschein steht in keinerlei ersichtlicher Beziehung zur Art des Deliktes. Unsere Ableitung bezieht sich auf den angenommenen Ursprung der Sitte, und wir können nicht sagen, wie sie sich weiter entwickelt hat und zu welchen Gestaltungen sie durch später hinzutretende Faktoren bestimmt wurde. Die psychischen Mechanismen der Verschiebung und Verallgemeinerung haben es dahin gebracht, daß der ursprüngliche Zusammenhang gelockert wurde. Je seltener das Verbrechen des Kannibalismus unter dem Druck der Verdrängung wirklich begangen wurde, um so leichter konnte die Verschiebung der Durchführung der oralen Probe auf die Ermittlung andersartiger Delikte erfolgen. Die kulturellen Veränderungen wurden für diese Verschiebungen auch in anderer Art bestimmend: Nun erscheint das orale Ordal auch dort, wo kein kannibalisches Verbrechen, kein Mord und Totschlag in Frage kommt, doch ein Delikt, das jenen an Schwere nahekommt. Der ursprüngliche Bissen vom Körper des Toten, der Schluck von seinem Blut wird nun durch eine andersartige Substanz ersetzt, später nur symbolisch angedeutet. Noch immer findet sich freilich, obwohl schwer erkennbar, eine Spur der alten Figur des Erschlagenen, schimmert durch die überlagernden Schichten das alte Gewebe. Wenn bei den Bukongo dem Verdächtigten die Kaska-Rinde gegeben wird, so glaubt man, der Delinquent werde auf diese Weise »den Teufel heraufbringen und ihn mit der Galle herauswerfen«[161]. Bei den meisten Stämmen Afrikas gilt der Baum, aus dessen Rinde die Substanz der oralen Probe bereitet wird, als Fetischbaum. In Angola bezeichnet man das Giftnehmen als *nuam kissy,* Fetischverschlucken. Es klingt wie ein symbolischer Ausdruck der primären Bedeutung der oralen Probe, wenn sich in Loango bei schweren Diebstählen folgender Vorgang abspielt: Dem Fetisch, der bei der Ermittlung des Schuldigen helfen soll, wird eine Banane oder ein Tropfen

der Maniokwurzel in den Mund gesteckt. Der Bezichtigte muß denselben mit seinem Munde herausnehmen und verzehren. Hat er das fragliche Verbrechen begangen, so schwillt ihm der Leib an, und der Tod ist die sichere Folge. Ergibt dies nicht, nur durch das Medium der Banane verdeckt, das ursprüngliche Bild, der Beschuldigte frißt vom Fetisch, verzehrt das Heilige?[162] Daß aber der Fetisch ursprünglich den toten Häuptling vertritt, ist nicht zweifelhaft.
Unsere Untersuchung, die sich freilich nur auf ein repräsentatives Beispiel jener zweiten Gruppe von Indizien beziehen konnte, hat uns zu einem unerwarteten Resultat geführt. Jener Unterscheidung zwischen der einen Art der Indizien, die am Körper des Toten beobachtet werden, und der anderen Art, die aus der Beobachtung des Körpers des Verdächtigten gewonnen werden, kann keine tiefgreifende Bedeutung zuerkannt werden: Die Analyse des oralen Ordals beweist, daß sein Wesen gerade in der Einverleibung eines Stückes des Toten durch den (angeblichen) Täter liegt. Die orale Probe darf, sowohl was ihre Verbreitung als auch was ihren primitiven Charakter anlangt, als das bedeutsamste Beispiel eines Beweises, der sein Objekt am Körper des Beschuldigten hat, angesehen werden. Noch immer ist hier ein Stück der mystischen, magisch wirkenden Substanz das wichtigste Element des Ordals. Ihre Wirksamkeit im Körper des Beschuldigten wies uns ja den Weg zur analytischen Deutung des Lebendigen und Aktiven, auch wenn sie in unseren Augen ein Stück toten Fleisches ist oder in den späteren Ersatzbildungen vertritt. Wir vermuten nun, daß dieses Element als das magisch ursprüngliche und wirksamste in den meisten Ordalien nachzuweisen sein wird, mag es sich um Feuer-, Heißwasser- oder Heißölproben handeln. Es kann nicht unsere Aufgabe sein, die spezielle Art dieser latenten, unbewußt gewordenen Verknüpfung bei jeder einzelnen Gruppe von Ordalien nachzuweisen[163]. Es müßte einem Vertreter der vergleichenden Rechtsgeschichte

gelingen, mit Hilfe der analytischen Methode das psychologisch wie kulturhistorisch gleich interessante Problem der Lösung näherzuführen[164].

Wir sind dahin gelangt, eine der frühen Formen der Verbrechensaufklärung in der Deutung von magischen Indizien, die vom Körper des Toten stammen, zu erblicken. Am Körper, durch Berührung mit ihm oder einem Teil von ihm, wird der Schuldige erkannt, gleichgültig, ob diese Berührung nun in der Form der Bahrprobe, des Knochenorakels oder des Giftordals vor sich geht. Das Indiz ergibt sich als Erfolg dieser Berührung. Wir haben vermutet, daß sich die Indizien zuerst am Körper des Toten zeigten und dann auf den des Beschuldigten übertragen wurden. Diese Übertragung geschieht in einer Art, die man am besten mit der Infektion vergleichen kann. Man könnte sich getrauen, die besondere Art der Infektion entsprechend der Entwicklung der Ordalien in ihren einzelnen Gruppen zu unterscheiden. Unser gegenwärtiges Interesse an dem Problem ist erschöpft, wenn wir in der Analyse des oralen Ordals erkannt haben, daß noch in dieser so weitgehend entstellten Form der Tote lebendig genug ist, seinen Mörder zu überführen.

Noch ein Schritt in das Prähistorische führt über das gewonnene Resultat hinaus: er müßte zur Annahme einer Schicht führen, welche das Tabu der Toten noch viel wirksamer zeigt. Das Bahrrecht hängt sicherlich mit diesem Tabu zusammen. Der Mörder, der den Toten, doch nicht Entseelten, berührt, erfährt die geheimnisvolle Tabuwirkung. Verbrechensaufklärung und Strafe, Beweiserhebung und Strafvollzug fallen hier noch zusammen. Die Berührung ermittelt den Schuldigen und sühnt zugleich die Schuld, beides auf magischem Weg.

Keine Sühne ohne Wiederholung der Tat

In der analytischen Zurückführung des weitverbreiteten Giftordals sind wir zu einer Darstellung des prähistorischen, ursprünglichen Ordals gelangt, die merkwürdige Züge zeigte. Unsere Rekonstruktion erhielt den Charakter einer Reduktion, führte zu einer einzigen, bestimmten Form der später so viel differenzierten, vielgestaltigen oralen Probe. Wir fanden, daß das orale Ordal darin besteht, daß man den Angeschuldigten sein kannibalisches Verbrechen andeutungsweise und am Verschiebungsersatz noch einmal begehen läßt. Wie, müssen wir uns fragen, im Strafrechtsverfahren, gerade im Laufe einer Aktion, welche die Sühnung eines Verbrechens zum Ziele hat, soll man den Täter dazu bekommen, es noch einmal zu begehen? Mit einer solchen Behauptung wäre ja das Paradoxe zur These erhoben, würde das Widersinnige den Rang einer wissenschaftlichen Hypothese erhalten! Andererseits kann man nicht abweisen, daß alle Züge des oralen Ordals, soweit sie in unserer Deutung erkennbar wurden, den Charakter einer Wiederholung der Tat konstituierten. Die Unwahrscheinlichkeit einer derartigen Annahme gegenüber diesem Anschein will uns zu dem Schluß drängen, daß unsere Deutung völlig in die Irre gegangen ist. Vielleicht wird es zur Beruhigung in solcher Kontroverse beitragen, wenn man daran erinnert, daß es ja nicht in erster Linie ein Strafverfahren, sondern ein Beweisverfahren ist, in dem das Ordal die entscheidende Rolle spielt. Durch das Ordal soll erkannt werden, wer der Schuldige oder vielmehr, ob der Angeschuldigte wirklich der Schuldige ist. Wie aber wird dies bewiesen? Indem man den Verdächtigten das Verbrechen am Phantom, am Verschiebungsersatz noch einmal begehen läßt. Die Phänomenologie der primitiven Strafrechtspflege läßt keinen Zweifel zu, daß dies den ursprünglichen Charakter des Ordals ausmachte. In der Bahrprobe soll der mutmaßliche Mörder den Toten noch einmal berühren (später sich ihm nur nähern), im oralen Ordal der Verbrecher noch einmal ein Stück Fleisch von dem Ermordeten essen.

Freilich ist nicht zu leugnen, daß das Ordal zugleich ein Strafverfahren ist, da es mit der Strafe endet wie unser Strafprozeß. Ist dies aber der ursprüngliche Zweck des Ordalverfahrens, ist Strafe sein primäres Ziel? Wir zweifeln daran. Wieder drängt sich an dieser Stelle eine Erscheinung im individuellen Symptomenkomplex der Zwangsneurose zum Vergleich auf. Im klinischen Bild dieser Erkrankung spielt eine eigenartige symptomatische Verhaltungsweise der Kranken eine Rolle, die *Freud* nach ihrer unbewußten Tendenz als Ungeschehenmachen bezeichnet hat. Diese Bezeichnung ist sicherlich berechtigt, doch tritt der Buß- oder Sühnecharakter dieser neurotischen Praktiken ebenfalls so deutlich hervor, daß es richtig wäre, ihn in der Namengebung zu berücksichtigen. Es handelt sich zumeist um kleine unauffällige Aktionen, Handlungen oder Bewegungen harmlosen Charakters, die manchmal einen unsinnigen Eindruck machen. Da werden bestimmte Schritte rund um einen Gegenstand gemacht, die rechte Hand wird ausgestreckt, ein Gegenstand berührt, es wird in den Spiegel gesehen usw. Die Kranken geben an, daß sie einen Zwang verspüren, diese Bewegung auszuführen und daß die Unterdrückung dieses Zwanges, das Unterlassen dieser kleinen Aktionen Angst oder zumindest lebhaftes Unbehagen auslöst. Die Aussagen der Kranken führen zu der Schlußfolgerung, daß die Maßregel den Zweck habe, frühere Handlungen und Bewegungen aufzuheben oder zu sühnen, die Wirksamkeit, die ihnen von den Kranken zugeschrieben wird, zu paralysieren. Erst durch Anwendung der analytischen Technik wird es möglich, den latenten Sinn dieser Praktiken zu erkennen und die Natur jener zu büßenden oder zu annullierenden Handlungen zu erschließen.

Ich gebe ein Beispiel aus der Beobachtung eines zwangskranken

Mädchens: Die Patientin ist genötigt, nahezu hundertmal am Tag zum Wasserhahn zu gehen und sich zu überzeugen, daß er geschlossen ist, so daß er nicht tropfen kann. Über den Sinn ihres Tuns weiß sie fast nichts anzugeben. Er wird im Verlaufe der Analyse klar, als es mir gelingt, ihr groteskes Verhalten mit ihrem Sexualleben in gedankliche Verbindung zu setzen. Jene so oft wiederholte Handlung stellt den symbolischen Ersatz einer anderen Vorsicht dar, die sich ihr im Liebesspiel mit ihrem Bräutigam notwendig erwiesen hat und die sie davor schützen soll, noch vor der Ehe schwanger zu werden. Der Verschiebungsmechanismus hat den Sinn so weit entstellt, daß er ihrem Bewußtsein entzogen blieb. In der ersten Zeit der Analyse erfuhr das Symptom die übliche passagere Steigerung und Verschlimmerung, bevor es völlig aufgeklärt wurde und verschwand. In dieser Zeit macht es neben der Intensivierung noch eine deutliche Veränderung durch. Es war zuerst als Schutzmaßregel, als Vorsicht- oder Abwehrsymptom aufgetreten: der Wasserhahn mußte abgesperrt sein, kein Tropfen sollte herausfließen. Vielleicht darf man sagen, diese Vorsicht am Verschiebungsersatz sei etwas spät zutage getreten, aber dies ist eben der Charakter derartiger neurotischer Symptome, welche früher Geschehenes auf magische Art ungeschehen machen. Im Abwehrkampf wurde nun die Sorgfalt, sich zu überzeugen, so sehr gesteigert und geschärft, daß das Mädchen den fest geschlossenen Wasserhahn immer wieder öffnete, um sich zu vergewissern, daß er versperrt sei. Die unterdrückte Triebregung hatte sich innerhalb der Abwehr immer entschiedeneren Ausdruck verschafft, bis er schließlich die Abwehrkräfte in den Hintergrund drängte und im Verschiebungsersatz siegreich blieb. Der Charakter des Ungeschehenmachens tritt in der Verschiebung zuerst klar hervor, das Symptom setzt als Reaktion auf das Geschehene, auf die sexuellen Spiele ein. Das Abwehrsymptom erhält freilich schon das Abgewehrte, enthüllt sich immer mehr als Mischprodukt und Kompromißausdruck zwischen abgewehrten und abwehrenden Regungen, um in der Endphase unter der Maske besonders gesteigerter Triebunterdrückung den verpönten Impulsen Befriedigung zu geben. Diese Entwicklung der Zwangssymptome darf einen bestimmten typischen Charakter beanspruchen: sie beginnen im Zeichen starker Triebabwehr und enden, während sie diese anscheinend steigern, mit dem Triebsieg, mit der umgeformten Wiederholung der verbotenen Tat.

Auch das Ordal scheint eine Entwicklung durchgemacht zu haben, welche in der Genese und Veränderung jener zwangsneurotischen Phänomene ihre psychologische Analogie findet. Sicherlich ist das Ordal ursprünglich eher eine Sühnemaßregel als eine Strafe. Die Strafe gehört einer fortgeschritteneren oder vielmehr einer späteren Zeit an – es hat sich vermutlich aus den Reinigungs- und Sühnezeremonien entwickelt, die wir bei den primitiven Völkern vorfinden, wenn ein Tabu des Stammes verletzt wird. Als Sühne für ein Verbrechen hat es begonnen; es müssen sich in ihm die im Verbrechen wirksamen Triebregungen immer mehr Ausdruck verschafft haben, bis die Durchführung des Ordals zu einer entstellten Wiederholung des Verbrechens am Verschiebungsersatz (analog dem dargestellten Fall von Zwangsneurose am Wasserhahn) wurde. Unsere frühere Annahme muß dahin korrigiert werden, daß das orale Ordal keine sehr primitive Erscheinung sein kann. Gerade die Wiederkehr des Verdrängten aus der Mitte des Verdrängenden beweist, daß es sich um eine späte Gestaltung handelt, da die primären Züge weitgehend entstellt und verallgemeinert wieder auftauchen und die alten Triebregungen in veränderter undurchsichtiger Maske Befriedigung erhalten. Von dieser Stufe der Ordalien aus gab es keine Weiterentwicklung dieser Rechtsinstitution mehr. Andere Institutionen werden nun den alten Konflikt zwischen Abwehr und Durchbruch verpönter Triebregungen in neuen Gestaltungen fortsetzen.

Das orale Ordal als von der Gemeinschaft befohlene Wiederholung einer verbrecherischen Tat am Verschiebungsersatz erinnert in vielen wesenhaften Zügen an eine grundlegende Einrichtung der primitiven Religion: an die feierliche Tötung und Verzehrung des Totemtieres durch den Stamm. Auch wenn man die einschneidenden Differenzen zwischen den zwei Phänomenen berücksichtigt, könnte man dem Totemmahl den Charakter eines kollektiven Ordals zuschreiben. Das kollektive Moment scheint freilich eines der entscheidenden Unterschiede darzustellen, doch kennen wir zahlreiche Beispiele aus der Welt der Primitiven, in denen sich ganze Stämme oder Dörfer einem Ordal unterwarfen. Immerhin werden wir hier auf einen Unterschied aufmerksam: Im Totemmahl machen sich alle des Verbrechens wieder schuldig; durch die Sanktion der Gesellschaft geht aber der Charakter des Verbrechens verloren, wird das Verbrechen zur Pflicht. Nicht nur der Krieg ist ein von der Gemeinschaft gebilligtes, ja gefordertes Verbrechen. Das gemeinsame Töten und Verzehren eines Totemtieres hatte vermutlich für unsere Urahnen dieselbe Gefühlsbetonung, wie für uns die staatliche Aufforderung zum Massenmord, die in der Kriegserklärung enthalten ist. Indem alle vom Fleisch und Blut des sonst verbotenen Totemtieres genießen, haben sie die alte verbrecherische Tat wiederholt, die Erinnerung an sie erneuert und die in ihr zum Durchbruch gekommenen Triebregungen noch einmal befriedigt. Diese Befriedigung unter der Sanktion der Gemeinschaft ist doch von der ursprünglichen wesentlich unterschieden. Sie soll die Tischgenossen vereinigen in der Gemeinschaft mit dem Totemtier und untereinander und soll gleichzeitig eine Garantie für die sonstige Abstinenz geben. Das Kollektivordal des Totemmahles, wenn man es so nennen mag, zeigt als Urbild der oralen Probe bereits alle jene uns nun bekannten Kompromißzüge, aber es ist unstreitig eine geheiligte Wiederholung einer sonst verbotenen Tat. Noch in der christlichen Eucharistie tritt dieses Kennzeichen hervor.

Hat unser Blick den Jahrtausende langen Weg vom Giftordal des Mittelalters bis zum Totemmahl prähistorischer Tage zurückverfolgt, so wendet er sich nun der Entwicklung des Ordals zu bis zu jener späten Zeit, da es anderen Institutionen wich. Ein wesentliches Stück des latenten Sinnes des Ordals, nämlich das der Wiederholung der Tat zu ihrer Aufklärung und Buße, wird noch in den spätesten und differenzierten Gestaltungen, welche das Ordal ersetzen, erkennbar. Diese Wiederholung wird gewiß nicht mehr denselben dramatischen und plastischen Ausdruck erlangen wie in der Zeit des Ordals. Die fortschreitende Entstellung der ursprünglichen Bedeutung wird sich auch in einer abstrakteren Form geltend machen. Mag sich auch die Gestalt des Ordals ändern, mag es in einer Welt veränderter kultureller Anschauungen auch im Strafprozeß eine völlige Wandlung erfahren, es wird doch nur langsam an Bedeutung verlieren. Es ist noch nicht verschwunden, ein Überbleibsel, ein *survival* des Ordals ragt fast unverändert in eben jenen modernen Strafrechtsprozeß und beweist täglich, welche Macht es in seiner magischen Natur noch über die Gemüter hat: ich meine den Eid. So wie dieser das Wort an die Stelle der ursprünglichen Aktion setzt und sie nur in einer begleitenden Handbewegung an die Peripherie der Bedeutung drängt, so muß sich jene ursprünglich dramatische Wiederholung des Verbrechens am Verschiebungsersatz jetzt des Wortes bedienen, um einen ziemlich bescheidenen, kulturgemäßen Ausdruck zu erlangen. Die Verhöre, die Beweiserhebungen, die Erzählungen des Angeklagten, die Berichte des Sachverständigen, die Plädoyers – das sind alles fragmentarische Beiträge zur Erfüllung jener Aufgabe, der Wiederholung des Verbrechens im Wort. Diese Wiederholung hat durch die Einflüsse der kulturellen Veränderungen teilweise ihre Funktion verändert, wurde zu einer Forderung des Beweisverfahrens, ist allmählich komplizierter, schwieriger, anspruchsvoll und zeitraubend geworden, daher ihre Verteilung auf mehrere Akteure;

ihr Hauptanteil aber fällt noch immer dem Angeklagten zu. Er ist gewissermaßen der Held in der Tragödie, die da gespielt wird, und es ist nur diese tragende Rolle, die uns gegenwärtig interessiert. Im Sinne meiner vorangegangenen Ausführungen soll der Angeklagte sein Verbrechen ungeschehen machen. Er kann dies aber, paradox ausgedrückt, nur tun, indem er es wiederholt: indem er gleichsam zeigt, wie *es* dazu gekommen ist, und wie *er* dazu gekommen ist. Man versteht die psychische Wirkung des Geständnisses besser und tiefer, wenn man sich vergegenwärtigt, daß es eine Wiederholung des Verbrechens in seiner abgeblaßtesten Form, in Worten, darstellt. Mit dieser Wiederholung aber ist eine Art Ungeschehenmachens im magischen Sinn erfolgt. Der Versuch des Ungeschehenmachens durch das Wort und die Geste ist freilich, wenn sich nicht eine starke affektive Reaktion einstellt, unzureichend. Er bleibt doch ein Versuch der psychischen Bewältigung der Tat.

Eine solche seelische Wirkung der Tatwiederholung mag zuerst sonderbar erscheinen; sie wird vielleicht verständlicher, indem man die Sachlage beschreibt, wenn eine derartige Wiederholung der Tat im magischen Sinn nicht erfolgt. Da diese Wiederholung im partiellen Bewußtwerden der Genese und der Bedeutung des Verbrechens liegt, ist Buße oder Reue ohne sie nicht möglich. Ein tiefgehendes Schuldgefühl und damit eine wirksame Sühnetendenz ist nur zu erreichen, wenn die triebhafte Befriedigung am Verbrechen in ihrer ganzen Tiefe bewußt geworden ist. Solches Bewußtwerden aber ist an die Bedingung der Erinnerung und ihrer Übersetzung in Wortvorstellungen sowie an ein affektives Wiedererleben geknüpft: Wir würden sagen, sie ist ohne eine bestimmte Art der Wiederholung der triebhaften Befriedigung (am Verschiebungsersatz) nicht möglich. Ohne sie bleibt die Tat dem Bewußtsein so entzogen, wie etwa Inschriften, die irgendwo tief in ägyptischer Erde seit drei Jahrtausenden verborgen ruhen, dem Wissen. Dem Licht und der Luft entzogen, werden sich die

Hieroglyphentafeln durch die Jahrtausende konservieren. Erst ihre Ausgrabung, ihre Begegnung mit dem Licht setzt sie dem allgemeinen Los der Vergänglichkeit aus; ihre Zersetzung endet dann in einer »Staubexplosion«. In der analytischen Praxis erleben wir die phantasierte Wiederholung dessen, was der Kranke als verbrecherisch oder sündhaft in sich empfunden hat, als Voraussetzung jener seelischen Erschütterung, die zur psychischen Bewältigung früherer pathogener Erlebnisse führt. Hier wirken also inneres Wiedererleben der Tat sowie ihre Besetzung mit Wortvorstellungen zusammen im therapeutischen Erfolg.
Ohne solches Wiedererleben der Tat und der in ihr enthaltenen Befriedigung ist, so meinten wir, ein bewußtes Schuldgefühl des Verbrechers nicht zu erreichen. Ein bewußtes Schuldgefühl aber scheint uns eine unerläßliche Voraussetzung jeder Sühne. Ohne diese Voraussetzung verliert der Begriff Sühne oder Strafe jeden Sinn oder sinkt zur Bezeichnung einer rein äußerlichen oder mechanischen legalen Maßregel herab. Die Sühne wird in diesem Fall nicht erlebt, sondern nur passiert. Es ist so, wie wenn ein Mensch ein undressiertes Tier für sein natürliches Verhalten und seine Folgen mißhandelte; es müßte erst aus seiner Dumpfheit erwachen und erkennen, was dieses Verhalten bedeutet, sonst wäre die Strafe sinnlos – vorausgesetzt, daß sie sonst einen Sinn hat.
Das Wort Tat darf den Psychologen nicht irreführen. Der Verbrecher führte die Tat aus; häufig aber sollte man eher sagen: das Verbrechen geschah durch ihn. Das Zurkenntnisnehmen der Beteiligung des Ichs an dem Verbrechen ist nur durch die mit Affekt verbundene Erinnerung, das will aber heißen, durch die am Vorstellungsersatz sich abspielende Wiederholung der Tat zu erlangen. Es kommt nicht darauf an, den Täter zur Überzeugung seiner Schuld im legalen Sinne (»*Bekennen* Sie sich schuldig?«), sondern zum Bewußtsein der eigenen psychischen Verantwortung zu bringen (»*Erkennen* Sie sich als schuldig?«). Die tiefer-

gehenden Gedanken und Einfälle, die wichtigen und interessanten Fragestellungen, die sich hier anfügen wollen, müssen wir für eine andere Gelegenheit sparen.

Als bisher letzten Ausläufer der Entwicklung des Ordals stellt sich uns der moderne Strafprozeß dar. In seinem Gefüge ergibt sich (freilich für einen neuen Zweck, den der Wahrheitsfindung) die Rekonstruktion des Verbrechens, die wir am Grunde der Institution des Ordals fanden. Das Ordal brachte die Tatwiederholung am realen Verschiebungsersatz; der moderne Strafprozeß strebt sie in der Form sprachlicher Mitteilung und logischer Ineinanderfügung am Vorstellungsersatz an. Der Indizienbeweis unseres Strafprozesses bildet heute vielleicht das wesentlichste Stück einer solchen notwendigen Rekonstruktion.

Als eine Art von Nachtrag sei noch eine Bemerkung früherer Marginalien zur Entwicklungsgeschichte des Ordals angefügt. Wenn in einem Gerichtssaal Beifalls- oder Mißfallensäußerungen seitens der Zuhörer laut werden, wird der Vorsitzende mit erhobener Stimme die Zuhörer ermahnen. Selten wird er verfehlen, seinem Tadel hinzuzufügen: »Wir sind hier nicht im Theater!« Solche Ermahnung hat gewiß nicht den Sinn, die Zuhörer zu orientieren, sondern den ernsten Charakter des Strafprozesses gegen unerwünschte Kundgebungen zu sichern. Nicht jeder Gerichtsvorsitzende weiß, wie nahe die beiden Institutionen, die er in seiner Mahnung so scharf auseinanderhält, einander ursprünglich waren. Wir sagten früher, das Ordal sei eine Art dargestellter Wiederholung der Tat. Man könnte es, falls unsere Reaktion auf seine ursprüngliche Gestalt zu Recht besteht, eine Sühneaktion in dramatischer Darstellung nennen, ein Ungeschehenmachen der Tat, indem man sie in einer plastischen Verschiebung noch einmal geschehen läßt. Nun von einer anderen Seite betrachtet: Der Inhalt der antiken Tragödie ist nichts anderes als die Darstellung eines schweren Verbrechens, der Auflehnung gegen das Gebot der Götter, seiner Aufklärung und Sühnung. Diese Kennzeichnung trifft aber nicht nur das älteste griechische Drama, welches das Verbrechen des göttlichen Bockes darstellt. Sie gilt auch für die Handlung des *Oedipus rex* und für die Passionsspiele des Mittelalters, mit denen die dramatische Produktion des Christentums einsetzt. Die Wiederholung des Verbrechens innerhalb des gerichtlichen Verfahrens in der Ersatzform des Ordals und die in der Darstellung des Theaters sind genetisch und formal miteinander verbunden. Was dort ein einzelner sühnt, wird hier von der Masse in der Identifizierung, nach der Formel des *Aristoteles* in Furcht und Mitleiden mit einem sie vertretenden einzelnen seelisch bewältigt.

Der Eid und die Folter

Eine naive Anschauung vom historischen Werden läßt uns annehmen, daß, wo immer eine soziale Institution auf eine andere folgt, die erste völlig verschwindet, da sie der neuen Platz macht, diese dann langsam altert, sich völlig »über-lebt« und neuen Einrichtungen weicht. Das ist nur im Gröbsten richtig: Die neue Institution ist häufig nur die durch wirtschaftliche und andere Faktoren modifizierte alte, aber auch diese selbst lebt in der ursprünglichen Form noch Seite an Seite mit der »neuen« Einrichtung lange weiter und taucht auch dort, wo sie untergegangen scheint, noch öfter, nur unter neuer Namengebung, wieder auf. Manchmal hat sie nur zeitweise ihrem Abkömmling den Weg überlassen, um ihn später selbst in derselben oder einer abweichenden Richtung weiterzugehen oder ihn einer anderen ihrer Gestaltung zu überlassen. Eine gesellschaftliche Institution hat häufig mehrere Erben wie ein Mensch.
Dieser Sprossungsvorgang ist auch auf dem Gebiet, das uns hier beschäftigt, zu beobachten. Einer der Sprößlinge des alten Ordals lebt nun, wie erwähnt, schon halb verblüht noch im Straf-

rechtsverfahren unserer Tage: der Eid. Er ist eine späte Differenzierung des Ordals; das Wort spielt in ihm anfänglich keine Rolle. Der auf das Schwert geschworene Eid, der Schwur unter dem Rasen, der Schwur mit Berührung des Felles eines wilden Tieres und alle jene vielen Formen des Eides, welche uns die historische und völkerkundliche Forschung kennen gelehrt hat, sind ursprünglich keineswegs symbolische Akte, sondern magische Handlungen. Sie sind wirkliche Ordalien: Man erwartete, daß der Meineidige, besser gesagt der falsch Beschwörende durch das Schwert umkommen werde, unter die Erde begraben oder von einem wilden Tiere verschlungen werden würde. Die Selbstverfluchung, als die wir den Eid in der Antike und bei den halbkultivierten Völkern der Gegenwart antreffen[165], ist selbst schon eine späte und differenzierte Form der anfänglich magischen Prozedur. Was wir als begleitende Geste, als Ausdrucksmittel oder unterstützende Aktion neben dem Wort im Eid erkennen, ist ein Überbleibsel des früher allein Wichtigen in der Durchführung des alten Ordals. Ein solches ist der Ureid nämlich, und seine spätere Form, welche zuerst die einzige war, nämlich die des Reinigungseides des Beschuldigten, zeugt noch von dieser seiner Natur. *Das Beschwören ging dem Schwören voraus.* Es lebt und wirkt in diesem weiter. Im Ordal sollten die verehrten Toten des Stammes, die Ahnengeister, den Schuldigen bestimmen und bestrafen; beim Eid wird ursprünglich erwartet, daß die Götter den Meineidigen bestrafen werden. Die völlig abstrakt gewordene, zu einem leeren Symbol degradierte, zur legalen Zeremonie herabgesunkene Form des Eides in unserem Strafverfahren ist, so nichtssagend sie bei allem Wortreichtum ist, ein entarteter Rest der Magie im Recht. Ihr Fortleben zeigt, welche außerordentliche Zähigkeit und Langlebigkeit den sozialen Gebilden eignet.

Das hier nicht anzuführende historische und ethnologische Material läßt erkennen, wie oft in einer entwickelteren Phase der

Ordalien der Beschuldigte als Probe oder Bestätigung seiner Unschuld das Giftgericht auf sich nimmt. Im Eid ist dieses Initialstadium des Ordalvorganges, die Beteuerung oder Beschwörung sozusagen isoliert, das Übrige des Ordals dagegen auf Andeutungen beschränkt und an die Peripherie gedrängt. Die späten Formen des Eides werden nun mehr in kleinen Handlungen und begleitenden Gesten (Handaufheben beim Schwur) die Erinnerung an den Ursprung aus dem Ordal festhalten. In den Ordalien der Naturvölker erscheint die Beteuerung oder Beschwörung noch heute entweder gar nicht oder wird nebensächlich behandelt, das Wesentliche ist die Durchführung der Probe selbst. Die Beispiele sprechen dafür, daß die Unschuldsversicherung oder Beschwörung eine später hinzugekommene Erscheinung ist. Die Entwicklung vom Ordal zum Eid ist im Wesentlichen durch die Wirkung zweier seelischer Mechanismen bestimmt: Ein Stück des ursprünglichen Vorganges wurde vom Ganzen abgetrennt und trat in den Vordergrund, während der Rest mehr und mehr bedeutungslos wurde und schließlich der Vergessenheit anheimfiel. Es sind dieselben Mechanismen der Isolierung und der Verschiebung des psychischen Akzentes, deren Wirkung wir in der Symptomatologie der Neurosen studieren.

Ein anderer Sprößling der Entwicklung des Ordals ist die Folter. In den Proben halbkultivierter Völker haben wir häufig solche getroffen, die dem Beschuldigten arge körperliche Schmerzen bereiteten. Es sieht manchmal so aus, als wäre ein solches Ordal sozusagen eine Partialstrafe, der die eigentliche Strafe für den schuldig Erkannten folge. Wenn wir etwa in einem mittelalterlichen Bericht von einem Dieb lesen, der die Probe des glühenden Eisens zu bestehen hatte, »das Eisen verbrannte ihm die Hand, und der Bischof ließ ihn hängen«[166], so drängt sich die Frage auf, warum der ehrwürdige Vater es nach dem Ordal nicht genug sein ließ des grausamen Spiels. Tatsächlich zeigen uns die Quellen, daß das Ordal und die Strafe für das Verbrechen häufig zusammenfielen. Wer sich im Giftordal den Tod trank, hatte seine Strafe dahin. Wir nehmen an, daß sich die grausame Tendenz innerhalb des Ordals verstärkt haben muß, denn auch hier wurde wie beim späteren Eid ein Stück des Ordalvorganges, nämlich sein Ende, isoliert, machte eine Sonderentwicklung durch, die schließlich zu einer völligen Selbständigkeit führte. Auch einen anderen Vorgang, den wir in der Ausprägung neurotischer Symptome beobachten, nämlich die Neumotivierung und Umgestaltung der Erscheinungen zu einem vom alten verschiedenen Ziel, kann man in der Entwicklung des Eides und des Ordals studieren. Das Ordal war eine Beschwörung gewesen, der Eid wird seines Ordalcharakters mehr und mehr entkleidet. Sein Ziel wird, je später um so deutlicher, ein anderes: Aus einem magischen Anrufen der Dämonen wird er zu einer feierlichen Bestätigung einer Behauptung (zuerst nur der Behauptung der eigenen Unschuld im Reinigungseid). Nur in dem vereinzelten Zug, daß dem Meineidigen schreckliche Strafen von höheren Mächten drohen, ist noch eine Spur der ursprünglichen Natur des Eides erhalten. Das Absinken des religiösen Glaubens hat an Stelle der Angst vor solchen überirdischen Mächten die Furcht vor staatlichen Strafen gesetzt.

Namentlich *Hans Fehr* hat gezeigt, wie oberflächlich und schief die übliche Auffassung der mittelalterlichen Institution der Folter noch immer ist. Wie mir scheint, hat er recht mit seiner Meinung, daß die Verbindung zwischen Gottesurteil und Folter noch immer eine sehr starke ist, daß die Folter sozusagen die Erbschaft des Ordals angetreten hat. Ihr ursprünglicher Zweck war nach Fehr ein magischer: der Teufel, der den Verbrecher besessen hat, sollte ausgetrieben werden. Erst sehr spät wurde die uns geläufige, sicherlich sekundäre Motivierung des Folterns, die Erlangung des Geständnisses, zum Ziel. In den mittelalterlichen Zeugnissen erweisen die Vorbereitungen und das sakrale Zeremoniell sowie andere Züge der Tortur ihre Abkunft vom alten Ordal.

Auch der Zeugenbeweis trat keineswegs so spät und ohne Vorbereitung in den Strafprozeß, als man nach der Lektüre vieler Kompendien der Rechtsgeschichte annehmen müßte. Man könnte eher behaupten, er wurde erst spät in seiner materiellen Bedeutung erkannt. Auch die Institution der Zeugenaussage hatte ihre magischen Vorläufer: man erkennt sie in dem Auftreten der Eideshelfer im frühgermanischen Strafprozeß wieder. Jene ehrbaren Freunde und Nachbarn sollten nicht etwa mit ihrem Eid die Realität, nicht den objektiven Tatbestand bestätigen, sondern die Rache der Götter auf sich selbst herabbeschwören, wenn der Freund schuldig wäre. Erst allmählich wurde unter dem Einfluß einschneidender kultureller Veränderungen aus solchem magischen Brauch die rationale, der Tatbestandsfeststellung geltende Aussage der Zeugen unter Eid. Natürlich war diese Aussage schon früher im Strafprozeß aufgetaucht, aber erst mußte ihr magischer Charakter zurücktreten, ehe sie in ihrer eigentlichen Bedeutung für die Wahrheitsfindung erkannt werden konnte. Noch dem Urkundenbeweis haftet für lange ein Rest solcher verborgener magischer Natur an.
Der magische heidnische Charakter dieser gesetzlichen Einrichtungen wird auch darin deutlich, daß das Christentum sie ursprünglich ablehnt. Das Ordal wurde zuerst von der Kirche verdammt, erst später assimiliert und nach ihren Grundsätzen umgeformt. Ebenso wurde die Folter zuerst von der Kirche nicht anerkannt und erst spät *ad maiorem Dei gloriam* herangezogen. Der Eid war ursprünglich ein magisches Mittel, Schuld und Unschuld des Angeklagten festzustellen. Es war ein Bestandteil des Inquisitionsverfahrens ebenso wie die Folter, die ja ein modifiziertes Ordal ist. Beide traten dann in den Dienst des Beweisverfahrens und wurden allmählich zu Beweismitteln. Diese Umwandlung geht zuerst langsam und unmerklich vor sich, dann immer rascher und deutlicher, je schwächer der Glaube an die Bedeutsamkeit und Wirksamkeit dieser Mittel wird, je mehr der

Zweifel an ihnen nagt. Es ist so, als ob Eid und Folter, da ihre Funktion in der Verbrechensaufklärung erlischt, immer größere Bedeutung als Beweismittel erlangen wollten. Das Verhör trat schließlich an ihre Stelle[167]. Diese umgekehrte Proportionalität von Glaube und offizieller Ausbreitung und Bedeutung trat uns schon in der Entwicklung des Ordals entgegen. Hier taucht sie wieder auf. Sie wird sich auf dem Gebiet des Indizienbeweises wiederholen[168].

Vom magischen zum wissenschaftlichen Indizienbeweis

Wir haben unser entschiedenes Mißtrauen gegen die traditionelle Auffassung der Rechtsgeschichte, die eine Aufeinanderfolge: Ordal, Eid, Folter, moderne Beweiserhebung, insbesondere Indizienbeweis annimmt, ausgesprochen. Eine solche Annahme, sagten wir, sei nur im Gröbsten zutreffend; jede tiefere Betrachtung der Vorgänge, die das Werden und Vergehen sozialer Institutionen bestimmen, muß die Unrichtigkeit einer derartigen äußerlichen Geschichtsauffassung erkennen lassen. Jedes Geschlecht und jede Zeit hat, sofern sie überhaupt die Verbrechensaufklärung wünschte, den Indizienbeweis gekannt, nur die Art und die Deutung der Indizien war verschieden. Die Rechtshistoriker sehen freilich keinen Zusammenhang zwischen einem Knochenorakel und dem Indizienbeweis auf Grund einer chemischen Analyse[169], uns ist aber eine inhaltliche und psychologische Verbindung zwischen beiden Institutionen evident geworden.

Im Fall der Indizienverwertung beim Mord war eine Entwicklung von der einen Form zur anderen nachweisbar. Das Bahrordal ruhte auf der animistischen Überzeugung, daß der Tote seinen Mörder anzeige. Wenn nach altem germanischem Recht eine des Totschlages verdächtigte Person zum Körper des Erschlagenen geführt wurde, so waren die Wunden, die frisch zu bluten begannen, Indizien wie die in unserem Strafprozeß geltenden. Die Sitte wurde später in anderer Form gehandhabt. Wenn der vermutliche Mörder nicht vor die Leiche geführt werden konnte, wurde folgendes Verfahren eingeschlagen: Die Leiche wurde vor Gericht beschaut, das heißt, die Gerichtsfunktionäre überzeugten sich sorgfältig davon, ob die Person wirklich getötet worden war. Es wurden dann das Gewand des Ermordeten aufbewahrt, um, wenn der Täter gefangen eingebracht wurde, die Stelle des begrabenen Leichnams einzunehmen. Wir sind hier schon auf dem Wege zur modernen Indizienverwertung, wenngleich noch immer im Banne der alten animistischen Auffassung. Ursprünglich glaubte man gewiß, die Kleider des Toten hätten dieselbe magische Kraft, die man früher seinem Körper zuschrieb. Auch in unserem Untersuchungs- und Beweisverfahren werden dem vermutlichen Täter die Kleider des Opfers vorgewiesen, freilich nicht als magisch wirkende Objekte. Der Übergang von der einen zur anderen Bedeutung wird am besten durch die Einrichtung des »Scheingehens«, wie es etwa im alten Bamberger Stadtrecht und anderen fränkischen Rechten erscheint, faßbar. Nach *Grimm*[170] war zur Verurteilung eines Verbrechers nötig: »Gichtiger Mund« (Geständnis), »handhafte Tat« (Betretung bei der Missetat) oder »blickender Schein« (augenfälliger Beweis). Das Wort Schein ist vom mittelhochdeutschen *schîn* abgeleitet. Das Scheingehen wurde etwa folgendermaßen vollzogen: Man, d. h. meistens der Kläger, löste eine von den Händen des Ermordeten ab und legte sie bei versammeltem Gericht auf den Tisch, vor den sich der Angeklagte, bis auf die Schamteile entkleidet, zu begeben hatte. Er mußte dreimal nacheinander knieend unter Auflegung seiner Finger auf das »Schein« die Hand des Toten oder das betreffende Objekt berühren und unter Aufhebung desselben seine Unschuld beteuern.

War er schuldig, so mußte, so glaubte man, an der Hand ein Zeichen geschehen (z. B. Blut »erscheinen«). Erfolgte kein solches Zeichen, so wurde der Beschuldigte freigelassen. *Schröder* und andere Rechtshistoriker fassen den »blickenden schîn« als eine Art gerichtlichen Augenscheines in unserem modernen Sinne auf. Was bedeutete jene Hand des Ermordeten ursprünglich? Ist sie mit dem Beweismittel unseres Strafprozesses identisch? Davon kann natürlich keine Rede sein. In einer solchen Auffassung spiegelt sich sicherlich nicht der Geist jener Zeiten, sondern der Herren Rechtshistoriker eigener Geist. Es handelt sich zuerst um ein echtes Totenorakel, worauf sowohl die erwarteten Zeichen an der Hand als auch das ganze Zeremoniell hinweisen. Wir erkennen hier wie in früher behandelten Prozessen die Wirksamkeit der seelischen Verschiebung auf einen Teil, der dieselbe magische Kraft besitzt wie das Ganze. Der Glaube, daß an der Hand Zeichen erscheinen, ist als solcher schon das Produkt einer späteren Phase der animistischen Anschauung. Wenn diese Hand aber selbst zum Zeichen wird, zum Beweismittel im modernen straf-prozessualen Sinn, gehört dies nicht mehr der Gefühls- und Gedankenwelt des Mittelalters an; es steht schon an der Schwelle einer neuen Zeit. Nicht mehr die magische Kraft, sondern der materielle Charakter der aufgezeigten Spuren wurde nun für den Schuldbeweis bestimmend.

Es muß den Rechtshistorikern überlassen bleiben, den hier erschlossenen Weg innerhalb seiner einzelnen Strecken zu verfolgen und darzustellen. Sie werden zu zeigen haben, wie der alte Ordalprozeß langsam dem Inquisitionsprozeß wich, in der neuen Ordnung aber doch verhüllt weiterlebte, wie allmählich der psychische Akzent auf die Tatsache des Verständnisses verlegt wurde und wie nach dem Verbot der Ordalien durch die Kirche (1215) langsam eine neue Form des Ordals, die »peinliche Frage«, allen Beweiswert erhielt.

Das Ordal war ein Verfahren, das man einen primitiven Indi-

zienbeweis im magischen Sinne nennen könnte. Die sozialen und kulturellen Veränderungen ließen den Glauben an die magische Kraft dieser Art von Indizien abschwächen. Das neue Reichsrecht, die *Constitutio Criminalis Carolina* von 1532, kennt natürlich bereits Indizien, doch verwendet es sie in einem abweichenden Sinne. Diese peinliche Gerichtsordnung bestimmt nämlich, daß eine Verurteilung niemals auf Grund von Indizien erfolgen dürfe, weil diese nur Vermutungen der Schuld, niemals aber Gewißheit schaffen können. Dagegen darf der Angeklagte auf Grund »genügsamer Anzeygung« peinlich gefragt und gefoltert werden. Eine Verurteilung durfte nur auf Grund eines Geständnisses (»eygen bekennen«) oder gestützt auf zwei oder drei »glaubhafte, gute«, sogenannte klassische Zeugen erfolgen (CCC Art. 22 und 67). Solches Geständnis zu erlangen, gab es in den meisten Fällen nur ein Mittel: die Folter.
Als diese Art der peinlichen Frage dem Rechtsgefühl immer unerträglicher wurde, setzte eine Reaktion ein. Unter dem lebhaften Widerspruch der Autoritäten, welche den nahen Zusammenbruch jeder Moral und jeder sozialen Ordnung prophezeiten, schränkte man die Folter ein und schaltete sie endlich aus. Man kehrte zu dem bisher unterdrückten Indizienbeweis zurück; trotzdem wirkt das alte Mißtrauen gegen ihn nach. Es äußert sich besonders in der Aufstellung fester Regeln, an welche die Gerichte beim Anzeigenbeweis streng gebunden waren. Die Rechtsautoritäten unterscheiden genau die Arten der Indizien, geben einen Katalog von solchen, die allein als maßgeblich in Betracht kommen können, und schreiben vor, daß eine Verurteilung nur auf Grund einer bestimmten Anzahl von Indizien, und zwar von Indizien verschiedener Gruppen, zulässig sei. Die Kriminal-Gerichtsordnung Josefs II. von 1788, aber auch das österreichische Strafgesetzbuch von 1803, S. 213, gebrauchen mit Recht den Ausdruck »Beweis aus dem Zusammentreffen der Umstände« für den Indizienbeweis. Es gab hier ein förmliches

und ausgearbeitetes System: was nicht hineinpaßte, gab es sozusagen nicht, wurde nicht als existent anerkannt. Es war die scholastische Zeit der Beweisführung, in der nicht so sehr das Inhaltliche der Indizien, als ihre dialektische Natur und ihre methodische Gruppierung über ihren Beweiswert entschieden. Anscheinend war diese Präzision und Genauigkeit da, um den Angeklagten zu schützen und um zu verhüten, daß ein Unschuldiger verurteilt werde. In Wirklichkeit aber war hier der Inquisitionsprozeß zu einem Höhepunkt gelangt, da alle Gerichtsfunktionäre darin wetteiferten, gerade jene Arten von Indizien zu finden, welche den »Inkulpanten« schuldig werden ließen. Mit einer Gewissenhaftigkeit, die nur der zwangsneurotischen verglichen werden kann, wird nun auf das sorgfältigste untersucht, ob alle Indizien genau den im Beweissystem dargelegten Regeln entsprechen, aber wunderbar genug, das Material paßt sich den Regeln meist an, es erweist sich trotz aller Starrheit der Tatsachen als plastisch und gefügig. Die alte Folter ist verschwunden (»müßig liegt das Eisen in der Halle«), doch das Verhör nach dem neuen Beweisrecht wird eine Art psychischer Folter. Es muß diese zum Extrem getriebene Auffassung des Beweisrechtes im Sinne eines neurotischen Systems mit dem Gegensatz von bewußten und unbewußten Absichten und seiner Tendenz der Isolierung gewesen sein, welche in ihrer Überspitztheit und ihrem abstrakten Charakter zu einer neuen Reform führte.
Als ein neuer Durchbruch alter Tendenzen entsteht die Strafprozeßordnung des 19. Jahrhunderts, mit Öffentlichkeit, Mündlichkeit und Unmittelbarkeit des Verfahrens und dem entschiedenen Charakter des Anklageprozesses. Mit der Erneuerung war eine Änderung des Beweisrechts verbunden. Man erweiterte den Katalog der Indizien und erklärte später sogar die Anführung der Anzeigen nur als beispielsweise, »um der richterlichen Reflexion vorzuleuchten«. Man verzichtete schließlich auf die Forderung, daß die Indizien verschiedenen Gruppen angehören

müßten. Die letzte Phase der Entwicklung kennt keine gesetzlichen Beweisregeln mehr. Der Richter hat nicht mehr nach formalen äußeren Kriterien zu entscheiden, sondern allein nach seiner freien Überzeugung. Sein Urteil wird sich auf die Eindrücke gründen, die das vor seinen Augen und Ohren geführte Verfahren auf ihn macht[171]. Der Richter darf alles, was ihm auf das Verbrechen und auf die Täterschaft des Angeklagten hinzudeuten scheint, als Indiz heranziehen. Er muß sich selbst schlüssig werden, wie er die einzelnen Indizien nach ihrer Beweiskraft einschätzt. Der indirekte oder Indizienbeweis ist nun dem direkten Beweis gleichgestellt, er kann auch der Verurteilung zu den schwersten Strafen zugrunde gelegt werden.

Der Indizienbeweis hat sein ursprüngliches Anwendungsgebiet mehr und mehr erweitert. In der Tat kann ein Schluß, den man aus richtig gewerteten Indizien zieht, unter Umständen genauso zwingend sein wie der Schluß aus direkten Zeugenaussagen. Man weiß, wie vielen Einwänden der Indizienbeweis ausgesetzt ist. Richter und Staatsanwälte, Strafrechtslehrer und Kriminalisten versichern uns, daß er besser ist als sein Ruf. Die Geschichte der zahlreichen Justizirrtümer, die sich auf Indizienbeweise gründeten, spricht indessen eine eindringlich mahnende Sprache.

Die Angriffe gegen den Indizienbeweis richteten sich insbesondere gegen die Schlüsse, die aus Zeugenaussagen abgeleitet sind und so oft verhängnisvoll werden. Die Psychologie der Aussage hat gezeigt, daß die fehlerhafte Aussage nicht eine Ausnahme, sondern die Regel ist. Die neueste Phase der Beweismittelführung ist durch die hohe Schätzung der sachlichen Indizien charakterisiert. Wenn man vom Indizienbeweis im engeren Sinne spricht, ist dieser auf sachliche Momente aufgebaute Beweis gemeint. Diese Indizien können nicht lügen, nicht falsch oder verzerrt aussagen, sich nicht in Widersprüche verwickeln – es sind ausgezeichnete, unbestechliche Zeugen. Das Odium, das dem indirekten Beweis anhaftet, scheint durch die außerordentliche Bedeutung sachlicher Indizien verschwunden. »Ist auch«, so sagt einer unserer bekanntesten Kriminalisten[172], »ist auch bei diesem sachlichen Indizienbeweis ein Irrtum nicht völlig ausgeschlossen, so ist bei Verwendung erfahrener Sachverständiger zur Deutung der sachlichen Indizien die Möglichkeit eines Irrtums doch so gering wie bei keinem anderen Beweis, ausgenommen vielleicht durch ein Geständnis des Verdächtigen.« Nach den Zeugnissen hervorragender Kriminalisten war die Überzeugung, die von diesem Richter ausgesprochen wird, noch vor kurzem fast allgemein: »Es kann gar keinem Zweifel unterliegen, daß dem sachlichen Indizienbeweis die Zukunft gehört...« Das klang beruhigend und voll Zuversicht, wie eine Paraphrase jener Voraussage: *Quidquid latet apparebit; nil inultum remanebit.* Unser Zweifel will trotz der Sicherheit solcher Prophezeiung nicht verstummen.

Der latente Charakter der Indizien

Da die Auskünfte, die wir von der vergleichenden Rechtswissenschaft erhalten konnten, so unbefriedigend waren, haben wir es gewagt, rechtshistorische und rechtsvergleichende Studien auf eigene Faust zu unternehmen. Ungenügend vorbereitet und mit unzulänglichen Mitteln durchgeführt, werden sie sicherlich alle jene Mängel aufweisen, die laienhaften Versuchen anhaften. Immerhin gelangten sie zu einem Forschungsresultat, das trotz oder wegen seiner Sonderbarkeit ernsthafte Nachprüfung zu verdienen scheint: Das Ursprungsgebiet der Indizien ist die Zauberei. Die prähistorischen Indizien waren von ähnlicher Art wie die Indizien unserer Kriminalistik, konnten auch wie diese zur Verbrechensaufklärung herangezogen werden; sie wurden freilich anders gewertet und gedeutet. Der Zusammenhang jener

magischen Anzeichen mit den modernen Indizien ist trotz allen Kulturdifferenzen unverkennbar.
Als eine frühe Form solcher magischen Indizien haben wir Zeichen angesehen, die sich am Körper ermordeter Personen fanden, und die von den Primitiven in bestimmter Art gedeutet wurden. Von dort ging der Begriff auf Zeichen am Verdächtigten oder Schuldigen über, an seinem Körper, seiner Waffe, seinem sonstigen Eigentum, aber auch auf die Zeit und den Ort des Verbrechens, kurz auf alles, was mit ihm assoziativ verbunden ist. Wir haben keine genaue Vorstellung darüber, wie es zu einer solchen Verschiebung kommen konnte; die Tatsache selbst ist indessen nicht zweifelhaft, und wir müssen, wollen wir sie erklären, unsere Zuflucht zu einer Hypothese nehmen. Sie bietet sich dar, wenn wir den durchgängigen starken Glauben an die Macht und Wirkung des Tabus in primitiven Kulturen bedenken. Das Verbrechen ist ursprünglich ein Bruch des Tabus; der Verbrecher muß durch die Wirkungen seines Verstoßes gegen diese geheimnisvolle Macht erkannt werden. Es gibt keine Zeugnisse, welche unmittelbar jene gekennzeichnete Entwicklung beweisen, zahlreiche dagegen, welche sie wahrscheinlich machen. Ich führe hier ein einziges an, weil es eindringlich genug zeigt, wo der Ursprung der späteren Indizien zu suchen ist, und weil es sogar den Weg erkennen läßt, der von der magischen Auffassung zur modern-naturwissenschaftlichen führt. Das Beispiel zeugt auch für die Wahrscheinlichkeit unserer Hypothese, derzufolge die Verschiebung der magischen Anzeichen bzw. Indizien auf den von den Tabugesetzen gekennzeichneten Wegen erfolgte.
Die Kaileute im früheren Deutsch-Neu-Guinea, unter denen der Missionar *Ch. Keysser* lange gelebt hat[173], ziehen sich nach einer erfolgreichen kriegerischen Expedition rasch zurück, um noch vor Anbruch der Nacht heil zu Hause oder zumindestens im Schutze eines befreundeten Dorfes zu sein. Ihr Motiv für die Eile ist ihre schreckliche Angst, in der Nacht von den Geistern ihrer

erschlagenen Feinde eingeholt zu werden. Diese mächtigen Geister verfolgen die Spuren ihrer Feinde wie Bluthunde im Dunkeln: Sie wollen sie erreichen, um durch die Berührung mit den blutbedeckten Waffen ihrer Mörder den Lebensstoff wiederzugewinnen, den sie verloren haben. Erst wenn sie dies erreicht haben, können sie Ruhe und Frieden finden. Deshalb werden die siegreichen Mörder besonders darauf achten, ihre Waffen vorläufig nicht in ihr Dorf zurückzubringen, sondern sie im Busch irgendwo in sicherer Entfernung zu verstecken. Dort lassen sie sie für einige Tage, bis man annimmt, daß die getäuschten Geister die Jagd aufgegeben haben und traurig und wütend zu ihren verstümmelten Leichnamen und in die verkohlten Ruinen ihres alten Heimes zurückgekehrt sind. Die erste Nacht nach der Rückkehr der Krieger ist immer die gefährlichste Zeit. Alle Dorfbewohner sind dann auf der Hut vor den Geistern. Wenn aber diese Nacht ruhig vorbeigegangen ist, weicht ihr Schrecken nach und nach, und sie fürchten sich nur mehr vor den überlebenden Feinden.

Der Glaube an die magische Anziehungskraft des vergossenen Blutes, das die Geister wiedergewinnen wollen, erweckt eine schreckliche Angst, führt zu der überstürzten Flucht und zwingt die siegreichen Krieger, die Mordwaffen zu verstecken. Vielleicht dürfen wir eine Vermutung hinzufügen, welche uns durch anderes ethnologisches Material nahegelegt wurde. Jenes Verstecken der Waffen ist auch bedingt durch die allgemeine Angst der Ansteckung der todbringenden Kraft, die der blutbefleckten Lanze oder Axt innewohnt. Die Angst, die Waffe könnte sich später im Dienste der Talion gegen den Sieger kehren, ist hier leicht zu vermuten. Jedenfalls ist es eine Sicherheitsmaßregel, die durch den Tabuglauben diktiert wird, wenn die Wilden diese Waffen im Busch verbergen. Ich glaube, wir haben alle Berechtigung, die Lanze, die Blutflecken aufweist, in dem dargelegten Sinne ein magisches Objekt oder ein magisches Indizvorbild zu nennen. An die Stelle der alten Angst vor den Geistern der Erschlagenen, die ihre Mörder verfolgen, und die ihren Weg durch das an den Waffen haftende Blut finden, wird später die Angst vor der Kriminalpolizei treten, der die blutbefleckte Waffe ein wichtiges Indiz liefert, ohne daß jene primitive Angst verschwunden wäre. Unbewußt wirkt noch im Mörder unserer Kulturschicht wie in dem siegreichen australischen Krieger die Angst vor den Geistern der Erschlagenen, die von der todbringenden Waffe angezogen werden. Die Waffe wird bei den Primitiven versteckt, um die Geister nicht auf die Spur der Krieger zu lenken; auch der moderne Mörder wird die verräterische Waffe verstecken. Das Motiv hat nur seine Gestalt, nicht sein tiefstes Wesen gewechselt. Die Indizien werden aus magisch wirkenden Objekten zu rational betrachteten Zeichen. Die Bedeutung, die ihnen eignet, verschiebt sich von der Sphäre der psychischen auf die der materiellen Realität. Einst wurden sie vom Zauberer untersucht, jetzt vom Gerichtschemiker.

Der magische Charakter der ursprünglichen Indizien hat eine bestimmte psychologische Voraussetzung: die animistische Weltauffassung. Jene in unserem Sinne anorganischen, sachlichen Indizien sind nicht nur belebt, sondern haben auch einen persönlichen Willen, den sie zum Ausdruck bringen, sie verraten z. B. den Verbrecher, weil sie ihn der Strafe zuführen wollen. Das Blut sickert, wenn der unbekannte Mörder naht; es tut dies, weil es ihn bekanntgeben will. Ein vom Verbrecher am Tatort zurückgelassener Zettel gilt uns als ein lebloses Stück Papier. Gewiß sprechen wir gelegentlich davon, daß es etwas »sagt«, etwas verrät, aber das ist nichts als eine poetische Redensart. Einmal war es doch mehr als eine Redensart. Wir messen die Fußspur des flüchtigen Verbrechers, wir nehmen einen Abguß seiner Zahnabdrücke, wir halten die Linien seiner Hand fest, um sie mit anderen zu vergleichen, wir lassen den Faden seines Anzuges, den wir fanden, im gerichtschemischen Laboratorium untersuchen. Indem wir so den unbekannten Täter ermitteln, wird der Weg zu seiner Festhaltung und Bestrafung eröffnet. Wir behandeln das Indiz, als wäre es ein Stück von jenem Verbrecher, das uns Aufschluß über ihn geben kann. Für den Fetischpriester der Primitiven ist es aber wirklich ein Stück von ihm, und er behandelt es entsprechend dieser Auffassung und im Sinne seiner Zauberprinzipien. Er steckt einen Nagel in die Fußspur, um den unbekannten Verbrecher festzuhalten, verbrennt ein gefundenes Haar, murmelt Verwünschungen über einen Zahn.

Das Wesentliche für unsere Zwecke ist nicht nur der Nachweis dieser Differenz in der Auffassung der Indizien, sondern die Tatsache des Fortlebens und Fortwirkens der animistischen Anschauung innerhalb der naturwissenschaftlich-rationalen. Das will heißen, daß wir unbewußt jene anorganischen Objekte, die wir als Indizien betrachten, noch immer als belebt und mit magischen Kräften ausgestattet glauben. Einer durchaus rationalistischen Ansicht, welche Indizien nur nach den Gesetzen der Naturwissenschaft und Logik bewertet, steht eine geheime Tendenz gegenüber, die in ihnen selbsttätige Objekte, mit Macht beladen, sieht. Oft treffen beide Ansichten auf verschiedenen Wegen beim gleichen Ziel zusammen, wobei die rational-moderne Tendenz manchmal den Spuren ihrer geheimen, magischen Vorgängerin folgt. Im Falle des empirischen Indizienbeweises feiert die angewandte Wissenschaft manche Triumphe. Es kommt nicht selten vor, daß Richter und Geschworene, Staatsanwälte und Sachverständige, ihrer Logik und Vernunft allzu sicher, sich von den unsichtbaren Gewalten lenken lassen, welche einmal über schuldig oder unschuldig entschieden haben. Die Sicherheit der richterlichen Entscheidung ist durch den unbewußten animistischen Glauben, welcher der rationalistischen Anschauung trotzt, noch immer gefährdet. In manchen Fällen würde der Richter einen Fehlspruch eher vermeiden, könnt' er Magie von seinem Pfad entfernen.

Indizienbeweis und Justizirrtum

Der berühmte Fall des jungen Bäckergesellen, der vor einigen Jahrhunderten unschuldig zum Galgen geführt wurde, hatte den venezianischen Senat zu einem Beschluß geführt: jedesmal, wenn es sich um eine Anklage auf Tod und Leben handelte, erschien ein Abgesandter des Senats vor den Richtern und sprach feierlich die Mahnung: »Gedenket des armen Bäckergesellen!«

Hätte sich eine solche Institution bis in unsere Zeiten erhalten, so müßte der Funktionär, der so furchteinflößende Erinnerungen des Gerichtes zu erwecken hat, einen ganzen Katalog von Justizirrtümern aufzählen. Noch dieser Katalog wäre weit von der wirklichen Ziffer schrecklicher Fehlurteile entfernt, da eine große Anzahl von ihnen nie bekannt wurde und nie bekannt werden wird. Nun könnte man annehmen, die große Zahl der Justizirrtümer früherer Zeit sei auf die fehlerhaften Ermittlungsmethoden zurückzuführen, und der moderne Strafprozeß mache mit seiner sorgfältigen Beweiserhebung Fehlurteile zu seltenen Ereignissen. Das reiche Material, das uns die Sammlungen von *Sello, Alsberg, Hellwig, Rittler* und anderen bieten, zeigt indessen, wie zahlreiche Justizirrtümer gerade auf Grund des Indizienbeweises, auf den sich der Strafprozeß unserer Zeit fast ausschließlich gründet, vorkommen[174].

Wenn wir nun als Psychologen darangehen, das vorliegende Material zur Pathologie der richterlichen Urteilsbildung zu untersuchen, so wird niemand die Legitimität unseres Unternehmens bestreiten können, solange wir uns auf psychologisches Gebiet beschränken. Gewiß könnten wir an zahlreichen Beispielen bald diesen, bald jenen Zug herausgreifen und zeigen, wieviel er zum Zustandekommen eines Justizirrtums beigetragen hat. Es erscheint mir aber vorteilhafter, zunächst zu versuchen, an einem einzigen Fall von repräsentativer Bedeutung die Wirksamkeit

seelischer Faktoren in der Genese von Fehlurteilen zu zeigen. Ich kenne die Einwände, die sich gegen ein solches Verfahren vorbringen lassen, und will die wichtigsten von ihnen sogleich selbst erwähnen. Die Darstellung eines solchen Falles kann nicht alle psychologischen Möglichkeiten lehren; sie läßt notgedrungen viele psychische Prozesse, die wichtig sind, außer Betracht. Dies ist wirklich so, aber es liegt mir auch nur daran, einige seelische Momente zu zeigen, die für die Psychogenese des Fehlurteils von besonderer Bedeutung sind. Die anderen Faktoren werden von mir nicht behandelt und bleiben anderen Untersuchungen und anderen Forschern vorbehalten. Wie auf Bildern mancher Maler fällt ein besonders intensives Licht hier nur auf einen Teil des Darzustellenden, während ein anderes Stück des seelischen Kräftespiels nur angedeutet erscheint und ein drittes völlig im Dunkeln bleibt. Gewiß kann ein einzelner Fall nur Gelegenheit bieten, bestimmte Seiten des Problems zu zeigen; ich werde andere psychologisch wesentliche Seiten darzustellen versuchen, indem ich verschiedene Beispiele von falschen Indizienbeweisen in Verkürzung dem einen anreihe. Ich darf gewiß nicht hoffen, auf diese Art dem Reichtum an Variationen, den das Material bietet, gerecht zu werden, es bleibt aber die einzige Möglichkeit, auf ihn hinzuweisen[175]. Die breite Darstellung des einen Beispiels wird durch die Notwendigkeit, an ihm die wesentlichen seelischen Vorgänge, die wir im Auge haben, zu studieren, gerechtfertigt.
Wo finden wir aber einen solchen Fall, der besonders repräsentativ und für die psychologische Untersuchung geeignet ist? Wählen wir einen der bekannten Kriminalfälle der letzten Vergangenheit, die im Gedächtnis aller Zeitgenossen leben, so haben wir gewiß manche Vorteile für uns. Sollen wir den Fall Dreyfus, den Mordprozeß Halsmann, den Prozeß Gustav Bauer, der sich an den Leichenfund im Lainzer Tiergarten anschloß, wählen, sollen wir den Justizmord, der an dem russischen Kriegsgefangenen Jakubowski begangen wurde, studieren? Ich meine, wir

sollten auf jene leicht bestimmbaren Vorteile lieber verzichten, weil die Diskussion dieser Fälle vielleicht die Gefahr mit sich bringt, Leidenschaften zu erwecken, welche der objektiven Beurteilung abträglich sind, weil nationale oder konfessionelle Momente die vorurteilslose Betrachtung stören könnten. Wir wollen keinen sensationellen, sondern einen repräsentativen Fall von Justizirrtum studieren.

Ich glaube, daß das nun darzustellende Beispiel unseren Anforderungen entspricht. Es ist ein Mordprozeß, der nur auf Indizien aufgebaut war und dessen einzelne Stadien sehr sorgfältig studiert wurden. An seinem repräsentativen Charakter als einem eklatanten Justizirrtum auf Grund eines Indizienbeweises kann schwer gezweifelt werden. Er erscheint als solcher in den Sammlungen von *Sello* und *Hellwig* und wurde sowohl von Strafrechtslehrern wie von Richtern und Staatsanwälten häufig ausführlich dargestellt und wissenschaftlich untersucht. Von vielen Seiten betrachtet und von den Vertretern der Kriminalistik häufig angeführt, entbehrt er doch der Kennzeichen des Sensationellen und des Aktuellen, die wir als störend ausschließen wollten. Kein Vorurteilsfreier wird sich nach dem Studium dieses Falles der Einsicht verschließen, auf wie schwachen Füßen menschliche Gerechtigkeit steht.

Am Morgen des 28. Oktober 1886 wurde in der Nähe des kleinen Marktfleckens Finkbrunnen im südlichen Österreich die Leiche der Magd Juliane Sandbauer gefunden[176]. Sie lag unter dem Vordach einer Scheune, die einem gewissen Andreas Ulrich gehörte. Der Kopf wies eine Anzahl furchtbarer Verletzungen auf, vor allem war das Knochengerüst des Schädels vollständig zertrümmert. Nach der Auffindung der Leiche gab es im ganzen Ort nur eine Stimme, daß niemand anderer als der Lederarbeiter Gregor Adamsberger der Mörder sei.

Juliane Sandbauer war mehrere Jahre bei dem Lederer Adamsberger als Magd bedienstet gewesen. Gregor Adamsberger, der jungverheiratet war und zwei Kinder hatte, hatte mit der um acht Jahre jüngeren Juliane sogleich ein Verhältnis begonnen, dem im Laufe der ersten vier Jahre ebensoviel Kinder entsprangen. Obwohl Juliane bald aus den Diensten des Gregor austrat, verkehrte sie tagtäglich in seinem Hause. Sowohl der Lederer als seine Geliebte standen in schlechtem Leumund. Die Juliane galt als leichtsinnige Person, Gregor war als roh, rachsüchtig und gewalttätig bekannt[177]. Man erzählte sich in dem Marktflecken, daß beide zur Nachtzeit Streifzüge auf fremden Feldern unternahmen. Wiederholt war es zwischen Gregor und Juliane, die immer wieder Geldansprüche an ihren früheren Liebhaber stellte, zu heftigen Auftritten gekommen. Ein Zeuge, Hans Berger, hatte am Sonntag vor der Tat gesehen, wie die Juliane nach einem Streit aus dem Hause des Gregor lief und mit geballten Fäusten drohend schrie: »Ich werde euch beim Bezirksgericht anzeigen.« Man bezog die Drohung auf einen Vorfall, der im Dorfe bekannt war. Am 30. September 1879 war nämlich ein dem Gregor Adamsberger gehöriges Wirtschaftsgebäude abgebrannt. Gregor hatte damals von der Versicherungsgesellschaft 3000 Gulden Brandentschädigung erhalten. Im Jahre 1882 vertraute die Juliane verschiedenen Leuten an, sie habe damals auf Anstiften ihres Dienstherrn Gregor das Feuer gelegt, um ihm die Versicherungssumme zu verschaffen. Am Nikolausabend 1881 hatte sie in ihrer Wut auf offenem Markt dem Gregor zugeschrien: »Du hast mich angestiftet, daß ich dein Wirtschaftsgebäude angezündet habe. Für dich habe ich schon mehr als zweihundert Gulden gestohlen.« Später hatte die Juliane gesagt, sie habe solche Drohungen nur im Rausch ausgestoßen und sich an Gregor, der sie mißhandelte, gerächt. Es war bekannt, daß Gregor die Frau oft schlug; einige Male hatte er Juliane mit Stockschlägen aus seinem Haus getrieben. Ein Nachbar Gregors, Franz Pulver, gab später vor Gericht an, die Juliane habe ihm nach Streitigkeiten mit Gregor wiederholt gesagt, sie werde ihren früheren Geliebten wegen der Brandstiftung anzeigen. Noch in der letztvergangenen Woche habe sie erklärt, wenn der Gregor jetzt kein Geld für sie und ihre Kinder hergebe, werde sie mit der Anzeige zum Bezirksgericht gehen. Gregor selbst habe wiederholt mit Bezug auf die Juliane gedroht: »Ich werde den Teufel erschlagen!«

Gregor mußte zugeben, daß die Juliane die letzten Stunden vor ihrer Ermordung in seinem Hause gewesen war. Die Aussage seiner im Orte angesehenen Schwiegermutter belastete ihn sehr. Sie berichtete, am Abend des 27. Oktober seien die beiden Kinder Gregors um die Zeit des Avemarialäutens zu ihr in das Zimmer gestürmt mit der Nachricht, sie seien von ihrer Mutter fortgeschickt worden, weil der Vater mit der Juliane in Streit geraten sei und sie auf das Heftigste auszanke. Es schien, als habe man in der Schwiegermutter Gregors geradezu eine Ohrenzeugin gefunden, denn sie gab weiter an: »Ich hörte dann bald darauf im Hause des Gregor einen plötzlichen Aufschrei, der mir von der Stimme der Juliane herzurühren schien; worauf dann alles still wurde.« Es fand sich niemand, der die Juliane nach diesem Auftritte lebend gesehen hätte; am nächsten Morgen war ihre Leiche auf jenem Felde gefunden worden.

Man legte dem beschuldigten Gregor diese Tatsachen vor. Er stellte seine Täterschaft entschieden in Abrede. Er gab zu, die Juliane habe sich an dem fraglichen Abend bei ihm aufgehalten, sei aber, kurz nachdem sie zu ihm gekommen, wieder gegangen. Sie habe gesagt, sie wolle zu ihrem Geliebten, dem Sohne des Bäkkermeisters Anton Kunze gehen; seither habe er sie nicht wiedergesehen. Das erste Vernehmungsprotokoll Gregors, das diese Angaben enthielt, schloß mit seiner Erklärung, mehr könne er nicht angeben.

Immerhin fügte er einige Tage darauf vor dem Untersuchungsrichter noch einige Einzelheiten hinzu. So erzählte er, die Juliane habe ihm schon früher öfter gesagt, daß sie mit dem jungen Bäkker Franz Kunz häufig in der Laubhütte seiner Eltern Zusammenkünfte gehabt habe. Dabei habe Franz Kunz ihr Speisen und Getränke zugesteckt. Auch an jenem Abend habe sie mit dem Franz im Garten von dessen Eltern eine heimliche Verabredung gehabt. Er, Gregor, selbst habe ihr vorher einen alten abgetragenen Rock geliehen, da sie gesagt habe, es sei ihr kalt. Wirklich hatte man an der Leiche der Juliane einen alten Männerrock gefunden, der später als Eigentum des Gregor erkannt wurde. Warum aber hatte dieser nicht früher von jenem Rocke gesprochen, warum hatte er solange gewartet, bis man das Kleidungsstück als ihm gehörig agnosziert hatte? War dieser Umstand schon verdächtig, was sollte man erst von seinen Angaben in bezug auf Franz Kunz denken? Franz war ein schwächlicher halbwüchsiger Bursche von 16 Jahren, der im Orte als bescheiden und sittenrein bekannt war. Es war äußerst unwahrscheinlich, daß der unscheinbare Junge mit Juliane, einem unschönen, übelbeleumundeten Frauenzimmer, die mehr als doppelt so alt war, ein Verhältnis gehabt hatte, von dem niemand in dem kleinen Marktflecken auch nur eine Ahnung hatte. Die Angaben Gregors, bei denen er nach Art dummer Lügner trotz allen Vorhaltungen hartnäckig blieb, waren offenbar erfunden. Was jenen Abend anlangte, wurde dies schon durch die bestimmte Erklärung der Mutter des Franz Kunz erwiesen. Sie gab an, ihr Sohn, der im elterlichen Hause als Bäckergehilfe arbeitete, sei am 27. Oktober um 6 Uhr abends mit ihr und seinen Geschwistern in den Schlafraum im ersten Stock gegangen. Er habe sich sogleich zu Bett gelegt und sei erst um Mitternacht aufgestanden, um zur Arbeit in die Bäckerei hinunterzugehen. Franz Kunz selbst stellte irgendwelche Beziehungen zu Juliane in ruhiger und unbefangener Art in Abrede; die Geschichte mit dem nächtlichen Rendezvous sei »selbstverständlich« eine Erfindung. Er verwies auch auf die ortsbekannte Tatsache, daß die Juliane wieder ein Kind von dem Beschuldigten erwartet habe. Seine Aussage schloß mit den Worten: »Ich habe noch zu bemerken, daß hier allgemein bekannt ist, daß Juliane Sandbauer von Gregor Adamsberger unmenschlich mißhandelt wurde. Ich selbst weiß, daß sie einmal schreiend zu unserem Hause gelaufen kam, Kopfverletzungen zeigte und beifügte, daß ihr Gregor Adamsberger dieselben beigebracht habe.«

Bei einer späteren Vernehmung versuchte Gregor den von ihm ausgesprochenen Verdacht gegen den Bäckerjungen Franz noch zu verstärken, aber was er angab, erwies sich als völlig unwahr und machte ihn noch mehr verdächtig. Die Juliane habe ihm, so behauptete er, selber erzählt, am 27. Oktober habe sie durch ihren dreizehnjährigen Sohn Johann einen Zettel an den Franz Kunz geschickt. Auf diesem Zettel habe sie diesen gebeten, Geld für sie bereit zu halten. Diese Zeilen habe ihr Junge nun versehentlich dem Brotausträger Valentin Pirgauer ausgehändigt. Sie, Juliane, sei dann von Franz Kunz wegen ihrer Unvorsichtigkeit ausgezankt worden. Der Sohn der Juliane erklärte diese Angaben als unwahr. Valentin Pirgauer gab an, daß diese ganze Geschichte aus der Luft gegriffen sei, und setzte hinzu: »Ich glaube übrigens nichts von diesem Verhältnis, weil Franz Kunz noch zu schüchtern und zu jung ist und ein solches Verhältnis in einem Orte wie Finkbrunnen gewiß nicht unbekannt geblieben wäre.«

Die Funktionäre, welche die Untersuchung führten, waren nun mehr denn je überzeugt, der Beschuldigte Gregor habe die ganze Erzählung erfunden, um sich aus seiner höchst gefährdeten Situation zu retten, indem er den Franz belastete.

Das Verhalten Gregors in der Folgezeit machte eine solche Annahme noch wahrscheinlicher. Nachdem er eingesehen hatte, daß seine Verdächtigungen des Franz Kunz nicht den gewünschten Erfolg hatten, suchte er den Verdacht auf einen anderen Nachbarn zu lenken, der angeblich mit der Ermordeten in Feindschaft gelebt hatte. Eine Haussuchung bei diesem Verdächtigten verlief völlig ergebnislos.

Die allgemeine Überzeugung, daß Gregor Adamsberger der Mörder sei, wurde von jedem Dorfbewohner, der als Zeuge einvernommen wurde, ausgesprochen[178]. Der Lokalaugenschein, der am 28. Oktober von dem Erhebungsrichter durchgeführt wurde, ergab, daß die Leiche auf dem Rücken liegend, das Gesicht abgewendet, aufgefunden worden war. Der Ort, jene Scheune – österreichisch »Harpfe« genannt –, dem Andreas Ulrich gehörig, lag unmittelbar hinter dem Marktflecken auf freiem Felde. Der Körper der Ermordeten wies zwölf zum großen Teil schwere Verletzungen auf, die schwersten am Kopf. Die Obduktion ergab noch eine andere Tatsache, die von besonderer Bedeutung war: es wurde festgestellt, daß Juliane schon im 7. Monat der Schwangerschaft war. Hatte nicht Franz Kunz bereits auf das Gerücht über ihre Schwangerschaft hingewiesen? Wurde hier nicht das eigentliche Motiv des Mordes klar erkennbar? Die Gerichtsärzte erklärten in ihrem Gutachten nach der Obduktion, die Verletzungen seien mit einer scharfen Hacke zugefügt worden. Sie behaupteten ferner, daß der Täter den Mord nach reiflicher Überlegung und nicht im Affekt ausgeführt habe.
Sonderbar mutete die Aussage jenes Besitzers der Scheune Ulrich an, der die Leiche gefunden hatte. In der Vernehmung durch den Untersuchungsrichter am 7. November 1886 gab Ulrich an, die Kleider der Juliane seien hinaufgezogen gewesen, als er die Leiche fand. Er sowie ein gewisser Rudolf Mausbacher, der hinzugekommen war, waren deshalb zu der Ansicht gelangt, die Juliane sei im oder nach dem Sexualverkehr ermordet worden. Sie hätten die Röcke (aus Schicklichkeitsgründen) dann hinuntergezogen, so daß sie beim gerichtlichen Augenschein nicht mehr in dem früheren Zustand gewesen wären.
Die Staatsanwaltschaft, der verschiedene Punkte im Obduktionsprotokoll nicht klar erschienen, beantragte, die Leiche wieder auszugraben. Dem Antrag wurde stattgegeben, eine neuerliche Untersuchung durch die Sachverständigen angeordnet und

am 7. Januar 1887 ein zweites Gutachten erstattet. Dieses konstatierte nun, jene Vermutung des Zeugen Ulrich, die er auf Grund der Lage der Kleider Julianens geäußert hatte, könne nach dem objektiven Befund an dem fraglichen Tage nicht den Tatsachen entsprechen. Ferner erklärten die Sachverständigen mit absoluter Sicherheit, der Mord könne nicht an der Fundstelle der Leiche verübt worden sein, da die Kleider trotz der furchtbarsten Verletzungen nur geringe Blutspuren aufweisen; am Boden selbst sei sehr wenig Blut zu konstatieren. Sie erklärten auch, daß die Schneide einer Holzhacke, die man bei dem Lederarbeiter Gregor gefunden hatte, genau in eine der Kopfverletzungen der Leiche hineinpasse. Eine halbmondförmige Schulterverletzung, so lautete ihr Befund, war offenbar durch ein Messer mit gebogener Klinge verursacht – jener Art von Messer, wie es die Lederer zum Sohlenschneiden benutzen.
Das Gutachten schloß die Möglichkeit aus, daß der Fundort der Leiche der Tatort war. Es war nun unwahrscheinlich, daß der Mörder den Körper allein an den Fundort hätte tragen können. Man kam so zu der Vermutung, daß die Juliane im Hause Gregor ermordet worden sei und daß der Beschuldigte und seine Frau die Leiche gemeinsam an die Stelle getragen hatten, wo sie am nächsten Tag gefunden worden war. Nun erschien auch jene durchtriebene Kombination Gregors in neuem Licht: Er selbst hatte dann die Kleider der Toten so gerichtet, daß der von ihm ausgesprochene Verdacht nach jener bestimmten anderen Richtung wahrscheinlicher würde.
Sicherlich hatte die Ehefrau dem Gregor geholfen. Selbstverständlich mußte sie die Geliebte ihres Mannes gehaßt haben. Sie hatte sich auch durch ihr Benehmen am Tage nach der Tat verdächtig gemacht. Eine Nachbarin Maria Bilse gab am 1. November vor dem Untersuchungsrichter zu Protokoll, sie sei zu dem Ehepaar Gregor und Maria Adamsberger gegangen, als sie erfuhr, daß die Juliane ermordet gefunden wurde. Sie habe die

Ehefrau des Lederers sogleich gefragt: »›Wo habt ihr denn die Julie? Sie ist ja erschlagen.‹ Maria Adamsberger wiederholte das Wort ›erschlagen‹, ohne irgendwelche Veränderungen merken zu lassen. Da trat Gregor Adamsberger, welcher meine Worte durch die offenstehende Türe in das Zimmer gehört hatte, heraus in die Küche, und ich sah, daß er zuerst im Gesicht ganz rot war, diese Farbe aber alsbald einer auffallenden Blässe wich. Gregor Adamsberger bemerkte: ›Wie ist denn das möglich; gestern war sie bei mir, ich lieh ihr meinen Rock, und sie ging dann durch den Hohlweg, der auf das Feld hinausführt, um Milch zu holen.‹ Ich weiß aus Erfahrung, daß Juliane sehr furchtsam war und sich nicht getraute, in der Nacht allein herumzugehen. Ich verließ darauf das Haus des Gregor Adamsberger und erfuhr durch Susanne Zuckerl und Franziska Klein, daß Maria Adamsberger sogleich, als ich dem Hause den Rücken gekehrt hatte, mir nachfolgte und zum Bach ging, woselbst sie etwas sehr eilig gewaschen haben soll.« Diese bäuerliche Zeugin, die sich, wenn man dem Protokoll glaubt, eines so korrekten Curialstils bediente, bemerkte noch, daß Juliane, so oft sie von Gregor in der Hoffnung war, von ihm schwer mißhandelt wurde. In solchen Fällen sei Juliane zu ihr, der Zeugin, gekommen, habe ihr ihre Verletzungen gezeigt und geklagt, daß der Gregor sie umbringen wolle. Jene beiden einvernommenen Frauen bezeugten, daß Maria Adamsberger wirklich heimlich zum Bache geeilt war. Was lag daher näher als die Annahme, daß Maria Adamsberger Kleidungsstücke und Wäsche vom Blut gereinigt habe, da sie eine Haussuchung voraussehen mußte?

Das Motiv für die Tat lag zutage: Gregor wollte sich der äußerst unbequemen Geliebten sowie der Verpflichtungen, die das neue Kind mit sich brachte, entledigen. Es galt auch, die stets geldgierige Mitwisserin jenes gefährlichen Geheimnisses, der Brandstiftung und des Versicherungsschwindels, loszuwerden. Die Anklage auf vorsätzlichen Mord, die gegen Gregor Adamsberger erhoben wurde, hätte eigentlich zur Verurteilung zum Tode führen müssen. Es gab da einige formale Schwierigkeiten, deren nähere Natur den österreichischen Juristen angeblich völlig klar ist, und die es in diesem besonderen Falle nur erlaubten, Gregor Adamsberger zu lebenslänglichem Kerker zu verurteilen[179]. Gregor meldete zunächst die Nichtigkeitsbeschwerde an, zog sie aber bald zurück und trat seine Strafe am 30. Juli 1887 an. Eine schwere Bluttat schien so ihre Sühne gefunden zu haben. In keinem der Funktionäre, welche an dem Strafprozeß gegen Gregor Adamsberger beteiligt waren, scheint der leiseste Zweifel an dessen Schuld aufgetaucht zu sein. Nun schien er sich selbst zu seiner Tat zu bekennen, da er die Nichtigkeitsbeschwerde zurückgezogen hatte. In einem Falle wie diesem, da alle sachlichen und psychologischen Anzeichen unzweideutig und widerspruchslos die Schuld des Angeklagten verkündeten, konnte man seines ausdrücklichen Geständnisses entraten.

Zwei Jahre nachdem der Mörder in das Zuchthaus gekommen war, trat eine entscheidende Wendung ein. Seit dem Frühjahr 1889 hatte der Bäckermeister Georg Halter in Seefeld einen Gesellen, mit dem er sehr zufrieden war, denn er war heiteren Gemütes und festen Charakters, mied die weibliche Gesellschaft und verbrachte seine freien Stunden mit Laubsägearbeiten und Zitherspielen. Es war jener Bursche Franz Kunz, den Gregor Adamsberger in so leichtfertiger Art und so leicht durchschaubarer Absicht des Mordes bezichtigt hatte. Am 20. Januar 1890 übergab Franz dem Sohne seines Meisters zwei Briefe und sagte ihm: »Bestell' die Briefe an ihre Adresse; ich bin seit vier Jahren ein unglücklicher Mensch.« Er schloß sich in sein Zimmer ein. Der Meister, der die Tür sprengte, fand ihn mit aufgeschnittenen Adern. Dem herbeigerufenen Arzte gelang es, die Verblutung aufzuhalten. Die beiden Briefe, die an den Gerichtshof in Marburg und an die Eltern Franz' gerichtet waren, gaben Auskunft über das Motiv des Selbstmordversuches. Sie enthielten ein ausführliches Geständnis des Mordes, den Franz an der Juliane begangen hatte: der Verbrecher konnte den Gewissensdruck nicht mehr ertragen. Er wiederholte später sein Geständnis mündlich vor Gericht. Er gab an, er sei von Juliane, die im März 1886 Backware bei ihm kaufte, verführt worden, als er allein mit ihr im Zimmer gewesen sei. Seither hatten sie sich wiederholt heimlich in der Laubhütte des elterlichen Gartens getroffen. Niemand im Orte hatte etwas von ihren Beziehungen geahnt, da sie sie sorgfältig geheim hielten. Nach einiger Zeit gestand ihm Juliane, daß sie von ihm guter Hoffnung sei und begann, ihn mit Drohungen und Erpressungen einzuschüchtern. Er mußte seinen Eltern Lebensmittel, Branntwein und Geld entwenden, um sie ihr zuzustecken. Sie drohte, daß sie ihm das Kind auf die Stiege des väterlichen Hauses legen werde. Zwei Tage vor der Tat habe sie wieder acht Gulden von ihm verlangt, die er ihr nicht geben konnte. Das Leben sei ihm unter dem Druck ihrer ständigen Erpressungen so unerträglich geworden, daß er beschlossen habe, sich um jeden Preis von Juliane zu befreien.

Er schilderte nun genau den Hergang der Tat. Als Juliane ihn am Nachmittag des 27. Oktober um das Geld gemahnt habe, habe er sie für den späten Abend in den väterlichen Garten bestellt. Um 6 Uhr legte er sich in dem Zimmer, in dem auch sein jüngerer Bruder Viktor schlief, zu Bett. Gegen 7 Uhr schlich er unbemerkt aus dem Schlafzimmer über die finstere Treppe in den Garten. Er forderte die dort wartende Juliane auf, mit ihm aufs freie Feld zu gehen, da er sich dort sicherer fühlte. Heimlich holte er die kurzstielige Holzhacke, die er tags zuvor neben der Hütte versteckt hatte, hervor. Bei der Scheune des Andreas Ulrich angelangt, hatte sich Juliane ungeheißen auf einen Möhrenhaufen gelegt und zum Sexualverkehr die Röcke hinaufgezogen. »Ohne etwas zu sprechen, kniete ich zwischen ihre Füße nieder; sie forderte mich auf, schnell zu tun, ich aber suchte mit der rechten Hand, da die Nacht finster war, ihren Kopf und führte mit der in der

linken Hand gehaltenen Hacke (ich bin Linkshänder) einen kräftigen Hieb auf ihren Kopf, wahrscheinlich mit der Schneide.«
Franz schilderte, wie er nach dem Tode der Juliane nach Hause geeilt sei und am nächsten Tag die zersägte Hacke in den Abort geworfen habe. Dort fand man auch, tief in alte Exkrementmassen versenkt, die vollkommen verrostete Waffe.
Im Wiederaufnahmeverfahren wurde Gregor Adamsberger von der Anklage des Mordes freigesprochen, Franz Kunz, der zur Zeit der Tat noch nicht zwanzig Jahre gewesen war, zu sieben Jahren schweren Kerkers verurteilt.
Es ist den Juristen und Kriminalisten nicht schwer geworden, eingehende und scharfe Kritik an dem Ermittlungsverfahren und der Urteilsbegründung im Prozeß gegen Gregor Adamsberger zu üben. Solche kritischen Bemerkungen finden sich in der bereits zitierten ausführlichen Darstellung des Staatsanwaltes *Nemanitsch*, in der Besprechung des Falles bei *Sello* und *Hellwig*, sowie in seiner Diskussion durch Professor *H. Gross*[180] und Professor *Stooß*[181].
Wir haben keinen Anlaß, diese Erörterungen ausführlich wiederzugeben, und beschränken uns darauf, einige wesentliche Punkte aus ihnen hervorzuheben. Nemanitsch betont, daß hier gewiß nicht der Zufall allein sein loses Spiel getrieben habe; anderseits könne keinem der rechtfindenden Faktoren eine Schuld an dem Fehlspruche zugeschrieben werden. Der Justizirrtum sei einzig und allein auf das Konto der suggerierenden Macht der Volksstimme zu setzen. Nach Ansicht dieses Staatsanwaltes handelt es sich in diesem Falle um einen Justizirrtum, der nicht vermeidbar gewesen wäre, um ein tragisches Verhängnis. Auch Stooß macht die öffentliche Meinung für das Fehlurteil verantwortlich, allein es ist für ihn zweifellos, daß die Sachverständigen und Richter von ihr nicht hätten beeinflußt werden dürfen. Hier taucht also die Frage auf, ob es nicht möglich gewesen wäre, sich von dieser Massensuggestion freizuhalten. Auch

Hans Gross weist mit Nachdruck auf die suggerierende Kraft der öffentlichen Meinung hin. Der Altmeister der Kriminalistik tadelt die Flüchtigkeit der ersten Erhebungen, für die er die Volkstimme verantwortlich macht, nicht ohne sie, die so oft von den Kriminalisten als *vox Dei* gewürdigt wurde, als diese »unheilvolle feile Dirne« zu bezeichnen[182]. Im übrigen benützt er die Gelegenheit dieses »fatalen Indizienbeweises«, um gegenüber den vielen Gefahren der Zeugenaussagen die Vorzüge des indirekten Beweises zu preisen. Er sieht den künftigen Strafprozeß beherrscht von den Realien, jenen »unbestechlichen untrüglichen und objektiven Momenten, wie sie zu beschaffen die Kriminalistik lehrt und die sich mit fortschreitender Forschung und Erkenntnis ins Unabsehbare vermehren, sichern und verbessern lassen.«[183] Der Strafrechtslehrer *Carl Stooß* sieht in dem Prozeß Gregor Adamsberger nicht wie Gross gerade einen Anlaß, alles Heil der Wahrheitsfindung vom Indizienbeweis zu erwarten, immerhin beweise der Fall nichts gegen dessen Verwertbarkeit; der Prozeß mahne nur zur äußersten Vorsicht in der Indizienbewertung. Wenn die Organe der Justiz sich vorurteilsfrei die Frage gestellt hätten: Ist erwiesen, daß Gregor die Juliane ermordet hat, so mußten sie bei nüchterner Würdigung aller Umstände zu einem negativen Ergebnis gelangen. Negativ sei nämlich das Ergebnis auch dann, wenn zwar Anzeichen für die Täterschaft einer bestimmten Person vorliegen, diese Anzeichen aber nicht derart sind, daß die Tatsache, auf die sie hindeuten, als geschichtliches Ereignis außer allem Zweifel steht. Wenn der Richter nach anderen Grundsätzen urteile, so gelange er zu »Verdachtsstrafen«; er spreche einen Menschen schuldig, »weil er schuldig sein kann, nicht weil er schuldig sein muß und nicht unschuldig sein kann«. Auch *Hellwig*, selbst Richter, urteilt, daß ein schuldhaftes Verhalten der Richter vorliegt. Hätte man den Fall mit der gebotenen Vorsicht behandelt, so hätte aller Wahrscheinlichkeit nach der Justizirrtum vermieden werden können und vermieden werden müssen. Die öffentliche Meinung habe die Sachverständigen und vor allem die Richter so sehr beeinflußt, daß sie ihre Erhebungen nicht mit derjenigen Sorgfalt vornahmen, die am Platze gewesen wäre. Gregor Adamsberger hätte auf Grund der gegen ihn vorliegenden Verdachtsgründe niemals verurteilt werden dürfen, wenn Untersuchungsrichter und Staatsanwalt, von der öffentlichen Meinung unbeeinflußt, den Sachverhalt objektiv gewürdigt hätten. Aus dem vorliegenden Falle ergebe sich so lediglich die Mahnung, bei der Prüfung der Indizien kritisch vorzugehen.

Zur Psychopathologie der Urteilsbildung

Wir haben unseren Eindruck nicht verhehlt, daß die Erklärungen der kriminalistischen und juristischen Fachleute über die Genese des Fehlspruches, den wir als repräsentativ bezeichneten, den Charakter psychologischer Vorläufigkeiten tragen. Wir meinen, daß sie keinen tieferen Einblick in die seelischen Vorgänge der Gerichtsfunktionäre geben, daß Begriffe wie Macht der Volksstimme, Mangel an moralischer Kraft, der Vorwurf des Außerachtlassens bestimmter Vorsichten uns für den Ausfall psychologischen Verständnisses in keiner Art entschädigen können. Es war gewiß leicht, einige der Faktoren, die am Zustandekommen des Urteils mitwirkten, namhaft zu machen, doch wurden dadurch weder die seelischen Motive noch die Mechanismen, weder die psychischen Voraussetzungen noch die verborgenen Ziele solcher Justizirrtümer freigelegt. Es war auch nicht zu erwarten, daß die entscheidenden Vorgänge in der Psychogenese der Urteilsbildung durch die Untersuchung von Kriminalisten und Juristen, die ja Psychologie durchaus im Sinne der Laien treiben, aufgeklärt werden könnten. Ihre Auskünfte glichen eher Versprechungen als Erklärungen. Es war vergleichsweise so, als wollte man den Hunger eines Mannes beschwichtigen, indem man ihm Speisekarten als Lektüre gibt. Schon der Ausgangspunkt jener psychologischen Untersuchungen von seiten der Kriminalisten ist nicht glücklich gewählt. Es war ihnen selbstverständlich, den forensischen Akt der Beweiswürdigung und der Urteilsbildung als isoliertes Objekt anzusehen und zu studieren. Solche künstliche Isolierung versperrt vom Anfang an den Weg zum psychologischen Verständnis jener Prozesse. Man gelangt am leichtesten zu ihm, wenn man seelische Vorgänge dieser Art mit anderen Phänomenen vergleicht, die von der Forschung besser studiert worden sind. Doch wo finden sich solche Phänomene, und welche Art der Forschung könnte sie nach ihren Zielen und Voraussetzungen verständlich machen?

Die psychoanalytische Forschung bietet uns eine ganze Reihe von seelischen Erscheinungen, die in ihrer psychischen Struktur dem Phänomen des Fehlurteils ähnlich sind. Es kann sich vorläufig gewiß nur um Analogien in den seelischen Prozessen handeln, wenn wir z. B. das Charakteristische eines Indizienbeweises mit der Begründung eines neurotischen Systems vergleichen. Welche Gemeinsamkeiten sollten zwischen diesen voneinander so entfernten Erscheinungen bestehen? Ich darf versichern, daß sich ein Vergleich zwischen ihnen lohnt.

Wo liegt das Auffällige im Urteil im Strafprozeß Gregor, was sind die wesentlichen Züge, welche die Gerichtsfunktionäre dazu verführten, ihr Fehlurteil auszusprechen? Wenn wir die Beweiserhebung und -würdigung noch einmal Revue passieren lassen, müssen wir sagen: Jedes einzelne Indiz schien auf Gregor Adamsberger als den Mörder hinzuweisen, und die Verbindung zwischen den einzelnen Ansichten ließ augenscheinlich keine andere Möglichkeit zu. Das einzelne Element klagte ihn ebenso an wie ihre Vereinigung, das kleine Anzeichen wie der Totaleindruck aller Indizien[184]. Die zwingende Logik der Tatsachen sprach laut genug gegen ihn, und an den wenigen Stellen, wo ein Zweifel möglich schien, konnten der Verstand und das Wissen der Richter und Sachverständigen die Lücken leicht und sicher ausfüllen. Alle Erhebungen und alle Beweise wiesen in die eine Richtung. Die Richter wie die Geschworenen, die Sachverständigen wie die Zeugen gelangten angesichts dieses Beweismaterials zu dem gleichen Resultat. Der Hergang der schrecklichen Tat war dem Weisen wie dem Toren in gleicher Art verständlich. Scharfe Beobachtung, präzise wissenschaftliche Untersuchung, aber auch alle erhältlichen Angaben der Zeugen kamen zu demselben Bilde. Nur Gregor kam als Mörder in Betracht. Nur die Annahme seiner Täterschaft erfüllte alle Ansprüche der Logik und tat den Forderungen psychologischer Art Genüge; sie allein ließ die Aneinanderreihung der einzelnen feststehenden Daten verständlich erscheinen.

Und dennoch war alles falsch, dennoch zeigte sich dem, der von der späteren Entdeckung weiß, wer der Täter war und wie die Tat ausgeführt wurde, jener Zusammenhang, der zuerst der einzige und der einzig natürliche schien, als künstlich hergestellt. Trügerisch und verzerrt schien, was die Kräfte des Verstandes zur Entscheidung beigetragen hatten; zweideutig war plötzlich die psychologische Betrachtungsweise, unsicher alles an Argumenten und Beweisgründen, auf Sand gebaut alle aufgewandte Logik. Woran erinnert uns Psychoanalytiker doch solche doppelbodige seelische Erscheinung? Woran dieses seltsame Spiel der Einzelheiten, die einen bestimmten Zusammenhang unzweideutig zu beweisen scheinen, während sie einen anderen tiefer liegenden und wichtigeren verbergen?

Erinnern wir uns aller entscheidenden Indizien im Beweisverfahren des Strafprozesses und vergleichen wir ihr Ensemble mit einer Erscheinungsreihe, die weit abseits liegt: mit der bewußten Erkärung der Entstehung und des Wesens einer Psychoneurose. Hier ein frappantes Beispiel: Ein jüngerer Baumeister in einer größeren Provinzstadt war plötzlich in eine schwere Depression verfallen, die bedrohlich aussah und seine Verwandten und Freunde ängstigte. Der pflichttreue, arbeitsfreudige und ernsthafte Mann vernachlässigte völlig seine Arbeiten, weigerte sich, in sein Büro zu gehen, lag dumpf verzweifelt in seinem Bett, weinte stundenlang, aß nur wenig und ungern, wollte niemanden sehen und erklärte, mit seinem Leben sei es zu Ende. Zu dem Leidenden, der mir flüchtig bekannt war, gerufen, fand ich ihn in einer verzweifelten Stimmung; gleich am Anfang unserer Unterredung versicherte er mir, nichts und niemand könne ihm helfen, alles sei verloren, seine Existenz vernichtet. Was war dem Manne zugestoßen? Er wurde zu den geachtetsten Vertretern seines Berufes gezählt, lebte mit seiner Mutter ein behagliches Junggesellenleben, das neben der Arbeit genug Raum für die Annehmlichkeiten geselligen Verkehrs hatte, und hegte vielerlei, namentlich künstlerische Interessen. Sein Ruf war im Ansteigen, neue Aufträge drängten, versprachen Bestätigung seines Ansehens und sicherten den Zulauf neuer Kunden. Der Gesundheitszustand des etwa 35jährigen, liebenswürdigen, etwas feminin aussehenden Mannes war ausgezeichnet; auch psychisch war er seinen Freunden vorher nie labil vorgekommen. Die Erklärung, die er mir für seine schwere Verstimmung gab, ließ diese freilich verständlich erscheinen. Bei ernster Lebensauffassung, wie sie der Patient zweifellos hatte, konnte man sich auch nicht über ihre Tiefe wundern, zumal wenn man den Ehrgeiz des Mannes, seine Besorgtheit um seinen Namen und den der Firma, die er allein repräsentierte, kannte.

Der von ihm dargestellte Sachverhalt war folgender: Einige Wochen vorher hatte er im Auftrage eines seiner besten Kunden ein großes Miethaus nach langer sorgfältiger Arbeit fertiggestellt. Das stolze Gebäude sollte demnächst den zahlenden Bewohnern übergeben werden, die angesichts der Wohnungsnot der Nachkriegszeit schon sehnsüchtig dem neuen Heim entgegensahen.

Dem Baumeister, der natürlich den Bau leitete und besichtigte, gefiel sein Werk nach der Fertigstellung gut. Seine Erzählung ließ es in charakteristischer Art unsicher, wann und unter welchen Umständen der erste Zweifel an der baulichen Sicherheit des neuen Gebäudes aufgetaucht war. War es spontan und plötzlich, ohne eine äußere Anregung erschienen, oder hatte er sich im Anschluß an eine flüchtige Bemerkung eines der Herren von der Baukommission, welche die Baufestigkeit und Dauerhaftigkeit des Gebäudes zu überprüfen hatte, erhoben? Der Patient selbst glaubte eher, es sei nach dieser Prüfung, die nach Vollendung des Baues in seinen wichtigsten Teilen (Mauern, Decken, Dach und Treppen) stattfand, gewesen, daß in ihm der Gedanke auftauchte, das Haus sei durch Grundwasser gefährdet. Man weiß, es handelt sich dabei um das durch poröse Bodenschichten gesikkerte und auf jener tieferen undurchlässigen Schicht angesammelte Wasser. Weinend schilderte mir der Patient nun, welche Vorsichtsmaßregeln er vor dem Bau getroffen hatte, wie sorgfältig der Baugrund untersucht worden war. Seine Ausführungen kehrten immer wieder zu seiner festen Überzeugung zurück, daß das Grundwasser bei den gerade dort bestehenden Bodenverhältnissen in absehbarer Zeit das Gebäude zusammenstürzen lassen würde. Er schilderte in einer sogar mir Laien anschaulichen Art, die zugleich das präzise Wissen des Sachverständigen erkennen ließ, die ungeheure Gefahr, welche unter bestimmten Umständen die Bewohner bedrohte. Eine entsetzliche Katastrophe, an der er allein Schuld trage, werde über alle hereinbrechen. Der Gedanke an diese naheliegende Möglichkeit verließ ihn nicht mehr, immer wieder müsse er sich alle Folgen eines solchen schrecklichen Ereignisses ausmalen. Auf sein dringendes Ansuchen hatte eine nur zu diesem Zwecke zusammengestellte Kommission von Baufachleuten – unter ihnen Professoren der technischen Hochschule – das Gebäude nach seiner Festigkeit sowie den Boden noch einmal genau untersucht. Das ausführliche, in alle Einzelheiten gehende Gutachten, das der Patient mir vorlegte, konnte ich nach den sachlichen Belangen natürlich nicht überprüfen, doch wies mich der Patient selbst auf einige Punkte hin, in denen – freilich in einer sehr bedingten Form und in einer Sprache, die mir durch das Übermaß von Fachausdrücken schwer zugänglich war – die Möglichkeit der Gefährdung der Baufestigkeit durch das Grundwasser bedingungsweise zugestanden wurde. Andere Aussagen in diesem Gutachten schienen freilich eine solche Gefährdung auf lange Zeit auszuschließen oder zumindest auf lange Zeit als unwahrscheinlich hinzustellen. Der scharfsinnige Kranke konnte es mir aber auf Grund seiner Fachkenntnisse plausibel machen, daß diese Befunde nur in verhüllterer Form dasselbe aussagten wie die anderen.

Der nicht analytische Beobachter, der die Klagen des Patienten und seine klaren Befürchtungen hörte, hätte bei wiederholter und sorgfältiger vergleichender Exploration nichts Auffälliges in dem von dem Kranken dargelegten Zusammenhange zwischen dem Unglück, das ihn betroffen hatte, und dem Ausmaße seines Affektes gefunden. Ist es ungereimt, wenn ein junger, ehrgeiziger Baumeister, der nach monatelanger Bautätigkeit findet, daß sein Gebäude zahlreiche Menschenleben gefährde und damit den Zusammenbruch seiner Existenz verbinden muß, einer schweren Verstimmung verfällt? Die Intensität seiner Depression schien, je mehr man von jenen Befürchtungen hörte und verstand, den von ihm angegebenen Ursachen immer angemessener zu sein. Sein Bericht machte einen ausgezeichnet geordneten und logischen Eindruck, der von ihm dargestellte Zusammenhang war klar und konsequent. Verschiedene Umstände, die ich hier nicht ausführlich darstellen kann, schienen die Richtigkeit seiner Erzählung zu bekräftigen. Wer, durch den detaillierten Bericht des Patienten orientiert, das Gutachten der Baukommission zum zweiten- und drittenmal las, konnte als Laie und durch seine Erklärungen verlockt, darin eine Art Bestätigung seiner Befürchtungen erkennen. Alle Daten paßten ausgezeichnet zueinander, die Angaben, die der Kranke machte und von denen einige leicht nachprüfbar waren, stimmten. Und doch war alle Logik nur scheinbar, doch war der Zusammenhang ein künstlich hergestellter, lagen ganz andere verborgene Ursachen seiner Verstimmung zugrunde. Dem sorgfältigen Beobachter mußte es freilich rückblickend auffallen, daß, so begreiflich auch der Schmerz und der melancholische Charakter der Depression sein mochten, gewisse Züge im Verhalten des Kranken nicht zu dem Bilde, das er mir entworfen hatte, passen wollten. Manche Sätze in dem Gutachten, auf die er sich berief, konnte man nur mit einigem Zwang in dem von ihm gezeigten Sinn deuten, manche seiner Begründungen machten einen sophistischen Eindruck. Wenngleich der logische Schein für sie sprach, wollte der Zweifel an ihrer Echtheit nicht verschwinden. Das Gefüge seiner Erzählung war fest; dennoch gab es darin einige kleinere Inkonsequenzen; alles darin war natürlich, und doch schienen einige wenige Einzelzüge gewaltsam.

An einer bestimmten Stelle unserer Unterredungen, die zumeist von seinen Klagen und den Ausbrüchen seiner Verzweiflung über den bevorstehenden Zusammenbruch seiner Existenz ausgefüllt waren, erwähnte er in einer Parenthese auch den Umstand, daß er keine eigene Wohnung besaß und zusammen mit der Mutter wohnte. Es war ganz beiläufig, vielleicht sogar (da er es im Zusammenhang mit seinem Baumeisterberuf erwähnte) fast scherzhaft gesagt worden, dennoch hinterließ es in mir eine psychische Spur. Es würde nun zu weit führen, wenn ich darstellen wollte, in welcher Art sich später bei langsamer Überprüfung eine Erlebnisreihe enthüllte, die in eine überraschende Richtung wies. Erst die mühselige, einer Mosaikarbeit vergleichbare Zusammenstellung vieler Andeutungen, die in langen Intervallen auftauchten, ergab Stück für Stück eine befremdende Rekonstruktion der seelischen Vorgänge, welche die Psychogenese der

Depression bestimmt hatten. Diese Rekonstruktion zeigte folgende wesentliche Züge: Der junge Baumeister, der mit seiner Mutter die Wohnung teilte, war vor einiger Zeit in Beziehungen zu einer verheirateten Frau getreten. Das sexuelle Verhältnis, das sich rasch aus der Bekanntschaft entwickelte, hatte mit vielfachen Schwierigkeiten – nicht nur äußeren – zu kämpfen. Nicht die geringste von diesen war die Frage, wo die beiden Verliebten ihre Zusammenkünfte halten sollten. In der kleinen Stadt, die dem Klatsch frönte, gab es wenig Möglichkeiten eines unverdächtigen Zusammenseins. Gerade in der Zeit, als unser Baumeister mit jenem wichtigen Hausbau beschäftigt war, war diese Sorge besonders akut geworden. Die Frage stellte sich ihm auch in der Form, ob er sich, ohne Aufsehen zu erregen, eine eigene Wohnung nehmen könnte oder ob nicht eine andere Möglichkeit innerhalb der Stadt gefunden werden könnte. Zur selben Zeit aber war ihm eine ganz andersartige Sorge genaht: Bei seiner alten Mutter waren bestimmte Krankheitssymptome aufgetreten, die es ratsam machten, einen erfahrenen Gynäkologen zu konsultieren. Dieser hatte dem Sohn gegenüber vorsichtig die Vermutung ausgesprochen, daß ein Fall von Gebärmutterkrebs vorliegen könne, und seine endgültige Diagnose von einer zweiten Untersuchung abhängig gemacht. Der Patient wurde nun von der Sorge gequält, die geliebte Mutter könnte von der gefürchteten Krankheit befallen sein. Alles dies erfuhr ich erst viel später und in einem Zusammenhange, der von der angegebenen Verursachung seiner Verstimmung weit entfernt war. Es erschien aber auffällig, daß die Sorge um die Mutter so gar keinen Anteil am Zustandekommen der Depression des Sohnes gehabt haben sollte. Meine Rekonstruktion, die in dieser Richtung nicht mehr als einige Schritte über das Feststellbare hinausging, ließ indessen einen besonders innigen Zusammenhang zwischen der Verzweiflung des Sohnes und der schweren Erkrankung der Mutter vermuten. Freilich war es nicht die Sorge um das Leben der Mutter schlechthin, welche seine Depression produzierte. Bestimmte Anzeichen, die sich immer wieder darboten, drängten zu einer psychologischen Annahme besonderer Art: An einem Abend jener sorgenvollen Zeit war mitten im Kummer, welcher der Gesundheit der Mutter galt, in dem Sohne der sehnsüchtige Gedanke an jene Frau sowie die Erinnerung an die Schwierigkeiten, die mit diesem Verhältnis verbunden waren, aufgetaucht. Jene beiden Gedankenreihen begegneten einander für einen bestimmten Augenblick und plötzlich tauchte, aus dem Unbewußten durchbrechend, ein Einfall auf, den er entsetzt zurückwies. Der »schreckliche« Gedanke, wie er ihn später oft bezeichnete, war der folgende: Wenn die Mutter jetzt stürbe, könnte ich die Wohnung für mich allein haben und meine Freundin dort ungestört und ungeniert empfangen. Der Gedanke, auf seine primäre Form zurückgeführt, hatte wohl den Charakter eines Wunsches.

Die psychische Reaktion auf diese plötzlich auftauchende Regung, das Entsetzen vor ihr, die verstärkte Trauer wegen der Krankheit der Mutter und die reaktiv gesteigerte Zärtlichkeit für sie – hier sind die verdeckten Probleme der Erkrankung zu suchen. Wo sind die seelischen Verbindungen zwischen dieser unbewußt seelischen Kausalreihe und der von dem Kranken angegebenen? Wie sollen wir uns das Verhältnis der beiden zueinander vorstellen? Es besteht kein Zweifel, daß der Patient bewußt unter der Sorge wegen des Neubaus leidet, daß er wegen dessen Baufestigkeit bekümmert ist und sich wegen seiner mangelnden Vorsorge schwere Selbstvorwürfe macht. Auf der anderen Seite bezeugt die analytische Rekonstruktion, daß in ihm Gedanken und Wünsche aufgetaucht sind, die sich auf die Erkrankung und den wahrscheinlichen Tod der Mutter bezogen und die er erschreckt abwehrte.

Die wirkliche tiefliegende Begründung der schweren Verstimmung ist unbewußt; da dieser Zusammenhang dem Ich entzogen ist, muß ein sekundärer, nachträglich hergestellter konstruiert werden. Die Herstellung eines solchen Ersatzzusammenhanges, einer solchen Verständlichmachung des Unbekannten, welches das Ich in allen seinen Tiefen erschüttert, ergibt als Resultat ein System, dessen besondere Eigenschaften wir in der Psychoanalyse so gut kennenlernen. Der hier geschilderte Fall zeigt ein schönes Beispiel von psychoneurotischer Systembildung. Wir wissen, welche starken Motive dazu drängten, die Vorstellung vom Tode der Mutter als lustvoll erscheinen zu lassen und welche seelischen Mächte sich einem solchen Gefühl entgegensetzten und es verdrängten. Der geheime Gedanke lautet: vielleicht wird der Gebärmutterkrebs, der so zerstörend wirkt, die Mutter töten. Die Umordnung dieses latenten psychischen Materials nach einem neuen Ziele erfolgt dadurch, daß es auf den Neubau, der eben zu Ende geführt wurde, bezogen wurde. Es lassen sich auch die psychischen Brücken zwischen dem verdrängten Stoff und dem bewußtseinsfähigen Material erkennen: es war ja der Wunsch nach einer Wohnung, der zu den stärksten Motiven jenes rasch unterdrückten Todeswunsches gehörte. In jenem von ihm aufgeführten Neubau gab es nun solcher kleiner Wohnungen, die für ihn gepaßt hätten, genug. Wir sind jetzt in der Lage, das neurotische System und die ihm zugrundeliegenden verborgenen Gedanken nebeneinander zu stellen und miteinander zu vergleichen. Die bewußtseinsfähige Gestalt des gedanklichen Zusammenhanges wird bekanntlich durch die sekundäre Bearbeitung bestimmt. Sie ist es, welche das seelische Material neuordnet, Verbindungen zwischen einzelnen Elementen herstellt und dort, wo der wahre Sinn dem Ich nicht mehr zugänglich ist, einen zweiten herstellt. Dieser künstliche Zusammenhang, wie er sich dem Bewußtsein nach der erfolgten sekundären Bearbeitung darbietet, läßt sich etwa folgendermaßen beschreiben: Das Haus, das ich baue, steht nicht auf festem Grunde, die unterirdische und unablässige Arbeit des Grundwassers wird es

langsam zerstören, bis es stürzt. Diese Katastrophe wird auch meine Karriere und mein Leben vernichten. Das entsprechende verdrängte gedankliche Material läßt sich grob so darstellen: Meine Mutter ist lebensgefährlich erkrankt, die verborgene destruktive Arbeit des Krebses macht schreckliche Fortschritte; sie wird bald sterben. Deshalb bin ich so verzweifelt.
Unschwer lassen sich die gemeinsamen Elemente zwischen dem verdrängten und dem bewußtseinsfähigen Material festhalten. So entspricht die ärztliche Untersuchung der Prüfung durch die Baukommission des manifesten Zusammenhanges, so wird in symbolischer Ausdrucksweise der kranke Leib der Mutter dem gefährdeten Gebäude gleichgestellt, die unterirdische Macht des Grundwassers ersetzt gewiß die im Verborgenen weiterwirkende Gewalt der Krankheit, die eine Katastrophe die andere. Natürlich kann die Ersetzung keine vollständige sein; auch die sekundäre Bearbeitung kann nicht alle Elemente neu ordnen und für alle ausfallenden Teile und Teilchen eine genau entsprechende zweite Garnitur beistellen. Manchmal schimmert durch alle logische Konsequenz und alle gedankliche Strenge die alte unbewußte Triebunterlage durch wie ein armseliges Gewand durch einen prunkvollen, doch zu kurzen Überwurf. So entstehen jene kleinen Lücken, jene kaum wahrnehmbaren Inkonsequenzen und Willkürlichkeiten, jene Sprünge und Risse im System, welche nur scharfer Beobachtung wahrnehmbar sind, durchaus analog den Fehlern und Mängeln, welche die Kritik in der Urteilsbegründung des Prozesses gegen Gregor Adamsberger festgestellt hat.
Wer Stück für Stück den Indizienbeweis in diesem Mordprozeß überprüft, findet, wie jedes einzelne Element zweimal eingereiht werden kann. Es ist verständlich, wenn es von dem Standpunkt, Gregor ist der Mörder, betrachtet wird, und es ist verständlich und richtig, wenn es von der Voraussetzung des wirklichen Sachverhaltes aus verstanden wird[185]. Das ganze Material er-

scheint vernünftig und wirkt widerspruchsfrei, sobald es unter dem Gesichtspunkt der Täterschaft Gregors erfaßt wird. Ebenso werden die Depressionen jenes Patienten und ihre einzelnen Symptome durchaus verständlich, wenn man sie als Reaktion auf die angeblich drohende Gefahr des Gebäudeeinsturzes erkennt. Dennoch würde jeder, der hier den wahren, das will heißen, den wirksamen Zusammenhang sehen wollte, in die Irre gehen.

Was hier im Bewußtsein und im Unbewußtsein des einzelnen vorgeht, darf zwangslos den seelischen Vorgängen in dem Untersuchungsrichter, in dem Sachverständigen und in den anderen gerichtlichen Funktionären verglichen werden. Die schwere Verstimmung, die den Baumeister befiel, forderte eine Erklärung, und das Bewußte, das die verdrängten Faktoren nicht erfassen konnte, bemächtigte sich des erstbesten – doch nicht des erstbesten – psychischen Materials, das sich darbot, unter der Nötigung der Verständlichkeit. So wurde ein intelligibler Zusammenhang hergestellt, wo sonst ein unerklärbares und chaotisches Gebilde Verwirrung brachte. Nur so konnte eine Möglichkeit des Verständnisses gewonnen, nur so jene befremdende Erfahrung in den Zusammenhang der bekannten Lebenserscheinungen eingereiht werden. Die Erklärung: Meine Depression ist der Ausdruck meiner Verzweiflung über den drohenden (von mir verschuldeten) Zusammenbruch des fertiggestellten Hauses, leistet diese Dienste der Verständlichmachung. Sie imponiert uns nicht nur als eine synthetische Produktion einer Ichfunktion. Sie dient auch dazu, die Fernhaltung des unbewußten Zusammenhanges zu verstärken und zu verdecken. Der Erfolg dieser Absichten zeigt klar, daß die tieferliegende Kausalreihe nicht erkannt werden sollte. Die Gerichtsfunktionäre in jenem Prozeß standen vor der Frage: Wer hat den Mord begangen? Die Nachforschungen ergaben eine lange Reihe von Momenten, die nur auf Gregor Adamsberger hinwiesen, jedes dieser Indizien schien das andere zu unterstützen. Ein anderer Täter kam offenbar nicht in Betracht. Wenn man nicht die Täterschaft Gregors annehmen wollte, stand man vor einem Rätsel – dort wo man am wenigsten zu stehen wünschte. Gregor Adamsberger war zwar nicht der Täter, aber er hätte der Täter sein können.

Besser noch als in der Neurosensymptomatologie wird die Wirksamkeit jener psychischen Funktion, der wir den Aufbau der Systembildung zuschrieben, in der Psychose erkennbar. In der Paranoia z. B. ist das ganze Krankheitsbild vom System beherrscht, und, was uns als Wahn so starken Eindruck macht, ist zum großen Teil das von der sekundären Bearbeitung umredigierte, seelische Material. Der kombinatorische Scharfsinn des Paranoikers bringt es zustande, daß das ganze Weltbild eine Verschiebung oder Verzerrung im Sinne der Systembildung erfährt, eine Neuordnung, deren Folgerichtigkeit und Logik uns imponiert. Die Leistungen der sekundären Bearbeitung können wir am eigenen Seelenleben in jenem psychischen Produkt, das dem Wahne am nächsten steht, beobachten: am Traume. Der Traum, der uns nach dem Erwachen oft so wirr und zusammenhanglos anmutet, macht manchmal einen sehr »vernünftigen«, sinnvollen und kohärenten Eindruck. Was so geordnet und logisch erscheint, verdeckt und vertritt den wirklichen Zusammenhang der latenten Traumgedanken. In einzelnen Traumpartien paßt so ein Element zum anderen, ist alles sinnreich komponiert, aber diese so glatte und vernünftige Außenseite täuscht und soll täuschen: sie ist selbst Ausdruck der Traumstellung, ist Erfolg späterer Deutung. Was Ordnung scheint, ist bereits Umordnung, was so genau und natürlich zusammenpaßt, späterer Einschub, was wie unlösbar und von Anfang an miteinander verbunden aussieht, ist mühsam gekittet. Hier ein Beispiel einer solchen durch sekundäre Bearbeitung entstandenen Traumfassade: Eine Traumpartie schildert die Szene einer künstlerischen Vorführung. Die Träumerin erzählt: »Das Publikum klatscht dem

Tanze Beifall. Jemand sagt: ›*Das ist nicht im Takt; das ist etwas Modernes.*‹« Dieses Stück des manifesten Trauminhaltes paßt vorzüglich zum anderen Teil; alles ist ausgezeichnet verständlich geordnet, scheint organisch aus der Situation zu wachsen. Es sind solche außerordentlich klare und logisch folgerichtige Traumstücke, die dafür verantwortlich zu machen sind, daß noch immer der manifeste Trauminhalt mit den latenten Traumgedanken verwechselt wird. Diese Versuchung ist besonders groß, wenn wie im vorliegenden Falle rezentes Erinnerungsmaterial vorliegt, so daß es aussieht, wie wenn der Traum einfach eine wenig bearbeitete Reminiszenz an das Erlebte des Vortages wäre. Die Träumerin hatte nämlich an diesem Tage der Vorführung einer Schule rhythmischer Gymnastik beigewohnt, und es waren wirklich Tanzgruppen gezeigt worden. Wie sehr wächst der Anschein, als drücke der manifeste Trauminhalt als solcher die Meinung des Traumes aus, wenn die Analysandin zu berichten hat, es sei eine exotische Melodie gespielt worden und sie habe beim Anhören gedacht: das ist etwas Modernes. Und welcher Hörer moderner Musik wollte leugnen, daß man von vielen Kompositionen unserer Zeit den Eindruck erhält, sie seien »nicht im Takt«? So drängt also ein Teil der Assoziationen der Träumerin selbst in die Richtung, die unser Denken einschlagen will. Freilich nur ein Teil, ein anderer will sich nicht in diesen Rahmen fügen. Man kann es im Zusammenhange noch gut verstehen, wenn die Träumerin berichtet, sie sei an diesem Tage mit verschiedenen Gedanken über das Generationenproblem beschäftigt gewesen. Es klingt vorerst wie eine Bestätigung unseres Eindruckes: vielleicht haben sich Gedanken über den Gegensatz der Musik der alten und der neuen Generation im Traum Ausdruck verschafft, Gedanken, die vielleicht beim Hören jener Komposition erwacht sind? Ein solcher Zusammenhang, der zuerst so natürlich erscheint, könnte aber angesichts der nun folgenden Einfälle der Analysandin nur mit sehr künstlichen Mitteln aufrechterhalten werden und würde einen besonders unnatürlichen Eindruck machen. Sie erzählt nämlich, wie sie zu jenem Gedanken des Generationenproblems gelangt sei; sie sei unlängst eingeladen worden, in einem Frauenverein einen Vortrag zu halten, und habe eben jenes Thema, insbesondere den Gegensatz von Müttern und Töchtern, gewählt. Dabei seien ihre Gedanken, wie so häufig in letzter Zeit, zu dem Konflikt zurückgekehrt, den sie selbst als junges Mädchen mit der Mutter gehabt hatte. Sie habe sich allen Vorschriften der konventionellen Moral ihrer Zeit gefügt: als sie ziemlich spät heiratete, sei sie Jungfrau gewesen. In den Jahren vorher hatte sie einen heftigen Kampf gegen ihre starke Sinnlichkeit durchzukämpfen gehabt. Wenn sie an die heutige Jugend denke, werde sie von bitteren Gefühlen gegenüber ihrer strengen Mutter bewegt. Kein Mädchen von heute lege besonderen Wert auf die Erhaltung der Virginität: es sei nicht wichtig, daß in der Hochzeitsnacht das Hymen intakt sei. Der Ehemann erwarte das gar nicht, das sei nicht modern. Sie vermag jetzt selbst das Traumbruchstück der Deutung nahezubringen: *das ist ja nicht intakt, das ist etwas Modernes* oder in einer Umkehrung, die leichterem Verständnis zuliebe erlaubt sein mag: *es ist etwas Modernes, daß das nicht intakt ist.* Dieser Gedanke bezieht sich also nicht auf die Musik, sondern auf die sexuelle Moral und auf die Frage der Virginität, die sie in dem beabsichtigten Vortrage ebenfalls diskutieren wollte. Die Außenseite des Traumes, die von so großer Klarheit schien, ist eine sekundäre Bildung, ihre Folgerichtigkeit nur eine künstlich hergestellte und trügerische: die eine harmlose Reihe von Gedanken wurde zur Vertreterin einer anderen, versteckten. Die Traumfassade hat uns den wirklichen, bedeutsamen Kern eher verdeckt als entdeckt. Ebenso wie wir uns hier von den Taschenspieler-Kunststücken der Bewußtseinsinstanzen narren ließen, wie wir hier ungewarnt und unbelehrt einem Irrtum unterlagen, in ähnlicher Art werden die gerichtlichen Funktionäre in ihrem logischen Bedürfnis häufig vom Anschein verlockt, wenn es die Täterfrage gilt. Der Zwang, der von der synthetischen Ichfunktion ausgeht, ist so stark, daß er uns manchmal ein Stück bedeutsamer Differenz einfach übersehen läßt; ja uns dazu bringt, die Wahrheit des vorliegenden Materials unbewußt zu verfälschen. Oft genügt es für seine Ziele, wenn ein unscheinbares, scheinbar unwichtiges Detail etwas verschoben oder verzerrt, ein bißchen »eingerichtet« in den vorbereiteten Zusammenhang gelangt. Man beachte in unserem Beispiel den Satz: »Das ist ja nicht in Takt«, der so gut in die von der Erwähnung von Tanz und Musik bestimmte Gedankenreihe zu passen scheint. Waren wir nicht sogleich bereit, hier einen sehr verständlichen, ja fast selbstverständlichen Hinweis zu erkennen? Haben wir nicht ohne weiteres angenommen, daß es »im Takt« lautet? Wie selbstverständlich haben wir *m* statt *n* gehört. Wir haben gar nicht daran gezweifelt, daß es »im Takt« heißt, denn das stand in bester Übereinstimmung mit unserer Erwartungsvorstellung; wir nahmen sofort an, es handle sich um die Musik, und nur das brachte uns dazu, das Ganze als einheitlich zu erfassen.

Von unzähligen Beispielen aus der kriminalistischen Praxis, die sich hier zum Vergleich darbieten, sei nur ein einziges hierhergesetzt: Es läßt erkennen, in welchem Ausmaße dieselben seelischen Faktoren uns auch dort, wo wir wachend und mit scharfen Sinnen die Außenwelt erfassen, in die Irre führen. Es handelt sich um eine Einzelheit in dem Strafprozeß wegen der Ermordung Katharina Fellners. Frau Katharina Fellner, die aus Triest nach Wien gekommen war, wurde am 17. Juli 1928 im Lainzer Tiergarten erschossen aufgefunden. Die Wiener Polizei entfaltete eine fieberhafte Tätigkeit zur Aufklärung des Mordes: Nachdem man die Tote durch einen überraschenden Zufall identifizieren konnte, erforschte man ihr Vorleben. Sie war früher Kellnerin gewesen, war dann zur reichen Lebedame geworden und hatte später einen schlecht beleumundeten Mann, einen Ungarn Andreas Fellner, geheiratet, von dem sie sich bald wieder trennte. Es hatte freilich schon lange keine Beziehungen mehr zwischen Frau Fellner und ihrem Manne gegeben, dennoch aber, so schloß die Wiener Polizei, deren psychologischer Scharfsinn berühmt ist, hätte der Mann das plötzliche Verschwinden seiner Frau, die entfernt von ihm lebte, bemerken müssen. Sein Schweigen darüber wirkte wie der Ausdruck des schlechten Gewissens. Ferner hatten einige Leute in der Nähe jenes Parkes bei Wien, in dem die Leiche gefunden worden war, einen dämonisch aussehenden Mann gesehen, den sie als Südländer mit herabhängendem Schnurrbart schilderten. Auch diese Beschreibung konnte bei einiger Phantasie auf Andreas Fellner passen. Neben diesen Indizien gab es eine entscheidende Tatsache: Fellner, der sich seit längerer Zeit dauernd in Italien aufgehalten hatte, hatte sich in der Nacht vor dem Morde auf der Fahrt nach Wien befunden. Das bewies die Eintragung seines Namens bei der Paßstelle in Maribor am 17. Juli 1928. Er hatte also gerade an diesem Tage die italienische Grenze in der Richtung nach Wien überschritten. Nun aber brach sich die lange und mühsam gedämmte Energie der Wiener Polizei Bahn: Der geschiedene Gatte der Ermordeten wurde im Sommer 1928 in Abazzia ausgeforscht und verhaftet. Die Nachforschungen hatten ergeben, daß Andreas Fellner ein mehrfach abgestraftes Individuum war. Es fehlte anscheinend nichts mehr zum Schuldbeweis. Da fügte es ein Zufall, daß der Verhaftete einwandfrei nachweisen konnte, daß er gerade am 17. Juli 1928 in dem istrianischen Dorfe Oderzo einen Kraftwagenunfall erlitten hatte und von dem dortigen Arzt behandelt worden war: er konnte an demselben Tage unmöglich die Grenze überschritten haben. Es mußte ein Irrtum seitens der recherchierenden Beamten vorliegen. Der Irrtum konnte darauf zurückgeführt werden, daß sich nach ungarischem Brauch die Ehefrau mit Vor- und Zunamen des Gatten nennt und nur eine kurze Nachsilbe hinzufügt. In jenem Grenzprotokoll stand:

Fellner Andreasne, das heißt: die Frau des Andreas Fellner. Wirklich hatte in jener Nacht Frau Katharina Fellner, das spätere Opfer, die Grenze überschritten. Die ganze Konstruktion der Wiener Polizei brach zusammen.

Der Vergleich des unbewußten Mißverständnisses jenes Satzteiles »nicht in Takt« mit der hier angeführten kriminalistischen Fehlkonstruktion ist in mehr als einer Richtung psychologisch lehrreich. Wie dort handelt es sich hier um das Übersehen eines Details, aber die falsche Deutung hätte hier fast zu tragischen Konsequenzen geführt. In beiden Fällen sehen wir dieselbe psychische Instanz, die ein bestimmtes Moment mehr oder minder gewaltsam umdeutet, um es in einen vorher angenommenen Zusammenhang zu bringen, wirksam. In beiden Fällen geschieht diese Umordnung des Materials unbewußt. Eine Reihe solcher Umdeutungen, miteinander in Beziehung gesetzt, führt dann zu einem System, das in der Neurose den wahren Zusammenhang verhüllt.

Auch eine andere Erkenntnis kann aus dem Vergleich der Bedeutung der sekundären Bearbeitung im Traum und im kriminalistischen Denken abgeleitet werden. Wir haben aus der Deutung von Träumen gelernt, besonders vorsichtig und mißtrauisch gegen jene Traumstücke zu verfahren, die so gut komponiert und folgerichtig, so besonders klar und logisch aussehen. Gewöhnlich verbergen gerade solche Träume oder Traumpartien wichtige Gedanken, die sich geschickt hinter der »vernünftigen« Traumfassade verstecken. Der Kriminalist und der Untersuchungsrichter werden bei der Aufklärungsarbeit eines Verbrechens ebenfalls ein besonderes Mißtrauen gegenüber Tatbeständen, die einfach und leicht verständlich erscheinen, hegen. Es kommt vor, daß Verbrecher sich mit vollem Bewußtsein jener natürlichen Vorliebe für das Einfach-Verständliche im Kriminalisten anpassen und einen Tatbestand so erscheinen lassen, wie er sich der sekundären Bearbeitung darstellen würde. Sie dürfen

darauf rechnen, daß auch bei den besten Kriminalisten ein starkes Bedürfnis besteht, den Zweifel rasch auszuschalten und eine naheliegende Möglichkeit für die Wirklichkeit zu halten. Oft bleibt nur eine höchst unwahrscheinliche Möglichkeit übrig, wenn man sich nicht für das Nächstliegende entscheidet. Freilich wird gerade auf dem Gebiete des Verbrechens manchmal das Unwahrscheinliche Ereignis.
Richter und Geschworene, Staatsanwälte und Sachverständige fühlen die Versuchung, die Lücken in dem ihnen vorliegenden Material, das sich auf die Wahrheitsfindung bezieht, in dem hier dargestellten Sinne auszufüllen. Auch sie unterliegen dem psychologischen Zwang, den Ablauf der Ereignisse folgerichtig zu verstehen und sich selbst eine »vernünftige« Erklärung zu geben. Es ist indessen nicht ihre Aufgabe, eine vernünftige Erklärung des Sachverhaltes zu geben, sondern die zutreffende.

Psychologischer Scharfsinn eines Kriminalisten

Die geschilderte Überschätzung der Verständlichkeit, der logischen Aufeinanderfolge, des vernünftigen Charakters einer Gedankenreihe hat den Fortschritt der Wissenschaft ebenso lange aufgehalten wie den der Justiz. Es ist nicht wahr, daß die Menschen die Wahrheit nicht erfahren wollen. Das größte Hindernis, das sich der Erringung einer Erkenntnis entgegensetzt, ist vielmehr die feste Überzeugung, daß man die Wahrheit bereits besitzt. In solchem Glauben genießt sowohl der Wissenschaftler als auch der Kriminalist oft das Vorgefühl hohen Glückes.
Der Zufall ließ mich unlängst ein Beispiel finden, welches das eben dargestellte Phänomen in hellste Beleuchtung rückt. Das Beispiel ist um so hübscher, als es einen Forscher an der Arbeit zeigt, der zugleich Kriminalist war, und der seine medizinischen und psychologischen Kenntnisse und, was mehr bedeutet, Er-

kenntnisse gerade auf kriminalistischem Gebiete verwertet hat. Es handelt sich eben um die Wirkungen der »sekundären« Bearbeitung, welche sich in die Denkarbeit des Forschers ebenso einschleicht wie in die Überlegungen des Kriminalisten, welche die Wahrheitsfindung hier wie dort stört. Das Beispiel entnehme ich einem Aufsatz »Zum Mechanismus des Versprechens«, den der bekannte Medizinalrat und Kriminalist *P. Näcke* im Archiv für Kriminalanthropologie und Kriminalistik 1908 veröffentlicht hat. Der Kriminalpsychologe bezieht sich in seinem Aufsatz auf das *Freud*sche Buch »Zur Psychopathologie des Alltagslebens« und auf die dort gegebene Theorie der Psychogenese des Versprechens. »In der Kritik dieses Buches«, so bemerkt Näcke strenge, »mache ich darauf aufmerksam, daß sicher dieser Modus nicht der alleinige sei, daß Freud eben überall und stets übertreibt. Ein hübsches Beispiel hierfür las ich soeben in der Leipziger Abendzeitung vom 12. April 1908, das ein ähnliches Versprechen aufweist, wie ich es früher von mir selbst erwähnt hatte. Dort wird uns berichtet, daß ein protestantischer Geistlicher Kirchenexamen mit seinen Konfirmanden abhält. Die Kinder befanden sich natürlich alle mehr oder weniger in einem Zustand der Aufregung. Der Pastor beginnt eben das Wort Christi zu sagen: ›Wachet und betet, damit ihr nicht in Anfechtung fallet‹ und fordert ein Mädchen auf, das Weitere zu sagen. Sie platzt mit: ›denn der Geist ist willig, aber das Fleisch ist teuer‹ heraus. Tableau! Hier liegt gewiß nicht eine Wirkung eines abgespalteten Affekts vor, denn das Wort ›willig‹ hat zunächst den Klangreim billig erklingen lassen, welcher wieder mit Bezug auf das Wort Fleisch in die nahe Kontrastassoziation teuer auslief.« So konstruiert Näcke den psychologischen Vorgang. Das sehr hübsche Beispiel zeige, »wie Angst, Erregtheit, Erwartung usw. aber ebenso gewisse psychotische Zustände die Zielvorstellung verfehlen lassen und die naheliegenden und banalen Klangassoziationen oder die des Kontrastes, die auf der Hand liegen, auf die

Bühne bringen. Die Apperzeption ist geschwächt, würde *Wundt* sagen, und nun verläuft der Assoziationsprozeß ohne Richtungslinie, anscheinend ›als ziellos, wenngleich immer natürlich gesetzmäßig. Dabei ist nicht ausgeschlossen, sogar sehr wahrscheinlich, daß, da das Mädchen in den letzten Zeiten sicher viel über die Fleischpreise klagen hörte, dies auch mit nachklang und so das Wort ›teuer‹ auch noch mit ›Fleisch‹ verkettet war.«
Klingt diese Erklärung nicht wahrscheinlich? Hat sie nicht viel Bestechendes in sich? Dennoch mutet sie, die zuerst so natürlich und plausibel klingt, uns sonderbar künstlich an, wenn wir näher hinsehen; sie macht den Eindruck des *ad hoc* Konstruierten, erscheint, um einen Ausdruck des Films zu verwenden, wie »gestellt«. *Näcke* nimmt an, der Satz »der Geist ist willig« habe den Reim »billig« und dann als Gegensatz den Gedanken »aber das Fleisch ist teuer« erweckt. Das klingt folgerichtig und logisch unangreifbar und gibt sicherlich ein Stück des Sachverhaltes wieder, es ist aber nicht vollständig, und es bleibt im Psychologischen an der Oberfläche. Die Angst und die Erregung des Mädchens werden als Ursache der Konfusion hingestellt, aber von welcher Art ist diese Angst, diese Erregtheit?
Es handelt sich um Mädchen im Pubertätsalter, die hier Konfirmandenunterricht erhalten. Man weiß, wie sehr dieser Unterricht mit Hinweisen auf die Bewahrung der Keuschheit durchsetzt ist. Wenn der Pastor das Wort Christi rezitiert: »Wachet und betet, damit ihr nicht in Anfechtung fallet«, so wird nicht nur die Christengemeinde der Erwachsenen, sondern jedes Mädchen im Konfirmandenunterricht verstehen, daß der Begriff Anfechtung den Sinn der sexuellen Versuchung hat. Aufgefordert, die Fortsetzung des Satzes zu sagen, schiebt sich der Gegensatz »Geist – Fleisch« im nächsten Satz selbst vor. Dabei ist Fleisch von dem Mädchen unbewußt oder vorbewußt eindeutig so gemeint, wie von der Christengemeinde: es weist auf die sinnliche Lust hin. Die vorangehende Warnung vor Anfechtung hat

ja die Gedanken des halbwüchsigen Mädchens in diese bestimmte Richtung gelenkt – soferne sie nicht schon in diese Richtung gingen. Der Geist ist willig; nun sollte die Fortsetzung kommen: aber das Fleisch ist schwach. Statt dessen taucht ein früher unterdrückter Gedanke auf: Die Vorstellung Anfechtung, der Hinweis auf das Fleisch in der Bedeutung grob-sinnlicher Lust hat in dem Mädchen die Vorstellung an jene Frauen wachgerufen, die – zumindestens in der Phantasie einer kleinen Leipzigerin – uneingeschränkt der Sinneslust leben und dafür noch gut bezahlt werden. Der Einfall war naheliegend: das Fleisch ist schwach, das will doch heißen: der Mensch erliegt leicht der sexuellen Versuchung. Der Vorstellungsweg, der zu dem Resultat der Fehlleistung führt, ist klar: Fleisch – Sinnesgenuß, man wird dafür noch bezahlt – das Fleisch ist teuer. Es muß seinen guten Sinn haben, daß der Satz »das Fleisch ist schwach« durch den anderen »das Fleisch ist teuer« ersetzt wurde.

Es scheint, als sei jenes Mädchen durch den Konfirmandenunterricht in ihren moralischen Anschauungen noch nicht gekräftigt genug, noch nicht so rein im Herzen, wie es wünschenswert wäre. Der intendierte Satz wies auf die bekannte Schwäche des Widerstandes und des Willens gegen die verpönte Sinneslust hin. Was sich aber störend vordrängt, will sagen: und viel Geld kriegt man auch noch dazu! Die Kleine hat in ihrem Satz weniger ihre Vertrautheit mit dem Kleinhandelpreis verschiedener Fleischgattungen verraten, wie *Näcke* meint; viel eher ihr Wissen um die Prostitution in dem »kleinen Paris«. Mehr als dies: Der entstellte Satz weist darauf hin, daß sie darüber verwundert ist, daß man für genossene Lust noch ziemlich viel Geld bekommt. Sie wird später sicher besser verstehen, warum der Protest gegen den strengen Geist auch durch die Verlockung des Geldes unterstützt wird. Jenes Versprechen zeigt aber, daß sie schon jetzt nicht nur um das Verständnis der christlichen Lehren bemüht ist.

Vermutlich ging der Assoziationsverlauf wirklich über billig und benützte den Reimklang, wie Näcke meint; es ist auch nicht unwahrscheinlich, daß das Mädchen über die teuren Fleischpreise klagen gehört hat. Entscheidend ist aber, daß manche Gedanken über die Prostitution, über die Verbindung von Sexualität und Lust nicht zur Klärung in ihr kamen und jetzt störend in ihre Redeabsichten eintraten. Wer etwa daran zweifeln sollte, daß Mädchen sogar im Konfirmandenunterricht von dergleichen depravierenden Gedanken heimgesucht werden, weiß noch nicht, wie wenig mächtig sich der heilige Unterricht gegen die Tücke des Bösen erweist[186]. Wie man sieht, hat sich nicht einmal ein Kriminalpsychologe und ärztlicher Sachverständiger eines solchen Überfalles versehen: den Teufel spürt das Völkchen nie und wenn er sie beim Kragen hätte.

Was die Form des Versprechens, die Art seiner Entstehung und die Natur des unterdrückten Gedankens anlangt, sei an einen Ausspruch *Nietzsches* erinnert, den uns die Fehlleistung der Konfirmandin ins Gedächtnis zurückruft. Von ihm stammt das böse, gegen die Frauen gerichtete Wort: »Das Fleisch ist willig, aber der Geist ist schwach.«

Die Theorie des Kriminalisten und ärztlichen Psychologen *Näcke* legt deutlich Zeugnis von der Wirksamkeit der sekundären Bearbeitung in unserem Sinne ab, ja sie ist selbst ein Musterbeispiel einer solchen innerhalb der wissenschaftlichen Arbeit. Sie zeigt, wie ein Kriminalist einen psychologischen Tatbestand beurteilt, und sie läßt ahnen, warum er ihn so beurteilt. Was drängte Näcke dazu, die Erklärung, welche die nächstliegende war, sogleich anzunehmen und nun alle Tatsachen des Falles nur unter diesem Gesichtspunkt zu sehen? Natürlich ordnen sie sich ihm dann einheitlich und verständlich ein, aber man hat sich, diesem ersten Impuls folgend, vom Augenschein narren lassen wie die Vögel, die auf die gemalten Früchte des Apelles losflogen, um an ihnen zu picken.

Materielle und psychische Realität

Eine psychoanalytische Untersuchung des Justizirrtums, der verschiedenen Fehlerquellen zugeschrieben werden muß, ist hier nicht geplant. Wir wollen nur einige wenige, unbewußt wirkende Momente zeigen, deren Einmengung in das bewußte und rationale Denken zu Irrtümern geführt hat.

Wenn wir zur Erörterung des Strafprozesses Gregor Adamsberger zurückkehren, so interessiert uns nicht so sehr das strafprozessual wichtige Verhältnis von Indizien und Gegenindizien als vielmehr die Frage: Was drängte die Richter und Geschworenen neben den rationalen Überlegungen zu ihrem Schuldspruch? Was ließ sie die Überzeugungskraft der Indizien überbewerten, was die ihnen entgegenstehenden Möglichkeiten gering schätzen oder ganz übersehen?

Unsere Aufmerksamkeit soll zuerst dem Opfer dieses Justizirrtums, dem Lederarbeiter Gregor Adamsberger, gelten. Ist es nur ein tückisches Spiel des Zufalls, das ihn zum Objekt dieses Justizirrtums gemacht hat? Ist es gleichgültig, wer ein solches Schicksal erlebt, wer von einem solchen Schicksal getroffen wird? Das ist eine Frage, die den Richter, den Staatsanwalt, die Geschworenen nicht beschäftigt. Sie geht heute die untersuchenden gerichtlichen Funktionäre nichts an – niemand kann sagen, ob sie sie morgen auch nichts angehen wird. Auch heute kann dieser Gesichtspunkt nicht hochmütig ausgeschaltet werden, wenn die angewandte Psychologie wahrscheinlich machen kann, daß er für die Wahrheitsfindung von besonderer Bedeutung ist, daß ein bisher unbekannter, das heißt seinem Wesen nach nicht erkannter psychischer Faktor die Wahrheitsermittlung stören kann.

Es wäre natürlich Unsinn, in der Genese jedes Justizirrtums auf Grund von Indizienbeweisen die Lösung des Rätsels in der Persönlichkeit des fälschlich Verurteilten zu suchen. Es gibt eine ganze Reihe von solchen Justizirrtümern, bei denen diese Person keinerlei Rolle spielt, eine ganze Reihe von Fehlsprüchen, die auf dem Zusammenwirken äußerer Umstände und Zufälligkeiten beruhen und die mit psychischen Vorgängen in dem Verdächtigten nicht das Mindeste zu tun haben. Innerhalb der Gruppe der vermeidbaren Justizirrtümer gibt es aber eine Reihe von Fällen, deren Untersuchung es dem Psychologen gestattet, im Verhalten des Angeklagten selbst einige seelische Faktoren klarzustellen, welche seine Verurteilung, beziehungsweise die Genese der richterlichen Überzeugung wesentlich mitbedingten.

Wie alle Zeugen übereinstimmend aussagten, war Gregor Adamsberger ein brutaler und jähzorniger Mensch, der die frühere Geliebte oft roh mißhandelte. Er hat manchmal gedroht, die Juliane zu töten. Die Drohungen waren sicherlich als psychologische Indizien in der Beweisführung, die zu dem Urteil führte, von großer Bedeutung. Sie waren freilich nur Ausdruck der Haßeinstellung Gregors gegen die unbequem gewordene Geliebte, aber dieser Ausdruck wurde für die Bildung der richterlichen Überzeugung wichtig.

Jenseits der Bedeutung der bewußten Würdigung dieses Hasses beginnt nun ein bisher unbekanntes Gebiet: Ich meine die unbewußte Wahrnehmung der Intensität und der Tendenzen dieses Hasses. Das klingt zuerst grotesk; dieser Eindruck darf indessen nicht von der Überprüfung einer solchen Annahme abhalten. Ein Einwand meldet sich sogleich: Dieser Haß hat keinen unbewußten Charakter; er hat sich in genügend heftigen und zahlreichen Zeichen manifestiert. Wir wollen dem nicht entgegenhalten, daß die Drohungen und Beschimpfungen Adamsbergers nicht so ernst genommen wurden, daß Mißhandlungen der Frau in diesem Milieu nicht unbedingt als Äußerungen wütenden Hasses gewertet werden müssen. Wenn wir auch zugeben, daß der Lederarbeiter die frühere Geliebte gründlich gehaßt hat, ist dieser bewußte Haß stark und wirksam genug, um einen Mord zu planen und auszuführen? Wir wissen es nicht, wir wissen nur, daß

Gregor den Mord nicht ausgeführt hat. Was ich hier nachdrücklich behaupten will, ist aber, daß es die Fortsetzung jener Wut oder jenes Hasses in das Unbewußte war, deren Echo sich bei den Richtern und den Geschworenen bemerkbar machte und ihren Fehlspruch mitbestimmte. Ich meine, die unbewußte Intensität dieses Hasses war eines der Momente gewesen, welche das Gericht zu dem Urteil Schuldig gelangen ließen, gerade jener Grad und jene Tendenz dieses unbewußten Haßgefühles, die zur Ausführung eines Mordes drängten. Aber ist diese Annahme nicht grotesk? Wie, die Tatsache, daß der Lederarbeiter Adamsberger einen so tiefen Haß gegen die Juliane hegte, daß er sie umbringen wollte, soll zu dem Urteil, daß er sie wirklich umgebracht hat, entscheidend beigetragen haben? Auf welchem Wege sollten die Gerichtsfunktionäre von den unbewußten Vorgängen bei dem Angeklagten Kenntnis erhalten haben? Wir würden antworten: An bestimmten Zeichen[187] erkennt das Unbewußte der gerichtlichen Funktionäre jene unbewußten (oder nur zum Teil bewußten) Vorgänge beim Angeklagten und reagiert darauf so, als wären sie Bekenntnisse der materiellen Täterschaft. Es ist so, als ob die Richter und Geschworenen geheime Gedanken, Wünsche, Impulse so beurteilten und verurteilten, als ob sie reale Taten wären. Die Richter reagieren auf die Ausdrucksbewegungen der Angeklagten in dem Sinne, *daß die psychische Realität von ihnen der materiellen gleichgesetzt wird. Allen Ernstes will ich behaupten, daß die Verwechslung von unbewußt wahrgenommener psychischer Realität mit der materiellen Wirklichkeit einen bisher nicht gewürdigten wichtigen ätiologischen Faktor des Justizirrtums darstellt.* Die nähere Natur jener Kommunikation von zwei Unbewußten, am ehesten dem instinkthaften Erkennen der Tiere vergleichbar, bleibt nach wie vor rätselhaft.
Nun sollte ich meine These durch die Darstellung anderer Beispiele wahrscheinlich machen. Es geht nicht an, hier an einer großen Reihe von Fällen den neugefundenen Faktor in der Ge-

nese von Justizirrtümern zu zeigen. Nur noch ein weiteres Beispiel sei angeführt, um einige Züge, die noch nicht betont wurden, an ihm analytisch zu untersuchen. Es ist der Fall Steiner, der 1878 in Wien spielte.[188] Die Prostituierte Katharina Steiner wurde angeklagt, ihre Nachbarin Katharina Balogh ermordet zu haben. Man fand die Balogh am Morgen des 3. April gegen 9 Uhr in ihrem Zimmer erwürgt. Die Hausleute sagten aus, daß noch um sieben Uhr morgens ein junger Mann bei der Prostituierten Balogh gewesen sei und mit ihr gefrühstückt habe. Die Tat mußte also zwischen sieben und neun Uhr morgens verübt worden sein. Katharina Steiner leugnete beharrlich, obwohl die gründliche Voruntersuchung zahlreiche objektive und subjektive Verdachtsmomente gegen sie ergeben hatte. Die Anklageschrift stellte geradezu das Muster eines sachlichen und vollkommen überzeugenden Indizienbeweises dar. Die getötete Balogh war besonders schön gewesen; zwischen ihr und der Steiner hatte es oft Streit gegeben, weil die Steiner in hohem Grade eifersüchtig war. Einzelne Zeugen hatten gehört, daß die Steiner die Balogh bedroht hatte. Die Angeklagte hatte einen gewalttätigen Charakter; man kannte ihre ungebändigte Wildheit. Die Erforschung ihrer Vergangenheit ergab, daß sie öfters auch wegen Diebstahls bestraft worden war. Bei der Entdeckung des Mordes benahm sie sich auffällig. Seit dem Tode der Balogh fürchtete sie sich, allein zu sein, was als Ausdruck ihrer Gewissensangst gewertet wurde. In gleichem Sinne wurden ihr unruhiges Wesen, ihr Aufschreien im Traum, einzelne Reden, die sie mit ihren Zellengenossinnen geführt haben sollte, bemerkt und angemerkt. Widersprüche und Lügen waren in ihren Ausführungen leicht nachzuweisen. In der Schwurgerichtsverhandlung benahm sie sich nach dem Zeugnis ihres Verteidigers »so beispiellos frech und ungeschickt, daß sie sich um jegliche Sympathie brachte. Mit bunten Bändern aufgeputzt, liebäugelte sie mit dem Publikum; ihr Mienenspiel und ihr herausforderndes Wesen standen im schroffsten Widerspruch zur Schwere der Anklage. Zugleich legte sie eine so ungestüme Heftigkeit an den Tag, daß eine Disziplinarstrafe von drei Tagen Dunkelarrest über sie verhängt werden mußte.« Sie wurde wegen Mordes zum Tode verurteilt. Ihr Verteidiger Neuda berichtet, daß ihm von dem Generalprokurator wie von den Richtern beider Instanzen[189] stets versichert worden sei, es sei nach reiflicher Erwägung des Falles und nach eingehendem Studium der Akten ihre unerschütterliche Überzeugung, daß niemand anderer als Katharina Steiner die Balogh ermordet habe.

Solche Unerschütterlichkeit war indessen keine Gewähr gegen den Justizirrtum. Nach vier Jahren (das erstrichterliche Urteil gegen die Steiner war später zu einer Kerkerstrafe von sieben Jahren abgemildert worden) stellte sich der wirkliche Mörder. Es war der junge Mann, der am 3. April 1878 früh um 7 Uhr mit der Balogh gefrühstückt und das Mädchen dann erwürgt hatte.

Hier hat sich unzweifelhaft die Wahrnehmung der unbewußten Wünsche der Steiner als Indiz verkleidet und maßgebend zur richterlichen Entscheidung beigetragen. Auch hier handelt es sich um die unbewußte Fortsetzung von Haßregungen, die zu Todeswünschen geführt haben, denn es gab ja Streitszenen zwischen den beiden Frauen, und es fehlte nicht an Drohungen der Steiner. Wenn aber die Gerichtsbeamten so die psychische mit der materiellen Realität verwechselt haben, so ist ihnen jemand anderer vorausgegangen: die Angeklagte. Diese war wütend auf die Balogh wegen ihrer Schönheit, sicherlich hat sie ihr bewußt oder unbewußt den Tod gewünscht, und nun wird die Rivalin eines Tages wirklich ermordet aufgefunden. Die Steiner weiß natürlich, daß sie die Balogh nicht umgebracht hat – sie stellt ja den Mord sogleich in Abrede –, aber wollte sie sie nicht umbringen? Hier nun, in dieser Koinzidenz von Wunsch und Realität, liegt die Lösung einer der wichtigsten Fragen, die uns nicht nur dieser

Fall von Indizienbeweis aufgibt. Dieses Zusammentreffen liefert nicht nur das psychische Material zu einem wesentlichen Grunde, der die Richter zu der Entscheidung »Schuldig des Mordes« brachte. Daneben läßt diese sonderbare Begegnung psychischer und materieller Tatsachen vieles in der Haltung der Steiner verstehen, was sonst unverständlich bleiben muß, da sie ja die Tat nicht ausgeführt hat. So wird ihr Benehmen bei der Entdeckung des Mordes, das als so auffällig geschildert wird, psychologisch verständlich. Es mußte auffällig sein, denn es war Ausdruck jenes vehementen Schreckens, den Menschen verspüren, wenn sich plötzlich und ohne ihr Zutun einer ihrer dringendsten verbotenen Wünsche erfüllt. Diese Bestürzung der Steiner wird als Schuldbeweis gewertet und ist auch ein Schuldbeweis, wenn man nur die psychische Realität in Betracht zieht. Das unerwartete Zusammentreffen von psychischer und materieller Realität, das die Steiner mit blitzähnlicher Wucht treffen mußte, erklärt analytisch ihre Furcht, nach dem Mord allein zu sein (aus der Angst vor der Rache der getöteten Balogh), ihr unruhiges Wesen usw., die als Ausdruck des bösen Gewissens der Mörderin als erstklassige Indizien gewertet wurden. Sie sind auch Ausdruck des bösen Gewissens, aber jenes, das sich auf die Mordwünsche bezieht. Das Gericht hat so geurteilt, wie wenn nicht der wirkliche Mörder, sondern der morden wollte, schuldig wäre.
Statt ähnliche Beispiele anzuführen, sei betont, daß die Zeichen von Schrecken, Bestürzung und Schuldgefühl, die man als psychologische Indizien anführt, oft aus einem solchen überraschenden Zusammentreffen einer materiellen Realität, wie es das Resultat eines Verbrechens darstellt, und einer endopsychisch wahrgenommenen starken Triebregung, die zu einem bestimmten Wunsche führte, zu erklären sind. Dasselbe gilt auch für ein Zusammentreffen von gewissen Umständen. So werden Ausdrucksbewegungen und mimische Zeichen von Richtern und Geschworenen häufig fälschlich oder vielmehr nur *psycho-*

logisch richtig als verräterische Indizien gewertet. Da zeigt sich z. B. ein Angeklagter bestürzt, da er hört, ein Mord sei zu einer bestimmten Zeit verübt worden, und diese Überraschung wird als verdächtig registriert. Sie ist psychologisch sehr verständlich, wenn sich der Angeklagte z. B. erinnert, daß er gerade um diese Zeit voll Wut an den Ermordeten gedacht hat. Andere Zufälle zeitlicher und anderer Art, die unübersehbare Reihe von Fällen, in denen bestimmte Umstände für den Angeklagten überraschend zusammentreffen, können denselben psychischen Effekt auslösen und werden häufig im Sinne von Indizien für die Schuldfrage gedeutet.

In anderen Fällen von Justizirrtümern auf Grund von Indizienbeweisen ist es nicht die Intensität einer unbewußten Triebregung, die als nicht erkanntes Indiz in die Überlegung des Richters einfließt; es sind dann verdrängte, bewußtseinsunfähige Tendenzen, deren Wahrnehmung in der Genese des Urteils eine bestimmte Rolle spielt. Als klassisches Beispiel dieser Art empfiehlt sich etwa der Ritualmordprozeß. Die besondere Blutscheu der Juden ließ die Masse die verdrängten sadistischen und kannibalistischen Triebtendenzen, die schon in prähistorischer Zeit der Verfemung verfielen, ahnen und jenen real unsinnigen Verdacht entstehen. Gerade der Gegensatz der verdrängten Triebwelt und der bewußten psychischen Situation wird hier schicksalsbestimmend. Der besonders betonte Patriotismus eines Dreyfus und sein ziemlich snobistischer Drang, als Jude eine Rolle inmitten einer christlich-nationalen Offizierskamarilla zu spielen, hat natürlich nichts mit irgendwelcher Tendenz, sein Vaterland zu verraten, zu tun. In dem jüdischen Offizier muß doch ein Stück unbewußten Ressentiments gegen den hochmütig, christlich betonten Chauvinismus seiner Kameraden wirksam gewesen sein. Gewiß hätte ihn dies niemals zu irgendeiner Aktion gegen den Generalstab getrieben; gerade seine isolierte Stellung, seine Langmut und seine bewußte Gleichgültigkeit gegen die Antipa-

thie, die man ihm zeigte, haben vermutlich aufreizend gewirkt. Die unbewußte Wahrnehmung seiner militärischen Vorgesetzten hat sich wahrscheinlich gerade jener Gegenströmungen der Wut und des Aufruhrs, des Ressentiments bemächtigt. Seine Verurteilung ist sicherlich zum Teil durch die Mitwirkung dieser latenten, unbewußt gebliebenen Wahrnehmung verdrängter Affekte gegen seine Umgebung bedingt.
Wir haben bei früherer Gelegenheit den Fall des Ehepaares Druaux kurz dargestellt, in dem gar kein Verbrechen vorlag und doch eine verdächtige Person wegen Mordes verurteilt wurde. In diesem Falle kann für den Psychologen wohl kein Zweifel bestehen, daß sich das Fehlurteil auf der unbewußten Wahrnehmung der Triebregungen der Beschuldigten aufbaute. Gerade solche Fälle, in denen kein Verbrechen vorliegt und nachweisbar ein Justizirrtum an einem Verdächtigten begangen wurde, sind für den hier dargestellten Zusammenhang besonders lehrreich. Neue Beispiele könnten unseren Eindruck wohl verstärken, doch nicht verändern. Dieser Eindruck geht dahin, daß Richter und Sachverständige, Staatsanwälte und Geschworene häufig der bezeichneten unbewußten Verwechslung von psychischer und materieller Realität verfallen. Wie, Männer von Lebenserfahrung und -kenntnis, besonnen und der tätigen Seite des Daseins zugewandt, sollten solchem Trug unterliegen? Und dies geschieht nicht etwa zur Zeit der Hexen, sondern in der des Radios, des Luftschiffes und der Traktoren? Dennoch gibt es keine Gewähr dagegen, daß sich Justizirrtümer dieser Art gerade zur Stunde, da diese Zeilen geschrieben werden, wiederholen. Gibt es keine Gewähr, so könnte man doch gewisse Vorsichten beachten; freilich nur, wenn man weiß, wovor man sich zu schützen hat. Bisher hat meines Wissens noch niemand diese hier bezeichnete, psychologisch bedingte Quelle des irrtümlichen Indizienbeweises dargestellt. Vielleicht wird die vorliegende Abhandlung dazu beitragen können, durch Würdigung der hier klargewordenen

unbewußten Faktoren Fehlurteile dieser Art mehr und mehr zu vermeiden.

Sind wir unserem gegenwärtigen Thema, dem der Vernachlässigung der unbewußten Vorgänge innerhalb der Wahrheitsfindung, gerecht geworden? Ich meine nein, solange wir nicht betont haben, wie wenig Grund unsere Richter haben, auf ihre Vorgänger bei den Primitiven, die Zauberer und Schamanen, voll Verachtung herabzusehen. Wir haben das verborgene Band entdeckt, das von deren rohen und abergläubischen Vorstellungen zu denen einer hochentwickelten Strafrechtspflege führt. »*Justitia est fundamentum regnorum*«. Aber was wäre das für ein Staat, der auf Magie aufgebaut ist? Es sind zum großen Teil doch dieselben Momente, welche den Urteilsspruch des modernen Richters und den des Zauberers im australischen Busch bestimmen. Überlegen wir etwa den Fall der Frau Druaux: man findet den Mann und den Bruder unter verdächtigen Umständen tot, die Frau halbbetäubt. Die Männer sind an Gift gestorben. Niemand zweifelt nach dem vorangegangenen Streit daran, daß sie von der Frau vergiftet wurden. Die Richter verurteilten sie wegen Mordes. Die Australneger der niedrigsten Kulturstufe glauben ausnahmslos, daß jeder Tod auf Zauberei zurückgehe. Sir *George Grey* sagt uns z. B. von den Stämmen von West-Australien, daß »die Eingeborenen nicht zugeben, daß es etwas wie Tod durch natürliche Ursachen gibt; sie glauben, sie würden, wenn es nicht Mörder und die Böswilligkeit der Zauberer gebe, ewig leben«. Wenn ein Eingeborener etwa durch einen Unfall oder durch irgendeine natürliche Ursache stirbt, so werden die Eingeborenen mit Hilfe bestimmter Zeremonien herausfinden, in welcher Richtung der böse Zauberer lebt, dessen böse Praktiken den Tod verursacht hat[190]. *Frazer* gibt eine Unzahl von Beispielen dafür, daß jener Glaube bei den primitiven Stämmen universal ist[191]. Bei den Primitiven wird der Unfall als solcher nicht anerkannt, oder vielmehr als von einem bösen Zauberer bewirkt angesehen. Unterscheiden sich jene modernen französischen Richter, welche Frau Druaux wegen Vergiftung ihres Gatten und Bruders verurteilten, wirklich in ihren kriminalistischen Grundansichten so sehr von den australischen Zauberern, die einen Todesfall zu untersuchen haben? Bei beiden ist die Wahrnehmung der unbewußten Aggressionstendenz ein den Schuldspruch entscheidend beeinflussendes Element. Wenn die Beantwortung der Schuldfrage in unserem repräsentativen Fall, dem des Lederers Gregor Adamsberger, mit der Entscheidung eines Zauberpriesters in einem Mordfall verglichen werden soll, wenn etwa der Bericht über das magische Ermittlungsverfahren bei bestimmten zentralaustralischen Stämmen und der Bericht über den Mordprozeß Juliane studiert wird, fällt der Vergleich nicht unbedingt zugunsten des zivilisierten Strafrechtsverfahrens aus. Welche Mittel wendet so ein primitiver Richter in der Wahrheitsfindung an? Nehmen wir der Abwechslung halber das Beispiel afrikanischer Stämme. Nach *Nachtigals*[192] Bericht entdeckt man den Zauberer, der den Mord eines Stammesgenossen verschuldet hat, unter den versammelten Männern durch die Bewegungen eines Bündels bestimmten Grases oder Laubes. Nachdem dieses auf den Kopf eines weisen Mannes gelegt worden ist, treibt es diesen anscheinend hin und her, führt ihn nach mannigfachen Schwankungen und Taumeln zum Schuldigen hin und fällt vor ihm zu Boden. Was hindert uns, das mannigfache Schwanken und Taumeln und die Bewegungen des Grasbündels auf dem Kopfe jenes weisen Mannes mit den Überlegungen des Landgerichtsrates Z. in der Beweiswürdigung im Mordprozeß Gregor Adamsberger zu vergleichen? Der weise Mann, welcher durch die Entscheidung des Grasbündels den Neger U. für schuldig des Mordes erklärt, hat für seinen Spruch vielleicht ebenso gute Gründe wie jener Landgerichtsrat. Wenn die psychische Realität mit der materiellen verwechselt wird, wie wir in der Analyse verschiedener Justizirrtümer erkannt haben, taucht hier

unerwartet ein Gesichtspunkt auf, der den Richter in London, Paris, Berlin und seinen schwarzen ungelehrten Kollegen über den Abgrund der Kulturen hinweg verbindet.
Dieser Gesichtspunkt ist am besten als unbewußte Anerkennung der Allmacht der Gedanken zu bezeichnen. Die Forschungsreisenden und Missionare berichten uns von den wilden und halbwilden Völkern, wie tief eingewurzelt dieser Glaube ist und daß er seine guten psychologischen Gründe hat. *Pechuel-Loesche* erklärt uns in seinem Bericht über die Loango-Expedition[193], daß es manche Personen gibt, die sich selbst für Hexen im schlimmsten Sinne halten. Dies ist verständlich, da ja feindliche Gesinnung genügt, um zu schaden und zu töten, der böse Wille der Tat gleichgesetzt wird. Wir werden an die Psychogenese mancher Urteile, die sich auf Indizienbeweise aufbauen, gemahnt, wenn wir von den Negern lesen: »Böse Gedanken können scheinbar Erfolg haben, bedingen böses Gewissen, sogar Selbstanklagen oder doch ein Betragen, das in anderen Verdacht erweckt und sie zu Beschuldigungen ermutigt, zumal die mannigfaltigen persönlichen Beziehungen recht gut durchschaut werden.« Es ist dieselbe unbewußte Würdigung der Allmacht der Gedanken, die für manche Justizirrtümer unserer Kulturen verantwortlich zu machen ist.
Ein alter deutscher Spruch sagt: »Für's Denken tut man ein' nicht henken.« Die analytische Erforschung der Ätiologie des Justizirrtums zeigt, daß man »für's Denken« schon zahlreiche Personen gehenkt hat und daß der Spruch falsch ist wie so viele gute, alte, deutsche Sprüche.

Zur Zukunft der Strafrechtspflege

Es wurde hier dargestellt, daß die Personen, denen die Verbrechensaufklärung und die Beweiswürdigung obliegen, manchmal einem Trugbild unterliegen, da sie die psychische Realität mit der materiellen verwechseln, indem sie unbewußt Gedanken wie Taten behandeln. Die gerichtlichen Funktionäre würden im einzelnen Fall, da ihnen eine so fatale Verwechslung nachgewiesen würde, sicherlich den Gedanken an ein solches Tun entsetzt von sich weisen. Vielleicht ist ein solcher Irrtum gerade dadurch ermöglicht, daß die Gedanken, die unbewußt Taten gleichgesetzt werden, keineswegs die geringschätzige, ja verächtliche Behandlung verdienen, die wir ihnen bewußt angedeihen lassen.

Es wurde hier versucht zu zeigen, welche Bedeutung unbewußten Gedanken im Rahmen der Strafrechtspflege für die Beweiswürdigung zukommt, ja wie sie in der Entscheidung über Tod und Leben von Angeklagten verborgen mitwirken. Hier tauchen neue Fragen auch für die Strafrechtspflege auf, die einer Generation vor uns nicht nur unbekannt, sondern unvorstellbar gewesen wären.

Man kommt ihrem Verständnis am besten durch folgende Überlegung nahe: Die Warnung vor der unbewußten Überschätzung der Macht der menschlichen Wünsche, wie sie auch in der Psychogenese der richterlichen Überzeugung häufig erkennbar ist, hat die andere Seite des Problems erkennen lassen. Jene unbewußte Überschätzung ist dadurch bedingt, daß wir in einer Hypertrophie rationalistischen Eifers die psychische Wirksamkeit unbewußter Gedanken unterschätzt, ja gar nicht erkannt haben. Sie haben sich gleichsam gerächt, indem sie die Grenze zwischen Tat und Gedanke, verbrecherischem Delikt und verpönter Wunschregung verwischt haben, selbst wenn es die richterliche Entscheidung über Schuld oder Unschuld eines Angeklagten galt.

Vielleicht ist eine solche verhängnisvolle Grenzüberschreitung geeignet, uns vor die Frage zu stellen: ist die verbrecherische Tat wirklich etwas so Ungeheures und Unvorstellbares, so fern von uns Liegendes, wie wir bekennen? Wenn wir alle so böse Wünsche in uns beherbergen und ihr Bereich so weit geht, daß Richter manchmal auf Grund der Wahrnehmung dieser unbewußten Wünsche zu Fehlsprüchen kommen, bildet es wirklich eine Welt von Unterschied, wenn die Grenzscheide zwischen Wunsch und Tat durchbrochen wird? Ist die Strafe wirklich die adäquate Reaktion auf einen solchen Durchbruch von der einen Ebene zur anderen? Muß nicht jede tiefere Betrachtungsweise dazu führen, die Fragwürdigkeit dieser Maßregel zu entdecken?

Man sage nicht, daß eine solche Überlegung praktisch wenig Wert hat und keine Aussichten für die Zukunft gebe. Der Minister des alten Österreich *Metternich* hat über diesen Staat geäußert: »Unsere Feinde können uns nicht vernichten, weil sie nicht wissen, was sie an unsere Stelle setzen können.« Eine solche Verlegenheit ist freilich auch in der Diskussion des Strafproblems vorhanden, aber jener Optimismus hatte, wie man weiß, dennoch eine recht beschränkte Geltung. Die Zukunft ist uns verborgen, aber die Vergangenheit, von der wir immerhin einen Schimmer haben, zeigt, daß es mehrere radikale Veränderungen in der Strafrechtspflege gegeben hat. Der Wechsel menschlicher Anschauungen wird auch die Auffassung von Schuld und Strafe nicht unberührt lassen. Gerade die Geschichte des Strafrechtes zeigt, daß jahrhunderte alte gesetzliche Institutionen gleichsam über Nacht verschwinden. Wer von unseren Urahnen hätte sich die Einrichtung der Bewährungsfrist träumen lassen? Das Strafrecht der antiken Völker kannte nur den absoluten Verbrechensbegriff, für den es keine Rücksicht auf die Individualität des Täters gab. Der Erfolg der Tat entschied allein über ihre Beurteilung. Ihr »Täter« war für sie verantwortlich, auch wenn er sie nicht beabsichtigt hatte, auch wenn er nur ein zufälliges Werkzeug war. Von dort gab es einen langen Weg bis zu der Stufe, auf der nicht der objektive Tatbestand, sondern das subjektive Verschulden, die Gesinnung des Täters entscheidend ist. Verwundert lesen wir die Berichte über jene Anschauungen einer überwundenen Strafrechtspflege. Vielleicht, nein, sicher wird eine Generation künftiger Kulturhistoriker von der Beweisführung unserer Prozesse so mitleidig denken, wie wir von der der Hexenprozesse.

Die großen Veränderungen in der Strafrechtspflege werden gerade von den neuen Anschauungen, die wir der Wissenschaft von den seelischen Prozessen verdanken, ausgehen. Sie zeigt, daß die Begriffe schuldig und unschuldig, die häufig schon gegenüber den grob materiellen Tatbeständen versagen, unzulänglich sind[194]. Die Waage Justitias ist den neuen Anforderungen nicht gewachsen. Wenn, wer einen Mord nur gewünscht hat, völlig unschuldig ist, während derjenige, der ihn etwa durch Zufall verursacht hat, schwerste Strafe erleidet, so wird die Idee der Gerechtigkeit zur Phantasmagorie.

Heute können wir uns nicht vorstellen, daß Begriffe wie Schuld, Strafe und ähnliche einmal verschwinden werden. Die hohe strafrechtliche Wertung der Tat als solche stammt aus einer Kulturphase, die jetzt zu Ende geht. Ein großer Dichter hat gerade am Beispiel eines Indizienbeweises gezeigt, wie unzulänglich ein solcher Tatbegriff wird, wie problematisch unsere Strafrechtspflege immer noch ist. Der tiefste Sinn des Karamasowromans erschließt sich erst dem, der die Nichtigkeit des sogenannten objektiven Ermittlungsverfahrens erkennt. Es ist nicht so wichtig, welcher von den drei Brüdern die Tat ausgeführt hat; psychologisch kommt es mehr darauf an, wer sie gewünscht hat, und alle haben sie herbeigesehnt. Von hier aus führen nur einige Schritte zu einem Standpunkte, der annimmt, daß wir alle schuldig werden.

Die Vertrauenskrise der Justiz geht viel weiter, als sich auch entschiedene Reformer träumen lassen, und ihre Voraussetzungen sind von tieferer Art, als etwa *Alexander* und *Staub* in ihrem Buch annehmen. Es handelt sich nicht nur, wie jene analytischen Autoren in ziemlich kurzsichtiger Art meinen, um Klassifizierung der Rechtsbrecher, um Unterscheidungen des Beteiligungsgrades des Ichs usw. Andere Fragen werden zur Diskussion stehen und, was uns heute utopisch erscheint, wird einer künftigen Zeit vielleicht als Banalität, unsere Kulturerrungenschaften ihr als Barbarei vorkommen. Die Tat als solche, die jetzt als integraler Teil des Strafrechts gilt, wird vermutlich eine veränderte Wertung erhalten, die Psychologie dann eine anders geartete Rolle spielen[195].

Vielleicht aber ist unser Blick zu optimistisch, vielleicht sehen wir schon nahe, was erst in weiter Ferne schwebt. Vielleicht gilt auch für die allgemeineren Gesichtspunkte der Strafrechtspflege, was wir an ihren Veränderungen im einzelnen beobachten: Auf unseren Opernbühnen erscheinen manchmal Chöre von tapferen Kriegern, die voll Entschlossenheit singen: »Wir marschieren, wir marschieren!« und dabei Marsch auf der Stelle machen, ohne einen Schritt vorwärtszukommen. Manchmal möchte man meinen, es werde hier Gehaben und Gangart der Strafrechtsreform dargestellt.

Die »Allmacht der Gedanken« im Strafprozeß

Von den dargelegten psychologischen Annahmen aus erklären sich auch manche Züge in der Haltung und im Benehmen vieler Beschuldigter. Wenn ein verborgenes Schuldgefühl wirksam ist, wird die intellektuelle Abblendung verständlich, die sich in Widersprüchen und dummen, unstichhaltigen Verantwortungen äußert, die in scharfem Gegensatz zur sonstigen Intelligenz des Angeklagten steht. Ein Musterbeispiel dieser Art bietet der Fall Halsmann; die Aussagen des (unschuldig) wegen Vatermordes Angeklagten waren mit den Tatsachen und mit anderen eigenen Aussagen in unlösbarem Widerspruch. Seine Angaben waren nach dem Eindruck guter Beobachter »so blöd erfunden, daß er sich durch dieselben geradezu die Anklage zuziehen mußte«. In solcher Lage scheint es manchmal, als ob sehr kluge Angeklagte von Vernunft und Logik verlassen wären und nur ihren geheimen Affekten folgten. Widersprüche, die von dem Angeklagten sonst sicherlich als solche erkannt würden, werden hartnäckig festgehalten. Einer der Sachverständigen im Prozeß Halsmann hat sich in seinem Gutachten über das Benehmen des Angeklagten folgendermaßen geäußert[196]: »Vor allem macht sich bei der Verhandlung seine vordringliche Rechthaberei und kniffige Rabbulistik unangenehm bemerkbar. Halsmann machte der Verteidigung auch dadurch Schwierigkeiten, daß er sich ihrer Führung schlecht fügte, immer wieder selbst eingriff, um in aufdringlich langatmigen Darlegungen und Wiederholungen Umstände, die seiner Sache förderlich erschienen, zu Gehör zu bringen. Eigensinnig kämpfte er dabei nicht selten um Dinge, die entweder nebensächlich oder schon überholt sind.« Derselbe Sachverständige betont, Halsmann trage »ein herausforderndes Benehmen zur Schau, das in Anbetracht der schweren Belastung einen üblen Eindruck machte und selbst die Verteidiger manchmal bewog, Halsmann abzuwinken«. Ein so sonderbares Verhalten zeigt sich manchmal bei unschuldig Angeklagten; es ist, als wollten sie durch ihre Streitlust und Arroganz die Antipathie des Gerichtshofes geradezu herausfordern. Gewiß ist dieses Verhalten zum Teil durch die falsche Anschuldigung psychologisch erklärbar, indessen ist es oft durch die verborgene Gedankenschuld mitbestimmt. Es besteht sicherlich keine Staatsbürgerpflicht, den gerichtlichen Funktionären sympathisch zu sein, aber auch keine Verpflichtung des Gegenteils. Das geschilderte Benehmen hat meistens die unbewußt gewollte Wirkung, und seine Beurteilung tritt häufig als geheimes Verbindungsglied in die Indizienkette ein. Es wird oft vom Richter und Staatsanwalt als Ausdruck des Trotzes und Schuldbewußtseins gewertet. In manchen Fällen besteht kein Zweifel, daß diese vom unbewuß-

ten Schuldgefühl diktierte Reaktion der Sache des Angeklagten sehr geschadet hat. Der Verteidiger der Katharina Steiner, deren Fall ich früher berichtet habe, erzählt, sie »benahm sich im Schwurgerichtssaal so beispiellos frech und ungeschickt..., daß eine Strafe von drei Tagen Dunkelarrest über sie verhängt werden mußte.« (Vgl. S. 255). Ähnlich unsympathisch muß die Wirkung des Verhaltens des Kapitäns Dreyfus gewesen sein. Gute Beobachter versichern, daß dieser elsässische Jude mit seinen kurzsichtigen Augen hinter dem Kneifer, dem hölzernen Benehmen und linkischen Gesten bei seinem Auftreten vor dem Militärgericht wenig vom Offizier an sich hatte. Nicht nur *Anatole France,* der im Kampf um Dreyfus' Unschuld in der ersten Reihe kämpfte, hat bemerkt, wie unsympathisch die Persönlichkeit des fälschlich Angeklagten wirkte; sein eigener Verteidiger Demange mußte in seinem Plädoyer vor dem Kriegsgericht in Rennes diesen Punt erwähnen[197].
Es bildet keinen Gegensatz zu dieser psychologischen Erwägung, wenn Dreyfus sein Verhalten nach dem Urteil änderte. Hier sind seelische Mächte im Spiel, deren Intensitäten sich in ihrem Widerstreit nicht abwägen lassen. Nachdem ihm, der sich unbewußt wegen seiner revolutionären Tendenzen gegen das feudale Offizierskorps und die Armee schuldbewußt fühlt, das Schmählichstc widerfahren ist, was ihm angetan werden konnte, da erhebt sich dieser kleine Mensch vor dem Schicksal, das ihn zermalmt. Die Szene der Degradierung im Kriegsschulhof am 5. Januar 1895 wird von allen Zeugen übereinstimmend geschildert: Dreyfus hebt beide Hände, die in Fesseln sind, in die Höhe und schreit: »Ich bin unschuldig!« Trommelwirbel setzen, wie befohlen, immer ein, wenn er sprechen will. Und nun kommt, nachdem die Abzeichen heruntergerissen worden waren und der Säbel zerbrochen war, das Defilee des Verräters vor der Truppe. Die Menge, die sich gegen das Gitter drängt, brüllt: »*A mort, à mort!*« Dreyfus stößt die am Boden liegenden Abzeichen mit

dem Fuße beiseite und tritt, ohne die Aufforderung abzuwarten, in die Mitte der Soldaten, die das schmachvolle Defilee zu eskortieren haben. Er marschiert fast vor ihnen her, seine Gestalt scheint gewachsen; er reckt sich, sein Schritt ist hart, sein Blick erhoben. So macht er die Runde. Einer der Offiziere, erbost über soviel Hochmut eines Schweinehundes, ruft laut: »Der Kerl geht ja wie ein Offizier an der Spitze seiner Abteilung!« Es ist psychologisch nicht unwahrscheinlich, daß Dreyfus zum erstenmal in dieser Situation so ging.

Andere, sonst unerklärbare Einzelzüge erhalten in diesem Zusammenhang einige Aufhellung: Durch die Einwirkung des unbewußten Schuldgefühls werden vermutlich manche unschuldig Verurteilte davon abgehalten, den »Kampf ums Recht« aufzunehmen, dazu geführt, auf die Wiederaufnahme zu verzichten[198]. Ein alter Rechtsspruch behauptet: *»Volenti non fit injuria.«* Auch wenn man von den zahlreichen Willkürakten und Dummheiten der Ämter absieht, ist der Spruch seinem Wortsinn nach nicht ganz richtig. Das Unbewußte eines Beschuldigten kann gerade das wollen, was er bewußt mit ganzer Energie von sich fernhalten will.

Wir gelangen so wieder zu dem Problem, das in der seelischen Reaktion von Richtern, Geschworenen, Staatsanwälten auf das unbewußte Wollen der Angeklagten enthalten ist. Wenn die Annahme einer solchen unbewußten Wirkung, die durch analytische Forschungen auf anderen Gebieten nahegelegt wird, zu Recht besteht, so muß sich auch in diesen Gerichtsfunktionären ein Stück des Allmachtsglaubens unbewußt lebendig erhalten haben. Diese geheimen Tendenzen werden sich mit Vorliebe gerade dort, wo man sie am wenigsten vermuten sollte, auf dem Gebiete der Logik, besonders im Bereiche des Indizienbeweises durchsetzen können. Natürlich handelt es sich dabei um eine hochsublimierte Form der Triebbefriedigung, die von grausamen und Bemächtigungsimpulsen gefordert wird. In logischen

Schlüssen, im Aufzeigen von Widersprüchen, im Kreuzverhör des Angeklagten wird sich das Allmachtsstreben als »zwingende« Logik verkleidet geltend machen. Jene aus dem Unbewußten stammenden Tendenzen werden sich im Aufbau eines lückenlosen Indizienbeweises am unverdächtigsten äußern dürfen. Der »Wille zur Macht« erscheint hier als Wille zur Wahrheit. Mit Recht hat man darauf hingewiesen, daß Rechtsprechen ja nicht eine abstrakte logische Operation, sondern ein Akt des Willens, eine Tat ist[199]. Die Metaphern und Bilder, die wir etwa vom Indizienbeweis gebrauchen, weisen deutlich auf diesen sadistischen Untergrund hin: Man sagt, das Netz des Indizienbeweises schließe sich immer enger um den Angeklagten. Wir hören von der unerbittlichen Logik des Staatsanwaltes, von der »räumlich-zeitlichen Einkreisung des Täters«[200]. Die Verwandtschaft bestimmter Vernehmungstechniken mit der Tortur ist unverkennbar. Der vielleicht hervorragendste Kriminalist der letzten Jahrzehnte, *Hans Gross,* legt unfreiwillig Zeugnis von diesem Charakter der Vernehmung als *tortura spiritualis* ab, wenn er schreibt[201]: »Vor allem fordere ich vom Untersuchungsrichter einen bedeutenden Grad jener Eigenschaft, die sich einzig und allein mit ›Schneidigkeit‹ bezeichnen läßt. Es gibt nichts Traurigeres und Unbrauchbareres als einen langweiligen, mattherzigen und schläfrigen Untersuchungsrichter: ich glaube, ein Kavallerist dürfte eher noch diese Eigenschaft haben als ein Untersuchungsrichter; und wer keine Schneidigkeit in sich fühlt, der wende sich ja gewiß zu einem anderen Zweig juristischer Tätigkeit...« Nicht nur der hier angeführte Vergleich entspricht dem Geiste der *Justitia militans.*
Jener Allmachtsglaube wird als gedankliche Repräsentanz narzißtischer und grausamer Triebregungen dort am klarsten, wo er, wie in der Konstruktion eines Indizienbeweises, von falschen Voraussetzungen aus die Realität unter seine Gesetze zwingen will. Ich habe früher dargestellt, wie aus kleinen Verdachtsgrün-

den, zuerst unter sorgsamer Selbstkritik, dann immer kühner und sorgloser, zuerst peinlich überprüft, dann in seltsamer Verblendung, eine Konstruktion aufgebaut wird, deren Logik dieselbe ist wie die eines Wahnsystems. Die Kooperation bewußter und unbewußter Triebregungen wird von dem Richter nicht als solche erkannt, da sich Abkömmlinge des Verdrängten als Bewußtseinsmomente verkleiden. Richter und Geschworene sind meistens stolz darauf, daß dunkle Gefühle keine Macht über sie haben, wenn es die Beweiserhebung und -würdigung gilt, daß sie nur die »Sprache der Tatsachen« gelten lassen. Der Untersuchungsrichter ahnt in bestimmten Fällen nicht, daß er unbewußt alle Tatsachen seiner Theorie anpaßt und in seinen Gedanken die Realität nach seinem Willen umformt wie nur ein Gott. Die Zeugen werden unbewußt in die Richtung gedrängt, dem Angeklagten Lügen und Widersprüche nachgewiesen, jedes seiner Worte im Sinne jenes Systems gedeutet, jede Tatsache ihm angepaßt. Im Falle Gregor Adamsberger haben wir die ungeheure Macht des Irrtums, die zähe Energie des Vorurteils, die Unbeirrbarkeit der falschen Logik und die hoffnungslose Unfähigkeit des sogenannten gesunden Menschenverstandes zu erkennen geglaubt. Alle diese Züge sind psychologisch nur erklärbar, wenn hinter dieser Treibjagd der Indizien, die als Beweiserhebung erscheint, um so heftigere Leidenschaften wirksam sind, je »vorurteilsloser« und scheinbar sachlicher die Wahrheitsfindung angestrebt wird. Jene sadistische Triebwelle, die sich in vergeistigtester Art im Zwange logischer Prozesse auswirkt, wird in der Endphase des Strafprozesses deutlicher: Die Beweiskette ist gewissermaßen der provisorische Ersatz der Sträflingsketten. Sichtlich steigert sich der Eifer des Richters und Staatsanwaltes, die Beweisführung wird durch Widerspruch reizbarer, die eigene Meinung wird um so zäher festgehalten und verfochten, je unwahrscheinlicher sie zu werden droht. Den Indizienbeweis lückenlos zu gestalten, wird unbewußt zu einer intellektuellen Leistung von sozusagen sportlichem Charakter. Hinter dem narzißtischen Stolz auf den eigenen Scharfsinn wird doch der grausame Triebanspruch fühlbar. Die Treiberkette der Indizien entlang geht die Jagd bis zum Halali des Urteilsspruches. Im Verlaufe des Verfahrens ist der Ehrgeiz des Richters und Staatsanwaltes wach geworden; ihr Eifer geht nun dahin, den Indizienbeweis unangreifbar zu machen. Jenes Allmachtsstreben des Richters ist erst befriedigt, wenn die Welt sein Wille und seine Vorstellung geworden ist. Er hat bewiesen, daß richtig ist, was er gedacht hat, daß seine Vermutungen mit der Wirklichkeit übereinstimmen. Der Beweis ist gelungen: *quod indiciis demonstrandum erat*[202].

Bei solcher heimlicher Mitwirkung triebhafter Faktoren, die um so wirksamer sind, je sorgsamer der Richter bewußt auf die »reine« Logik bedacht ist, wird die Häufigkeit des Justizirrtums auf Grund von Indizienbeweisen nicht überraschen[203]. Es ist eher überraschend, daß sie nicht häufiger sind.

Auch der Sieg der Logik über die Widersprüche der Realität ist ein Sieg der Allmacht der Gedanken. Das Rätsel hat etwas höchst Unbefriedigendes für den menschlichen Geist. Schon seine Existenz ist geeignet, unser Selbstgefühl zu beeinträchtigen. Die Versuchung, jene dadurch bedingte psychische Spannung durch Einwirkung des gedanklichen Willens, der die Welt durch Ausfüllung von Lücken verständlich macht, loszuwerden, ist groß. Man ahnt, daß hinter solchem Ehrgeiz der Trieb seine Befriedigung sucht, die Grausamkeit des sozialen Menschen nach verborgener Sättigung verlangt[204]. Kein Zweifel: Die Überzeugung des Richters, der Geschworenen usw. ist selbst eines der ernstesten Indizien in der Tatfrage. Der unbewußte Drang ist auf die Bestätigung der eigenen Ansicht gerichtet. Das Selbstgefühl in einer Welt, die uns an allen Ecken und Enden unsere Hilflosigkeit fühlen läßt, wird durch solche Bestätigung gehoben[205].

Ein deutliches Zeichen, wie stark jenes triebhafte Element in der Genese der Beweiswürdigung und des Urteils ist, ist das deutliche Sträuben des Richters und der anderen maßgeblichen Faktoren gegen den Wiederaufnahmeantrag eines Prozesses. Ich kann natürlich nicht auf die juristische Seite dieses Problems eingehen, auch mit Bezug auf die psychologische muß ich mich auf eine Bemerkung beschränken[206]. Es ist bekannt, wie feindlich die Stellung der meisten Richter gegenüber einem Wiederaufnahmeantrag ist. Es ist klar, daß ein solcher Antrag ihrem narzißtischen Stolz abträglich ist. Hirschberg betont mit Recht[207], es müsse »die Zumutung, das eigene Urteil, besonders wenn es für den Angeklagten vernichtend war und wenn es schon jahrelang verbüßt ist, als Fehlurteil anzuerkennen, auch bei dem hochstehenden Richter, und vielleicht gerade bei diesem, heftigen Widerstand auslösen«. Das unbewußte Schuldgefühl wird sich in jenem Sträuben neben der narzißtischen Kränkung geltend machen. Nur so ist es zu erklären, daß die betreffenden Gerichtsstellen manchmal, wie es ein geistreicher Schriftsteller[208] nur mit geringer Übertreibung ausgedrückt hat, »den Justizmord der eigenen Kompromittierung bei weitem vorziehen«.

Die Verdrängung in der Beweiserhebung

Der Fall des Lederarbeiters Gregor Adamsberger erweist sich als lehrreicher, als wir gedacht, denn er kann, analytisch gesehen, über mehr als eine Gefahr, die mit dem Indizienbeweis verknüpft ist, Aufklärung geben. Gegen den Angeklagten bestand eine Reihe von Indizien, deren Beweiskraft sich auf Zeit, Gelegenheit und Motiv der Tat bezog. Wir wissen, daß ihr Gewicht durch einen verborgenen Umstand verstärkt wurde, durch die Wahrnehmung der unbewußten Tendenzen Gregors, Juliane umzubringen. Wer aufmerksam den Bericht über den Prozeß verfolgt und sich die Beweiserhebung noch einmal vergegenwärtigt, wird sich fragen: Hat nicht Gregor Adamsberger ausdrücklich ausgesagt, daß Juliane am Abend ihrer Ermordung erzählt habe, sie wolle zu ihrem Geliebten, dem Sohne des Bäckermeisters Anton Kunz, gehen? Später gab er zu Protokoll, Juliane habe ihm erzählt, daß sie schon öfters mit Franz Kunz in der Laubhütte seiner Eltern Zusammenkünfte gehabt habe. Auch an jenem Abend sei sie von Franz Kunze zu einer heimlichen Verabredung bestellt gewesen. Das waren deutliche und unzweideutige Mitteilungen. Was ist mit ihnen geschehen? Die Richter, der Staatsanwalt und die Geschworenen konnten unmöglich später sagen, sie wären nicht zu ihrer Kenntnis gelangt. Besser begründet wäre die Angabe, sie hätten diese Aussagen nicht zur Kenntis genommen. Sie konnten freilich darauf hinweisen, wie unglaubwürdig diese Mitteilungen Gregor Adamsbergers klangen. Die Mitteilungen von des Mordes dringend Verdächtigten klingen dem Untersuchungsrichter freilich immer unglaubwürdig, hier aber war dieser Klang besonders eindringlich. Der kaum sechzehn Jahre alte, unscheinbare Junge, der als schüchtern und sittenrein bekannt war, sollte mit der mehr als doppelt so alten, unschönen, berüchtigten Frau ein Verhältnis haben? Und niemand in dem kleinen Marktflecken sollte davon eine Ahnung gehabt haben? Es wäre auch unglaublich und unglaubhaft gewesen, wenn das Alibi des jungen Bäckergehilfen nicht festgestanden hätte. Seine eigene ruhige Aussage ließ so unwahrscheinliche sexuelle Beziehungen noch unglaubwürdiger erscheinen. Nun aber, zumal sich noch eine Angabe Gregor Adamsberger über den angeblichen Verkehr zwischen Juliane und Franz Kunze als völlig unwahr erwies, erkannte man klar, daß die Aussage des Beschuldigten frei erfunden war. Man erinnert sich, jene Angabe hatte von einem Zettel wissen wollen, den angeblich der dreizehnjährige Sohn der Juliane dem Franz Kunz geben sollte und in dem sie den Bäkkerjungen aufforderte, Geld für sie bereitzuhalten. Gregor fügte als Detail der Erzählung Julianes noch hinzu, Franz Kunz habe sie wegen ihrer Unvorsichtigkeit ausgezankt. Es war alles erfunden und erlogen.

Die Angaben Gregors über Franz Kunz waren klar und bestimmt gewesen. Gewiß, sie stimmten nicht mit anderen Tatsachen überein und niemand würde dem Burschen eine solche Tat zutrauen. Alles sprach für die Schuld Gregors und gegen die Schuld des Bäckerlehrlings. Und doch – es muß etwas Unaussprechliches gegen die Schuld Franz Kunz' gesprochen haben. Es muß neben allen Vernunftsgründen, über allen Vernunftsgründen ein starkes, aus den Tiefen kommendes Vorurteil bei Richter und Geschworenen die Annahme der Schuld von Franz Kunz zurückgewiesen haben. Wir glauben es zu erkennen, wenn wir dem heimlichen Sinn jener rationalen Gründe nachforschen, wenn wir nicht hören, was sie sagen, sondern was sie sagen *wollen*. Es ist äußerst unglaubwürdig, daß der schwächliche Bäckerlehrling mit seinen sechzehn Jahren, als schüchtern und sittenrein bekannt, mit dem doppelt so alten, übelbeleumundeten Frauenzimmer ein Verhältnis gehabt hat? Er hätte ja ihr Sohn sein können! Ich glaube, gerade von hier aus könnte man die unbewußten Motive der Abwehr jener Behauptung Gregor Adamsbergers erraten. Klingt diese Abweisung einer Verdächtigung nicht wie die Abwehr einer Inzestverdächtigung? Der von Gregor ausgesprochene Verdacht muß in Richtern, Geschworenen und Zuhörern an diese Reihe verpönter Vorstellungen gerührt haben. Ist nicht in dem von niemand geahnten Verhältnis des schüchternen sechzehnjährigen Jungen mit der vierunddreißigjährigen Frau, die mehrere Male geboren hat, in diesen heimlichen, nächtlichen sexuellen Szenen im Garten der Eltern etwas, das an den Inzest gemahnt? Ist es nicht so, wie wenn durch jene Beschuldigung unbewußt dieser tiefliegende gedankliche Komplex erweckt und damit starke seelische Abwehrkräfte mobilisiert worden wären? Die unbewußt affektbesetzte Vorstellung des Inzests, die durch die Altersdifferenz und die supponierte sexuelle Beziehung zwischen Juliane und Franz nahegelegt wurde, wurde durch einen anderen Umstand noch näher gerückt. Der Sohn der Juliane, der nach den Angaben Gregor Adamsbergers sogar eine Vermittlerrolle bei dem Liebespaar gespielt hat, war dreizehn Jahre alt, der Liebhaber der Frau sechzehn Jahre. Die Kraft der Verdrängung, die sich hier in der Abwehr eines begründeten Verdachtes auswirkte, wird sich auch in anderen Fällen in verschiedener Form geltend machen, sei es, daß sie wichtige Gegenindizien übersieht, bestimmte kausale Zusammenhänge zerreißt, gewisse Daten isoliert oder den Tatbestand verzerrt darstellt. Gewöhnlich kombiniert sich eine solche unbewußte Abweisung eines bestimmten Verdachts, eine solche durch Verdrängung bedingte oder zumindestens mitbedingte Vernachlässigung des wirklichen Sachverhaltes mit der Konstruktion eines andersgearteten Bildes vom Tatbestand, wie wir es als System gekennzeichnet haben. Diese den wahnhaften Bildungen vergleichbare Vorstellungsreihe, welche das wirkliche Bild des Vorganges verdeckt, tritt durch die Wirkung der Verdrängungsmechanismen in ihrer Glaubhaftigkeit besonders klar hervor. Die vorhandenen Indizien bekommen dadurch, daß andere, in verschiedene Richtung zeigende Indizien nicht beachtet werden, ein vervielfachtes Gewicht. Der Ausfall eines andersartigen Indizes, der sich so als Bedeutungsverstärkung der vorliegenden Anzeichen darstellt, kann in manchen Fällen zu katastrophalen Folgen führen[209].

Die Kriminalgeschichte der letzten Jahrzehnte zeigt eine große Reihe von Fällen, in deren sorgfältiger Analyse man erkennt, daß Richter, Staatsanwälte und Geschworene bestimmte Möglichkeiten, die sich später als Tatsachen erwiesen, nicht beachteten oder achtlos beiseiteschoben, weil eine näherliegende Möglichkeit da war. Dieses Verhalten kann unmöglich einfach durch Nachlässigkeit oder Mangel an Aufmerksamkeit erklärt werden; es geht auch nicht an, die persönliche Integrität oder die intellektuellen Qualitäten dieser Gerichtsfunktionäre anzuzweifeln. Etwas Übermächtiges, weil Unfaßbares und Verborgenes, muß sich in ihnen gesträubt haben, als es galt, eine Tatsache bestimmter Art ins Auge zu fassen, die Verdrängung muß an bestimmter Stelle die Richtung der Gedanken abgelenkt haben. *Nietzsche* deutet gelegentlich diese Verdrängungsschranke an: »Auch der Mutigste hat nur selten den Mut zu dem, was er eigentlich weiß.« Es ist ein Unsinn, alle Militärrichter, Zeugen, Sachverständigen im Falle Dreyfus als Idioten, Schurken oder Fanatiker hinzustellen, wie dies gelegentlich geschieht. Sicherlich sträubte sich in vielen von ihnen ein unbewußtes Gefühl dagegen, in einem der Ihren, in einem französischen Offizier einen Verräter zu sehen, denn dies bedeutet den Niedergang des Heeres, der *»gloire de l'armée«*, der nationalen Ehre. Wenn dies möglich war, so war es auch denkbar, daß ähnliche verräterische Regungen in jedem von ihnen lebten. Es war viel leichter vorzustellen, daß der Fremde, der jüdische Eindringling, sich einer solchen Untat schuldig machte. Hier wird deutlich, daß eines der Ziele der Verdrängungsmächte das ist, Unlust zu ersparen, denn die Entdeckung des wahren Schuldigen in diesen Fällen ist geeignet, den Narzißmus des einzelnen und der Massen zu kränken.

Die unbewußten Faktoren, die in der Psychopathologie des Fehlurteils nachweisbar sind, sind ihrer Wirksamkeit nach von zweierlei Art: Es sind solche, welche dazu drängen, einem Unschuldigen (im materiellen Sinne) die Tat zuzuschreiben und solche, welche es verhindern, den wirklichen Täter zu erkennen und anzuerkennen. Oder im Sinne des Indizienbeweises: solche, welche möglichst viele und gewichtige Indizien auf den scheinbar Schuldigen häufen und solche, welche vorhandene Indizien gegen den Schuldigen übersehen oder entwerten. Eine unbewußte Anziehung nach der einen Seite wird durch die Verdrängungsabwehr auf der anderen Seite vervollständigt. Ein großer Teil jener falschen Urteile auf Grund von Indizienbeweisen ist nur

durch das Zusammenwirken jener beiden unbewußten Tendenzen zu erklären. Die Anziehung ist wesentlich durch die unbewußte Kenntnis des Schuldgefühles der Vorstellungen, die den Gerichtsfunktionären peinlich sind. Beide psychische Vorgänge dürfen sich an gute rationale Begründungen und an eine ausreichende Indizienkette anlehnen.
Es kann hier nicht an einzelnen Beispielen geschildert werden, wie die psychischen Komponenten in dem bezeichneten Kräftefeld ineinander greifen, zusammen- oder einander entgegenwirken. Es muß genügen, an einem repräsentativen Beispiele die Wirksamkeit unbewußter Faktoren in der Psychogenese des richterlichen Urteils zu zeigen. Die Lehren, die sich aus der Einsicht in die seelische Tiefendimension ergeben, werden vielleicht den auf ihren Scharfsinn stolzen Richtern und Geschworenen nicht gefällig klingen. Es ist aber zu hoffen, daß sie solche narzißtische Kränkung rasch überwinden und die Erkenntnis ertragen lernen, daß auch ihr Intellekt manchmal durch den Einbruch unbewußter Triebregungen eine Trübung erfährt. Wie dumm müßte jemand sein, der sich beständig für klug hält!

Die Unheimlichkeit des unaufgeklärten Mordes

In der vorliegenden Untersuchung, die sich sachte ihrem Abschlusse nähert, sind bei Anführung von Beispielen Fälle von Mord und Totschlag bevorzugt worden. Dafür sind verschiedene Gründe anzuführen: Der Mord ist das schwerste Verbrechen und wird auch bei den primitivsten Völkern als solches angesehen. Auch auf tieferen Kulturstufen wird der Mord als ein Verbrechen angesehen, das nicht dem Grade, sondern dem Wesen nach von den anderen unterschieden ist. Die entscheidende Rolle, welche Indizien gerade in der Aufklärung von Mordfällen spielen, ist bekannt. Gerade an solchen Beispielen mußte Wesen

und Werden des Indizienbeweises besonders gut darstellbar sein.
Ich will ferner ausdrücklich behaupten, daß der Mord, dessen Täter unbekannt bleibt, für die meisten Menschen etwas Unheimliches hat, das anderen unaufgeklärten Verbrechen, etwa einem Kassendiebstahl, nicht eignet. Es ist ein besonderes Grauen, das nicht nur der Tat als solcher gilt; es ist ein Gefühl starker psychischer Unsicherheit, als wären wir selbst und unsere Lieben unbekannten Gefahren ausgesetzt. Dieses Gefühl ist freilich mit anderen, ebenso dunklen gemischt. Der Mord durch einen unbekannten Täter, insbesondere Mord, bei dem es keine erkennbaren, auf den Täter weisende Spuren gibt, hat fast etwas Unwirkliches in unserer modernen Zeit. Er scheint gegen alle unsere Denkgewohnheiten und gegen die rationalistische Auffassung, die uns das Leben und die Welt um uns verstehen läßt, zu verstoßen. Wieso kommt jener Eindruck des Unheimlichen des Mordes, dessen Täter man nicht kennt und dessen Ausführung rätselhaft geblieben ist, zustande? Eine solche Tat scheint magische Überzeugungen, die wir längst überwunden zu haben glauben, zu bestätigen. Ein Mord ohne Mörder, eine Tat, die keine Spuren hinterläßt – hier droht ein alter Glaube, der in allen einmal lebendig war, wiederaufzuleben: der Glaube an die Möglichkeit des *Gedankenmordes.* Hier scheint die Phantasie, die in jener Redensart *»tuer son mandarin«* ihren Ausdruck gefunden hat, Wirklichkeit zu werden. Nur durch die Kraft des Gedankens ist ein Mord verübt worden; es findet sich keine Waffe, kein Werkzeug, keine Spur menschlicher Tätigkeit, jemand wurde durch Wirkung in die Ferne umgebracht, so scheint es, denn nichts oder fast nichts deutet darauf hin, daß der oder jener Anwesende die Tat verübt hat. Aus dem Dunkel, in das die Aufklärung der Menschheit jenen primitiven Allmachtsgebrauch gebannt hat, scheint er, durch solche Gelegenheit aktuell geworden, wieder emporzutauchen. Es ist leicht zu erklären, woher die Genugtu-

ung, ja Befriedigung stammt, die bei Aufklärung eines geheimnisvollen Mordfalles verspürt wird. Der Anteil, den die Erwartung der Bestrafung des Verbrechens und die damit verknüpften sozialen Garantien an diesem Gefühl haben, muß natürlich anerkannt werden. Neben ihm und anderen hier nicht zu erörternden Komponenten ist die psychische Wirkung der Überwindung jener gedanklichen Möglichkeit zuzuschreiben; wir erkennen nun, daß jene Bestätigung unseres Allmachtsglaubens nur eine scheinbare war, daß es Zauberei, Magie, Gedankenmord in unserer nüchternen Welt nicht gibt, daß alles mit natürlichen oder künstlichen, keineswegs aber mit übernatürlichen Dingen zugeht. Der Platz, der innerhalb dieser Überlegung den Indizien zukommt, ist unschwer zu bestimmen. Indizien sind greifbare Zeichen, die beweisen (zu beweisen scheinen), daß es keine Verbrechen durch Gedankenallmacht gibt, sondern erweisen, daß wir in einer Welt leben, die nur mechanischen Gesetzen gehorcht. Der Tote hier wurde nicht durch Geisterhand erwürgt, sondern durch Verbrecher von Fleisch und Blut. Die Antwort auf die Frage »Wer hat die Tat begangen?«, die durch Indizien gegeben wird, liefert die Gewißheit dafür, daß es nicht böse Zauberer waren. Wie der Handschuh in Kleists »Prinz von Homburg«, weisen manche Indizien auf die unwahrscheinliche, doch unzweifelhafte Anwesenheit einer Person hin. Die Lösung der Frage »Wie wurde die Tat begangen?« läßt keinen Raum mehr für die unbewußte Annahme, sie sei durch Beschwörung geschehen. Der Nachweis, daß ein Schuß aus einem bestimmten Revolver stammt, tut dem geheimen Allmachtsglauben erheblichen Abbruch. Wenn genau nachgewiesen werden kann, wie der Verbrecher an den Tatort kam, wie er es bewerkstelligte, zu entkommen, daß er Spuren hinterließ, erkennen wir auch, daß er ein Wesen von Fleisch und Blut war wie wir. Die Elemente des Unheimlichen werden ausgeschaltet. Dieser unheimliche Eindruck kam ja dadurch zustande, daß wesentliche Punkte des Tatbestandes, solche der Zeit, des Ortes, der Gelegenheit und des Motivs, rätselhaft geblieben waren. Der Täter flog nicht durch die Lüfte, er benützte das Fenster; die Abwesenheit jeder Spur ist nicht ein Zeichen, daß Zauberei am Werke war, sondern daß geschickte Verbrecher ihre Spuren verwischen konnten. Wir verstehen nun auch die verborgene Bedeutung der Indizien, das, was neben und über dem strafprozessualen Zweck ihren psychischen Sinn ausmacht.

Wir überblicken die Wandlung der Indizien durch die Jahrtausende und durch die Kulturstufen. Es muß einmal eine Zeit gegeben haben, da Indizien jene Zeichen waren, an denen der primitive und der frühantike Mensch erkannte, daß das Verbrechen von Zauberern vollbracht wurde, daß Magie hier ihre Arbeit getan hat. Solchen Zeichen durfte man sich ursprünglich nicht nähern; man suchte sie nur, um sich zu vergewissern und um sich selbst gegen jene Zauberer zu schützen[210]. Von den Fragen, die im Katechismus des modernen Kriminalisten als wesentlich erscheinen, entfiel in jenen Zeiten sicherlich diejenige, die später für die Verbrechensaufklärung so bedeutungsvoll wurde: Wie wurde die Tat ausgeführt? Man wußte es: durch Zauberei.

Wir sind hier am Ursprungsgebiet der Indizien: Sie zeigten ursprünglich, daß ein Zauberer einen Mord begangen hatte; heute dienen sie der unbewußten Aufgabe zu erweisen, daß kein Zauberer am Werk war. Früher stumme Zeugen des Geisterglaubens, werden sie nun zu Zeichen des technisch-mechanistischen Glaubens (oder Aberglaubens) unserer Zeit. Ihre Beweiskraft ist dieselbe geblieben, nur ihre Deutung hat sich verändert. In der Entwicklung der sozialen Funktion der Indizien spiegelt sich ein wichtiges Stück der Kulturentwicklung, das weit über den kriminalistischen und juristischen Rahmen hinausgeht. Dieses entscheidende Stück ist durch den Ursprung der Indizien, den ich hier zeigen konnte, und durch die Phase, bei der sie jetzt angelangt sind (und die vermutlich ihren Endpunkt darstellt), gekennzeichnet: Das Indiz bestätigt am Anfange der Kriminalistik den Glauben an die Gedankenallmacht, um ihn zuletzt zerstören zu helfen. Wir haben nicht vergessen, daß es gerade eine hochsublimierte Form dieses Glaubens an die Allmacht der Gedanken ist, der sich dennoch im streng logischen und sachlichen Indizienbeweis durchzusetzen vermag.

Kann es wirklich nur die Entkräftigung jener primitiven Vorstellungen, die theoretische Überzeugung einer rational-mechanischen Welt sein, welche uns Beruhigung verschafft? Ist nicht der Eindruck eines solchen Mordes ein tieferer, hat er nicht etwas von einem Schrecken an sich, der durch den Gedanken an die Heiligkeit des Blutes allein nicht erklärt werden kann? Die analytischen Forschungen zeigen nicht nur, daß in uns allen heimlich ein Stück jenes Allmachtsglaubens lebt, sondern auch, daß wir oft anderen Menschen den Tod gewünscht haben. Die Aufklärung eines Mordes bringt auch die beruhigende Gewißheit: nicht du, ein anderer ist der Mörder. Diese Auffassung ergänzt nur die frühere Erklärung: Es muß in uns eine dunkle, unbewußte Angst leben, daß wir nur durch die Macht unserer Wünsche Menschen umbringen könnten[211]. Auf Grund solcher unbewußter Vorstellungen könnten viele von uns meinen, für den Tod mancher von ihren Verwandten und Bekannten verantwortlich zu scin.

Die psychologische Analyse der Zwangsneurose, die gerade auf kriminalistischem Gebiete so aufschlußreich zu werden verspricht, zeigt, daß derjenige, der sich für solche Gedankensünden unbewußt verantwortlich hält, von einer Erwartungsangst eines drohenden Unheils gedrückt wird. Diese nur seltenen Erleichterungen zugängliche Unheilserwartung ist, wie die Analyse zu erweisen vermag, die psychische Reaktion auf jene starken, feindseligen und grausamen Wünsche der Kranken. Die Kranken erwarten stets die Strafe, die sie für ihre Gedankenschuld zu verdienen meinen. Etwas von der dunklen Angst, als drohe auch uns auf Grund so feindlicher und blutrünstiger Tendenzen eine schwere Strafe, muß in uns leben und durch die Aufklärung jedes Mordfalles seine seelische Bewältigung finden.

Nun endlich wird klarer, woher jenes Interesse an der Frage »Wer ist der Mörder?« und »Wie wurde die Tat begangen?« stammt. Das affektive Interesse an der Phantasie des heimlichen Tötens durch die Macht der Gedanken hat sich auf die Frage nach dem unbekannten Mörder verschoben. Durch die Wirkung der Verdrängung bleibt dieser Ursprung unseres Interesses unbewußt; seine Natur aber bezeigt noch immer seine Herkunft aus den unerkannten Tiefen des Bemächtigungs- und Zerstörungstriebes. Noch in diesem Interesse lebt unterirdisch die alte Aggressionsneigung, die sich jetzt in der Form der Neugierde in bezug auf die Lösung jener Frage äußert. Die supponierte Gedankenmacht ist es, welche sowohl den Mord vollbringt als auch den verborgenen Verbrecher und seine dunklen Praktiken ausforscht, so wie nach dem Glauben der Wilden ein Zauberer seine geheimen Kräfte zur heimlichen Tötung von Menschen, ein anderer (oft auch derselbe) jene Macht zur Eruierung des Verbrechens gebraucht.

Die Gesellschaft befreit sich von dem Verbrecher, wie die Gemeinschaft wilder Stämme von dem Mitglied, das ein wichtiges Tabu gebrochen hat. Es ist insbesondere die infektiöse Macht des Tabus, die gefürchtet wird und in der *Freud* die unbewußte Versuchungsangst aller Mitglieder der Gemeinschaft aufgedeckt hat. Diese Versuchungsangst darf sich auf die starken unterdrückten Triebregungen des einzelnen, der dieselben antisozialen Taten begehen möchte, stützen. Der Schrecken über das Verbrechen, das Sühneverlangen, das dringende Bedürfnis, den Täter zu eruieren, das alles sind Zeugnisse der Abwehr jener eigenen verdrängten Regungen. In allen, im Richter, in den anderen gerichtlichen Funktionären, im Publikum wirken dieselben unbewußten Tendenzen, die zum Mord drängten. Es ist, wie wenn diese durch einen Mordfall einer Versuchung ausgesetzt würden, durchzubrechen. Die reaktiv verstärkte Gegenregung wird sich in dem Drang, den Mörder zu finden und zu strafen, äußern. Mögen wirtschaftliche und andere soziale Momente hier auch einspielen, vielleicht ist die besondere Hast, die Eile, in der die Prozeßführung, die Beweiserhebung und -würdigung sowie die Verurteilung vor sich geht, ebenfalls auf Rechnung jener Abwehr der eigenen verborgenen Triebregung zu setzen[212].

Der Fall der Margaret Odell

Das Wesen des Indizienbeweises und die psychologischen Quellen des auf ihm basierenden Justizirrtums hätten sich durch die Analysen des Dostojewskischen Romans »Die Brüder Karamasow« nicht besser illustrieren lassen als durch die Darstellung von Fällen der Kriminalgeschichte. Die Phantasie des Dichters ist nicht »wirklicher«, doch wahrhafter als das Leben: am Material des Prozesses Karamasow hätten sich auch unsere Thesen besser veranschaulichen lassen, als an dem des Lederarbeiters Gregor Adamsberger[213]. Allein ich scheute die Kritik, die darauf hätte hinweisen können, daß es sich um ausgedachte Fälle handle und daß sich die Wirklichkeit ganz anders präsentiere[214]. Es gibt Richter, die allen Ernstes behaupten, der Justizirrtum gehöre in das Reich der Legende.

Jetzt aber, da es sich nicht mehr darum handelt, meine Ansichten an dem Material aus dem Leben zu erweisen, sondern eher darum, es noch einmal zu überprüfen, darf ich ausnahmsweise ein literarisches Beispiel heranziehen. Woher sollen wir ein geeignetes Beispiel nehmen? Die Analyse der »Brüder Karamasow« würde ein eigenes Buch erfordern. Sollen wir Kriminalgeschichten *E. A. Poe*s oder die eines jener beliebten englischen Erzähler wählen? Es ist eigentlich gleichgültig, welches Material wir nehmen, es kommt uns ja nicht auf literarischen Wert an. Streng genommen müßten wir die Probe aufs Exempel auch an Kriminalerzählungen machen können, die nur stoffliche Spannung enthalten und deren künstlerischer Wert gering ist, wofern sie nur die Spiegelung des wirklichen Lebens zeigen. Ich bin dem Zufall dankbar, daß er mich den Unsicherheiten der Wahl enthebt. Die letzte Erzählung dieser Art, die ich gelesen habe, wird unserem Zwecke entsprechen wie irgendeine andere. Sie ist gewiß nicht von besonderem künstlerischen Werte, gehört dem guten Durchschnitt an, den sie in einigen Zügen sogar überragt; ihre Spannung ist vielleicht nicht von so grober und unverhüllter Art wie die der meisten Kriminalromane. Sie ist von einem amerikanischen Autor *S. S. van Dine* und heißt *»The Canari – Murder Case«*[215].

Von ihrer Handlung sei kurz wiedergegeben, was sich als Material unserer Überprüfung eignet: Margaret Odell wurde gegen 11 Uhr abends tot in ihrer Wohnung in der 71. Straße New Yorks aufgefunden. Sie hatte der Halbwelt-Bohème des Broadway angehört und war eine jener Kokotten gewesen, die auf Männer einen so rätselhaften Einfluß ausüben. Zuerst sieht die Sache nach einem Raubüberfall aus, bei dem das Mädchen erwürgt worden war. »Jede Fährte, welche die Untersuchung aufnahm, bewies anscheinend nur, daß niemand Margaret Odell ermordet haben konnte; aber die Leiche, die zusammengekrümmt auf dem großen seidenbespannten Sofa lag, strafte diese groteske Mutmaßung Lügen.« Die Wohnung hatte nur einen Eingang, die Fenster waren gesichert; es gab nur eine Möglichkeit, in die Wohnung zu gelangen. Die Bedienerin und der Telephonist des Hauses sagten einstimmig aus, daß Miß Odell am Tage ihrer Ermordung mit einem ihrer Freunde dinieren ausging. Gegen 11 Uhr kam sie mit demselben Gentleman, den der Telephonist von früheren Besuchen her kannte und den er ganz genau beschreibt, zurück. Der Herr sei etwa eine halbe Stunde

mit Miß Odell geblieben. Sonst hatte niemand die Dame an diesem Abend besucht; der Telephonist hätte jeden Besucher unbedingt sehen müssen, da er an dem Telephonstand hätte vorbeikommen müssen. Niemand konnte ungesehen durch den Hausflur gehen. Es sieht also so aus, als könnte nur jener Besucher, mit dem Miß Odell ausging, der Mörder sein. Nachdem alle Möglichkeiten genauestens untersucht werden, bleibt nur diese eine. Der Telephonist, ein zuverlässiger und ruhiger Mann, erzählte nun dem untersuchenden Polizeichef einen Vorfall, der jene Annahme ausschließt: »Die Sache war so, Sir: Als der Gentleman gegen 1/2 12 Uhr Miß Odells Wohnung verließ, beauftragte er mich, ihm ein Taxi zu bestellen. Ich gab den Anruf durch. Während er beim Telephontisch auf den Wagen wartete, hörten wir plötzlich Miß Odell schreien und um Hilfe rufen. Der Gentleman eilte sofort zur Tür, und ich folgte ihm schnell. Er klopfte, aber keine Antwort kam. Er klopfte nochmals und fragte, was los sei. Diesmal antwortete Miß Odell und sagte, es sei alles in Ordnung, er solle heimgehen und sich keine Gedanken machen. Der Gentleman ging mit mir zum Telephontisch zurück. Er sagte, vermutlich sei Miß Odell schnell eingeschlafen und habe einen Alptraum gehabt. Wir sprachen noch ein paar Minuten, und dann kam das Taxi. Er sagte gute Nacht und ging fort. Ich hörte, wie der Wagen abfuhr.«
Genaue Erkundigungen ergeben, daß jener Besucher die Wohnung ungefähr fünf Minuten verlassen hatte, ehe der Telephonist Miß Odell aufschreien hörte. Eben hatte dieser die Verbindung hergestellt, als der Schrei kam. Natürlich wird der Kriminalist, der die Untersuchung führt, alle Einzelheiten erkunden: »Stand der Mann bei Ihnen am Tisch?« »*Yes, Sir*. Sein einer Arm ruhte auf dem Steckbrett.« »Wie viele Male schrie Miß Odell auf, und was rief sie?« »Sie schrie zweimal auf und rief dann ›Hilfe, Hilfe‹.« »Was sagte der Mann, als er zum zweitenmal klopfte?« »Soweit ich mich erinnern kann, sagte er: ›Mach die

Tür auf, Margaret! Was ist los?‹« »Können Sie sich noch genau besinnen, was sie ihm antwortete?« »Soweit ich mich besinne, sagte sie: ›Nichts ist los, es ist alles in Ordnung. Geh bitte heim und reg dich nicht weiter auf!‹ Es kann sein, daß dies nicht Wort für Wort stimmt, Sir, aber was sie sagte, kam auf dasselbe heraus.« »Sie konnten das deutlich durch die Türe verstehen?« »Jawohl. Diese Türen sind nicht sehr dick.«

Wir werden den Fall nicht mit allen mitunter nicht uninteressanten Kompliziertheiten weitererzählen, sondern nur berichten, daß jener Besucher von Miß Odell sich selbst bei der Polizei meldet und sein Bericht vollkommen mit dem des Telephonisten übereinstimmt. Der Mann heißt Spotswood, entstammt einer sehr respektablen Familie und ist ein geschätztes Mitglied der Gesellschaft. Die Angst dieses verheirateten Mannes geht dahin, daß seine Beziehungen zu dem anrüchigen Mädchen bekannt werden und ihm schaden könnten. Er sagt aus, er sei, als er die Hilferufe der Odell gehört habe, besorgt gewesen, aber auf ihre Versicherung, daß alles in Ordnung sei, habe er gedacht, daß sie eingedöst war und einen Alptraum gehabt habe. So habe er nichts weiter bei der Sache gedacht. Er war dann direkt in den Club gefahren, wo er bis früh Poker gespielt hatte. Sein Alibi ist unanfechtbar. Wäre er ihr Mörder, er hätte unmöglich zur Zeit des Mordes im Club sein können. Als er im Hause der Odell war, hatte sie noch gelebt, denn eine Tote ruft nicht um Hilfe und spricht nicht mit ihrem Mörder. Spotswood hatte weder Zeit noch Gelegenheit zum Mord; es ist nicht möglich, um diese Tatsache herumzukommen. Sie schließen die Schuld dieses Mannes so endgültig aus, wie wenn er in jener Nacht am Nordpol gewesen wäre. Aber auch das Alibi anderer Personen, die der Tat verdächtigt werden, stellt sich unzweideutig heraus. Hier erscheint also der unheimliche Fall eines Mordes, ohne daß ein Mörder anwesend gewesen wäre. Der reiche Müßiggänger und Amateurdetektiv Vance, welcher der ratlosen Polizei seine Hilfe leiht,

untersucht noch einmal die Wohnung der ermordeten Kokotte. Es findet sich nichts Aufklärendes. Vance geht noch einmal alle einzelnen Möbelstücke durch, prüft, zwischen Interesse und Langeweile schwankend, Klavier, Teppiche, Toilettentisch, Papierkorb und schlendert lässig zum Schrankgrammophon; er will doch den musikalischen Geschmack der Odell kennenlernen. »Zweifellos süßer Kitsch«, sagte Vance seinem Begleiter. Er hebt den Deckel des Grammophons in die Höhe; eine Platte ist bereits aufgelegt: »Schau an! Das Andante aus Beethovens C-Moll-Symphonie. Das schönste Andante, das je komponiert wurde.« Er setzt die Nadel ein und läßt die Platte laufen, allein der einzige Laut, der aus dem Apparat kommt, ist ein leises Kratzen. Die Drehscheibe des Grammophons fährt die Schallspur nach, aber das Instrument spielt nicht. Die Nadel nähert sich dem Ende der stummen Platte, da wird plötzlich die Wohnung von furchtbaren Schreien erfüllt: zwei Hilfeschreie folgen. Nach einer kurzen Stille sagt dieselbe Stimme: »Nein, es ist nichts los. Alles in Ordnung. Bitte geh nach Hause und reg dich nicht weiter auf!«. Die Nadel ist am Ende der Schallspur angekommen; nun wird es stille.
Der Mord ist aufgeklärt: Spotswood hat eine Grammophonplatte mit seiner eigenen Stimme im Falsett präpariert. Er hat eine Etikette von der entsprechenden Schallplatte abgeweicht und auf sein eigenes Fabrikat geklebt. Dieses hat er der Dame am Abend des Mordes mit einigen anderen Schallplatten mitgebracht. Nach dem Theater hatte er das Mädchen ermordet. Er ließ, bevor er wegging, die Platte laufen, nachdem er einen Teppich auf das Grammophon gelegt hatte, um den Eindruck zu erwecken, das Instrument werde selten benützt. Er bat dann nach dem Verlassen der Wohnung den Telephonisten, für ihn ein Taxi zu bestellen. Während er wartet, ist die Grammophonnadel so weit, daß jene Schreie durch die Nacht gellen. Da sie durch die Holztüre filtriert wurden, fielen die Nebengeräusche gar nicht

auf. Vom Augenblick, da die Schreie ertönten, kalkulierte er auf der Armbanduhr die Pause und fragte dann im rechten Augenblick. Der im Laboratorium sorgfältig erprobte Plan gelang, da der Mörder die Schreie an das Ende der Schallspur verlegt hatte, so daß er genug Zeit zum Weggehen und zum Bestellen des Taxis hatte.

Das Beispiel ist deshalb psychologisch besonders lehrreich, weil unser Interesse während der Lektüre auf die Lösung beider Fragen gerichtet ist: »Wer ist der Täter?« und »Wie wurde die Tat vollbracht?« Dem Anschein nach hat kein lebender Mensch den Mord an Miß Odell ausgeführt. Es scheint wirklich, daß das Mädchen durch jene unheimliche Macht der Gedanken umgebracht worden ist. Dieser Eindruck wird durch die Erzählung des Telephonisten noch erhöht. Als dann jener Amateurdetektiv auf eine interessante, hier nicht wiedergegebene Art findet, daß Spotswood der Mörder ist, ist unsere Spannung zwar sehr verringert, aber nicht verschwunden. Denn wie hat er die Tat begangen? Obwohl wir wissen, daß Spotswood ein sehr bürgerlicher Automobilzubehörfabrikant in New York ist, ist doch noch ein Geheimnis um ihn. Der Mann hat die Odell aus bestimmten, sehr naheliegenden Gründen umgebracht, das verstehen wir wohl. Es kann dennoch nicht mit natürlichen Dingen zugegangen sein. Das Mädchen sprach ja noch mit ihm, sie lebte noch, als er sie verließ. Obwohl alle Zeichen dafür vorhanden sind, daß Miß Odell auf eine recht irdische Art erwürgt wurde, muß in uns noch irgendwo der Rest eines Glaubens leben, daß sie verzaubert durch die schwarze Magie getötet wurde[216]. Dieser Zweifel erscheint in der Verschiebung auf ein Detail, nämlich auf den Umstand, daß das Mädchen, das doch anscheinend zu der Zeit schon tot war, noch mit dem Manne, ihrem vermutlichen Mörder, geredet hatte. Diese Einzelheit erinnert an einen besonderen Punkt innerhalb der animistischen Vorstellungen, die insgeheim noch von uns geglaubt werden: Der Tote ist sozusagen nicht völlig tot, und es ist nicht ausgeschlossen, daß er seine Stimme erhebe und spreche[217]. Ein Echo dieses Glaubens, über den wir bewußt lächeln, wird erweckt, wenn Vance (und wir mit ihm) Wochen, nachdem Miß Odell begraben ist, plötzlich ihre gellende Stimme hört, die »Hilfe«! schreit. Es kommt uns jetzt auch zum Bewußtsein, daß Vance hier eine Art modernen Ordals durchführt, da er, ohne es zu wissen, ein Stück jenes Geschehens noch einmal akustisch abrollen läßt. Gerade hier aber, wo das Unheimliche aus dem Wiederauftauchen animistischer Überzeugungen am stärksten wird, ergibt sich die natürliche Erklärung. Nachdem wir einen Herzschlag lang mit den Zuhörern einen starken Schrecken und ein unheimliches Gefühl verspürt haben, verstehen wir rasch, wie das Verbrechen begangen wurde. Die präparierte Schallplatte erweist es. Kein Wunder aus dem Reiche des Übernatürlichen, höchstens eines jener Wunder der Technik, an die wir uns so rasch gewöhnt haben, liegt vor. Immerhin sind wir für Sekundendauer gewissermaßen auf die Kulturstufe eines abergläubischen Australnegers zurückgekehrt und haben geglaubt, Tote können reden, Ermordete vielleicht ihren Mörder anzeigen. Bald haben wir erkannt, daß es nicht eine Stimme aus dem Grabe, sondern aus dem Grammophon war. Der Anschein des Mysteriösen ist der Kenntnis mechanischer Herstellungsbedingungen gewichen – das Geheimnis des Mordes ist gelöst.

Hier wird auch das Janusgesicht der Indizien klar erkennbar: Das, was zuerst als Zeichen des Übernatürlichen, des Magischen, des außer und über den Naturgesetzen Stehenden schien, gerade das wird nun zur Bestätigung dafür, daß keine magische Ursache jene Wirkungen hervorbringe, daß keine geheimnisvollen übernatürlichen Kräfte den Gang unseres Schicksals bestimmen. Die Indizien, ursprünglich Träger des Unheimlichen, heben nun den Eindruck des Unheimlichen auf.

Wir meinten, das Interesse an jenen Fragen »Wer ist der Täter?«

und »Wie geschah die Tat?« liege weit ab von allen psychologischen Themen. Wir glauben jetzt zu erkennen, daß es doch der Psychologie entstammt, daß uns die Untersuchung dieser kriminalistischen Probleme auf Umwegen doch wieder zu psychologischen Fragen und vielleicht sogar zu mancher Antwort geführt hat.

Schlußbemerkung

Über dem mächtigen Portal des Dresdener Landgerichtes stehen die Worte: »Es ist nichts so fein gesponnen, es kommt doch an die Sonnen«. Ein solcher Ausspruch befriedigt unser Gerechtigkeitsgefühl, das nicht erlauben will, daß der Verbrecher unerkannt und seine Tat ohne Strafe bleibt, vielleicht sogar der Unschuldige für das Verbrechen eines anderen büße.
Wenn wir an die zahlreichen Fälle von Justizirrtümern denken, die Unschuldige viele Jahre im Zuchthaus verbringen ließen, werden wir freilich sagen, daß es nicht gleichgültig ist, ob jenes feine Gespinst an die Sonne des Jahres 1920 oder an die des Jahres 1933 komme. Die Erinnerung an den Fall Jakubowski und manche ähnliche wird uns noch skeptischer gegen jene Spruchweisheit stimmen. Es macht immerhin einigen Unterschied, ob die Sonne, an die ein so spät aufgeklärtes Verbrechen kommt, einem rechtskräftig Verurteilten noch scheint oder nicht.

TEIL II

Der Schrecken und andere psychoanalytische Studien

Vorbemerkung

Die folgenden Aufsätze, die aus den Jahren 1924–1927 stammen, enthalten neue Beiträge, Ergänzungen und Korrekturen zu einer psychoanalytischen Theorie, die ich in einem größeren Werke »Geständniszwang und Strafbedürfnis« (Internationale Psychoanalytische Bibliothek, Band XVIII) 1926 veröffentlicht habe. Auch sie stellen die Beziehungen zwischen den Mächten des menschlichen Trieblebens und jener psychischen Instanz, welche die Psychoanalyse als Über-Ich bezeichnet, in den Mittelpunkt der Untersuchung. Es ist mir bekannt, daß die einzelnen hier vorliegenden Aufsätze einen verschiedenen Grad von psychologischer Vertiefung aufweisen. Sie wollen auch ihren fragmentarischen und einseitigen Charakter keineswegs verleugnen.

Berlin, Ende Oktober 1928

Der Schrecken

I

Nachdem *Abraham, Ferenczi, Jones* und *Simmel* in der Diskussion auf dem V. Internationalen Psychoanalytischen Kongreß wichtige Beiträge zum Problem der traumatischen Neurosen geliefert hatten[1], nahm *Freud* 1920 das Thema in einem größeren Zusammenhang wieder auf[2]. Er betrachtet die traumatische Neurose als Folge eines ausgiebigen Triebdurchbruches des Reizschutzes, der die primäre Funktion unseres seelischen Apparates bildet. Es wird betont, daß die Intensität des an den Reizschutz gelangenden Reizes nicht allein über das Zustandekommen der traumatischen Neurosen entscheidet. Der Zustand der eigenen Besetzung ist als zweiter wichtiger Faktor in Betracht zu ziehen. Bei niedriger eigener Besetzung wird unser psychischer Apparat weniger geeignet sein, zuströmende Energie aufzunehmen; die Folgen eines Durchbruches des Reizschutzes müssen gewaltsamer sein als bei höherer eigener Besetzung, der eine größere bindende Kraft eignet. Die Anerkennung dieses zweiten Momentes warnt uns davor, die pathogene Macht des traumatischen Faktors von außen her zu überschätzen. Das spezielle pathologische Resultat wird von der kombinierten Wirkung beider Momente abhängig sein. Es ergibt sich hier wieder eine Ergänzungsreihe analog jener, die *Freud* für die Kooperation konstitutioneller und akzidenteller Faktoren in der Neurosenätiologie aufgestellt hat.

Gegenüber den Theorien der traumatischen Neurose, welche

dem Schreck und der Lebensgefährdung die größte ätiologische Bedeutung zuschreiben, scheint Freuds Auffassung zunächst wie eine Rückkehr zur alten Lehre von der Schockwirkung. Im Gegensatz zu dieser wird aber das Wesen des Schocks im Durchbruch des Reizschutzes für die reizaufnehmende Rindenschicht gesehen. Der Schreck behält auch innerhalb der Freudschen Theorie seine Bedeutung, indem seine Bedingung im Fehlen der Angstbereitschaft gegeben ist. Diese Bedingung schließt aber eine niedere Besetzung der den Reiz zunächst aufnehmenden Systeme ein. Infolge der niederen Besetzung, welche die ankommenden Energiemengen nicht binden kann, stellen sich die Folgen des Reizschutzdurchbruches viel leichter ein.
Die Auffassung Freuds scheint mir nun einer analytischen Ergänzung und Fortführung bedürftig, zu welcher der Weg gerade durch andere Forschungen Freuds gewiesen wurde, ohne doch von ihm oder anderen analytischen Autoren betreten worden zu sein. Der vorliegende Versuch einer solchen Modifikation muß um so eher hypothetischen Charakter tragen, als er sich nur auf eine dürftige Erfahrung auf diesem Gebiet stützen kann. Er beschränkt sich im wesentlichen auf die aufmerksame Beobachtung der traumatischen Neurosen während des Krieges; ich hatte reichlich Gelegenheit, viele Fälle im Feld und in der Etappe zu studieren, aber keine, sie zu analysieren. Die folgende Hypothese ist also aus dem Vergleich der Eindrücke und Beobachtungen bei traumatischen Neurosen und von Erfahrungen aus der Analyse nichttraumatischer Neurosen erwachsen. Ihre Berechtigung ist aber nicht a priori zu bestreiten, weil die Ungunst der Umstände die Durchführung analytischer Untersuchung von Unfallneurosen verbot. Es liegt ja im Wesen einer Hypothese, daß sie erst bewiesen werden kann, wenn man auf anderen Wegen zu ihr gelangen kann. Es muß auch angemerkt werden, daß anderen, nichtanalytischen Beobachtern die Möglichkeit der klinischen Ausnützung des Untersuchungsmaterials nicht so viel

geholfen hat, als man erwartet hätte und sie dem psychologischen Verständnis der traumatischen Neurosen nicht näher gebracht hat. Es ergibt sich so zwischen der Breite der Erfahrung und ihrer intellektuellen Verwertung ein ähnliches Ergänzungsverhältnis wie zwischen Reizintensität und Besetzungshöhe in den traumatischen Neurosen selbst. Die Betonung des hypothetischen Charakters der folgenden Ausführungen soll nur bedeuten, daß es sich darin um Erwartungsvorstellungen handelt, die von der speziellen Untersuchung überprüft werden sollen. Man kann von der provisorischen Natur aller wissenschaftlichen Erkenntnis völlig überzeugt sein und doch meinen, daß ein bestimmtes Stück der Forschung dem verborgenen Zusammenhang der Dinge näherkommt als ein anderes.

Die Publikation dieser Arbeit scheint mir trotz ihres hypothetischen Charakters auch darum gerechtfertigt, weil es sich um einen Erklärungsversuch handelt, dessen analytische Nachprüfung aus theoretischen wie praktischen Gründen gleich wünschenswert ist[3]. Das Wesen der speziellen Reize, die in der Schreckneurose traumatisch wirken, wurde so vielfach untersucht und klargestellt, daß unsere analytische Untersuchung kaum hoffen darf, von hier aus tiefer in das Verständnis der Erkrankung eindringen zu können. *Freud* hat die Reizintensität als das ätiologisch bedeutungsvollste Moment bezeichnet. Doch läßt es die Hervorhebung des zweiten Faktors, der individuellen Besetzungshöhe, auch nach dieser Theorie verständlich erscheinen, warum relativ geringe Reizintensitäten in zahlreichen Fällen traumatische Wirkungen hervorrufen, d. h. den psychischen Reizschutz durchbrechen können. Die objektiv gegebenen Reize sind diejenigen Quellen in der Genese der traumatischen Neurose, die am besten sichergestellt und erforscht sind. Nicht nur die Laien berufen sich ausschließlich auf sie zur Erklärung der Krankheit; auch die wissenschaftliche Untersuchung hat immer wieder ihre Bedeutung erkannt. Nun ist es zweifellos, daß der spezielle Reiz in bestimmter ursächlicher Beziehung zur traumatischen Neurose steht, aber diese Beziehung ist – wie schon aus *Freuds* Theorie hervorgeht – keineswegs eindeutig und andere Momente ausschließend. Die Forschung wird sich die Frage vorzulegen haben, warum derselbe Reiz so verschiedene Wirkungen und warum er gerade diese Wirkung hervorrief.

II

Wenn wir die Situationen des Entstehens der traumatischen Neurose überblicken und die Wirksamkeit der objektiven Reize, diese spezielle Neurose zu produzieren, kritisch erwägen, werden wir trotz nüchterner Einschätzung aller Unterschiede an ein anderes Problem erinnert, das die Psychoanalyse frühzeitig interessieren mußte: es ist die Beziehung zwischen den *objektiven Traumreizen* und dem *Traumerfolg*. Die Bedeutung der objektiven Sinnesreize ist in der Traumpsychologie durch sorgfältige Beobachtungen sichergestellt, ja sogar durch Experimente bestätigt. Die Richtigkeit jener Theorien, welche Erregungen der Sinnesorgane als Traumerreger feststellen, wurde von seiten der Psychoanalyse niemals angezweifelt, aber es galt, die Verbindung zwischen den äußeren (akzidentellen) Traumreizen und dem Vorstellungsinhalt des Traumes nachzuweisen. *Freud* hat die Unzulänglichkeit der Traumreiztheorie aus der Tatsache abgeleitet, daß sie uns zwei Aufklärungen schuldig bleibe: »erstens, warum der äußere Reiz im Traume nicht in seiner wirklichen Natur erkannt wird (vgl. die Weckerträume) und zweitens, warum das Resultat der Reaktion der wahrnehmenden Seele auf diesen verkannten Reiz so unbestimmbar wechselvoll ausfallen kann.«[4] Wir ziehen den berühmt gewordenen Traum *Maurys* als Beispiel eines Traumes heran, dessen Inhalt sicher mit dem äußeren Reiz ursächlich verbunden ist: der Träumer sieht sich in die Zeit der Schreckensherrschaft der Revolution versetzt, erlebt greuliche Mordszenen, wird verhaftet und selbst vor das Tribunal gestellt. Dort sieht er Robespierre, Marat, Fouquier-Tinville und andere hervorragende Männer jener Zeit, denen er Rede steht, wird nach vielen Zwischenfällen verurteilt und dann zum Richtplatz geführt, von einer unübersehbaren Menge begleitet. Er steigt aufs Schafott, der Scharfrichter bindet ihn ans Brett; es kippt um; das Messer der Guillotine fällt herab. Er fühlt, wie sein Haupt vom Rumpf getrennt wird, wacht in der entsetzlichen Angst auf – und findet, daß der Bettaufsatz herabgefallen war und seine Halswirbel getroffen hat, ähnlich wie das Messer einer Guillotine. Es interessieren uns hier zwei Momente, die, wie uns scheint, eine Brücke zum psychologischen Verständnis der traumatischen Neurose schlagen helfen. Das erste wird die Verbindung zwischen dem somatischen äußeren Reiz, der in der Traumbildung deutlich wird, und dem eigentlichen Traumprodukt sein. Das zweite wird sich auf die Besonderheiten des zeitlichen Verhältnisses beziehen. Gehen wir vom zweiten Moment aus, das Anlaß zu einer angeregten Diskussion in der »Revue philosophique« gegeben hat[5]. *Maury* wird von einem Brettchen im Genick getroffen und träumt in dem außerordentlich kurzen Zeitraum zwischen dem Auffallen des Brettes und dem dadurch bedingten Erwachen einen ganzen Roman aus der Revolutionsperiode, der lebhafte Angstaffekte auslöst. Eine besondere Beschleunigung des Vorstellungsablaufes scheint so, wie andere in *Freuds* »Traumdeutung« angeführte Beispiele zeigen, der Traumarbeit eigen zu sein. Wir erinnern uns indessen, daß dies keine Besonderheit nur des Traumes sein kann. Personen, die sich in Gefahr des Ertrinkens befinden oder von einer großen Höhe abstürzen, sehen in wenigen Sekunden viele Szenen aus ihrem Leben wie Filme, die sich außerordentlich rasch aneinanderreihen, vor sich abrollen. Freud hat eine Erklärung des Mauryschen Traumes gegeben, die geeignet scheint, uns das zweite Moment, das der Verarbeitung des äußeren Reizes, verständlich

zu machen. Er meint, der Traum des französischen Forschers stelle eine Phantasie dar, die in seinem Gedächtnis seit Jahren fertig aufbewahrt war und in dem Moment geweckt – man möchte sagen: angespielt – wurde, da er den Weckreiz wahrnahm. Diese Auffassung wäre aber auch geeignet, die erste Schwierigkeit, die der zeitlichen Verkürzung, aus dem Wege zu räumen. Handelt es sich um eine fertige, bereitliegende Phantasie, so brauchte er sie nicht in dem kurzen Zeitraum zu komponieren. Sie wurde, wie *Freud* sagt, »angetupft«, so wie wenn man nur ein paar Takte aus einem wohlbekannten Musikstück am Klavier anschlägt und das Ganze in der Erinnerung aufsteigt. So wird hier von einer Einbruchstation aus ein Ganzes gleichzeitig in Erregung versetzt. »Durch den Weckreiz wird die psychische Station erregt, die den Zugang zur ganzen Guillotinenphantasie eröffnet. Diese wird aber nicht noch im Schlafe durchlaufen, sondern erst in der Erinnerung des Erwachten. Erwacht, erinnert man jetzt in ihren Einzelheiten die Phantasie, an die als Ganzes im Traume gerührt wurde.«
Doch was haben die psychischen Vorgänge in jenen Weckreizträumen mit den Situationen zu tun, die wir für die Entstehung der traumatischen Neurosen verantwortlich machen? Nun, die Verbindung scheint zunächst eine sehr lose zu sein. Hier wie dort wirkt ein äußerer Reiz, der körperliche Sensationen und seelische Prozesse auslöst. Die kurze Spanne Zeit zwischen der unbewußten Wahrnehmung der Empfindung und dem Erwachen kann man ungezwungen derjenigen vergleichen, die zwischen der Perzeption eines Reizes etwa in einem Eisenbahnunfall und der ersten Reaktion der betroffenen Person liegt. Wenn wir an die vorübergehende Bewußtseinstrübung, jenen sekundenlangen absenceartigen Zustand nach dem Reizeinbruch in der Unfallsituation denken, werden wir an den Schlaf erinnert. Ein weiteres Vergleichsmoment liegt in der Überraschung: der Träumer erfährt einen Reiz, auf dessen Eintreffen er nicht vorbereitet war.

Ebenso der Unfallneurotiker. Die Bedeutung des Überraschungsmomentes in der Psychogenese des Unfalls wurde in der Theorie *Freuds* gewürdigt. Nehmen wir Träume vom Typus des *Maury*schen Guillotinentraumes, die keineswegs selten sind, so fügt sich den bereits angeführten Vergleichspunkten ein weiterer an: die Auslösung starker Angsteffekte. Wollen wir dasjenige, was uns an diesem Vergleiche psychologisch interessiert, hervorheben, so würden wir es gerne in die Frage kleiden: was geschieht in unserem Seelenleben in Träumen der beschriebenen Art und in den Unfallsituationen in der kurzen Zeit zwischen der Aufnahme des Reizes und seiner vorbewußten Erfassung? Anders ausgedrückt: welcher psychologische Vorgang findet statt in der Zeit zwischen dem Anlangen des Reizes bei der reizaufnehmenden Rindensubstanz und der ersten Reaktion auf die Reizaufnahme?

Wir haben von *Freud* die Erklärung gehört, daß der anlangende Reiz in Maurys Guillotinentraum wie in anderen Träumen dieses Charakters eine Phantasie als Ganzes in Erregung gebracht hat, die fertig vorgelegen hatte. Ist nun der somatische Reiz als solcher für die heftige Angst verantwortlich, mit welcher der Träumer erwacht? Unsere Antwort muß natürlich sein: nein. Das, was der Reiz in seiner psychischen Verarbeitung bedeutet, rechtfertigt die Intensität des Angsteffektes. Wenn uns ein solcher Reiz im Wachzustand trifft, werden wir sicher keine Angst verspüren. Doch ist dies so sicher? Verändern wir das Bild nur ein wenig, so können wir leicht in die Nähe einer jener Situationen gelangen, welche zur Entstehung einer traumatischen Neurose führen mag. Wir nehmen also an, der wachende Maury geht eines Tages spazieren und wird plötzlich von einem kleinen Brettchen, das etwa von einem Hausgerüst herabfällt, getroffen. Es sind nur wenige Elemente in der Situation verändert und an Stelle eines Gesunden, der erschreckt aus dumpfen Träumen auffährt, um sich bald zu beruhigen, ersteht vor uns das Bild eines

Unfallneurotikers mit allen klassischen Symptomen.
Man könnte hier leicht den Einwand machen, die Unfallneurose trete nur als Folge eines überstarken Reizandranges auf; ein Zusammenstoß, ein heftiger Schlag, ein starker elektrischer Strom sei die Verursachung. Allein die Kliniker berichten uns immer wieder auch von Reizen geringer Intensität, die für das Zustandekommen der traumatischen Neurosen verantwortlich sind. Andererseits zeigen uns zahlreiche Beispiele, daß starke Reize oft ohne jeden Schaden vertragen werden. Wir wollen also gerne einräumen, daß von einer bestimmten Reizintensität an jeder Mensch das Opfer einer traumatischen Neurose werden muß, uns hier aber ausschließlich mit jenen Fällen beschäftigen, die keine besondere Intensität des Reizes aufweisen und dennoch zur traumatischen Neurose führen. Wir heben die Beschränkung auf diese Formen *ausdrücklich* hervor. Es fällt leicht, die Konstitution hier in Rechnung zu stellen – ihre Bedeutung wird von uns durchaus anerkannt –, aber solche Betonung der konstitutionellen Momente enthebt die Forschung nicht der Aufgabe, die speziellen psychischen Vorgänge in der Unfallsituation zu untersuchen. Andere Einwände tauchen auf und verlangen Berücksichtigung: der Träumer weiß uns etwas über das psychische Geschehen in jener kurzen Zeitspanne zu erzählen, eben seinen Traum. Der Traumatiker kann uns nur einiges weniges über seine Körperempfindungen in den Sekunden des Unfallerleidens berichten. Aber dieses Argument ist nicht so schwer zu entkräften, als es zuerst scheinen mag. Es ist vor allem nicht richtig, daß der Träumer seinen Traum immer weiß; es kommt häufig vor, daß objektive Sinnesreize beim Schlafenden einen Angsteffekt auslösen, der aus mimischen Zeichen des Schlafenden erkennbar ist, ohne daß der Traum, der von der psychischen Verarbeitung des Reizes Kunde gibt, erinnert wird. Andererseits könnte die Analyse des traumatischen Erlebens uns unbewußtes Material zeigen, auf das wir nicht vorbereitet waren.

Wir haben gesagt, daß der somatische Reiz als solcher nicht die Angst bei Maury rechtfertigt, sondern die durch den Reiz ausgelöste Phantasie. Gewiß, die Wichtigkeit des Reizes als auslösenden Faktor bleibt unzweifelhaft, aber sie ist der zu vergleichen, welche der Funke besitzt, der in ein Pulverfaß gerät. Wir bemerken nun, daß die alte Phantasie Maurys, die durch den Sinnesreiz »aufgeweckt« wurde, eine typische ist, deren Kern jeder mit der Psychoanalyse Vertraute als Kastrationsphantasie erkennen wird. Es ist diese latente Bedeutung der Phantasie, welche das Ausmaß der Angst rechtfertigt. Die Reizwahrnehmung ist zum Anlaß geworden, eine alte Phantasie heraufzubeschwören, die, aus infantilen Komplexen stammend, eine Anknüpfung an die Lektüre des Erwachsenen gefunden hat. Aber nur die Guillotinenphantasie ist bewußtseinsfähig, die dahinterliegende Kastrationsphantasie erklärt das tiefe Erschrecken. Man könnte sagen: die Vorstellung des Guillotiniertwerdens hat bei dem wachenden Maury einmal an die unbewußte Kindervorstellung der Kastration und die damit verbundene Angst gerührt. Es ist diese Angst, die im Traum wieder erscheint. Die Körpersensation durch das Auffallen des Brettchens ist nur der »Reiz«, der diese alte unbewußte Angst mobilisiert hat. Der Reiz gab Anlaß zu einer psychischen Verarbeitung, welche ein Vorstellungsmaterial heraufbefördert, das in analytisch durchsichtiger Verhüllung jene infantile Angst im Seelenleben des Erwachsenen als unzerstörbar und wirksam zeigt. Der Schreck wird durch die plötzliche Reizzufuhr nur teilweise erklärt; es ist wirklich »Gedankenschreck«, wie *Freud* es an einer andern Stelle der »Traumdeutung« bezeichnet[6]. Die Intensität der Angst wird dadurch verständlich, daß der Träumer auf altes, verdrängtes Material zurückgegriffen hat. Es ist so, als hätte ihn das Auffallen des Brettchens am Körper an jene unbewußte Phantasie erinnert, als bedeute es ihr Realwerden. Die Bedeutung dieser unbewußten Phantasie für das Ausmaß der Affektintensität ist nicht zweifelhaft. Statt vieler Beispiele, welche diese Rolle beleuchten, sei ein Bericht des englischen Arztes *Brunten* über einen Vorfall angeführt, in dem die Schreckwirkung eines schwachen somatischen Reizes infolge der Erwartungsvorstellung plastisch hervortritt[7]. Ein Assistent war den Zöglingen eines englischen College verhaßt geworden. Sie beschlossen, ihn zu schrecken und bereiteten in einem dunklen Zimmer einen Block und ein Beil vor. Dann ergriffen sie den Lehrer und führten ihn vor einige schwarzgekleidete Schüler, die sich als Richter gebärdeten. Als der Assistent die Inszenierung dieser Szene sah, dachte er an einen Scherz. Aber die Schüler versicherten, daß es ihnen völlig Ernst sei; sie sagten ihm, daß sie ihn sofort köpfen würden. Sie verbanden ihm die Augen, drückten ihn in die Knie und beugten seinen Kopf gewaltsam auf den Block. Einer ahmte das Geräusch des geschwungenen Beiles nach, ein anderer ließ ein nasses Handtuch auf den Hals des Assistenten fallen. Als man ihm dann die Binde von den Augen nahm, war er tot.

III

Wir kehren nun zu unserem früheren imaginierten Beispiel zurück: Herr A. *Maury*, seines Zeichens Student der Jurisprudenz und Medizin, geht im Jahre 1840 in der vergnügten Stimmung des 23jährigen, keines Überfalles und keines Unfalles gewärtig, auf der Rue de Rivoli spazieren. Da fällt ihm plötzlich ein Brettchen von einem Häusergerüst auf den Nacken, er stürzt zu Boden. Er hat keinerlei erhebliche Verletzungen erlitten, aber bald stellen sich die Symptome einer traumatischen Neurose ein: Beschleunigung der Pulsfrequenz, eine abnorme Erregbarkeit des Herznervensystems, Steigerung des Blutdruckes, Hypnalgesie, Sekretionsanomalien, Pupillendifferenz, Geh- und Sehstörungen usw. werden von den Médecins des hôpitaux unzweifelhaft konstatiert. Was hindert uns, anzunehmen, daß die Myotonoclonica trepidans und die Akinesia amnestica Oppenheims in klassischer Ausprägung vorhanden sind? Nichts hindert uns, diese wahrscheinliche Annahme zu machen[8].

Die Bedeutung des Schreckensmoments bei der Überraschung ist in unserem Beispiel leicht nachzuweisen. Es scheint mir nun, daß der Hinweis darauf schlechthin nicht ausreicht, um uns das Durchbrechen des Reizschutzes in diesem Falle von traumatischer Neurose verständlicher zu machen. Es muß etwas Spezifisches in diesem Schreck sein, damit die pathologische Reaktion erklärbar werde. Vergleichen wir psychologisch noch einmal die Situation des durch einen Weckreiz und des von einem Unfall betroffenen Maury. Dort hat der Reiz die Wirkung gehabt, daß er den Schlafenden an etwas erinnert hat: das fertige Phantasiebild erwies sich – man kann es schwer anders sagen – als eine Novelle mit dem Hauptinhalt, dem Knalleffekt der Kastration.

Auch in dem von Freud zitierten Wecktraum *Napoleons* sowie ähnlichen Träumen, die jeder Analytiker kennt, ist jene eigenartige Wirkung zu konstatieren, welche *Egger* in seiner Diskussion des Mauryschen Traumes als *»l'effet rétrospectif et rétroactif de la sensation«* gekennzeichnet hat. Wir fanden als das besonders Schreckhafte des Weckreizes das Aktuellwerden einer alten Angst, in dem vorliegenden Falle der Kastrationsangst, die durch einen plötzlichen äußeren Reiz geweckt wird[9]. Wir meinen nun, daß etwas Ähnliches in der Situation der hier behandelten *Gruppe* von traumatischen Neurosen vor sich geht. Das Spezifische des Schrecks – mag es sich vielleicht nachher auch als ein Stück allgemeinerer psychischer Einstellung erweisen – müssen wir im Eindruck des plötzlichen Aktuellwerdens einer alten unbewußten Angst suchen. Es ist klar, daß es sich dabei nicht um ein völliges materielles Realwerden einer befürchteten Situation handelt, sondern um einen plötzlichen realen Eindruck, der die ganze unbewußte Angst durch Erinnerung wiederzuerwecken vermag. Wie im Traume vom Typus des Mauryschen hat ein geringfügiger materieller Reiz genügt, um einen alten Vorstellungsinhalt wieder zu beleben und an ihn geknüpfte Affekte in voller Stärke wiedererwachen zu lassen. Es ist wichtig zu betonen, daß es sich nicht um das materielle Realwerden einer alten unbewußten Phantasie als solcher handelt, weil dieser Unterschied eine psychisch verstärkende Wirkung hat. Es ist vergleichsweise so, daß oft eine Anspielung stärkere psychische Wirkungen auslöst als die direkte und präzise Darstellung. Das Besondere der Situation wird gerade durch diesen Charakter der Anspielung gekennzeichnet. Die traumatische Situation dieser Art stellt sich als folgendermaßen dar: es ist, als ob plötzlich und in unerwarteter Form wirklich real würde, was wir einmal gefürchtet, dann vor uns abgeleugnet und aus unseren Gedanken verbannt haben. Das dunkle Unheil, das wir unbewußt erwartet haben, ist plötzlich da. Nehmen wir den Fall eines unvermuteten Eisenbahnzusammenstoßes: der Schreck des nicht vorbereiteten Reisenden würde das Aktuellwerden einer alten unbewußten Unheilserwartung, die sich auf das eigene Leben bezieht, zum Inhalt haben. Der starke Eindruck der Erschütterung beim Zusammenstoß ist für eine Zeit von Sekunden der unbewußten Verarbeitung überlassen worden und hat dort jene alten Befürchtungen reaktiviert, die im Dunkel wucherten. Das Fremde, das da plötzlich drohend in unser Leben eingreift, ist etwas Altbekanntes, nur Entfremdetes, etwas, das wir unbewußt längst erwartet hatten und das gerade in einem Augenblicke, da wir nicht daran dachten, Realität zu werden scheint. Wir verstehen hier, es handelt sich dabei um die plötzliche Verwandlung einer versunkenen psychischen Realität von Angstcharakter in eine aktuelle – ein Vorgang, der plötzlichen Aufhebung eines Verdrängungswiderstandes vergleichbar. Der Anlaß und die Verknüpfung dieses seelischen Prozesses ist aber durch ein Stück materiellen Geschehens, eben das traumatische Ereignis, gege-

ben. Dieses unzweifelhafte Stück Realität gibt dem Ganzen Wirklichkeitscharakter. Ein bestimmter unbewußter Vorgang ist unerwartet wiedergekehrt. Diese Wiederkehr ist aber nicht an einen Triebprozeß, sondern an ein äußeres Ereignis geknüpft. Das traumatische Ereignis erscheint so wie eine unbewußte Bestätigung dafür, daß jene alte Angst berechtigt war.
Wie ist nun jene Unheilserwartung, als deren Bestätigung wir das traumatische Ereignis unbewußt auffassen, entstanden? Sie hatte sich bei jedem von uns als seelische Reaktionserscheinung auf unbewußte Impulse eingestellt. Die Verdrängung dieser starken Tendenzen hatte sie als Befürchtung für das Ich entstehen lassen, und später war die Unheilserwartung selbst ebenso wie ihre seelische Motivierung sekundär ins Unbewußte gezogen worden. Es mag zu diesem Resultat beigetragen haben, daß das dunkle, irrational erscheinende Gefühl eines zu erwartenden Unheils mit dem gesunden Menschenverstand oder dem *common sense,* der längst den Glauben an eine geheimnisvoll strafende Macht bewußt abgetan hatte, unvereinbar gewesen war. Nun aber ist es, als ob jene Strafe, die wir unbewußt gefürchtet haben, plötzlich da wäre. Sie tritt uns an, da wir nicht auf sie gefaßt waren. Ein Tag wie ein anderer hat sich plötzlich zum »*dies irae dies illa*« verwandelt. Von wem wird aber das Unheil gefürchtet? Die Antwort ist leicht gegeben, wenn wir uns daran erinnern, daß unser Seelenleben im traumatischen Augenblick zu den überwundenen animistischen Denkweisen zurückkehrt. Wir waren gewohnt, uns als Herren über unseren Willen zu fühlen, unsere Bewegungen gehorchten unseren Absichten, da spüren wir unerwartet das Wirken einer Kraft, ohne zu wissen, von wem sie ausgeht. Da ist es plötzlich, als ob eine mächtige Hand uns aufhebt, schüttelt, niederreißt oder hinwirft, wo es ihr gefällt. Eine primitive seelische Reaktion, die wir nie völlig überwinden, läßt uns alles Übermächtige, das uns geschieht, das wir passiv erleben, unbewußt auf höhere Mächte, d. h. ursprünglich

auf die Eltern zurückführen. Eine ähnliche zwingt uns aber auch, alles was wir an Bedrohendem und Schrecklichem erleben, unbewußt als Bestrafung, die von dieser Seite ausgeht, anzusehen. Wir wissen schon, wir haben später Naturkräfte oder das Schicksal als unsere Herren anerkannt, aber dahinter steht noch immer unbewußt der Vater oder die Mutter, deren Willen früh in unser Leben eingriff. Wir hatten uns als Herren über unser Ich gefühlt und bekommen jetzt plötzlich eine Gewalt zu verspüren, die uns unsere ganze Ohnmacht und Hilflosigkeit blitzschnell erkennen läßt. Der Zusammenhang zwischen Schrecken und narzißtischer Libido wird hier klar. Die Situation im Erleben des Schocks ist folgende: das gefestigte Ich hat plötzlich die drohende Macht des Schicksals, eines Vaterersatzes, zu verspüren bekommen; es ist von dem (wieder in die Außenwelt rückprojizierten) Über-Ich überwältigt worden. Der Schock muß ja als Resultat einer Kraftäußerung, besser Willensäußerung dieser rätselvollen Macht, die Vatercharakter hat, erscheinen. Auf dieses plötzliche Überwältigtwerden aber reagiert der Erwachsene, der sonst gewiß auf seinen Kinderglauben halb mitleidig, halb verächtlich zurücksieht, wie das überraschte, eingeschüchterte und schuldbewußte Kind auf das plötzliche Erscheinen des strengen Vaters, von dem es Strafe erwartet.

IV

Wir haben uns veranlaßt gesehen, die *Freud*sche Einschätzung des Schreckmomentes in der Ätiologie der traumatischen Neurosen in bestimmter Richtung zu ergänzen. Es handelt sich, wie wir meinen, in vielen Fällen um einen bestimmten Schrecken, der durch das Aktuellwerden einer alten verdrängten Unheilserwartung ausgelöst wird. Das Moment der Überraschung bleibt auch in unserer Hypothese als vollgültig bestehen. Es erleidet aber eine Verschiebung; es bezieht sich jetzt darauf, daß etwas, wovor wir uns einmal gefürchtet haben, plötzlich in veränderter Gestalt und unter veränderten Umständen zur Realität zu werden scheint. Vielleicht ist dies sogar allgemein das psychologische Wesen des Schrecks. Hier aber ergibt sich eine zweite Notwendigkeit einer allerdings geringfügigen Korrektur der Freudschen Auffassung. Freud weist darauf hin, daß Schrecken jenen Zustand bezeichnet, in den man gerät, wenn man ohne Vorbereitung einer Gefahr gegenübersteht. Das Fehlen der Angstbereitschaft ist das Charakteristische des Schrecks. Das scheint gewiß richtig. Der Mangel an Angstbereitschaft kann aber kein absoluter sein, wie aus unserer Beschreibung hervorzugehen scheint. Wie ist diese nun mit der Freudschen Auffassung zu vereinbaren? Wir fühlen, daß etwas Richtiges mit Freuds Charakterisierung des Schreckens durch den Mangel der Angstbereitschaft gesagt ist, und haben doch im Schrecken alle Züge des Rückgreifens auf eine alte unbewußte Angst erblickt. Wenn unsere Ansicht den tatsächlichen psychischen Vorgängen angemessen ist, so wird im Augenblick des Unfalls, da der äußere Eindruck einer blitzschnellen unbewußten Verarbeitung unterliegt, in den meisten Fällen eine übermächtige, durch den realen Anlaß keineswegs gerechtfertigte Angst wachgerufen. Der Widerspruch ist keineswegs unüberbrückbar. Freuds Beschreibung bezieht sich auf die bewußte Angstbereitschaft. Diese fehlt gewiß in der traumatischen Situation. Aber es kann ja so sein, daß in uns allen – mehr oder weniger – eine unbewußte Angst lebt, die nichts mit der Erwartung unmittelbar zu gewärtigender aktueller Gefahren zu tun hat. Eine Unterscheidung, die sich mir andernorts aufgedrängt hat, scheint hier fruchtbar zu werden. Ich glaubte allgemein, Vorangst und Endangst – Bezeichnungen analog der Freudschen Vorlust und Endlust – auseinanderhalten zu sollen[10]. Die Vorangst wäre die psychische Vorbereitung auf das Herannahen einer (äußeren oder inneren) Gefahr, nicht nur Anzeichen, sondern auch primitiver Versuch der ersten Bewältigung. Man könnte die Vorangst auch als eine Probe der Bewältigung der Angstsituation bezeichnen. Die Endangst stellt dann die Reaktion angesichts der Gefahrsituation dar. Der Schrecken hat nun, wie mir scheint, die Charaktere einer Endangst, die durch den Ausfall der Vorangst eine besondere Intensität und eine besondere psychische Gewalt bekommt. Die Angstbereitschaft im Schrecken fehlt wirklich, soweit sie sich auf die aktuelle, unerwartete Gefahrsituation bezieht. Dafür ist plötzlich die alte Angstbereitschaft aktuell geworden, die nicht nur als psychische Reaktion auf intensive feindliche Regungen entstanden ist und die bereitwillig die plötzliche Erschütterung als Beginn der herannahenden Strafe auffaßt. Wir bemerken hier, daß die Vorangst eine besondere Funktion erfüllt: sie scheint die Endangst abzuschwächen, will den einzelnen davor bewahren, die ganze Angstbereitschaft alter Zeiten zu verspüren und ihn auf die gegenwärtige Gefahrsituation verweisen. Ihre doppelte Funktion wäre also: die alte Angstbereitschaft möglichst auszuschalten und psychisch zu bewältigen und auf eine aktuelle Angstbereitschaft zu reduzieren. Die Einschränkung der Angst auf die gegenwärtige Situation kommt so einer Herabsetzung ihrer Intensität gleich. Es ist, wie wenn ihr so der Resonanzboden entzogen würde. Die Regression auf eine alte Angst aber wirkt wie eine Intensitätsverstärkung. Es ist also kein Minus, sondern ein Plus an Angst, das in den traumatischen Neurosen zum Durchbruch gelangt. Aber nicht die Stärke des exogenen Faktors allein ist es, welche dieses Übermaß der Angst bedingt, sondern die durch ihn ausgelöste Regression auf jene frühe Angst, die vom Vater uns unmittelbare Kastration (oder Tod) befürchten läßt. Dieses Moment ist für das Ausmaß und die Art der Reaktion des einzelnen auf die traumatische Situation neben den anderen von entscheidender Wichtigkeit. Der Ausfall der Vorangst hat eine Art psychischen Kurzschlusses zur Folge gehabt, der den ankommenden Reiz sofort und unmittelbar mit den tiefsten seelischen Schichten in Verbindung bringt. Es ist wirklich so, als verfügten wir alle über ein mehr oder minder großes Ausmaß freiflottierender Angst, die sich auf unser unbewußtes Schuldgefühl berufen darf, als würde die Angst vor der Gefahr in bestimmten Fällen auf die Gewissensangst rekurrieren können, deren Kern wir als Kastrationsangst kennen. Ein bestimmter Teil dieser Angst wird nun frei, wenn eine Gefahr im Anzug ist, und erscheint in der Form der Vorangst, die der Endangst vorgelagert ist wie ein Fort der Festung. Die Vorangst gibt so eine Art Gewähr oder Sicherung dagegen, daß die Endangst nicht zu intensiv ausfalle, wenn man will, gegen das ungestüme und das Ich überwältigende Auftauchen jener unbewußten Kinderangst. Im traumatischen Erlebnis ist es neben der Reizintensität das Zeitmoment, das den normalen Angstablauf modifiziert. Die Plötzlichkeit des Reizeinbruches läßt keine Entwicklung der Vorangst zu und bietet so keinen Schutz gegen das Übergreifen in das Gebiet der unbewußten Angst. Sie bedingt auch die blitzschnelle, instinkthafte Deutung, besser Auffassung des einfallenden Reizes im Sinne jener alten Unheilserwartung. Es ist von seiten der Psychoanalyse bereits hervorgehoben worden, daß die Symptombildung den Sinn hat, die Angst nachzuholen und zu bewältigen, sie sozusagen in kleine Münze umzusetzen. Unsere Ausführungen müssen nun zu dem Schlusse drängen, daß die Angst, die in den Symptomen der traumatischen Neurose nachgeholt wird, den Charakter der Vorangst hat. Wir sehen, daß wir auf einem Umweg zu einer Ergänzung der Freudschen Theorie der traumatischen Neurose gelangt sind, die ihren Kern unversehrt läßt, aber ihre äußere Schale an bestimmter Stelle verändert. Die Theorie des Reizschutzes in der traumatischen Neurose bleibt aufrecht, aber der Reizschutz scheint uns in vielen Fällen von spezieller Art: er schützt vor der Urangst. Die Angstmechanismen bilden hier den Reizschutz, der in den traumatischen Neurosen durchbrochen wird. In unbestimmt vielen Fällen dieser Erkrankung ist es so, als ob das Ich hinter der äußeren Gefahr die andere ahne, als ob die Gefährlichkeit der äußeren Situation zum Anlaß würde, die verborgene Angst des Ichs vor dem Über-Ich zu reaktivieren. Für die Entwicklung von Todesangst ist es im Tiefsten in diesen Fällen gleichgültig, ob in der traumatischen Situation reale Lebensgefahr enthalten ist oder nicht. Es kommt in vielen Fällen auch dort, wo kein ausreichender Anlaß in der Realität gegeben ist, zu Todesangst, die sich nach Freuds Ansicht zwischen Ich und Über-Ich abspielt[11]. Für einen Augenblick sieht sich das Ich vom Über-Ich verlassen, die Sicherheit des Geliebt- und Beschütztwerdens, die uns unbewußt von Kindheit an begleitet hat, ist geschwunden. Metaphorisch und oft wörtlich genommen, ist der Boden, auf dem wir stehen, unter unseren Füßen weggezogen worden und läßt uns – für Augenblicke – ins Leere stürzen.

V

Es geht aus dem Vorangegangenen hervor, daß es in der traumatischen Situation zu einer plötzlichen Störung der narzißtischen Libidobesetzung kommt. Das Ich hatte eine verhältnismäßig große Unabhängigkeit vom Über-Ich erreicht, die durch den Schock plötzlich durchbrochen wurde. Es ist so, wie wenn es unerwartet und in drastischer Art an die Macht des Über-Ichs (nach außen als Schicksal projiziert) gemahnt würde. Diese Mahnung aber erfolgt nach einer bestimmten Richtung hin: es ist die der Bestrafung. Die plötzliche Störung der narzißtischen Ich-Position ist von *Abraham* besonders hervorgehoben worden.

Wir sehen nun Gemeinsamkeiten und Differenzen zwischen jenen Weckträumen, die in angstvolles Erwachen münden, und den Entstehungssituationen der traumatischen Neurosen. Dort

wie hier kommt es zu einem Aufgreifen alter, unbewußt gewordener Eindrücke, zu jenem psychischen Akt, den die französischen Psychologen eine *»regression enforcée«* nennen. Wird dort der somatische Reiz dazu verwendet, in einem Traum verarbeitet zu werden, der alte phantasierte Angstsituationen reaktiviert, so wird auch hier der äußere Reiz zum Anlaß, auf eine unbewußte Angst zurückzugreifen. Die Differenzen werden besonders durch die entscheidenden Umstände der äußeren Situation bestimmt. Es ist nicht zu verkennen, daß, falls der Reiz nicht überstark ist und so das Wachwerden erzwingt, der Wunsch zu schlafen als eine Art erhöhten Reizschutzes funktioniert und zumindestens eine Aufschiebung des Angstaffektes bewirken kann. Dieses Moment fällt aber mit der Einschaltung einer, wenn auch zeitlich verkürzten Vorangst zusammen. Es scheint auch wahrscheinlich, daß daneben der Zweifel an der materiellen Realität des Reizes im Schlafenden in der Art wirkt, die sich etwa in die bewußte Frageform kleiden ließe: »Schlafe oder wache ich? Erlebe ich dies im Traume oder in Wirklichkeit? Muß ich deshalb aufwachen oder ist es möglich weiterzuschlafen?«[12]
Daß die Reizintensität den bedeutsamsten Unterschied in den beiden Situationen ausmacht, bedarf kaum einer besonderen Ausführung.

Wir müssen uns jetzt einem Einwande zuwenden, der geeignet erscheint, unserer Hypothese ernsthaft gefährlich zu werden. Es wurde von den meisten Autoren, die ihre Beobachtungen über die traumatischen Neurosen publizierten, angemerkt, daß die Reaktionen des vom Unfall Betroffenen rasch nachher wieder einsetzen und durchaus zweckmäßig verlaufen. Wir können uns der Bedeutsamkeit dieses Argumentes auch nicht durch den Hinweis entziehen, daß in einzelnen Fällen eine solche rasche und adäquate Reaktion vermißt wird, daß ein lähmendes Entsetzen den einzelnen von jeder Handlung abzuhalten scheint. Für die Mehrzahl der Fälle ist es gut bezeugt, daß die Reaktion rasch erfolgt und zweckmäßig erscheint. Nun könnte es ja sein, daß die Flucht oder das Ergreifen anderer geeigneter Maßregeln reflexartig vor sich geht wie das ähnliche Verhalten von Tieren, wenn sie einer überraschenden Gefahr gegenüberstehen. Es würde sich so um einen Reflex handeln, dessen Einsetzen den großen Angstaffekt nicht auszuschließen braucht. Machen wir uns vor allem klar, daß hier nicht das Wesentliche der Frage liegt. Dies erkennen wir sofort, wenn wir uns der Wichtigkeit des Zeitmomentes erinnern: mögen auch nur Sekunden zwischen der Wahrnehmung (Perzeption) des Reizes und der Reaktion des Individuums liegen, so genügen sie doch, um die wahre Natur des Reizes vorbewußt zu erkennen, ihn sozusagen probeweise in die individuelle Erfahrung einzuordnen und vielleicht reflexartig die geeigneten Maßregeln zu ergreifen. Dies schließt die fortdauernde Tiefenwirkung der Angst keineswegs aus. Diese verläuft sozusagen auf einer anderen psychischen Ebene. Es könnte ja so sein, daß die Erkennung und Einschätzung der realen Situation (bzw. ihre Vergleichung mit analogen, dem Individuum bekannten Situationen) im System vbw. vor sich geht, während das Ubw. an der infantil bedingten affektiven Auffassung der Situation festhält, so daß die real angepaßte Ansicht die tiefer begründeten Affekte unberührt läßt. Es käme so zwar zu einer nur die oberen Schichten des Seelenlebens betreffenden Coupierung des Angstaffektes, die wir nur mit einem Abwehrvorgang angesichts der vitalen Notwendigkeiten vergleichen können. Ein starker Affekt ist hier wirklich, wie es in der alten Hysterielehre *Breuer-Freuds* heißen würde, eingeklemmt, er kann nicht abreagiert werden. Seine Wirkungen aber werden später zutage treten.

VI

Wir kehren noch einmal zur Diskussion des Schreckmoments in der Ätiologie der traumatischen Neurosen zurück, um einige losere Bemerkungen anzuführen, um gleichsam einige Seitenwege zu zeigen, die hier abzweigen. Wenn wir uns noch einmal unseren Erklärungsversuch des spezifischen Schreckens in der Entstehungssituation dieser Krankheit vor Augen führen, werden wir erkennen, daß dieser Schrecken jenem anderen verwandt ist, den wir angesichts von Eindrücken verspüren, die wir als unheimlich bezeichnen. Besser gesagt: im Erleben der traumatischen Eindrücke, die zur Unfallneurose führen, ist ein unheimliches Element enthalten. Das Unheimliche des Erlebens kommt nach *Freud* zustande, wenn verdrängte infantile Komplexe durch einen Eindruck wiederbelebt werden, oder wenn überwundene primitive Überzeugungen wieder bestätigt erscheinen. Freud weist darauf hin, daß diese beiden Arten des Unheimlichen im Erleben nicht immer scharf zu trennen sind, da die primitiven Überzeugungen in den infantilen Komplexen wurzeln. Es scheint uns nun, als lassen sich vorerst unklar die Umrisse einer Brücke erkennen, die von der analytischen Erklärung des Unheimlichen zur Erforschung des Schrecks, der einen so bedeutsamen Faktor in der Entstehung der traumatischen Neurose bildet, hinüberführt. Die Wiederbelebung verdrängter infantiler Komplexe sowie die anscheinende Bestätigung überwundener Überzeugungen haben wir in der Regression auf die unbewußte Angst und ihren verborgenen Sinn wiedererkennen können. Es scheint also, als wären diese Züge den beiden Erlebnisarten gemeinsam. Dennoch wissen wir, daß es spezielle Unterschiede zwischen dem Erleben eines unheimlichen Eindruckes und dem von Eindrücken, die zur traumatischen Neurose führen können, gibt. Es ist leicht zu erkennen, daß zwar ein unheimliches Element in der traumatischen Situation liegen kann, aber dies macht nicht ihr Wesentliches aus. Ebenso mag das Erleben von unheimlichen Eindrücken oft traumatische Neurosen zur Folge haben, es muß aber nicht zu diesen Konsequenzen führen. Es handelt sich demnach darum, daß die Begriffskreise des Unheimlichen und jener Eindrücke, welche zu traumatischen Neurosen führen, an sich voneinander unabhängig sind, einander aber an bestimmter Stelle schneiden. Wir werden vor allem darauf hinweisen, daß die Verschiedenheit der von außen kommenden Eindrücke über die Art der Reaktion entscheidet. Diese zu allgemein gehaltene Antwort wird uns aber kaum befriedigen. Begnügen wir uns zur Würdigung der psychologischen Differenzen mit der Hervorhebung zweier Momente, die wohl für die Entstehung der traumatischen Neurosen, nicht aber für die des Auftretens des Unheimlichen wesentlich sind: der Eindruck einer uns unmittelbar bedrohenden Lebensgefahr und die Plötzlichkeit, das Überraschende des Eintrittes des traumatischen Erlebnisses, das die Angstbereitschaft (Vorangst) ausschließt. In den seltensten Fällen ist mit jenen Eindrücken, die wir als unheimlich bezeichnen, eine unmittelbare Gefahr oder Bedrohung des eigenen Lebens verbunden. Wenn wir im Zwielicht zu sehen glauben, daß ein Bild lebendig wird und aus dem Rahmen auf uns zuschreitet, so bedeutet dies noch keine unzweifelhafte Lebensgefährdung. Scheint es uns sogar zu bedrohen, so fühlen wir doch nicht unmittelbar am eigenen Körper Stoß, Schlag oder Hieb als von jenem mysteriösen Bilde ausgehen, und die Realitätsprüfung hilft uns, die Angst zu überwinden. Im Erleben des Unheimlichen ist eben auch der Zweifel an der materiellen Realität des Erlebnisinhaltes ein Schutz gegen die traumatische Wirkung, die Person aber, die im traumatischen Unfall eine schwere Erschütterung am eigenen Körper verspürt, kann an der Realität des Erlebnisses, an der Wirklichkeit der Sensation nicht zweifeln[13].

Wo das Unheimliche plötzlich und mit einem alle Zweifel ausschließenden Realitätscharakter ausgestattet erscheint und uns in wirkliche Lebensgefahr zu bringen scheint, auch – etwa zufällig – eine starke mechanische Erschütterung damit verbunden ist, da kann sich wirklich eine traumatische Neurose mit allen klinischen Kennzeichen entwickeln. In diesem Falle würde eben das Erleben des Unheimlichen traumatischen Charakter erhalten haben, wie dies zahlreiche Beispiele der neurologischen Literatur zeigen. Die mechanische Erschütterung scheint für den traumatisch wirkenden Unfall wesentliches Moment zu sein. *Freud* hat darauf hingewiesen, daß die mechanische Erschütterung als eine der Quellen der Sexualerregung anerkannt werden müsse. Die mechanische Gewalt macht wahrscheinlich jenes Quantum Sexualerregung frei, welches infolge der mangelnden Angstvorbereitung traumatisch wirksam wird. Wie bereits hervorgehoben, wird auch die Unmittelbarkeit und der Realitätscharakter des Erlebnisses durch die mechanische Erschütterung erhöht[14]. Das andere Moment, welches das Erleben des Unheimlichen und das der Unfalleinzelheiten unterscheidet, ist das der Plötzlichkeit, des Überraschenden. Der Fremde, der in einem Schlosse übernachtet, von dem ihm erzählt wurde, daß es darin spuke, ist auf das Auftauchen unheimlicher Gefühle psychisch vorbereitet und, falls er nachts ein merkwürdiges Klopfen an der Wand hört oder zu hören glaubt, eventuell durch Vorangst gegen die traumatische Wirkung geschützt. In anderen Fällen bildet eine allgemeine, unheimlich wirkende psychische Atmosphäre eine ausreichende seelische Vorbereitung für das Erleben oder die Wirkung des speziellen unheimlichen Eindruckes. Dies alles gilt natürlich nur dort, wo überhaupt eine besondere seelische Einstellung vorhanden ist, etwas als unheimlich zu empfinden. Es liegt nicht in unserer Absicht, alle Unterschiede der beiden Erlebnisqualitäten festzustellen. Das Gesagte genügt für unsere Zwecke: wir erkennen, daß das Erleben eines unheimlichen Eindruckes unter bestimmten seltenen Bedingungen (Plötzlichkeit, mechanische Erschütterung, drohende Lebensgefahr) zur Entstehung einer traumatischen Neurose führen kann. Wichtiger ist, sich vor Augen zu halten, daß jene Erlebnisse, welche die traumatische Wirkung in der Unfallneurose hervorrufen, nicht jene Macht über uns hätten, wenn wir nicht etwas in ihnen unbewußt als unheimlich empfänden. Worin dieses Unheimliche besteht, glauben wir in der Diskussion der spezifischen Angst in der traumatischen Neurose gekennzeichnet zu haben. Es erscheint uns zweifelhaft, ob eine traumatische Neurose zustande kommen könnte, falls dieses Element fehlte. Es mag sicher auf den ersten Blick fremdartig oder sogar absurd erscheinen, annehmen zu wollen, daß sich gerade in Unfällen des alltäglichen Lebens, das sich auf der Ebene einer hohen Zivilisation und weltbeherrschenden Technik bewegt, ein unheimliches Element finden sollte. Allein wir behaupten ja nur, daß es von den Betroffenen so empfunden wurde, daß es im unbewußt Psychischen die wohlbekannte Reaktion auf das Unheimliche auslöst. Für das Unbewußte der Menschen aber sind die Fortschritte der Technik wenig bedeutungsvoll, und die Anerkennung der Gewalt verborgener Mächte kann sich in einem durch eine Maschine verursachten Unfall, in einem Eisenbahnzusammenstoß ebenso äußern wie in einem Ereignis, das durch Erdbeben und andere Elementarkatastrophen verursacht ist. Was wir demnach behaupten wollen, ist, daß jenen traumatischen Erlebnissen ein Charakter anhaftet, den wir bewußt als unheimlich bezeichnen würden, gleichgültig ob ein Soldat durch eine Granate verschüttet, ein Reisender durch einen Zugzusammenstoß von seinem Sitz geschleudert wird oder ein Blitz aus heiterem Himmel neben dem Spaziergänger einschlägt. Es ist in unseren Zeitläufen vielleicht nicht überflüssig, hier anzumerken, daß die Bezeichnung unheimlich die Gefühlsreaktion des Betroffenen in der traumatischen Situation, nicht etwa die Anerkennung des Einwirkens höherer Mächte beschreiben soll[15].

VII

Überall sind wir in der Diskussion der Entstehungsursachen der traumatischen Neurose auf die Wichtigkeit des Moments der Plötzlichkeit, der Überraschung gestoßen. Zweifellos wäre es kühn, aber keineswegs aussichtslos, von hier aus das Wesen der Überraschung überhaupt erfassen zu wollen. Der Schrecken bildet freilich nur einen speziellen Fall des Überraschenden, aber es ließe sich rechtfertigen, als überraschend eine Erwartung zu bezeichnen, die unbewußt geworden ist und uns in einem unerwarteten Zeitpunkte unter veränderten Bedingungen oder in schwer erkennbarer Form real entgegentritt[16]. Die Überraschung wäre dann der Ausdruck der Schwierigkeit, etwas Altbekanntes, das unbewußt geworden ist, wiederzuerkennen, ja vielleicht wäre damit jenes Maß des psychischen Aufwandes gekennzeichnet, das nötig ist, ein unbewußt Gewordenes zu agnoszieren. Streng genommen müßte man die Überraschung als jene Abwehrreaktion fassen, die sich gegen die Anregung richtet, vom Gewohnten abzusehen und im Neuen das Älteste wiederzufinden.
Es ist klar, daß so die Psychologie der Aufnahme neuer Eindrücke einen veränderten Aspekt gewinnt. Vielleicht gibt es wirklich dem Worte jenes Weisen entsprechend nichts Neues unter der Sonne – d. h. nämlich psychologisch gesprochen: wir wären unfähig, es zu erfassen und zu verstehen, wenn es sozusagen absolut neu wäre. Nur dadurch, daß wir es an etwas Altbekanntes, das nicht bewußt sein muß, anknüpfen, können wir es überhaupt aufnehmen, es uns einverleiben. Das Altbekannte muß nicht auf die Ontogenese beschränkt sein. Den stärksten Eindruck eines solchen früherworbenen oder ererbten Stückes Wissens gewinnt man in der Analyse bestimmter Züge des infantilen Erlebens. (So kommt Freud in der Diskussion eines Falles von Kinderneurose zur Ansicht, daß eine Art von schwer bestimmbarem Wissen, etwas »wie eine Vorbereitung zum Verständnis

beim kleinen Kinde in der Verarbeitung früher Erlebnisse« mitwirken müsse. Ges. Schriften, Bd. VIII, S. 566.) Man kann sich z. B. bei der sexuellen Aufklärung des Kindes schwer dem Eindruck entziehen, daß sie in gewissem Sinne immer zu spät kommt. Man wird dabei an das Bonmot einer in Wien durch ihre Bildungsentgleisungen bekannten Dame erinnert, die ihren Eindruck nach der Erstaufführung eines Dramas in den Worten zusammenfaßt: »Das Stück ist ja sehr schön, aber es paßt nicht für eine Premiere.« Der Widerstand, den die Psychoanalyse in der Welt gefunden hat, beruht zum großen Teil auf der Abweisung verdrängten Wissens, welche Reaktion aus den bekannten affektiven Quellen stammt. Das »Befremden«, das wir neuen Erkenntnissen entgegenbringen, ist überhaupt eine Gefühlsreaktion, welche die Schwierigkeit des Wiedererkennens von etwas unbewußt gewordenem Altbekannten ausmacht. Das bezieht sich sowohl auf neue wissenschaftliche Wahrheiten als auch auf Irrtümer. Alles Lernen ist so eine Art Anagnorisis unbewußter Art. Es ist nur scheinbar paradox, wenn Goethe sagt: »Ein jeder lernt nur, was er kann.« Eine psychologisch orientierte Pädagogik müßte aus der bewußten Benützung solcher analytischer Einsichten sicherlich praktische Folgerungen ziehen müssen. Die psychischen Reaktionen auf fremde Gottheiten, Kulte und Riten habe ich bereits in gleichem Sinne zu erklären versucht. (›Der eigene und der fremde Gott‹, 1923.) Die Erforschung des psychologischen Wesens der Überraschung muß auch für die Wissenschaft der Ästhetik fruchtbar werden und unser Verständnis künstlerischen Schaffens und Genießens nach einer bestimmten Richtung erweitern. Eine spannende Erzählung ist eine solche, welche unsere unbewußten Erwartungsvorstellungen erregt und auf unerwartete Art oder unter unerwarteten Umständen erfüllt. Es ist sicher schon bemerkt worden, daß wir im Drama eine Überraschung, auf die wir in keiner Art vorbereitet wurden, als unnatürlich und unorganisch empfinden. Nehmen wir an, ein realistisches Drama enthalte eine Stelle, in der eine der Hauptpersonen während einer Bridgepartie plötzlich vom Herzschlag getroffen wird, ohne daß der Zuschauer durch frühere Bemerkungen auf die Krankheit oder auf den Eintritt eines solchen Ereignisses irgendwie vorbereitet worden wäre. Die dramatische Wirkung wird, falls sie sich überhaupt einstellt, sicherlich eine rein äußerliche sein. Sie würde tiefer sein, wenn der Zuhörer in unauffälliger Art Kenntnis von einer vorangegangenen Krankheit der Person, früheren Ohnmachten usw. erhält. Solche Andeutungstechnik wirkt sogar tiefer, als wenn der Zuhörer auf grobe und auffällige Art auf die Möglichkeit des dramatischen Augenblicks vorbereitet wird. Wir sagen im allgemeinen, der Tod einer verwandten oder befreundeten Person wirkt weniger erschütternd auf uns, wenn wir – etwa durch langdauernde Krankheit – darauf vorbereitet waren. Das stimmt auch. Die Erschütterung ist aber um so größer und nachhaltiger, wenn wir einmal an diese Möglichkeit gedacht, die Erwartung (oder den Wunsch) verdrängt haben und wir dann plötzlich »unvorbereitet« die Nachricht vom Tode der betreffenden, uns nahestehenden Person erhalten. Auch von hier aus fällt ein Licht auf das psychologische Problem des Schreckens.

VIII

Zu unserem engeren Thema zurückkehrend, wollen wir noch einmal betonen, daß es ein bestimmter Schreck ist, der oft in der traumatischen Neurose seine psychische Wirksamkeit entfaltet; es ist der Schreck, den wir verspüren, wenn eine Gefahr, die wir einmal unbewußt erwartet haben, und der wir entronnen zu sein glaubten, plötzlich Realität wird. Wir meinen nun, daß er in vielen Fällen lange nicht jene Wirksamkeit hätte, wenn er nicht eine tiefere Resonanz von unserem unbewußten Schuldgefühl erhielte.

Wir würden für unsere Auffassung noch einige Momente geltend machen, die von den Autoren, welche sich mit dem Studium der traumatischen und Kriegsneurosen beschäftigt haben, hervorgehoben wurden. Es wird betont, daß eine gleichzeitig erlittene Verletzung oder Wunde zumeist der Entstehung einer Neurose entgegenwirkt. Es ist wirklich so, als wäre an Stelle des Schreckens, der erst später psychisch verarbeitet wurde, eine Verwundung, d. h. eine Bestrafung (Kastrationsäquivalent) getreten und diese hätte das Schuldgefühl oder den Masochismus der betreffenden Person befriedigt, so wie manchen Menschen eine Neurose erspart bleibt, wenn sie organisch erkranken, eine unglückliche Ehe eingehen usw. Auch die euphorische, manisch zu nennende Stimmungslage, welche viele Kriegsverletzte nach einem Schock zur Schau tragen, läßt sich auf diese Art erklären, ohne daß die Kraft anderer Vorstellungen (z. B. Heimkehr, Schutz vor neuer Todesgefahr) dadurch ausgeschlossen würde: diese Menschen haben ihren Tribut gezollt; nun kann ihnen nichts mehr geschehen. Sie sind gleichsam mit einem blauen Auge davongekommen. Auch die auffallende, der analytischen Traumtheorie widersprechende Tatsache, daß der Traum den Unfallneurotiker immer wieder in die traumatische Situation zurückführt, würde durch unsere Auffassung teilweise erklärt. *Freud* hat für diese Träume ausgeführt, daß sie die Reizbewältigung unter Angstentwicklung nachholen, deren Unterlassung die Ursache der traumatischen Neurosen war, und so jener primären Aufgabe dienen, deren Lösung der Herrschaft des Lustprinzips vorangehen muß. Es widerspricht dieser Anschauung nicht, wenn wir als eine speziellere Ergänzung anführen, daß jene Träume eben Reaktionen auf das wiedererweckte Schuldgefühl darstellen. Sie würden wirklich die Wunscherfüllung des auf den verworfenen (sadistischen) Triebimpuls reagierenden Schuldgefühles sein[17]. Wir würden so dazu gedrängt, die Träume der Unfallneurotiker in die Nähe der Strafträume, welche die masochistischen Tendenzen des Individuums erfüllen, zu setzen.

Wir haben hier nur eine der psychoanalytisch erfaßbaren Seiten des Schreckens behandeln wollen und werden nicht vergessen, daß es daneben andere, hier nicht erörterte psychische Momente gibt, deren Bedeutsamkeit wir nicht unterschätzen wollen. Allein es muß als einwandfrei gelten, durch ein buntes Gewebe einen einzelnen Faden zu verfolgen.

Man darf nur nicht vergessen, daß es daneben zahlreiche andere gibt und der Eindruck erst durch ihr Zusammenwirken zustande kommt.

Libido und Schuldgefühl

Zwei psychoanalytische Autoren haben in den Spalten der »Internationalen Zeitschrift für Psychoanalyse« eine wissenschaftliche Diskussion über *»Strafbedürfnis und neurotischen Prozeß«* geführt. *W. Reich* hat in klarer und unzweideutiger Weise die Bedeutung der Libidostauung in der Neurosenätiologie gegenüber den sekundären Ansprüchen des Strafbedürfnisses betont. Der Charakter seiner Ausführungen war so einleuchtend, daß er an einigen Stellen den einer unwiderlegbaren Tatsachenfeststellung streifte. Hierher zähle ich z. B. den Satz, daß »die Moral des Menschen nie so tief begründet ist wie seine Amoral und daß man moralisch zu sein glaubt, wo man im Grunde nur Angst vor den Folgen der Tat hat«. Dieser Satz ist so unzweifelhaft wahr, daß nicht nur der Analytiker, sondern jeder nur einigermaßen introspektive Backfisch über jene Verwechslung von Moral und »Angst vor den Folgen« ausgezeichnete Auskünfte zu geben vermag. *F. Alexander* hat sich in der scharfsinnigen und gerechtfertigten Abwehr der Reichschen Angriffe einigemale zu Behauptungen führen lassen, die unseren Widerspruch erwekken. So unterscheidet er als einen seiner Grundgedanken, daß die Moral des neurotischen Über-Ichs eine »korrupte und formale« ist, und er in ihrer Verurteilung keine »echte Moral« meine. Nun ist es ziemlich schwer, zwischen einer korrupten, formalen und einer echten, starken Moral zu unterscheiden. Ich würde mich vor dem Wagnis scheuen, von einer Gewißheit in diesen Dingen

zu reden in einer Welt, in der keine Wertung auch nur heranreicht an die Sicherheit, daß in absehbarer Zeit hübsche Blumen aus unseren Augen und Gehirnen wachsen werden.
Der kleine Beitrag, der hier zu den Problemen gegeben werden soll, wird von dieser Diskussion ausgehen, ohne in sie einzugreifen. Dies steht schon deshalb nicht in meiner Absicht, weil ich nicht glaube, daß die Gegensätze unvereinbar sind. Das Primat der Libidostauung bleibt auch dann aufrecht, wenn man die Bedeutung des unbewußten Strafbedürfnisses anerkennt. Das schmale Segment des Problemkreises, das ich hier abgrenzen will, geht von einer Behauptung aus, die an die diskutierten Probleme rührend, in der Zwischenzeit manchen starken Widerspruch erregt hat. Es ist die Behauptung, daß in einer Reihe von Neurosenfällen die Mitwirkung des Schuldgefühles die Libido verstärkt und die Triebbefriedigung vertieft. Manche Psychologen haben mir entgegengehalten, daß dieser Prozeß nicht den Tatsachen entspreche. Es gebe doch genug Triebbefriedigung ohne solche Mitwirkung des Schuldgefühles. Sanft mußte ich dies zugeben, aber ich mußte sie auch daran erinnern, daß das, was sie bestritten, vielleicht einmal im Laufe der Wissenschaftsgeschichte von irgend jemandem behauptet wurde, sicherlich nicht von mir. Wenn jemand sagt, es gebe auch rostbraune Pferde und solche Pferde werden ebenfalls zum Reiten und Wagenziehen verwendet, so hat er damit die Existenz und den Nutzen von Schimmeln, Rappen, Falben usw. keineswegs in Abrede gestellt. Einige meiner ärztlichen Freunde hielten mir vor, daß die Libido ein Grenzbegriff von Somatischem und Psychischem sei und meine Behauptung solcher Libidosteigerung allen physiologischen Gesetzen Hohn spreche. Hier war freilich ein Gebiet, auf das ich ihnen nicht folgen konnte. Ich konnte ihnen nicht folgen, aber ach, sie konnten mir auch nicht vorausgehen. Was man über die Physiologie der libidinösen Prozesse zu sagen weiß, ist wenig geeignet, von dieser Seite das Problem aufzuklä-

ren. Vieles von dem, was ich über die Natur der Libido von physiologischen Gesichtspunkten aus erfahren habe, hat sicherlich einen starken Eindruck auf mich gemacht, aber dieser Eindruck war nicht immer eindeutig. Manche der Behauptungen der auf ihre Exaktheit stolzen Wissenschaft waren von einem Phantasiereichtum, der die größten unserer Dichter hätte beschämen können.

Wir haben alle, *Freud* folgend, die Erfahrung gemacht, daß das Schuldgefühl die Triebbefriedigung hemmt. Jeder Tag unserer analytischen Praxis zeigt es uns wieder, daß, wie es *Alexander* gut ausgedrückt hat, »alles, was die Gewissensangst vermindert, die Triebbefriedigung fördert«. Wir wissen, daß die Libidostauung, die primär auf Einflüsse der Außenwelt und des Ichs zurückzuführen ist, auch durch den Faktor des Schuldgefühles mitbestimmt werden kann. Aber es ist, wie mir scheint, in der analytischen Literatur zu wenig betont worden, daß die Libidostauung in zahlreichen Fällen wieder reaktiv auf das Schuldgefühl rückwirkt. Man sollte eigentlich das Umgekehrte erwarten: der Mensch, der imstande war, sich des Ansturms seiner Triebregungen in einem besonders großen Ausmaße zu erwehren, müßte sich, frei von Schuld und Fehl, im Vollbesitz seiner narzißtischen Befriedigung und seiner Energie fühlen. Dieser Fall tritt auch manchmal bei besonders hoher Sublimierungsfähigkeit und bei außerordentlich guter Libidoökonomie ein, aber in der Mehrzahl der Neurosenfälle und bei den meisten Charakterverbildungen, die wir sehen, beobachten wir etwas Eigenartiges: die Verdrängung ist nicht geglückt, das Schuldgefühl steigt und erhält unter Umständen eine triebhafte Macht, die sich mit der des Verdrängten vereinigt. Das Symptom hat zwar den Charakter einer Ersatzbefriedigung, aber es befriedigt nicht in einem ausreichenden Ausmaße. Die analytische Erklärung dieses Sachverhaltes ist einfach: das Schuldgefühl bezieht sich nicht auf die Aktion, sondern auf die endopsychisch erkannte Versuchungsgefahr. Es wächst auch mit ihr. Die Libidostauung verstärkt die unbewußte Versuchung, die stärker ist als bei der Triebbefriedigung. Auf der einen Seite wird also die Versuchung drängender und ungestümer, auf der anderen die damit verbundene Angst und das unbewußte Schuldgefühl. *Reich* und *Alexander* haben jeder besonders eine Seite dieses psychischen Prozesses betont; in Wahrheit arbeiten beide Momente, Libidostauung und Schuldgefühl, zusammen. Ihre Devise könnte folgendermaßen ausgedrückt werden: getrennt marschieren und vereint das Ich schlagen. In vielen Neurosefällen läßt sich beobachten, daß die beiden Faktoren sich gleichsam schon auf dem Marsche zu dem gemeinsamen Ziele vereinigen. Das Ich wehrt sich der Libidostauung und zieht das Über-Ich zu Hilfe. Den gesteigerten Ansprüchen des Über-Ichs entsprechen wieder gesteigerte Triebansprüche, die niedergehalten werden sollen. Diese Triebansprüche fordern die Bestrafung des Über-Ichs heraus, bis schließlich z. B. in bestimmten Zwangsneurosen und im Masochismus die gleichzeitige Befriedigung beider Ansprüche erfolgt. So ergibt sich der paradox anmutende psychologische Zusammenhang, daß z. B. das auf das Sexuelle bezogene Schuldgefühl des keusch lebenden Asketen in der Wüste ungleich größer ist als etwa das eines Habitué des Moulin Rouge. Es wäre durchaus unzutreffend, diesen Unterschied nur auf die Differenz der moralischen Ansprüche zurückzuführen und ausschließlich die Verschiedenheiten der Lebensauffassungen dafür verantwortlich zu machen. Der Unterschied zwischen Verdrängungsaufwand und Ausmaß der Triebbefriedigung ist sicherlich mitentscheidend. Manchmal meint man aber zu erkennen, daß derjenige, der seinen Trieben lässig folgt, weit weniger Schuldgefühl entwickelt als derjenige, der ihnen widersteht. Die Verdrängung schafft den Anschein einer gefährlichen und fortreißenden Macht der Triebimpulse, die ursprünglich nicht gefühlt wurde. Das Ausbleiben der Befriedigung umgibt die Liebesobjekte mit einem Zauber und verleiht ihnen in unserer Phantasie eine Gefährlichkeit, die ihnen sonst durchaus nicht eigen ist. Dem Prediger sind die Arme der Frau den Fangvorrichtungen der Jäger vergleichbar *(»laqueis venatorum«)*, und er mahnt eindringlich, daß jede Schlechtigkeit klein ist, gemessen an der der Frau *(»brevis omnis malitia super malitiam mulieris«)*. Jenem Viveur sind die Arme der Frau natürliche, ein wenig von *»Nuit de noël«* duftende Glieder eines Menschenleibes und die »Schlechtigkeit« der Frau eine Selbstverständlichkeit, die in ihm weder Groll noch Verwunderung erregt. Man findet Warnungen vor der Macht und der Gefährlichkeit der Frauen weniger in den Nachtlokalen, wo sie vielleicht am Platze wären, als in den Klöstern, wo sie als *»instrumenta diaboli«* angesehen werden. Die Macht, welche die Natur dem Geschlechte gegeben hat, ist dem heiligen Hieronymus gegenüber, der vor seinen Phantasien in die Wüste flieht, um ihnen dort, halb verhungert und verbrannt, doch zu erliegen, größer als dem Freund der Balletteusen gegenüber. Man muß das große Verdienst anerkennen, das sich Kultur und Religion um die Steigerung der Sexualbefriedigung erworben haben, indem sie sie zur Sünde gemacht haben. Mit dem Gürtel, mit dem Schleier würde der holde Wahn entzweireißen. Deshalb sind Gürtel und Schleier eminent erwogene Mittel. Die Scham drängt so die sexuellen Impulse nicht nur zurück, sondern konserviert sie auch, ja vertieft sie.

»Dieser Sorbett ist gut; wie gut wäre er erst, wenn es Sünde wäre, ihn zu essen«, sagt die Neapolitanerin. Dieses Wort mag programmatisch wieder zu der Behauptung zurückführen, welche eine Libidoverstärkung und Vertiefung der Triebbefriedigung durch die Mitwirkung des unbewußten Schuldgefühles betont. Unsere bisherigen Erfahrungen zeigen, daß der Abbau des unbewußten Schuldgefühles den Weg zur Triebbefriedigung freigibt, wie dies übereinstimmend *Reich* und *Alexander* unlängst betont haben. Dies ist gewiß richtig und von entscheidender Bedeutung, aber es erfaßt nur ein Stück der bisher erkennbaren psychischen Prozesse. In einer ganzen Reihe von Fällen konnte ich beobachten, daß eine solche Bewältigung des unbewußten Schuldgefühls die übermäßig drängende Triebkraft beschwichtigt und vermindert. Es ist so, wie wenn die Dynamik des analytischen Prozesses an zwei entgegengesetzten Seiten angreife, Änderungen und Verschiebungen an verschiedenen Besetzungen schaffe: die Befreiung vom Schuldgefühl schwächte die libidinöse Triebkraft. Solche Wirkung wird gerade bei den erwähnten Fällen, in denen eine Libidoverstärkung durch das Schuldgefühl mitbedingt ist, erklärbar. Ist damit ein Gegensatz zu unserer Erfahrung gegeben, daß alles, was die Gewissensangst vermindert, die Triebbefriedigung fördert? Keineswegs, weil dies in allen Fällen richtig bleibt und am Heilungsprozeß immer wieder bestätigt werden kann. Es ist insofern ein Gegensatz, weil gezeigt werden kann, daß in bestimmten Fällen eine Verstärkung der Gewissensangst die Triebbefriedigung zu erzwingen vermag. In der Analyse der Fälle, von denen hier die Rede ist, wurde es ersichtlich, daß bestimmte sexuelle Erlebnisse der frühen Kinderzeit und der Pubertät neben allen anderen Momenten auch deshalb so lustvoll in der Erinnerung festgehalten wurden, weil sie die Mitwirkung des Schuldgefühles zeigten. Jene sexuellen Spiele und Versuche, die in der Phantasie immer wieder reproduziert wurden und oft zur onanistischen Befriedigung führten, wurden besonders dann als lustbetont bezeichnet, wenn sie ein streng verbotenes Tun oder Aktionen in gefährdeten, d. h. der Entdekkung ausgesetzten Lagen betrafen. Ich will hier nur zwei Fälle dieser Art hervorheben: ein junges Mädchen, das in ihren Phantasien die Männer »ausprobierte«, d. h. in ihren sexuellen Phantasien sich bald diesen, bald jenen Mann in bestimmten Liebesszenen vorstellte, um zu probieren, welche Phantasie sie in die stärkste Erregung bringt. Ebenso wechselte sie auf dieser Bühne die sexuellen Situationen. Die größte Lust fand sie in der Erinnerung an eine sexuelle Situation mit einem Manne, während ihre Mutter im Nebenzimmer weilte, sie also jederzeit fürchten mußte, von der Mutter gestört zu werden. Niemals wieder hatte sie eine so tiefe sexuelle Befriedigung verspürt. Der zweite Fall betrifft einen Mann, der als Offizier im Feindesland in der Nacht ein Rendezvous mit einer Nonne im Kloster hatte. Immer wieder kehrten seine Phantasien zu jener Szene zurück, in der das Nonnenhabit, die Zelle, das harte Bett, der gekreuzigte Jesus an der Wand eine große Rolle spielten. Die Libido sowie die verspürte Befriedigung waren niemals größer gewesen als in dieser Situation. Ich will nur kurz auf ähnliche Fälle hinweisen: etwa auf eine sonst anästhetische Frau, die des sexuellen Orgasmus nur dann fähig war, wenn sie ihren Mann in der Nähe wußte und ihn mit ihrem Liebhaber betrog, oder auf einen Mann, der nur dann seine volle Potenz erreichte, wenn seine sexuelle Partnerin während des Aktes obszöne Worte sagte. Hierher gehört eine ganze Reihe ausgeprägter Fälle mit besonderen Liebesbedingungen, etwa jene, die Freud als durch die Bedingung des betrogenen Dritten charakterisiert hat, hierher jene von ihm hervorgehobenen Frauentypen, deren sexuelle Anästhesie erst durch eine geheime Beziehung aufgehoben wird. In allen diesen Fällen ist die latente Mitarbeit des unbewußten Schuldgefühles in der Libidoverstärkung sowie in der Befriedigungsintensivierung nachweisbar.

Es gilt, an dieser Stelle den verschiedenen Einwänden entgegenzutreten, welche unsere Auffassung zu erschüttern suchen. Um den wichtigsten vorweg zu nehmen: diese Erscheinung, die wir auch als Befriedigungsverstärkung durch Verbotsdurchbruch beschreiben können, ist sekundärer Natur. Der Einwand wird besonders darauf hinweisen, daß es die Bedeutung der Fixierung und der Regression ist, welche für die libidinöse Überbesetzung sowie für die Befriedigungsvertiefung ausschlaggebend ist. Ich bin ganz dieser Meinung, ja ich gehe sogar in dieser Richtung noch darüber hinaus. Ich meine nämlich, daß wir durch das Studium dieser Fälle noch etwas zu unserem Verhältnis der psychischen Natur der Fixierung und der Libidoregression hinzufügen könnten. Es scheint nämlich, daß diese Vorgänge selbst eine Komplikation erfahren *können*, welche wir noch nicht gebührend gewürdigt haben. Man kann eine primäre Fixierung an die Inzestobjekte oder ihre Ersatzpersonen von einer sekundären unterscheiden. In der ersten haben sich die biologischen Notwendigkeiten der libidinösen Strebungen Ausdruck geschaffen; die sekundäre Fixierung, welche die ursprüngliche verstärkt, ist durch die Verbotsbedingung mitbestimmt. Ebenso steht es mit der Regression. Die naturgegebene inzestuöse Bindung wird also durch das Schuldgefühl nicht aufgelöst, sondern oft genug vertieft und verstärkt. Es kann in vielen Analysen gezeigt werden, daß diese Verbotsbedingung, die aus der Inzestwahl stammt, in vielen Fällen wieder reaktiv auf die spätere Objektwahl zurückwirkt und sie mitbestimmt. Jene Konstellation im Liebesleben des Mannes, welche nur im erniedrigten Liebesobjekt seine Erfüllung findet, jene andere, welche die Bedingung des betrogenen Dritten notwendig macht, jener Typus der Frau, die das Geheimnis in der Sexualbeziehung festhält, so viele der besonderen Liebesbeziehungen normaler und perverser Art sind gekennzeichnet durch die Erfüllung jener allgemeineren Bedingung, welche das Durchbrechen eines infantilen Verbotes beinhaltet. Wir wissen, woher dieses Verbot stammt: aus jenen äußeren und inneren Einflüssen, welche sich der infantilen Sexualbefriedigung entgegengestellt haben. Diese Einflüsse können, wie wir in der Neurosenpsychologie erkennen, so nachhaltig sein, daß sie noch in der gestatteten und legalen Sexualbefriedigung nachklingen. Die Verbindung zwischen Sexualität und Schuldgefühl wurde unter den gegenwärtigen Kulturverhältnissen so intim, daß noch der eheliche Geschlechtsverkehr oft genug unbewußt das Durchbrechen eines Verbotes bedeutet. Man könnte sagen, daß das Gebiet der Sexualität durch diese Einflüsse mit Schuldgefühl so gesättigt ist, daß dieses nicht mehr aus ihm wegzudenken ist.

Ich will das entscheidende Moment, von dem wir ausgegangen sind, noch einmal hervorheben: der Ausfall oder die Verminderung des Schuldgefühles ist eine der wichtigsten Voraussetzungen der Triebbefriedigung, aber seine Steigerung oder Mitwirkung führt ebenfalls zum Triebdurchbruch, der dann in einer Mischform der Befriedigung beider Bedürfnisse erscheint. Ja was ich behaupte, ist, daß noch in ungezählten Fällen von Triebdurchbruch, im Triumph über das Über-Ich, in dem forcierten und gewaltsamen Charakter jener Überwältigung die Nachwirkung des unbewußten Schuldgefühles erkennbar ist. Wenn ich von Eindrücken aus der Beobachtung nur weniger Fälle von Manisch-Depressiven schließen darf, so würde ich mich zu sagen getrauen, daß die manische Phase keineswegs einem puren und simplen Triumph über das Über-Ich entspricht. Noch das Turbulente und Violente, das in die Höhe Getriebene des manischen Charakters zeigt das unterirdische Mitklingen des unbewußten Schuldgefühles gerade im Moment seiner Unterjochung. Die Ausgelassenheit von Kindern wäre jenes Benehmen, das sich am ehesten damit vergleichen ließe, jene Demonstration eines Verbotübertretens, das doch die Weiterwirkung jenes Verbotes noch in seinem Durchbruch erkennen läßt. Man könnte sagen, die Manie sei jene Stimmungslage, deren Intensität durch die latente und unterirdisch fortdauernde Depression mitbestimmt wird.

Von hier aus ergibt sich eine Reihe von Einsichten, welche unsere Anschauungen in bestimmte Richtung vertiefen. Die Orgie ist ein Triebdurchbruch, dessen Ausmaß nicht nur durch eine Aufhebung der Libidostauung, sondern auch durch die geheime Weiterwirkung des Schuldgefühls charakterisiert wird. Ihre Gewaltsamkeit, ihr Exzeßcharakter ist auch dadurch mitbestimmt, daß unerkannt das Verbot im Hintergrunde bestehen bleibt[1]. Dieses Moment des niemals – nicht einmal *in* der Tat – völlig bewältigten Schuldgefühles erklärt manche Züge der Verbrecherpsychologie. Es gibt eine Stimmungslage der Verzweiflung, die aus der wiederholten und vergeblichen Anstrengung stammt, des Triebandranges Herr zu werden. Es gibt eine andere, die daraus resultiert, den Angriffen der Gewissensmächte standzuhalten. Beide Faktoren dürften einen unbestimmbar großen Anteil an der Psychogenese desjenigen Verbrechens haben, das als Affektverbrechen bezeichnet wird. Des Ankämpfens gegen zwei Fronten müde, wird der Verbrecher vom Trieb und von den Gewissensmächten gleichzeitig überwältigt. Wir sehen einen ähnlichen Vorgang manchmal beim Neurotiker, der zwischen dem Triebdrängen und dem Druck des Schuldgefühles jenem Zustande verfällt, den die Kirche mit feinem psychologischem Gefühl der »Sünde der Verzweiflung« *(»la tentation du désespoir«)* nennt. Die Kirche hält mit Recht die übergroße Strenge, das starre, fanatische Festhalten an Askese und Sühnung für sündhaft. Sie weiß, daß das schwere Sündengefühl eben zur Sünde der Verzweiflung führen muß. Wer sich verdammt weiß, braucht keinen Verzicht mehr: er gelangt nicht etwa nur zum Triebgenuß, sondern zum Taumel, zur Orgie. So verlangt die Religion eigentlich, daß man sündige, denn ohne dies gäbe es keine Reue, keine Angst vor Gott und keine Frömmigkeit[2]. Wie man sieht, sind die Wege des Herrn dunkel, aber nicht immer geradlinig.

Das Fest ist nicht nur, wie *Freud* es bestimmt hat, ein gestatteter, ja gebotener Durchbruch des sonst Verbotenen. Der Triumph setzt auch voraus, daß das Verbot weiterbesteht und nur momentan überwältigt wurde. Dem Rausch folgt der Katzenjammer, aber eigentlich war er schon vorher da, sonst hätte es keines Rausches bedurft. Man könnte sagen, der Rausch zeigt, welche Anstrengungen es kostet, die Depression zu bewältigen.

Es wäre unrichtig und ungerechtfertigt, nur diese eine Seite des Problems in den Vordergrund zu stellen. So läßt es sich in der analytischen Beobachtung zeigen, daß die Trauer und die Melancholie nicht nur Reaktionen auf einen Verlust bedeuten, sondern den unausgesetzten Kampf gegen jene Regungen, welche diesen Verlust gewünscht haben. Hier nun kommt ein bisher vernachlässigtes Moment zum Vorschein. Das Schuldgefühl, dem in der Psychogenese der Neurosen eine so große Bedeutung zukommt, ist keineswegs eine psychologisch einfache Erscheinung. Es ist nicht nur moralische Reaktion auf ein verbotenes Tun, sondern auch auf dessen Wiederholung. Analytisch gesprochen: es erhält seine Intensität auch durch das unbewußte *Wiedergenießen* einer verbotenen Befriedigung. Es klingt sicherlich paradox, ist aber nichtsdestoweniger psychologisch berechtigt, wenn man behauptet: solange das unbewußte Schuldgefühl andauert, ist die Versuchung der Wiederholung eines verpönten Tuns nahe. Man würde erwarten, daß es sich umgekehrt verhält, aber die komplizierte psychologische Zusammensetzung rechtfertigt diese Folgerung. Das analytisch erfaßbare Wesen der Reue gehört in diesen Zusammenhang: wer zu sehr bereut, ist in Gefahr, das wieder zu tun, was er bereut. Man spricht von dem nagenden Charakter der Reue und bezeichnet damit ihren selbstquälerischen, autokannibalistischen Charakter, aber das Wesentliche ist die Fortdauer des Appetits. Es gibt übrigens auch Reue darüber, daß man »Sünden« nicht begangen hat, ein Bedauern über verlorene, versäumte Ausnützung von Gelegenheiten zur Triebbefriedigung. In den Endphasen des zwangsneurotischen Prozesses wird oft gerade das früher Verbotene zum triebhaft Geforderten und Gebotenen; seine Unterlassung löst Gewissensangst aus. Ein junger Mann, den ich wegen psychischer Impotenz behandelte, zeigte im letzten Viertel der Analyse großes Schuldgefühl, wenn er eine Frau nicht sexuell befriedigte, während ihm früher gerade die Sexualbefriedigung als verboten galt. Auch war er jetzt zwanghaft getrieben, den Koitus häufig auszuüben. Es gibt genug analoge Beispiele aus der Geschichte der Religionen.

Aus ihrer Fülle sei nur eines gewählt, das aus der Zeit der Katharer stammt, jener ketzerischen Sekte, die jeglichen fleischlichen Umgang verdammte. Der Mönch Gervasius erzählt aus jener Zeit, Wilhelm mit den weißen Händen, Erzbischof von Reims, sei einmal mit seinen Klerikern außerhalb der Stadt geritten. Ein Mönch aus seinem Gefolge bemerkte nun in einem Weinberge ein junges, schönes Mädchen. Er ging zu ihr und machte ihr auf zierlichste Weise einen Liebesantrag. Doch sie antwortete: wenn einmal ihre Jungfrauschaft verloren sei, würde sie unrettbar der ewigen Verdammnis geweiht sein. Da verdächtigte der Mönch das Mädchen, daß sie der gottlosen Lehre der Katharer anhänge. Der Bischof Wilhelm von Reims, der gehört hatte, daß das Mädchen das, was ihrem irdischen Körper angehörte und was wenig Verehrung verdient, so hoch schätzte, ließ sie ergreifen. Da sie trotz allen Zuredens und aller Versprechungen in ihrer entsetzlichen Verirrung beharrte, wurde sie dem Henker übergeben. In ihrer Verblendung wollte sie nicht sehen, daß man das Irdische verachten und der Kirche gehorchen müsse, außerhalb welcher es kein Heil gibt.

»Extra ecclesiam non est salus.«

Es läßt sich auch nicht verkennen, daß auch der Verdrängung in einem gewissen Ausmaße ein Doppelcharakter eigen ist. *Freud* hat das Wesen der Verdrängung dahin bestimmt, daß sie als ein Mittelding zwischen Flucht und Verurteilung eine Vorstufe der Verurteilung bilde. Es stellt keinen Gegensatz, sondern nur eine Ergänzung zu dieser Beschreibung dar, wenn man hinzufügt, daß die Verdrängung die Versuchungssituation auch konserviert, den verbotenen Genuß nicht nur abwehrt, sondern auch festhält. Diese Seite des Verdrängungszustandes wird durch die Vorgänge der Wiederkehr des Verdrängten aus der Mitte des

Verdrängenden klar. In ihnen brechen scheinbar unvermittelt die verdrängten Triebregungen oder Vorstellungen durch die Abwehr und erhalten ein Stück Befriedigung. Vielleicht wäre es praktisch, von diesen Vorgängen einen anderen Prozeß zu unterscheiden. Es ist derjenige, den wir eben charakterisiert haben, in dem das Schuldgefühl so lange gegen die verdrängten Triebregungen ankämpft, bis es zu ihrem Bundesgenossen wird. Ich nenne diesen Fall den des Untertauchens des Verdrängenden in das Verdrängte. Es waren bestimmte Gegenbesetzungen gegen die verpönten Vorstellungen aufgerichtet worden, aber diese Gegenbesetzungen erwiesen sich zu schwach. Die abgewehrten Triebregungen sind übermächtig geworden und haben auch alle jene Faktoren, die zu ihrer Bekämpfung bestimmt waren, in ihren Bereich herübergezogen. Es ist ähnlich wie manchmal bei Rettungsaktionen von Ertrinkenden: der Retter wird mit dem Gefährdeten in die Tiefe gezogen. So ähnlich wird das moralische Schuldgefühl oft den Triebdurchbruch erleichtern und die Befriedigungsintensität erhöhen.

Dieser Gesichtspunkt kann nicht bedeutungslos für die analytische Therapie sein, da er die Natur bestimmter Schwierigkeiten zeigt. Diese sind dadurch gegeben, daß die durch das Schuldgefühl vertiefte Triebbefriedigung der Einschränkung und Sublimierung schwerer zugänglich ist als die normale, wenngleich antisoziale. Auf die Bedeutung dieses Gesichtspunktes in der Verbrecherpsychologie habe ich schon kurz hingewiesen. Wenn *Schiller*, den *Nietzsche* mit Recht den Moraltrompeter von Säkkingen genannt hat, emphatisch verkündet, es sei der Fluch der bösen Tat, daß sie fortzeugend Böses muß gebären, so wäre es weit richtiger, mit Verschiebung der Betonung zu sagen, daß es eben der Fluch ist, welcher der »bösen« Tat gilt, der solche Wirkungen hervorbringt.

Die gegenwärtige Kultursituation hat es verschuldet, daß der Mensch unbefriedigt ist, wenn er seinen Trieben folgt – wegen

Einspruchs der Moralforderungen –, und unbefriedigt ist, wenn er ihnen widersteht – wegen der im Tiefsten unveränderlichen animalischen Natur des Menschen –, unbefriedigt, wenn er den Stachel erträgt, und unbefriedigt, wenn er gegen ihn löckt. Angesichts dieser Sachlage, welche die herrlichste aller Welten beherrscht, muß man den herzerfrischenden Optimismus mancher Philosophen wirklich bewundern.
Ich meine, es besteht wenig Hoffnung, daß sich Wesentliches im Seelenleben der Menschen ändern werde. Sie bleiben arme und duldende Kreaturen, duldend noch dort, wo sie leiden machen. Vielleicht ist es schon ein Trost, solche Trostlosigkeit festzustellen, statt sie zu beschönigen, umzudeuten, zu verniedlichen und zu vertuschen.

Über den Zusammenhang von Haß und Angst

Die Triebregungen des Hasses, die man als repräsentativ für die Destruktionstendenzen ansehen muß, sind ihrer Herkunft und ihren Mechanismen nach nicht minder rätselvoll als die Liebe. Der Haßerfüllte macht einen ebenso pathologischen Eindruck wie der Verliebte, und wir sind, solange wir nicht selbst hassen, kaum fähiger, die psychischen Motive und Ziele des Hassenden besser zu verstehen als die des anderen Monomanen, des Verliebten. Wir vermögen es nicht, in dem Liebesobjekt des einen einen auf Erden wandelnden Engel zu erblicken, und wir verstehen es nicht, warum der andere ein bestimmtes Objekt durchaus als einen Teufel in Menschengestalt sehen will.

Wir wissen aber, daß der Haß als Relation zum Objekt älter ist als die Liebe, und ein Stück des Rätsels, das sich aus der starken Beimengung von Haß zu den Liebesregungen ergibt, erklärt sich eben daraus, daß der Haß der Vorläufer der Liebe ist. Ein anderes Stück wird durch die Abwehraktionen der Ichtriebe verständlich, und diese können sich auf die fast unvermeidbaren Konflikte berufen, die sich zwischen Ich- und Liebesinteressen ergeben.

Woher aber rührt der Haß? *Freud* belehrt uns darüber, daß er der uranfänglichen Ablehnung der reizspendenden Außenwelt von seiten des narzißtischen Ichs entspringt. Die Vorbilder für die Haßrelation stammen aus dem Ringen des Ichs um seine Behauptung und Erhaltung. Das Ich haßt demnach alle Objekte, die ihm zur Quelle von Unlustempfindungen werden. Wenn man diese Behauptung Freuds biologisch faßt, kann man sagen: das Ich haßt alle reizspendenden Objekte, die geeignet sind, seine Existenz zu gefährden. Auf die Annäherung eines solchen Objektes, das eine Gefährdung seiner Erhaltung bedeutet, reagiert das Ich mit Angst und sucht vorerst, sich der Reizquelle durch die zweckmäßige Aktion der Flucht zu entziehen. Die Angst, deren Wesen Freud als Signal auf die Gefahr gekennzeichnet hat, ist im Individuum phylogenetisch vorgebildet. Sie kann sich auf Erlebnisse der Ahnen berufen, die traumatisch gewirkt haben. Dort, wo sich der Fluchtreflex nicht ermöglichen läßt, wird das Individuum andere Maßnahmen ergreifen, um den gefährlichen Reiz zu bewältigen. Es wird sich z. B. bemühen, die Reizquelle zu entfernen, was primär durch die Einverleibung, das Fressen, geschieht. Der Haß kann beschrieben werden als jene Relation zum Objekt, welche die Vorbereitung zu einer dieser beiden Reaktionen anzeigt, bzw. als diejenige, welche durch deren Aufschub bedingt wird. In der späteren Entwicklung wird sich der Haß wirklich zwischen diesen beiden gegensätzlichen Aktionen bewegen: sich dem gehaßten Objekt zu entziehen oder es zu zerstören. Noch in den Liebesrelationen späterer Zeit, die eine intensive Haßbeimengung aufweisen, werden deutlich die beiden Tendenzen, die so durch die Haßbeziehung präformiert wurden, erkennbar. Sie treten dann stärker hervor, wenn Liebesregungen auf die sadistisch-anale Organisationsstufe regredieren.

Was ich hier behaupten will, ist die Tatsache, daß der Haß biologisch und psychogenetisch intim mit der Angst verknüpft ist. Anders ausgedrückt, daß Haß eine der Triebregungen ist, die sich aus dem Angstaffekt ableiten. Es braucht nicht nachdrücklich hervorgehoben zu werden, daß sich die Angst in andersartige Gefühlsregungen umzusetzen und andere Objektreaktionen zu bewirken vermag. Welches sind nun die Bedingungen, unter denen sich diese spezielle Genese des Hasses ergibt? Ich habe eine derselben bereits angedeutet: Haß kann erst entstehen, wenn die augenblickliche, zweckmäßige Reaktion auf die Annäherung eines gefahrdrohenden Objektes unmöglich ist. Die motorische Aktion wäre bereits der Ausdruck der Angstbewältigung und würde die Entstehung des Hasses überflüssig machen. Dies gilt freilich nur für die primäre Situation der gekennzeichneten Art, später wird der Haß zur triebhaften Vorbedingung für die Möglichkeit dieser Reaktion. Es liegt nahe, diese Verhältnisse mit denen der gegensätzlichen Triebrepräsentanz zu vergleichen: die Liebe entsteht ursprünglich aus einer Triebhemmung, nämlich aus dem Aufschub der sofortigen sexuellen Triebbefriedigung. Alle idealistischen Versuche der Beschönigung, alle poetische Verklärung der Dichter und alle metaphysische Vertiefung der Philosophen können die psychologische Tatsache nicht aus der Welt schaffen, daß Liebe sich ursprünglich nur dort entwickeln kann, wo die sofortige und direkte Sexualbefriedigung unmöglich ist. In Wahrheit kann die Analyse wenig über das Wesen jenes geheimnisvollen und gepriesenen Gefühles, das die Religionen verherrlichen und die Dichter besingen, aussagen. Die dürftigen Aufklärungen, welche die Psychoanalyse beizubringen vermag, reduzieren sich im wesentlichen auf ein nüchternes Resultat der Forschung: Die Herkunft der Liebe aus der Sexualität. Als die primäre und wichtigste Bedingung dieser übermächtigen Gefühle erscheint sicherlich, man sage, was man wolle, das unbefriedigte Sexualbedürfnis. Mag dieses Gefühl, das den Menschen so viel Glück und so viel mehr Elend gebracht hat, vom Himmel kommen oder zur Hölle gehen, mag es Gott in seiner Güte den Sterblichen verliehen oder der Teufel sie damit heimgesucht haben *(»virtus diaboli est in lumbis«)*, seine Entstehung aus der groben, gesellschaftlich abgeleugneten sexuellen Not steht außer Zweifel.

Der Aufschub der unmittelbaren und direkten Sexualbefriedigung ist die primäre Vorbedingung der Psychogenese der Liebe. Der Aufschub der Objektvernichtung ist die Vorbedingung der

Entstehung des Hasses. Man kann dies auch regressiv erkennen, indem man von dem angestrebten Effekt auf die Motive der Aktion schließt. Werden die Hindernisse, welche die Entstehung dieser Gefühle bedingen, beseitigt, so folgt unmittelbar die Befriedigung der primären Triebbedürfnisse. Der Liebende strebt die Vereinigung mit dem Objekt, der Hassende die Vernichtung des Objekts an[1]. Dem Absinken der Liebesgefühle nach dem Sexualverkehr entspricht das Zurücktreten der Haßregungen nach der Objektvernichtung. Beide Erscheinungen sind das Ergebnis der nie vollkommen gelungenen Reizbewältigung.
Ein Objekt, von welchem Gefahr droht, die Angst vor diesem Objekt, die Unmöglichkeit, diese Angst durch Flucht oder Vernichtung des gefährlichen Objekts sofort und in adäquater Art zu bewältigen – diese Züge geben die wesentlichen Bedingungen für die Entstehung der Haßreaktion. Es können freilich nicht die einzigen sein. Dies wird sogleich klar, wenn wir uns einem Einwand zuwenden, der sich hier aufdrängt: Warum ergibt sich aus der gekennzeichneten Situation Haß und nicht die Fortdauer der Angst? Die Antwort ist tatsächlich nicht leicht. Sie kann nur lauten: wir wissen es nicht, aber wir vermuten, daß sich diese Differenzierung unter dem Einfluß quantitativer Momente vollzieht. Was sichergestellt zu sein scheint, ist, daß der Haß eine Art Abwehr der Angst darstellt, einen primitiven Versuch der Angstbewältigung bezeichnet. Es ist wahrscheinlich, daß sich eine tiefere Einsicht in die Frage, wieso es zu der Umwandlung von Angst in Haß kommen kann, aus dem Gegensatz von Todes- und Lebenstrieben, wie sie die Konzeption Freuds zeigt, ergeben dürfte, doch ist die Natur der Angst, die vielleicht ursprünglich eine Reaktion ist auf die primäre Lust, das Ich untergehen zu lassen, noch nicht genügend geklärt.
Aus dieser Ableitung ergibt sich die Aufklärung für einige charakteristische Züge der Haßregungen.
Vor allem ist bemerkenswert, daß die Angst, zu deren Bewälti-

gung der Haß mobilisiert wird, innerhalb des Hasses deutlich fortlebt. Die Haßregung gilt nur Objekten, vor denen man sich fürchtet, von denen das Ich eine äußere oder innere Gefährdung erwartet.

Fällt dieser Faktor der Furcht aus, so resultiert das Gefühl der Verachtung, der Abneigung, der Indifferenz, keinesfalls Haß. Das Moment der unbewußten Angst ist der Haßregung immanent und aus ihr nicht ablösbar.

Es entspricht dem Gesetz des Rücklaufes der Affekte, daß Furcht vor einem Objekt, welche eine bestimmte Stärke erreicht hat, sich in Aggression umsetzen kann. Dieser Mechanismus ist übrigens keineswegs auf die Menschen beschränkt: Hunde fallen häufig Menschen an, weil sie sich vor ihnen fürchten, und lassen von der Aggression ab, wenn sie den Eindruck bekommen, daß sie nichts zu befürchten haben. Die Ratte, die gejagt wird und aus ihrer Ecke keinen Ausweg mehr sieht, greift wütend den Menschen an.

Es darf uns nach den Eindrücken, die wir aus der Psychoanalyse von Neurotikern erhalten, die Einsicht dämmern, daß diesen Mechanismen der Umsetzung von Angst in Haß und in daraus folgende aggressive Tendenzen eine größere Bedeutung zukommt als wir bisher erkannt haben. Bestimmte Erfahrungen der analytischen Praxis legen uns die Folgerung nahe, daß oft plötzliche Aktionen aggressiver oder haßerfüllter Art aus dem Versuch, sich einer übergroß gewordenen Angst zu erwehren, resultieren. Solche impulsiven Akte gibt es nicht nur in der Hysterie; auch die Symptomatologie der Zwangsneurose und noch mehr die der manisch-depressiven Affektion liefern zahlreiche Beispiele dieser speziellen Form der Angstabwehr in Form von Triebdurchbrüchen. Es scheint mir wahrscheinlich, daß sich hier auch ein Weg für die psychologische Erklärung von Aggressionen in den psychotischen Erkrankungen eröffnet. Die Bedrohung, die *vom* Objekt ausgeht (auszugehen scheint), soll in ihnen

durch die Bedrohung *des* Objektes bewältigt werden. Noch mehr Bedeutung kommt der Erforschung dieser Abwehrmechanismen und dieses Umsetzungsvorganges für die Verbrecherpsychologie zu. Die Kriminalpsychologen, Richter, Staatsanwälte und Verteidiger täten gut, diese schwierigen psychischen Vorgänge mit Hilfe der analytischen Methode zu studieren. Eine große Anzahl sonst unerklärbarer Verbrechen wird durch jenen psychischen Prozeß erhellt, durch welchen eine aggressive Aktion dazu benützt wird, die Angstspannung zu verringern.
Bestimmte Fälle von Suizid lassen keine andere Annahme zu als die, daß sich unter dem Eindrucke übergroßer Angst der Haß gegen das Ich gekehrt hat und es in den Tod treibt. Man möchte sagen, das Ich zieht die eigene Vernichtung einer solchen zu intensiv gewordenen und unentrinnbaren Angst vor. Es führt die Aggression gegen das ins Ich introjizierte Objekt aus, von dem ihm Gefahr drohte.
Hier sieht man sich wieder auf das Problem der Umsetzung von Haß in Angst zurückverwiesen. Es ist unmöglich, dessen Tiefe zu erreichen, ohne den Gegensatz von Lebens- und Todestrieben zu berücksichtigen. Angst ist eine Reaktionserscheinung auf die Trieblust des Individuums, auf dem kürzesten Wege zum Tod zu gelangen. Das Sträuben des Ichs gegen diese Triebaufforderung bewirkt jene Affektumkehrung, die den primären Lustcharakter in Angst verwandelt. Wenn man folgerichtig die Konzeption *Freuds* ergänzt, müßte man sagen: Angst ist der Ausdruck des Sträubens gegen die Sehnsucht nach dem Tode. (Anders ausgedrückt: des Sträubens gegen die Versuchung, auf einem anderen als dem durch die organische Entwicklung vorgezeichneten Wege zur Ruhe des Anorganischen zurückzukehren.) Haß wäre demnach der Ausdruck der Abwehr des Ichs gegen jenes Objekt, das diesen Triebwunsch in uns erweckt: eine Reaktion der Lebenstriebe gegen das Ziel der Todestriebe. Diese Protestreaktion, die ihre Stärke dem *Eros* verdankt, kann ihre Wirkung nur

mit den Mitteln des älteren Todestriebes erreichen. Ja, sie behält das alte Triebziel bei und verändert den Ablauf nur insofern, als sie die Lust auf ein anderes Objekt verschiebt. Haß ist also eine Triebregung, die in der Verschiebung auf ein anderes Objekt die Befriedigung des Todestriebes anstrebt. Die Verschiebung ist jener Vorgang, der das Ich vor dem Untergang rettet und ihm doch erlaubt, ein Stück der alten Befriedigung (am fremden Objekt) zu genießen. Wenn früher auf den Fall hingewiesen wurde, daß übergroß gewordene Angst das Ich in den Tod treiben kann, so ist dies auch in positiver Form ausdrückbar: das Ich gibt das Sträuben gegen seine Vernichtung auf und unterliegt der Versuchung des Todestriebes. Hier wird es klar, daß der Haß sozusagen nur die Exekutive des Todestriebes übernommen hat, wobei der Objektwahl (fremdes Objekt oder Ich) nur eine sekundäre Bedeutung zukommt. Der Selbstmord aus unglücklicher Liebe ist durch die Regression zu erklären, der die Lebenstriebe unterworfen sind: das Ich vernichtet sich selbst, statt die geliebte Person zu zerstören. Es gibt keinen objektlosen Haß, aber eine Haßbereitschaft, die in ihrer Objektwahl ursprünglich sowenig wählerisch ist wie die Liebe, gleichsam einen frei flottierenden Haß als Versuch der Bewältigung einer latenten Angst.

In der Analyse einer Anzahl von neurotisch Erkrankten wird man darauf aufmerksam, daß dem Haß noch eine andere affektdynamische und -ökonomische Bedeutung zukommt. Er dient häufig dazu, intensive Angstaffekte zu ersparen, die Entwicklung von übergroßen Unlustgefühlen dieser Art zu verhüten. Die Bedeutung dieses ökonomischen Momentes der Haßentstehung würde eine tiefere psychologische Würdigung verdienen.

Von hier aus läßt sich eine bestimmte Abfolge seelischer Vorgänge, die ich früher dargestellt habe, in einen umfassenderen Zusammenhang einreihen. In »Geständniszwang und Strafbedürfnis« habe ich die Theorie aufgestellt, daß in einer ganzen Reihe von Fällen neurotisch Erkrankte und Gesunde intensive

Haßgefühle gerade jenen Personen gegenüber verspüren, die ihnen wohlwollen oder freundlich entgegenkommen. Noch befremdender erscheint der psychologische Sachverhalt, daß viele Personen diese gesteigerte Haßeinstellung gerade den Objekten gegenüber zeigen, denen sie Schaden zugefügt oder die sie beleidigt haben. Ich habe versucht, dort darzustellen, daß diese paradox erscheinende Reaktion aus der Wirkung des unbewußten Schuldgefühles abzuleiten ist und wie sie aus ihm abzuleiten ist. Hier ist nun der Ort, diesen psychologischen Sonderfall in einen allgemeineren Tatsachenkomplex einzureihen. In diesen Fällen hat sich die Kastrationsangst, als deren Repräsentanz wir die unbewußte Gewissensangst erkannt haben, in Haß fortgesetzt, ja es scheint, daß die Steigerung dieser Gewissensangst zu extremen Haßregungen und oft zu Haßausbrüchen führen kann. In vielen Fällen neurotisch Erkrankter oder neurotischer Charaktere konnte ich mich von der Wirksamkeit dieses Mechanismus überzeugen. Eine meiner Patientinnen ruhte nicht früher, bevor sie nicht jede ihr nahestehende Person, Verwandte oder Freunde, auf das tiefste beleidigt hatte. Nachdem sie einmal ihre beste Freundin in dieser Art verletzt hatte, gab sie in der Analyse die folgende Beschreibung ihrer psychischen Vorgänge: *»I was horrid with R. because I had been horrid with her before. But being horrid makes me hate her.«* Es ist klar, daß sich der Haß hier als Versuch darstellt, sich von dem dumpfen Druck des übermächtig gewordenen Schuldgefühles zu befreien, und zur Wiederholung der Tat drängt. Es handelt sich also um einen speziellen Fall von Angst, nämlich um unbewußte Gewissensangst, aus der die Haßregung emportaucht. Wir wissen indessen, daß auch hier primär eine reale Angst im Spiele ist, die Freud uns als den Kern der Gewissensangst gezeigt hat[2].

Der seelische Vorgang der Psychogenese des Hasses aus einem bestimmten Bewältigungsversuch der Angst wird überdeutlich in jenen Fällen, in denen das Angstobjekt gleichzeitig das Urbild des Über-Ichs darstellt. In dem Fall eines jungen Mädchens nahmen die aus dem Ödipuskomplex stammenden Triebregungen eine eigenartige Form an. Ihre bewußtseinsfähige Motivierung wurde dahin gegeben, daß die Patientin die Mutter deshalb hasse, weil diese ihr Grund zum Selbsthaß gegeben habe, d. h. also, weil sie durch die Erziehung, welche die Mutter ihr gegeben hatte, gezwungen sei, sich selbst zu hassen. Es war leicht zu erraten, daß die Eigenschaften, deretwegen sie einen solchen Selbsthaß entwickelte, mit ihren sexuellen Triebregungen in intimem Zusammenhang standen und daß sich die Angst auf Versuchungssituationen dieser Art bezog. In der Übertragungsbeziehung der Analyse kann man häufig beobachten, daß der Patient aggressiv in seinen Gedanken und Reden wird, wenn eine Angst von der Art des Schuldgefühles eine bestimmte Intensität erreicht hat. Die hier gegebene psychologische Ableitung muß zu einer Folgerung gelangen, welche die analytische Beobachtung am einzelnen bestätigt, nämlich daß der Haß um so intensiver wird, je stärker die unbewußte Angst ist, zu deren Abwehr er produziert wurde. Man bekommt manchmal den Eindruck, daß die stärksten Intensitäten von Haß unter dem Eindruck dumpfer Angstregungen erreicht werden. Es kann hier nicht entschieden werden, ob und in welchem Ausmaße die reale Angst durch Gewissensangst in dergleichen Fällen vertieft wurde. Es erscheint mir aber wahrscheinlich, daß der Druck des Schuldgefühles neben anderen Faktoren zu solcher Entwicklung der Haßregungen entscheidend beiträgt. Der Haß, der durch unbewußtes Schuldgefühl unterstützt wird, gelangt zu unheimlichen Dimensionen. Es ist interessant, in diesen Fällen zu beobachten, daß die Vernichtung des gehaßten Objekts nicht nur aus realen Gründen der Triebbefriedigung angestrebt wird, sondern auch, weil von seiner Entfernung eine Befreiung von dem dumpfen Druck der Gewissensangst erwartet wird. Der aggressive Ausbruch erfolgt also, um der Angst zu entfliehen.

Ich will die Diskussion dieser analytischen Theorie nicht beschließen, ohne mit Nachdruck auf ein Problem hinzuweisen, das sich hier aufdrängt. Es handelt sich nämlich um die Triebregungen in jener typischen Konstellation, die wir in der Analyse unter der Bezeichnung des Ödipuskomplexes zusammengefaßt haben. In dieser für die Entwicklung und Reifung des Individuums so bedeutsamen Situation wird der kleine Junge deutlich Zeichen sexueller und eifersüchtiger Regungen gegenüber der Mutter zeigen und nicht minder deutlich seine feindseligen Impulse dem väterlichen Rivalen gegenüber verraten. Es scheint, als würde der hier aufgezeigte psychologische Zusammenhang von Haß und unbewußter Angst gerade für die Entwicklung dieser Situation von weitgehender und nachwirkender Bedeutung sein. Die ziemlich langandauernde, reibungslose Koexistenz der gegensätzlichen zärtlichen und feindlichen Gefühle gegenüber dem Vater sowie andere Züge in dem psychischen Prozeß legen es nahe, eine bestimmte Vermutung zu äußern. Es scheint mir erwägungswert, ob sich nicht auch hier die Haßregung erst unter der Mitwirkung der Angst entwickelt. Mit anderen Worten: ich glaube, daß die primäre abweisende oder feindliche Einstellung des Knaben, die zuerst keineswegs in Konflikt mit seinen zärtlichen Gefühlen zum Vater kommt, sich erst später durch die Abwehr der Kastrationsangst zu Haß entwickelt, daß dieser Haß dann unter dem Einflusse der Versuchungsnähe gesteigert und später durch die Gewissensangst reaktiv verstärkt wird. Auch hier scheint mir, daß der Haß einen Versuch darstellt, der unbewußten Angst Herr zu werden.

Ich muß es mir versagen, schon jetzt auf einige Aspekte hinzuweisen, die sich aus der Aufklärung des Zusammenhanges von Haß und Angst ergeben. Man darf aber, ohne sich einer Voreiligkeit schuldig zu machen, versichern, daß von hier aus manche Wege in bisher kaum betretenes Gebiet der Ichpsychologie führen.

Der Traum von der Theorie des Geständniszwanges

Die folgende analytische Erörterung eines eigenen Traumes wird dem Analytiker nichts wesentlich Neues in bezug auf die Traumdeutung zu sagen haben. Einige Nebenumstände und besondere Züge, die sich auf die Vorgänge der Traumbildung und Traumerinnerung sowie auf das Kräftespiel zwischen bewußten und unbewußten Vorgängen beziehen, scheinen mir indessen bemerkenswert genug, diesen Traum festzuhalten.
Er wurde im September 1926 geträumt. Sein Inhalt lautet: *Ich sehe mich vor einem Gericht stehend und halte eine große Verteidigungsrede. Ich bin wegen Mordes angeklagt und habe die Tat begangen.*
Das Gefühl im Traum ist keineswegs Angst, Reue oder Traurigkeit. Nach dem Erwachen erinnerte ich mich noch, im Traum vom Sessel aufgestanden zu sein und in dem Augenblick, da ich meine Rede beginne, ein besonderes Gefühl der Erleichterung oder Befreiung empfunden zu haben. Ich wunderte mich im Wachzustand über diese inadäquate Stimmung. Während einiger Minuten nach dem Traum bleibe ich halbschlafend, halbwachend im Bett liegen. (Während ich diese Zeilen schreibe, drängen sich die rätselhaften Worte »im Nachgenusse« ein.) Es ist, als ob ich den Traum rekapitulieren wollte. Ich habe aber keine bewußte Absicht, dies zu tun. In diesem halbwachen Zustand kommen mir zwei isolierte Stücke meiner im Traum gehaltenen Rede zum Bewußtsein. Das erste ist die Anrede: »Hoher Gerichtshof!« Das zweite Stück, offenbar aus irgendeinem Zu-

sammenhang gerissen, ist ein vollkommen klarer Satz, der mir, während ich ihn überdenke, zu gefallen scheint. Er lautet: »Ich habe im Leben manches begangen, dessen ich mich schäme – vermutlich wie jeder von Ihnen, meine Herren –, aber nichts, dessen ich mich zu schämen hätte.« In der Erinnerung kommt es mir vor, wie wenn ich den stilistisch wirksamen Gegensatz von »dessen ich mich *schäme* – dessen ich mich zu schämen *hätte*« rhetorisch hervorgehoben habe wie ein Schauspieler, der eine Pointe bringt.

Wie bereits erwähnt, enthält der Traum als solcher nichts analytisch Bemerkenswertes; er wurde niedergeschrieben, weil die Vorgänge, die sich im Wachzustand an ihn schließen, besondere Merkmale zeigen. So ist es bemerkenswert, daß die Erinnerung an diesen Traum in bestimmten Augenblicken während des folgenden Jahres scheinbar völlig unmotiviert wiederauftauchte, als wolle sie mich an etwas mahnen. Abergläubige Menschen oder solche Traumforscher, welche einer Art wissenschaftlich verarbeiteten Aberglaubens huldigen, wären angesichts so hartnäckigen Wiederauftauchens eines Traumes geneigt, hier eine in die Zukunft weisende Funktion des Traumes anzuerkennen, in diesem Zuge eine prospektive Tendenz zu erblicken. Die Analyse wird lehren, wie wenig eine solche Annahme durch die psychischen Vorgänge der Traumbildung gestützt werden kann. Vielleicht kann sie auch einen Hinweis darauf liefern, wie ein Glaube dieser Art zustande kommt und welchen seelischen Motiven er seine Kraft verdankt.

Die fragmentarische Analyse des Traumes ging sozusagen ruckweise vor sich. Immer wieder, wenn die Erinnerung an den Traum in den folgenden Monaten auftauchte, kam ein Einfall oder eine Gedanke, der etwas über ein Traumstück auszusagen schien und mich seinem Sinne näherbrachte. Über diese Erinnerungen, die einander in mehr oder minder großen Abständen folgten, muß ich noch einige Bemerkungen hinzufügen. Sie tauchten plötzlich, anscheinend ohne Zusammenhang mit der betreffenden Situation oder mit vorangegangenen Gedankenzügen auf und bezogen sich bald auf dieses, bald auf jenes Stück des manifesten Trauminhaltes, manchmal wiesen sie gleichsam nur auf den Traum als Ganzes hin. Es war oft so, wie wenn der Gedanke daran an etwas sehr Vertrautes oder Bekanntes rührte und, wenn die Erinnerung in den letzten Monaten auftauchte, entbehrte sie des visuellen Charakters. Es war, als würde ich mich des Trauminhaltes so erinnern wie eines alten Ereignisses. Das begleitende Gefühl hatte etwas von der Begrüßung eines alten, guten Bekannten: »Aha, der Traum vom Geständniszwang.« (So hatte ich zum privaten Gebrauch diesen Traum bezeichnet.) Das die Erinnerung begleitende Gefühl war durchaus ein angenehmes, ungefähr derselben Art wie bei einem Tagtraum. Es paßt gewiß ebensowenig zu dem manifesten Trauminhalt wie das Gefühl der Befreiung, das ich im Traum selbst verspürte.

Es wäre unrichtig, zu sagen, daß diese Erinnerung einen obsedierenden, zwanghaften Charakter gehabt hätte. Sie verfolgte mich nicht; sie folgte mir nur. Manchmal vergingen mehrere Wochen, ohne daß ich an den Traum dachte. Auch hat mich der Gedanke daran nach dem Auftauchen von Erinnerungen an ihn nie mehr als einige Minuten beschäftigt. In dieser kurzen Zeit aber kamen jene Einfälle, die, mosaikartig zusammengesetzt, späterhin das Wesentliche der Deutung ausmachten. Diese Art der Erinnerung unterscheidet sich von der so bekannten, in welcher der Traum in den Wachzustand für Stunden oder gar Tage übergreift, als wär's ein Stück von ihm, ein Teil lebendig erlebter Wirklichkeit. In diesem Falle hatte der Gedanke an den Traum eher den Charakter der Erinnerung an etwas Gedachtes. Ich kam aber in den bezeichneten Zeitabständen immer wieder auf den Traum zurück. Es war, als wolle der Gedanke daran mich auf Bedeutungsvolles hinweisen.

Ich hatte keine Absicht, ihn zu deuten, und habe ihm meine Aufmerksamkeit nie bewußt zugewendet. Mein Interesse für ihn stand durchaus im Zeichen des *„malgré moi«*.

Nach dem Erwachen wußte ich sogleich zumindestens einen Zusammenhang, der den Traum mit dem Wachleben verband. Viele Monate vorher hatte das Gericht eine Voruntersuchung wegen Kurpfuscherei gegen mich eingeleitet: die österreichische Behörde hatte Anstoß daran genommen, daß ich als Nicht-Arzt – ich habe Psychologie studiert – eine psychoanalytische Praxis ausübe. Da in Österreich bekanntlich nichts so lange dauert wie ein Provisorium, hatte diese Voruntersuchung fast zwei Jahre in Anspruch genommen, bis die Staatsanwaltschaft erklärte, daß sie keinerlei Anlaß zum gerichtlichen Einschreiten sehe. Während des Wachlebens hatten mich gerade in der Zeit des Traumes Gedanken an den voraussichtlichen Prozeß bewußt wenig beschäftigt. Der Ausgang schien mir angesichts der mir bekannten Mentalität der österreichischen Autoritäten wenig zweifelhaft: ich würde zu einer Geldstrafe verurteilt werden. Aber diese Aussicht störte mich bewußt nicht sehr, und andere Angelegenheiten zogen meine Aufmerksamkeit stärker an.

Der Traum muß an diese Situation anknüpfen; es ist mir erinnerlich, daß ich im Gespräch mit meiner Frau vor dem Schlafengehen den künftigen Prozeß in scherzhafter Art erwähnt habe. Die Situation im Traum wäre demnach leicht erklärbar. Es ist die Vorwegnahme einer Lage, die aller Wahrscheinlichkeit nach meiner wartete: ich würde vor Gericht stehen und mich zu verantworten haben. Tatsächlich hatte ich Monate vorher viel an die Rede gedacht, die ich zur Verteidigung der Laienanalyse halten wollte, hatte mir die wissenschaftlichen und persönlichen Momente vorgestellt, die darin zur Sprache gebracht werden sollten.

Der Traum zeigt also meine Ungeduld: er antizipiert die Prozeßsituation und läßt mich meine große Rede halten. Er entspricht also einer unausgesprochenen Regung: wäre die Gerichtsverhandlung schon da und könnte ich schon sprechen! Eine solche Regung von Ungeduld war tatsächlich einige Wochen vor dem Traum bewußt aufgetaucht. Eine Zeitung hatte einige unwahre und entstellte Daten über jenen Fall gebracht, und ich hatte es mir verboten, darauf zu reagieren. Die ungeduldige Regung muß sich also fortgesetzt haben, während ich dachte, ihrer längst Herr geworden zu sein. Der sogleich an der Oberfläche erkennbare Wunsch, der Prozeß möge schon da sein, hat aber nicht nur die Absicht, das unangenehme Gefühl der Unsicherheit los zu werden. Die Rede, die ich halten will, muß, das fühle ich, mehr im Mittelpunkt meiner Wünsche stehen. In jenen Tagträumen, die viele Monate vorhergegangen waren, hatte ich mir ausgemalt, daß ich bei dieser Gelegenheit, da ich angegriffen werde, meinen Mangel an Rednergabe überwinden würde, ja, ich hatte mir sogar lächerlicherweise vorgestellt, ich würde einen rhetorischen Triumph feiern. (Diese Vorstellung stand so sehr im Vordergrunde, daß ihr gegenüber die Frage, ob ich verurteilt oder freigesprochen würde, an Bedeutung ganz zurücktrat.) Es ist mir immer schwergefallen, vor einem kritisch eingestellten Auditorium frei zu sprechen, aber hier, wo ich mich überlegen fühlte und meiner Sache völlig sicher war, durfte ich hoffen, meine Hemmungen zu überwinden. Auch war ich überzeugt, daß meine Rede stilistisch der Kritik standhalten würde, hatte ich doch oft jeden Satz viele Male umgeformt, nach dem schärfsten und prägnantesten Ausdruck gesucht und sogar die klanglichen Nuancen meiner Sätze sorgfältig geprüft.

An diesem Punkte meiner Einfälle drängten sich Bruchstücke dieser oft überlegten, nie gehaltenen Rede ins Bewußtsein, und ich merke, daß es mir nicht so sehr um den Stil zu tun ist. Denn jene Bruchstücke sind voll Sarkasmus und Bitterkeit und wenden sich mit einer Aggressivität, die ihre Schärfe vergeblich durch witzige Einkleidung zu verbergen sucht, gegen den schwer ertragbaren Übermut der Ämter, gegen die Vorurteile der Ärzte, welche die Laienanalyse in Grund und Boden verdammen, sowie gegen einige psychiatrische Sachverständige, deren Gutachten über die Analyse weder von viel Verständnis noch von viel Verstand zeugen. Ich merke jetzt, was die Wunscherfüllung des Traumes in jener Ebene ausmacht: ich bin ungeduldig, vor den Richtern zu erscheinen, denn ich will endlich alle Bitterkeit und allen Groll aussprechen, ich habe genug von meiner Selbstbeherrschung. Ich will aus meinem Herzen keine Mördergrube machen.

Eben als ich diese letzte Redewendung in meinen Gedanken gebrauchte, fällt mir ein, daß ich ja im Traum nicht wegen Kurpfuscherei, sondern wegen Mordes angeklagt bin. Es kann nicht Zufall sein, daß ich dachte, ich wolle aus meinem Herzen keine Mördergrube machen. Der Zusammenhang mit jenem Prozeß ist an der Oberfläche leicht gefunden: ich bin durch die Diskretion des Analytikers gebunden. Ich darf über den Patienten, auf dessen Behandlung sich die Anklage bezieht, nicht so frei sprechen, wie ich wünschte, darf die Momente, durch welche die Analyse scheitern mußte, seinen völlig asozialen Charakter, seine Auflehnung, welche jede analytische Kur unmöglich machte, sein antisoziales Benehmen nicht schildern. Ich hatte mir vorgenommen, so wenig als möglich über den Fall selbst zu sprechen und dort Auskünfte zu geben, wo ich in notwendiger Wahrung der eigenen Interessen solche nicht vermeiden konnte. Der Traum zeigt, daß die löblichen Absichten der Diskretion nur meinem Bewußtsein entstammen, unbewußt möchte ich den Mann, der mir soviel Kummer bereitet hat, ermorden. Ich wünschte, ich könnte allem Ärger, den ich gerade mit diesem Patienten gehabt, Ausdruck geben, und die unbewußte Fortsetzung dieses Ärgers muß den Charakter mörderischer Wut gehabt haben, einer Einstellung, die sicherlich nicht die vom Analytiker dem Patienten gegenüber erwartete ist. Der Traum zeigt also einen anderen Wunsch, dieses Mal eine verdrängte Wunschregung erfüllt: ich habe jenen Patienten ermordet und halte nun vor Gericht die Verteidigungsrede, die meine Gründe klarlegt. Hierher gehört offenbar das Gefühl der Erleichterung, der Befreiung, das ich im Traume verspüre. Es paßt freilich auch zu dem Entschluß, allen unterdrückten Groll gegen die Beschränktheit veralteter Anschauungen einmal zum Ausdruck zu bringen.

Auch die zweite Anknüpfung an die Ereignisse des Vortages fällt mir jetzt ein: ich hatte in einer juristischen Fachzeitschrift einen Aufsatz »Psychoanalyse und Strafrecht« gelesen, in dem sich ein Professor der Strafrechtswissenschaften mit meinem im Vorjahre erschienenen Buche »Geständniszwang und Strafbedürfnis« auseinandersetzte. Der betreffende Professor hatte das Buch sehr gelobt, aber diese Anerkennung hatte wenig Eindruck auf mich gemacht, da er gerade die wesentlichen Resultate meines Buches teils mißverstanden, teils abgelehnt hatte. Die Theorie vom Geständniszwang als einer unbewußten Tendenz war von ihm, wie ich glaubte, ihrer Bedeutung nach nicht erfaßt worden. Die triebhafte Mitwirkung des unbewußten Schuldgefühles in der Psychogenese des Verbrechens, die *Freud* zuerst erkannt hatte und deren Bedeutsamkeit ich analytisch in jenem Buche klargelegt habe, war von dem Kritiker geleugnet worden. Auf dem Heimwege von der Universitätsbibliothek, wo ich jene Zeitschrift gelesen hatte, habe ich mich, wie ich mich jetzt erinnerte, über einige Bemerkungen des im übrigen wohlwollenden Professors geärgert und ihm in Gedanken vorgeworfen, daß er mich, beziehungsweise die Bedeutsamkeit meiner Arbeit, unterschätze. Ich glaube nicht an den Wert wissenschaftlicher Polemik, aber ich habe die üble Gewohnheit, in Gedanken große Diskussionen mit meinen Gegnern zu führen. In diesen Dialogen entwickle ich, wie ich mir einbilde, Schlagfertigkeit, Geist, Witz, kurz Eigenschaften, die mir im Leben in beklagenswertem Maße abgehen. Auch eine Redefertigkeit, ein außerordentlich großer

Wortschatz, eine haarscharfe Logik stehen mir zur Verfügung, wenn ich den Gegner nur vor meinem geistigen Auge habe. Ich zerschmettere ihn mit meinen Argumenten, ich überschütte ihn mit Spott, ich treffe seine schwächsten Stellen mit raffinierter Grausamkeit. Diese Art des Treppenwitzes tritt bei mir dann besonders hervor, wenn ich angegriffen worden bin und mich verletzt fühle: fast unfähig, auf eine Kränkung in adäquater Art sofort zu reagieren, kann ich sie schwer bewußt vergessen und genieße in der phantasierten Erfüllung meiner Rache besondere Genüsse.

Auf einem Spaziergang, der einige Monate nach dem Traum stattfand, tauchte die Erinnerung an ihn wieder scheinbar unvermittelt auf; es folgten ihr Gedanken an jenen Aufsatz des Professors B. sowie an eine Diskussion, die in der Wiener Psychoanalytischen Vereinigung über mein Buch »Geständniszwang und Strafbedürfnis« gehalten wurde. Plötzlich ist mir der latente Sinn des Traumes klar; das, was seine Wunscherfüllung ausmacht. Jener Kriminalpsychologe Professor B. hatte nämlich in seinem kritischen Aufsatz Zweifel darüber geäußert, daß ein unbewußtes Schuldgefühl wirklich von so triebhafter Art sei, wie ich es in meinem Buche behauptet habe, und seine Verstärkung den Menschen wirklich zum Mörder werden lasse. Derselbe Punkt war auch in jener Diskussion erörtert worden, und manche meiner Kollegen hatten gegen die im Buche vertretenen Theorien eine, wie mir schien, ungerechtfertigte Kritik geübt. Ich merke jetzt, wohin der Traum zielt: ich stehe vor Gericht, ich habe selbst einen Mord begangen, ich halte nun die Verteidigungsrede, das heißt doch: ich muß wissen, welche psychischen Vorgänge sich in dem Mörder abspielen, da ich selbst zum Mörder geworden bin, und ich mein psychologisches Forschungsobjekt nun an mir selbst habe[1]. Meinen Kritikern und den Zweiflern kann ich jetzt authentische Kunde über die Psychologie des Mörders geben: ich bin ja selbst einer, und ich kann sie jetzt da-

von überzeugen, daß alle jene psychologischen Prozesse, die ich in meinem Buche beschrieb, jene angstvolle Spannung vor der Tat, das dumpfe und drängende ubw. Schuldgefühl und jene seelischen Vorgänge der Geständnisarbeit wirklich so sind, wie ich sie beschrieben habe. Ich muß es ja wissen, da ich ein Mörder bin: die von mir aufgestellte Theorie vom Geständniszwang ist richtig, und meine Gegner sind im Unrecht. Der Wunsch, der traumbildend ist, ist also der, meinen Gegnern ihr Unrecht zu zeigen, ihnen heimzuzahlen, was sie mir durch ihre böse Kritik zugefügt haben. Ich wünsche gewiß nicht bewußt, jemanden zu ermorden, aber auf der Mordtatsache liegt auch nicht der einzige psychische Akzent des Traumes, sondern darauf, nun als Mörder zeigen zu können, daß meine Theorien den wirklichen psychischen Sachverhalt richtig darstellen. Die Ungeduld, meine große Rede zu halten, ist also vielfach determiniert: ich will endlich vor Gericht erscheinen, meine Verantwortung wegen jenes Falles führen, werde meinem Hasse (gegen jenen Patienten, aber auch gegen die ahnungslosen Sachverständigen) Ausdruck geben. Es ist aber auch die Ungeduld, jene Gegner meiner Anschauungen von der Wirksamkeit des unbewußten Geständniszwanges zu überzeugen, ihnen zu zeigen, daß ich recht habe mit meinen psychologischen Theorien. Verfolgt man diese Regungen bis ins Unbewußte, so muß ein Mordversuch gegen diese Gegner (den wohlwollenden Professor der Strafrechtswissenschaften und meine weniger wohlwollenden Kollegen von der Wiener Vereinigung) wach geworden sein.
Allein es muß auch einen Sinn haben, daß ich mich vor Gericht sehe, im Traume weiß, daß ich diese Tat begangen habe und ein Gefühl der Befreiung und Befriedigung habe. Ich lege ja ein Geständnis ab; ich zeige zugleich die Tiefenwirkung des Geständniszwanges, den ich in meinem Buche psychologisch dargestellt habe, und fühle selbst die Befreiung und Triebbefriedigung, die ich beschrieben habe. Soll das nicht heißen, daß ich unbewußt

gemordet habe, ist dies nicht der Hinweis darauf, daß ich gut Bescheid weiß über die Psychologie des Mörders? Es scheint, ich will meine psychologischen Theorien in Praxis umsetzen, um ihre Richtigkeit *ad oculos* zu demonstrieren, aber andererseits sieht es so aus, als habe ich sie aus der eigenen, unbewußten Erfahrung geschöpft und will dies jetzt durch mein Geständnis erweisen. In der Folgezeit tauchten in den erwähnten, unregelmäßigen Intervallen Assoziationen auf, die zeigten, gegen welche nahestehenden, mir teuren Personen sich solche Todeswünsche eigentlich richten. Auch die Details, die der Rede entnommen sind, wurden bald erklärlich: die Anrede »Hoher Gerichtshof!« und jene Gegenüberstellung von »... deren ich mich schäme – deren ich mich zu schämen hätte« gingen auf Gedanken zurück, die hohnvoll und aggressiv gegen meine Wiener Gegner gekehrt waren. *(»Cet animal est très méchant; quand on l'attaque, il se défend.«)*

Der Traum scheint mir inhaltlich in keiner Art bemerkenswert, und die in ihm aufzeigbaren Mechanismen der Traumarbeit sind die uns bekannten. Es sind zwei Momente, welche dennoch verdienen, in seiner Darstellung hervorgehoben zu werden. Das erste bezieht sich auf seinen latenten Inhalt: der Wunsch, meine Gegner von der Richtigkeit und Bedeutsamkeit meiner Anschauungen zu überzeugen, ist hier bis zum Extrem gesteigert, um diesen Preis sogar einen Mord zu begehen. Aber dieser Eifer für eine psychologische Theorie ist unbegreiflich, wenn es sich nicht um etwas Persönliches handelt. Die Verteidigungsrede gilt in Wirklichkeit nicht der Darlegung meiner Theorien, sondern der Rechtfertigung jener starken Regungen von Haß und Bitterkeit, die einen Mordwunsch (im Traum den Mord) in mir erweckt haben. *Mea res agitur* – sowohl in der Theorie als auch im Traum: ich bin selbst ein Mörder. Die Fortsetzung der Traumgedanken über die Richtigkeit meiner Theorie führt also zum Geständnis meiner Mordwünsche. Nimmt man den Traum als

Ganzes, so gelangt man dahin, daß er ein Geständnis darstellt, und zwar nicht nur inhaltlich (»ich habe die Tat begangen«), sondern auch in seiner sekundären Funktion als Geständnis der eigenen Mordwünsche. Diese Konstellation führt freilich wieder zur Wunscherfüllung zurück, welche die in jenem Buche vertretenen Aufstellungen betrifft. Der Wunschcharakter des Traumes bleibt in seiner tiefsten Schicht unberührt. Der Geständniszwang spielt in der Psychologie der Traumvorgänge eine sekundäre Rolle, aber die Traum*form* zeugt von seiner Wirksamkeit, die darin beschlossen ist, daß sich der Traum dem Ich als ein Geständnis darstellt[2]. Es scheint, als würde der Traum auch diese Entwicklung des Geständniszwanges in den Vorgängen der Traumbildung beweisen wollen, und damit nicht nur wieder einmal zeigen, daß ich im Recht bin, sondern auch einen andern geheimen Wunsch implicite erfüllen: wenn diese Theorie richtig ist, habe auch ich einen Beitrag zur Psychologie der Traumvorgänge geliefert. Ich bin gewohnt, meine eigenen analytischen Leistungen an denen zweier älterer Kollegen, Brüdergestalten, zu messen, die einige Jahre vor mir ihr analytisches Studium abgeschlosssen haben. Dem einen dieser zwei Kollegen verdankt die Theorie der Traumdeutung nun einige wichtige Beiträge, ich aber habe wenig und wenig Bedeutungsvolles zur Traumdeutung beigetragen. Die Theorie, welche die sekundäre Rolle des Geständniszwanges in der Traumforschung behandelt, stellt also meinen kleinen Beitrag zur Traumdeutungslehre dar. Auch die Affekte im Traum lassen sich durch dieselben Schichten verfolgen: die Gefühle der Befriedigung oder Befreiung entsprechen der Genugtuung über die begangene Tat, den erfüllten Mordwunsch: gleichzeitig bestätigen sie die schuldbefreiende Wirkung des Geständnisses. Die Verbindung zwischen jenem persönlichen und diesem theoretischen Moment wird durch die Anschauung gegeben, daß ein Teil der psychischen Wirkung des Geständnisses darin liegt, daß es die *Wiederholung* der (realen oder phantasierten) Tat in der Umsetzung der Wortdarstellungen darstellt. Diese Anschauung wurde eben in meinem Buch vertreten. Auch hier geht eine ununterbrochene affektive Strömung von der tiefsten Schicht (Befriedigung über die Tat) zur obersten (Genugtuung, daß meine Theorie bestätigt erscheint).

Das zweite Moment, das mir der Erörterung wert erscheint, ist das wiederholte, scheinbar unmotivierte Wiederauftauchen der Erinnerung an diesen Traum in unregelmäßigen Intervallen während des Wachzustandes des folgenden Jahres. Wie bereits gesagt, schlossen sich an diese freisteigende Erinnerung Assoziationen an, welche immer ein Stück des latenten Trauminhaltes erkennen ließen. Dabei wurde kein bewußter Versuch, den Traum zu deuten, gemacht. Die Deutung der einzelnen Traumfragmente vollzog sich wie von selbst, sie fiel mir gewissermaßen in den Schoß. Dieser besondere psychische Ablauf erscheint deshalb bemerkenswert, weil er zur Erklärung der Tatsache beitragen kann, woher das Wiederauftauchen der Erinnerung an einen Traum stammt und welche psychischen Motive es bedingen. Es scheint auch praktisch bedeutungsvoll, weil dadurch wenigstens teilweise die Rolle der Traumdeutung in der Analyse erklärt wird: es liefert nämlich ein Stück Aufklärung für die Frage, wieso sich an bestimmter Stelle des Assoziationsverlaufes unserer Patienten Erinnerungen an einen lange vorher geträumten Traum einstellen, beziehungsweise wiederholen.

Die Erinnerungen an diesen Traum tauchten bei Gelegenheiten auf, die anscheinend nichts mit seinem Inhalt zu tun hatten. Die meisten dieser Gelegenheiten sind mir gegenwärtig, und ich will einige beschreiben.

Auf einem Spaziergang: ich dachte an ein religionswissenschaftliches Problem, das der Vorstellungen der Auferstehung in den verschiedenen Religionen. Damit muß sich die Erinnerung an den letzten Satz der II. Symphonie Mahlers verknüpft haben, denn ich ertappe mich dabei, daß ich ein Motiv aus dieser Symphonie vor mich hinsumme. Dort wird der große Appell geschildert, der am Jüngsten Tage alle aus den vier Gegenden zusammenruft. Ich stelle mir diese aufstürmenden Skalenläufe vor, diese andrängenden Akkorde, die in ihrer mächtigen Steigerung die Angst der Auferstandenen vor dem großen Gericht schildern, das Wirbeln der Trommeln und die Antwort der vier Trompeten und wie jetzt, da eine Steigerung in der Instrumentalsprache und ein tieferer Schrecken kaum mehr möglich scheint, der große Auferstehungschor in dunkler Stimmlage sich erhebt. Gegenüber der Erwartungsangst jene trostvollen, tief beruhigenden Worte: »O glaube, mein Herz, o glaube: es geht dir nichts verloren« und aus Moll zu Dur durchdringend: »Hast nicht umsonst gelebt, gelitten! Dein ist, was du gesehnt, dein, was du gelebt, was du erstritten.« Während meine Gedanken zu der mit höchster Kraft brausenden Triumphmelodie streben:

»Auferstehen, ja auferstehen
Wirst du, mein Staub, nach kurzer Ruh'«

ist plötzlich die Erinnerung an den Traum da. Der psychische Zusammenhang ist unmittelbar gegeben: er liegt in dem Gegensatz zwischen dem Entsetzen und der schreckensvollen Erschütterung, die angesichts des Jüngsten Gerichtes alle Kreatur erfaßt und jener strahlenden Befreiung, einer Sicherheit, die alle Angst überwindet und endlich zu einem berauschenden Triumph wird. Das Wiederauftauchen der Erinnerung an den Traum ist determiniert durch jenen Gegensatz, der sich in der Angst des Verbrechers vor dem Geständnis und dem triebhaften Geständniszwang selbst spiegelt.

Es ist übrigens bemerkenswert, daß auch hier das Gefühl der Befreiung nach der tiefen Angst mit dem (Jüngsten) Gericht in Zusammenhang steht.

Eine andere Gelegenheit: in einem Gespräch mit meiner Frau weise ich gekränkt darauf hin, daß sie durch viele Jahre eine Ansicht, die ich oft ausgesprochen habe, als unhaltbar und unsinnig angesehen hatte und sich dabei immer wieder auf die entgegengesetzte Anschauung einer Person berufen hatte, die ihr als Autorität galt. Kürzlich war sie unter dem Einflusse einer anderen autoritativen Person dazu gelangt, die Berechtigung meiner Anschauung einigermaßen einzusehen. Ich bestehe darauf, daß sie mich verkannt und unterschätzt hat, und genieße nun eine langerwartete, wenig edelmütige Rache, indem ich ihr wiederholt ihr damaliges Unrecht vorhalte. Dieses Moment neben anderen, welche in dieser hier nicht zu erörternden Situation liegen, muß es gewesen sein, daß nach dem Gespräch die Erinnerung an den Traum auftauchte: ich habe wieder einmal recht behalten, nachdem ich eine Demütigung lange getragen habe, und genieße meinen Triumph.

Eine andere Gelegenheit: in einer Diskussion, die sich in der Wiener Psychoanalytischen Vereinigung über die zukünftigen Gestaltungen einer bestimmten Kulturinstitution abspielt, hatte ein Kollege meine pessimistischen Anschauungen über die künftige Kulturentwicklung scharf kritisiert. Während ich ihm zuhörte und versuchte, meine Empfindlichkeit gegen seine ziemlich persönliche Kritik einzudämmen, fiel mir scheinbar unvermittelt der Traum ein. Es war wie ein Signal, wie der Hinweis auf eine vertraute Situation: der Einfall verschwand rasch.

Ich dachte an die Stellung, welche eine große Anzahl der Mitglieder der Wiener Psychoanalytischen Vereinigung in einer Rundfrage über die Laienanalyse kurz vorher zum Ausdruck gebracht hatte. Man hatte es dort als schicksalsmäßige Notwendigkeit hingestellt, daß jeder nichtärztliche Analytiker, wenn er in die Praxis trete, sein ursprüngliches Forschungsgebiet im Stiche lasse und seine Aufmerksamkeit gänzlich der Therapie zuwende. Ich konnte dem Kollegen antworten, daß ich wenig Zutrauen zu seiner Prophetengabe habe, seit er seine Zustimmung zu jener Ansicht geäußert hatte. Ich für mein sterblich Teil hätte

solche tiefe psychologische Prophezeiung unerfüllt gelassen usw.
Am Nachhauseweg von dieser Diskussion fiel mir wieder der Traum ein: die Verbindung war klar. Als plötzlich nach jener Kritik des älteren Kollegen die Erinnerung an den Traum auftauchte, war es wirklich wie ein Stichwort: jetzt ist jene Gelegenheit da, ich werde angeklagt, ich halte meine große Verteidigungsrede. Wirklich fühle ich nachher ein Stück jenes Befreiungsgefühles, das im Traum erscheint: es ist, wie wenn ich den Gegner abgeschlachtet habe, indem ich ihm in schlagender Form gezeigt habe, wie sehr er im Unrecht ist. Es war, wie wenn sich der Traum endlich in Realität umgesetzt hätte. Ein Stück jener Befriedigung, die im Traum verspürt wurde, ist verwirklicht worden, und eine reale Situation schien der Erfüllung jener unbewußten Wünsche so günstig, daß sie als passende Vertretung der geträumten gleichgesetzt werden konnte. Seither hat sich die spontane Erinnerung an den Traum nicht mehr eingestellt.
Es ist mir erstaunlich, wie tief jener Wunsch, recht zu behalten, und zwar jenes Recht, das sich auf ein scheinbar ursprüngliches »Rechtsgefühl« berufen kann, unbewußt in mir wirken muß, während es mir im Wachleben bisher wenig ausmachte, und ich es nicht als wichtig empfand, ob ich recht oder unrecht habe[3]. Dieser Wunsch muß wirklich ein tiefgehender sein, denn noch die Niederschrift und Erörterung dieses Traumes scheint sich ihm nicht völlig entzogen zu haben.

Verzeihung und Rache

I

Wenn man den Bewußtseinspsychologen glauben darf, gibt es nichts Problematisches und nichts Fragwürdiges in der Tatsache, daß wir jemandem, der uns beleidigt oder gekränkt hat, verzeihen. Es liegt eben im Bereich unserer Wahl, ob wir uns für diese oder eine andere Reaktion auf eine gegen uns gerichtete Handlung entscheiden. Man versäumt es natürlich selten, solchen Erwägungen ein Werturteil hinzuzufügen und zu betonen, um wieviel edler es sei, zu verzeihen als sich zu rächen.
Allein die Tatsache, daß es sich bei der Reaktion des Verzeihens scheinbar um etwas psychologisch durchaus Einfaches, Elementares und Selbstverständliches handelt, mag als solche unser Mißtrauen wachrufen. Die der offiziellen Wissenschaft selbstverständlichen Vorgänge sind gewöhnlich diejenigen, die von ihr am wenigsten verstanden werden. Aber ist es denn so selbstverständlich, daß wir verzeihen? Es ist im Gegenteil eine sehr unnatürliche Reaktion, und wenig ist den Menschen angemessener und naheliegender, als Rache zu nehmen. Die moralische Reaktion, die seit einigen Jahrtausenden in steigendem Maße unsere stärksten und elementarsten Triebregungen begleitet, hat uns dazu geführt, das tiefe, in Wahrheit unstillbare Bedürfnis nach Rache, das in uns lebt, zu unterdrücken. Es ist sonderbar, aber für den Psychoanalytiker nicht überraschend, daß die Gesellschaft dieses Bedürfnis dem einzelnen gegenüber verpönt und es auf so vielen Gebieten selbst befriedigt. Die Strafen in der Erzie-

hung und im Rechtsverfahren, die Bußen, welche die Religion dem Sünder auferlegt, der Krieg und andere soziale Einrichtungen sind ursprünglich Racheäußerungen. In unserer Gesellschaftsordnung, in der die Rachebedürfnisse des einzelnen unterdrückt werden, haben sie sich im Unbewußten stark und lebendig erhalten wie am ersten Tag, und alle Verinnerlichung der Moralvorschriften hat ihnen nicht das Geringste anhaben können.

Es gibt für das Unbewußte ebensowenig ein Verzeihen wie es eine Verneinung gibt[1]. Wir beobachten in der Analyse der Neurosen, in wie tiefem und entscheidendem Ausmaße das Unbewußte des einzelnen darnach strebt, erlittenes Unrecht zu rächen und mit welcher Unerbittlichkeit sich solches Rachebedürfnis, das nicht befriedigt wurde, gegen das Ich wenden kann. Manchmal hat man Gelegenheit zu beobachten, daß ein besonders starker, rachsüchtiger Impuls, eine solche Strebung nach Vergeltung und Revanche in einem großen Ausmaße das Leben des einzelnen zerstört, und erkennt – mit dem üblichen Bedauern oder ohne dieses –, wie wenig die christlichen Grundsätze der Milde und des Verzeihens gegenüber so starken Gefühlsregungen vermögen. Nur Narren, Heuchler oder Kranke leugnen die tiefe und wollüstige Befriedigung, welche eine adäquate Rache geben kann, leugnen das außerordentliche Gefühl der Befreiung, ja der Erlösung vom dumpfen psychischen Druck, das einer gelungenen Rache folgt[2]. Jenes frauenhaft sentimentale Wort der Mme. *de Staël,* daß alles verstehen alles verzeihen heiße, zeigt sich in seiner profunden Verlogenheit auch in der analytischen Praxis. Das Verstehen der Motive und Triebkräfte unserer Nebenmenschen mag manchmal, *manchmal* die Folge haben, daß wir milder über sie urteilen, aber es ist bemerkenswert, wie wenig Einfluß solches Verständnis hat, wenn jene Handlungen uns selbst beleidigen oder schädigen. Die Gelehrten haben wahrhaft Anlaß, sich über jene unlogische und merkwürdige Haltung zu

verwundern, daß wir rascher und lieber jenes Unrecht verzeihen, das man einem anderen angetan hat.
Nun ist es von vornherein klar, daß wir psychologisch unterscheiden müssen zwischen der Verzeihung, die uns gewährt wird, und der, die wir gewähren. Allein die psychoanalytische Untersuchung zeigt, daß jene zwei Richtungen des Verzeihens keineswegs so scharf voneinander unterschieden sind, als wir meinen und vor allem, daß sie keineswegs so unabhängig voneinander sind, als wir annehmen.
Wenn es wahr ist, daß es für das Unbewußte kein Verzeihen gibt, so müßten sich noch die Spuren der ursprünglichen Tendenzen in der Reaktionsbildung nachweisen lassen. Tatsächlich ist es so: das Verzeihen, das man als Reaktionsbildung auf intensive Rachetendenzen ansprechen kann, ist selbst zur sublimiertesten und sublimsten Form der Rache geworden. Jemandem verzeihen wurde zum Ausdruck von Tendenzen, den Betreffenden aufs Tiefste zu demütigen. Jener tiefgehende, fast unbezwingbare menschliche Impuls, Gleiches mit Gleichem zu vergelten, hat sich nur scheinbar den reaktiven Strebungen gefügt. In Wirklichkeit sind wir erst bereit, zu verzeihen, nachdem wir uns gerächt haben, und wo Rache aus äußeren oder inneren Gründen unmöglich ist, wird noch das Verzeihen zur Rache. Noch wenn wir »feurige Kohlen« auf ein schuldiges Haupt sammeln, haben wir Vergeltung geübt. Das Abgewehrte hat sich unter einer durchsichtigen Maske an die Stelle der Abwehrmächte gesetzt so wie ein Usurpator mit den königlichen Insignien auf den Thron des legitimen Herrschers. Noch die Kirche, welche die Rache verdammt, legt Wert darauf, Gleiches mit Gleichem zu vergelten. In diesen heil'gen Hallen kennt man zwar die Rache nicht, aber man übt sie.
»Die Rache ist mein,« spricht der Herr. Es darf verwunderlich erscheinen, warum Gott das Privileg der Verzeihung nicht mit derselben Entschiedenheit beansprucht und warum er uns arme

Menschenkinder auffordert, jene gewaltige Leistung des Einanderverzeihens zu vollbringen. Sie reiht sich übrigens den anderen Leistungen an, die er von uns fordert und für die er uns nach seinem unerforschlichen Ratschluß in gleich mangelhafter Weise ausgerüstet hat. Hätte Gott sich das ausschließliche Vorrecht der Verzeihung wie das der Rache gesichert, würden sicher an Stelle der ehrwürdigen und geheiligten Formeln des Verzeihenden andere treten wie: »Mag Gott meinen Feinden verzeihen, ich kann es nicht.«

Die Religion fügt dem Postulat der Verzeihung eine gewichtige Begründung hinzu. Sie fordert, wir sollten anderen verzeihen, damit auch uns verziehen werde. Damit hat sie tiefer als die Bewußtseinspsychologie an die Motive des Verzeihens gerührt: wir sind alle und allezeit Sünder; auch wir haben anderen Böses zugefügt und haben deshalb Strafe zu fürchten. Die religiösen Lehren, welche dieses Argument einführen, wollen uns also zu jener besonderen Art von Triebverzicht bewegen, indem sie an die soziale Angst, an die Gewissensangst, appellieren, die in uns allen lebt.

Die bewußte Wirkung dieses Hinweises ist unleugbar stark: wir sind eher bereit, jemandem zu verzeihen, wenn wir uns derselben oder einer ähnlichen Schuld bewußt sind. Allein dies bezieht sich, wie gesagt, nur auf das Bewußte. Wäre das Bewußte entscheidend, es könnte uns nicht geschehen, daß wir plötzlich Groll und Rachegelüste verspüren, nachdem wir einem Beleidiger oder Feind längst verziehen haben. Ebensowenig brauchten wir plötzlich Schuldgefühle oder Angst zu fühlen, wenn wir sicher sind, daß wir längst Verzeihung für ein vergangenes Unrecht erlangt haben. Die Bewußtseinspsychologie behauptet freilich, jene Gefühle rühren daher, daß die Verzeihung hier wie dort keine vollständige gewesen sei. Die Angst hier, die Rachelust dort entspreche eben jener Unvollkommenheit. Wir werden nicht widersprechen können, da hienieden alles unvollkommen ist. Wir wollen doch die Annahme vorziehen, daß es sich bei jenen unerwarteten Gefühlen, die so sehr in Widerspruch zu unserer bewußten Einstellung stehen, um Abkömmlinge verdrängter Regungen handelt, die sich den Weg zum Bewußtsein wieder erzwingen wollen. Zumindestens lehrt den Analytiker die Erfahrung jeden Tages, daß der Begriff der Verzeihung gänzlich dem Bewußtseinsrayon angehört und die verdrängten Impulse der Rache und Vergeltung unsterblich sind.

II

Es sei hier nicht auf jene zahlreichen Neurosen eingegangen, in denen solche unbewußten Rachetendenzen die Schwere und Ausbreitung der Krankheit zu einem wesenhaften Teile mitbestimmten. Es scheint mir aussichtsreicher, auf eine Reihe von Beobachtungen zurückzugreifen, die das von uns behandelte Problem von einer unerwarteten Seite zeigen. Im Laufe der letzten Jahre konnte ich in der Analyse mehrerer Personen studieren, deren bewußte Rachetendenzen von ungewöhnlicher Intensität und Nachhaltigkeit waren. Diese Rachelust richtete sich meistens gegen Familienmitglieder, ehemalige Freunde und nahestehende Personen und äußerte sich in vielfältigen, oft weitausgesponnenen Tagträumen und Phantasien, die häufig von raffiniertester Grausamkeit zeugten. Nicht immer blieb es bei Phantasien; in einigen wenigen dieser Fälle kam es zu Aktionen, die entweder von impulsiver Art waren oder als Ergebnis lange bedachter Pläne erschienen. Es war in vielen Fällen leicht erkennbar, daß die Personen, an denen Rache genommen wurde, nur Ersatzpersonen waren und daß die Rache von den primären Objekten auf sie verschoben war. In einem dieser Fälle konnte man den Rachedurst eines Patienten am ehesten mit der Stimmung eines Amokläufers vergleichen. Die Lockerheit der Objektwahl in der Rache war erstaunlich. Der geringste, für andere kaum wahrnehmbare Anlaß genügte, eine ganze Reihe von Rachephantasien zu erwecken. Einen starken Eindruck erhielt ich von den Rachephantasien eines Mannes, dem einmal ein älterer Herr ein harmloses Scherzwort zugerufen hatte, der sich dadurch tief gekränkt gefühlt hatte und elf Jahre später in raffinierter und grausamer Art jenen Beleidiger an der verletzbarsten Stelle traf. Er bekannte sich zu der Maxime: »Rache muß kalt genossen werden« und schob die Ausführung seiner Pläne bis zu dem Zeitpunkt hinaus, da die Umstände für ihn am günstigsten waren.

Bei Personen von so ausgeprägtem und nachhaltigem Rachetypus gelangt man nun im Laufe der Psychoanalyse zu befremdenden Erkenntnissen, die im entschiedenen Widerspruch stehen zu den Anschauungen über Rache und Verzeihung, die man sonst gerne und allgemein glaubt. Es war leicht zu erkennen, daß jene detaillierten, in der Phantasie immer wieder ausgemalten Rachesituationen sich nur auf dem Grunde von Hemmungen der Aktion entwickeln konnten. In den meisten Fällen konnte man ohne besondere psychologische Willkür eine bestimmte Phase rekonstruieren, die zwischen der verspürten Beleidigung oder Kränkung und dem Auftauchen von Racheplänen ihre Wirkungen entfaltete. Unmittelbar nach der ihnen zugefügten Beleidigung war eine besonders intensive Strebung nach Vergeltung oder Rache in diesen Personen aufgetaucht. Diese Strebung war ursprünglich wohl aus äußeren Gründen, weil die eigene Macht nicht ausreichte oder bestimmte Umstände die sofortige Reaktion verboten, abgewehrt worden. Erst später werden innere Hemmungen eintreten, unter denen die Kulturanforderungen einen wichtigen Platz beanspruchen[3].

Die Verinnerlichung der Kulturanforderungen hat fraglos die unbewußten Tendenzen in ihrer Intensität gesteigert. Ihre Wirkung kommt der einer Affektstauung gleich. Die Verwandlung der äußeren Strafen und Abschreckungen in Schuldgefühl führt zu seelischen Konsequenzen, die nicht minder grausam sind als die barbarischen Maßregeln einer versunkenen Vorzeit. Wenn die antiken Völker wie die Primitiven der Jetztzeit in ihren Trauerriten sich grausam marterten, so ist die psychische Wirkung der Trauer, die sich zwischen Ich und Über-Ich abspielt, kaum geringer. Auch wir sterben partiell mit den geliebten Personen mit, mag dieses Sterben auch andere, weniger lärmende Formen aufweisen. Die psychische Wirkung der Verinnerlichung der Moralforderungen zeigt sich auch auf dem Gebiete der Rache nach beiden Seiten hin. Das Talionsprinzip, das für die frühe Antike galt, erscheint einerseits unseren vorgeschrittenen humanitären Forderungen nicht zu entsprechen, andererseits befriedigt es auch nicht die durch den Verdrängungsprozeß intensivierten Triebregungen. Um einen Vergleich zu gebrauchen: der Vorteil, der aus der Aufsparung eines Kapitales erwächst, sind höhere Zinsen; die durch Sparsamkeit erzwungenen Entbehrungen berechtigen scheinbar zu Erwartungen auf einen höheren Betrag. Auch die Rachetendenzen der Menschen sind stärker und raffinierter geworden.

Die Unterdrückung der primären Regung wirkte nun wie eine psychische Versagung, und zwar in besonderer Richtung. Die beleidigende und kränkende Person wurde unbewußt ins Ich aufgenommen, introjiziert. Mit dieser Introjektion ist die Wendung des Triebimpulses gegen die eigene Person eingeleitet. Dem Vorgang der Abwehr und der Objektintrojektion entspricht das tiefe unbewußte Schuldgefühl der Folgezeit, das aus zwei Quellen fließt. Es wird von dem introjizierten Objekt entlehnt, und es bezieht sich auf die eigenen unterdrückten feindseligen Regungen. In dieser Phase kommt es nun zu einer eigenartigen inneren Spannung, deren Schmerzhaftigkeit sich manchmal bis zum Unerträglichen steigert und deren Stimmungsindex zwischen Depression, Depersonalisation und außerordentlicher Unruhe schwankt. Der Rückverwandlung dieser selbstquälerischen Einstellung in eine andere vom Charakter eines der Außenwelt zugewandten Sadismus kommt eine besondere Bedeutung innerhalb des typischen psychischen Ablaufes zu. Diese Verwandlung geht unter dem Druck der aufs äußersten gesteigerten psychischen Spannung vor sich und wirkt wie eine seelische Entlastung[4]. Die speziellen Mechanismen des Prozesses sind schwer durchschaubar. Man beschreibt sie am nächsten, wenn man sagt, es handle sich um zwei verschiedene Vorgänge, deren Wirkungen kombiniert erscheinen: eine Rückwendung der Triebregung gegen das Objekt und eine Regression auf ein früheres Stadium der Libidoentwicklung. Die Rückwendung des Triebes, der sich bisher gegen das Ich (das durch die Objektintrojektion veränderte Ich) richtete, drängt zum Triebausbruch gegen ein äußeres Objekt, d. h. zur Rache. Der Unterschied dieser Entwicklungsphase von der früheren ist klar genug und kann dynamisch scharf erfaßt werden. In der ersten wird das Ich behandelt wie ein gehaßtes Objekt. In der zweiten wird das Objekt behandelt wie ein gehaßtes Ich. Die historische Entwicklung erklärt diesen eigenartigen Wechsel. Sie ergibt aber auch die Möglichkeit, von der zweiten Entwicklungsphase zur ersten zu regredieren.

Beide Reaktionen zeigen einen ausgeprägt archaischen Charakter. Ein schönes Beispiel der ersten Art hat *Freud* in der Analyse der Mosesfigur des Michelangelo gegeben[5]. In der dort beschriebenen Szene, in der Moses die Wut über die götzendienerischen Israeliten so äußert, daß er an seinem Barte reißt, wird das Ich so behandelt wie ein gehaßtes (und geliebtes) Objekt. Ein äußeres Hindernis, die Entfernung, verbietet dort die gegen das Objekt gerichtete Racheaktion. Um hier ein Beispiel aus dem Leben eines Zwangsneurotikers zu geben: er wollte einem älteren Verwandten ein neues Kartenspiel zeigen. Während des Spielens erwies sich nun der Schüler als höchst ungeschickt und unklug. Mein Patient benahm sich kurz nachher sehr ungewöhnlich, indem er einfache Dinge nicht verstand, blöde vor sich hinstarrte und überhaupt wie ein Narr handelte. Man vergleiche auch hier die Haltung Hamlets z. B. in der Szene mit Rosenkranz und Güldenstern.

Der psychische Prozeß, der hier geschildert wurde und dessen Abfolge und Wirksamkeit in der Analyse bestimmter Typen leicht verfolgbar ist, erscheint gewiß bemerkenswert. Jene ursprüngliche Beleidigung und Kränkung hat gewirkt wie eine Liebesversagung und hatte psychische Folgen, wie sie ähnlich oft als Konsequenz bei Liebesversagungen zu beobachten sind: das Objekt als solches wurde aufgegeben und ins Ich introjiziert. Einige auffällige Züge zeigen auch dem der Psychoanalyse Fernerstehenden diese Herkunft der Rachetendenzen: die außerordentliche Befriedigung an den Leiden und Qualen der Objekte, denen die Rache gilt, wird in der Phantasie so genossen, als ob das Leid des Objektes zugleich ein selbstgefühltes wäre. Die häufige sexuelle Erregung, die sich mit den Phantasien verknüpft sowie die selbstquälerische Erinnerung an die Beleidigung oder Kränkung, welche die Phantasien hervorruft, lassen ebenso wie in den Schlagephantasien als den Ursprungsort dieser Szenen homosexuelle und sadistische Regungen erkennen.

Jene spezielle Befriedigung in den Rachephantasien wird uns am ehesten durch den Vergleich mit diesem anderen psychischen Phänomen verständlich. *Freud* hat in der Analyse bestimmter masochistischer Phantasien von Kindern eine Entwicklungsphase nachgewiesen, in der das phantasierende Kind die Vorstellung, daß ein Kind geschlagen wird, mit deutlicher sexueller Befriedigung erlebt[6]. Homosexuelle Tendenzen und Regungen aus dem unbewußten Schuldgefühl werden in diesen Phantasien gleichzeitig befriedigt. An Stelle der unbestimmten Vorstellungen, daß irgendein Kind geschlagen oder gezüchtigt wird, können Phantasien mannigfacher Art treten, welche die näheren

Umstände und Arten der Züchtigung variieren, sich an Gehörtes oder Gelesenes anschließen und häufig novellenartiges Gepräge annehmen[7]. Einer meiner Patienten geriet so in der Pubertätszeit in intensive sexuelle Erregung, wenn er sich vorstellte, daß die christlichen Märtyrer von den römischen Legionssoldaten verschiedenen Folterungen unterworfen wurden. Ein anderer wurde durch die Vorstellung von entsetzlichen Strafen, welche die Revolutionäre seiner Heimat zu erleiden hatten, regelmäßig zu onanistischen Akten geführt. Während die Person des Patienten zuerst, als er in die Analyse trat, in diesen Phantasien bewußt nicht vorkam, er sie gleichsam als Zuschauer auf einer phantasierten Bühne erlebte, setzte er sich später an Stelle des Befehlenden, des Richters oder Henkers, um noch später die Rolle des Marternden und des Gemarterten zu spielen. Die Verbindung solcher Schlagephantasien mit den Racheplänen und -phantasien, die wir beschrieben haben, ist klar. Wir brauchen nur an Stelle von erfundenen (oder umgestalteten) Personen wirkliche zu setzen, eine Kränkung als die wirkliche oder rationalisierte Ursache der phantasierten Strafe an ihren Platz treten zu lassen und jene Phase der Schlagephantasien in eine bestimmte Richtung fortzusetzen, so gelangen wir zu einer Rachephantasie von jenem lustvollen Charakter, wie sie hier dargestellt wurde. (In vielen Fällen haben auch diese Rachephantasien novellenartigen Charakter: sie stellen manchmal Tagträume dar, welche die Durchführung der Rache in bestimmten, breit ausgemalten Situationen beinhalten, die Vorbereitung und die Einzelheiten schildern und mit Vorliebe bei dem Schmerz und dem Leiden der Person, an der die Rache geübt wird, verweilen. Auch in diesen Zügen erweisen sich die Rachephantasien als Pendant jener typischen Szenen, in denen ein Kind geschlagen wird.)
Unsere Ableitung hat gezeigt, daß der tiefgehende Rachedurst in diesen Fällen seine besondere Intensität aus verschiedenen Quellen bezieht. Die ursprüngliche Regung nach Vergeltung, die in-

folge besonderer psychischer Verhältnisse nicht zum Ausdruck gekommen war, hat sich gegen das Ich gewendet und war in dieser Wendung gesteigert worden[8]. Die unterdrückte Aggressivität, die sich jetzt nur gegen das Ich wenden kann, führt allmählich zu einer außerordentlichen Spannung, die geeignet wäre, das Ich zu zerstören. Wenn diese Aggressivität eine bestimmte, aber von uns nicht bestimmbare Intensität erlangt hat, gelingt es dem Ich, sich ihrer zu erwehren. Sie wird wieder nach außen rückgewendet, es kommt zur neuerlichen Objektbesetzung, zur Rachephantasie und manchmal zur Racheaktion. Es ist klar, daß solche Rückwendung des Sadismus einen Rettungsversuch des gefährdeten Ichs darstellt. Das Ich wäre zugrundegegangen, wäre es ihm nicht gelungen, die Aggressivität nach außen zu werfen. Die analytische Untersuchung dieser Ausbrüche vermag dann zu zeigen, daß sie ihre Wucht und ihre explosive Gewalt auch dem Druck verdanken, unter dem die abgewehrten Tendenzen standen, so wie die geologische Untersuchung der hervorbrechenden, zerstörenden Lavamassen erweist, daß ihre Macht durch stumme Kämpfe im Innern der Erde gesteigert wurde.

III

Es lohnt sich, noch einige Züge dieser besonderen Rachereaktion hervorzuheben. Falls wirkliche Rachehandlungen aus der beschriebenen psychischen Konstellation erfolgen, führen sie selten zu ernsthaften Schädigungen des Objektes. Sie stehen vielmehr in merkbarem Gegensatz zu den höchst grausamen, raffinierten und vielfältigen Qualen, welche die betreffenden Personen sich in ihren so lustvollen Phantasien für ihre Opfer ersonnen haben. Es macht den Eindruck, als ob ein oder mehrere bestimmte psychische Faktoren weitgehende Objektschädigungen verhüteten. Man könnte vermuten, daß dieser Zug im Zusammenhang steht mit jenem anderen, durch den früher eine Hemmung der gegen das Ich gerichteten Aggression erwirkt wurde. Hier wurde das Extrem der Objektbeschädigung, dort das der Ichbeschädigung vermieden – durchaus in Übereinstimmung mit der vorher genannten Voraussetzung, daß es sich um Racheakte gegen früher geliebte Personen handelt. Es ist so, als ob das Durchgangsstadium, das von der feindseligen Regung über die Objektintrojektion zur Wendung gegen das Objekt führt, einen wirksamen Schutz gegen die zu ernsthafte Objektbeschädigung bieten könnte. Die Phantasien haben hier gleichsam die Funktion des Puffers übernommen. Ein Stück Triebbefriedigung ist bereits in ihnen vorweggenommen und braucht nicht mehr in der Realität erfüllt zu werden. In einigen Fällen war zu konstatieren, daß die Racheaktionen einen harmlosen und infantilen, ja manchmal fast clownartigen Charakter hatten, der auffällig von dem grausamen der vorangehenden Phantasien abstach. In einem dieser Fälle war der Patient, der in einem schweren Zerwürfnis mit seiner Familie stand, einem plötzlichen Impuls folgend, bei seinen Eltern zu Besuch erschienen. Er hörte zufällig, daß seine im Nebenzimmer versammelte Familie einige abfällige Bemerkungen über sein Verhalten machte. Er ergriff einen großen Kuchen, der auf dem Teetisch für die ganze Familie vorbereitet stand, lief damit, ohne ein Wort zu sprechen, davon und verschlang ihn in kürzester Zeit.

Vielleicht ist es auch angezeigt, an dieser Stelle darauf hinzuweisen, welche Rolle das *Wort* in den Rachephantasien zu spielen scheint. Dabei habe ich nicht so sehr Beschimpfungen und Flüche im Auge, welche die betreffenden Personen an geeigneter Stelle ihrer Rachephantasie ihren Objekten gegenüber gebrauchen[9]. Ich meine vielmehr den Ausdruck der Rachetendenzen in Wortvorstellungen, besser gesagt, die vorgestellten Einzelheiten der Racheaktion in der Beschreibung durch besondere, ganz bestimmte und in der Phantasie oft wiederholte Worte. So war es mir erstaunlich, wie stereotyp ein Nervöser in seinen Rachephantasien den Ausdruck »Den Edelstein aus der Brust reißen« gebrauchte. Er hatte ihn der Beschreibung eines altperuanischen oder aztekischen Opferfestes entlehnt, in dem der Hohepriester so die Zeremonie des Herausreißens des Herzens aus dem menschlichen Opfer bezeichnete. In einem anderen Falle tauchte in dem Phantasierenden, sobald er sich vorstellte, daß er in einer bestimmten Situation ein gewisses Schimpfwort gebrauchen würde, eine starke, sexuell deutlich gefärbte Befriedigung auf. Dies alles stimmt ausgezeichnet zu den Erfahrungen, die wir über die Psychologie der sadistischen und masochistischen Perversionen gemacht haben. In einer ganzen Reihe von Fällen kommt dort dem Worte oder einer bestimmten Wortfolge eine besondere Bedeutung zu. So gelangte ein Masochist erst dann in sexuelle Erregung, wenn seine Partnerin ihn in ganz bestimmter Art ansprach (das Wort »du« spielte dabei eine große Rolle) oder bestimmte Worte sprach, die einen nur für ihn erkennbaren, aus dem Infantilen stammenden Gefühlswert hatten. In anderen Fällen entwickelt sich sogar ein ganzes Wortzeremoniell, durch das die Libido erhöht wird und das beschimpfende oder demütigende Ausdrücke erhält. Die Bedeutung dieses verbalen Masochismus ist noch wenig erforscht, und sein Studium verspricht besonders aussichtsreich zu werden.

Ich sagte früher, daß es bei dem beobachteten Typ selten zu ernsthaften *Objektschädigungen* durch die Rache gekommen ist. In einigen Fällen waren dennoch solche Aktionen durchgeführt worden, und die Rache hatte ihren vollen grausamen Verlauf genommen. Es war aber bemerkenswert, daß diese Aktionen fast noch in höherem Grade zum Schaden des eigenen Ichs ausschlugen. Dies vollzog sich entweder gleichzeitig oder in den Folgen der Tat, die sich leicht hätten voraussehen können. Es sieht dann so aus, als handle es sich um eine Reaktion, die gleichzeitig nach zwei Seiten hin erfolgte, als wolle das Ich den vollen

Preis des eigenen Unterganges gerne bezahlen, wenn nur zugleich damit auch das gehaßte Objekt zugrundeginge. Die Bedingungen, unter denen es zur Rache in dieser Art kommen kann, sowie die psychischen Voraussetzungen, die dabei wirksam sind, erscheinen noch nicht völlig geklärt. Ein besonders intensives unbewußtes Schuldgefühl wird dabei in Betracht gezogen werden, jenes selbe Schuldgefühl, das in der Durchführung der verbotenen Tat Unterbringung und Entlastung findet. Wir nähern uns hier der Psychologie von Verbrechertypen, auf die *Freud* zuerst hingewiesen hat, des Verbrechers aus unbewußtem Schuldgefühl. Es wird hier klar, daß der Täter das zweite Opfer seiner Tat ist – sofern man ihn nicht als ihr anfängliches, primäres bezeichnen will. Die Tat hat vielleicht ihre Schatten auf ihn vorausgeworfen. Es wäre an dieser Stelle eine Reihe von Beobachtungen und analytischen Erfahrungen einzuschalten, die weitgehende und befremdende Aufschlüsse über die Motive und Psychogenese eines besonderen Verbrechertypus liefern würden. So ist noch nicht dargestellt worden, daß sich das unbewußte Schuldgefühl, das dem Verbrechen vorangeht, wie ein anderes Stück Verdrängtes benimmt. An seinen bewußtseinsfähigen Abkömmlingen läßt sich erweisen, daß dieselben Vorgänge der Verdichtung, Verschiebung, Verallgemeinerung stattfinden wie in der Neurosensymptomatologie. Die Assoziationen des Verbrechers laufen unterirdisch über seine Tat; auch die Klangassoziationen gehen denselben Weg. (Es soll nicht geleugnet werden, daß das Stück Verbrecherpsychologie, das die Psychoanalyse erschlossen hat, sich nur aus der Analogie mit dem neurotischen Seelenleben, in dem sich verbrecherische Tendenzen vorfinden wie Adern im Gestein, ableitet und daß es sich nur auf bestimmte Verbrechertypen bezieht.) Hier zwei Beispiele von Assoziationen, in denen die verdrängte aggressive Tendenz aus der Mitte des Verdrängten wiederkehrt: der Vater des Analysanden A. spricht mit diesem über eine projektierte Reise nach Ägypten.

Der Sohn sagt: »Du mußt dir einen Tropenanzug kaufen. Leinen wäre vielleicht das Beste.« Sofort taucht vor ihm die Erinnerung daran auf, daß er einmal gesehen hat, wie die Leiche eines auf dem Schiff Verstorbenen in Leinen gehüllt ins Meer gesenkt wurde. Der Traum eines anderen Analysanden: er bittet die Mutter, ihm ein *»chicken«* zuzubereiten, aber die Mutter bringt ihm *»beef«*, und er erwacht mit Angst. Zur Deutung: *»chicken«* bedeutet nach dem Sprachgebrauch des amerikanischen Patienten junges Mädchen, das *»beef«*, das an dessen Stelle tritt, ist ein Stück Rindfleisch, Fleisch von dem getöteten Vater.

Das Verbrechen ist oft für den hier herangezogenen Typus ein Schock, der erst in langer psychischer Arbeit bewältigt wird. Es wirkt wie ein Trauma und produziert häufig dieselben seelischen Erscheinungen. Das Zurückkehren zum Tatort, das so häufig bei Verbrechern zum Zwang geworden ist, stellt vielleicht einen jener psychischen Bewältigungsversuche der Tat dar, die den Phänomenen bei Unfallneurotikern zu vergleichen sind. Auch hier wird versucht, sich von dem seelischen Druck durch Wiedererleben der Tat zu befreien, wobei diese wie ein passives Erleben erscheint. Hier ergibt sich also eine überraschende Verbindung der Psychologie eines bestimmten Verbrechertypus mit der des Unfallneurotikers. Die Erinnerung an das Verbrechen wird durch Annullierungsversuche unterbrochen, Bestrebungen des Bewußtseins, welche der Gewißheit der vollbrachten Tat Zweifel im Sinne der Behauptung: »Das kann ich nicht getan haben« entgegensetzen. Dieser Zweifel wird häufig wie in der Zwangsneurose auf ein geringfügiges Detail verschoben, etwa ob an jenem Tatort eine Laterne gebrannt hat oder nicht usw.

Die Rücksicht auf die Konzeption, der ich zu folgen habe, zwingt indessen, von diesem interessanten Thema zu dem engbegrenzten Gegenstand der vorliegenden Untersuchung zurückzukehren.

IV

Ich bin von einer unzweideutigen Behauptung ausgegangen: daß das Unbewußte den Begriff der Verzeihung nicht kenne, sondern daß er ganz dem Bewußtsein angehöre. Die vorliegende Ableitung hat gezeigt, wie der seelische Vorgang, der aus einer Kränkung resultiert und der ursprünglich eine Relation zwischen A und B, Subjekt und Objekt betrifft, zu einem Konflikt innerhalb des Ichs werden kann, wenn bestimmte Umstände diese Entwicklung bedingen. In diesem Stadium werden sich also die ursprünglichen, gegen das Objekt gerichteten Anwürfe gegen das Ich kehren, das die ganze Aggressivität und Strenge des Über-Ichs zu spüren bekommt. Die Abwehr der aggressiven Tendenzen führt reaktiv zu ihrer unbewußten Steigerung und damit zu einem entsprechend vertieften Schuldgefühl. Der Aufschub der Rache ist an dieser Entwicklung entschieden beteiligt, da die endopsychisch erkannten Aggressionstendenzen einer strengen Bewertung des Über-Ichs unterliegen. Es ergibt sich hier wie in der analytischen Untersuchung anderer psychischer Prozesse die Einsicht, daß es oft weit grausamer ist, jemanden über sich selbst zum Richter zu machen als ihn von einem anderen beurteilen zu lassen. Die Kirche hat dies intuitiv erkannt und in der Institution der Beichte verwertet[10].

Wenn man die korrelaten Bewußtseinsvorgänge in Betracht zieht, ergibt sich aus der Einsicht in diesen psychischen Prozeß eine naheliegende Folgerung, die doch paradox klingt: es ist unmöglich, jemandem zu verzeihen, wenn man sich nicht selbst früher verziehen hat. Das klingt noch dann paradox, wenn man es in einer anderen Form ausdrückt: wir können nur dann verzeihen, wenn wir unseren eigenen Rachetendenzen und Strebungen nach Vergeltung eine gewisse Toleranz entgegenbringen. Die Fortsetzung dieser Folgerung würde dahin führen, daß Verzeihung unmöglich ist, wenn es zu einer Objektintrojektion gekommen ist, da sich dann die Aggressivität gegen das Ich richtet. Mit anderen Worten: wir können erst verzeihen, wenn wir am Objekt oder an dem durch die Objektintrojektion veränderten Ich Rache genommen haben. Die Rache ist unbewußt nicht vermeidbar; trifft sie nicht das äußere Objekt, so trifft sie das Objekt im Ich[11]. Wir erinnern uns zur rechten Zeit, wie häufig der Ablauf der zweiten Rachereaktion, die ich als archaisch bezeichnet habe, bei Kindern, denen die Möglichkeit der Vergeltung in anderer Art versagt ist, in *statu nascendi* beobachtet werden kann. »Du wirst schon weinen, Mama, wenn ich auf den Balkon gehe und mich erkälte«, sagte ein kleines Mädchen drohend, als es sich von der Mutter gekränkt fühlte. Die am Ich, beziehungsweise am introjizierten Objekt geübte Rache ist in ihrer psychischen Wirksamkeit noch in der Analyse erwachsener Neurotiker deutlich zu studieren.

Ich erhielt zuerst eine Ahnung von der Intensität der hier wirksamen seelischen Kräfte aus der Analyse einer älteren Dame, die seit vielen Jahren in erbittertstem Kampf mit ihrer Schwester lebte. Ihr Kopf war vom Scheitel abwärts völlig kahl, da sie sich in Streitszenen vieler Jahre in entsetzlicher Wut die eigenen Haare ausgerissen hatte. In der ersten Sitzung aufgefordert, zu sagen, was ihr eingefallen war, schwieg sie, und ich konnte sie durch viele Stunden nicht bewegen, diesen Einfall zu sagen. Alles Drängen war vergebens; sie konnte sich nicht dazu entschließen, das zu sagen, was sie gedacht hatte. Endlich gab sie nach und teilte unter heftigstem Widerstand jenen ersten Einfall der ersten Stunde mit: sie hatte, auf dem Diwan meines Zimmers liegend, etwas Staub unter dem Bücherkasten gesehen und im Anschluß daran erbitterte Kritik an den hausfraulichen Eigenschaften meiner Frau (Schwesterimago) genommen[12].

Ich glaube gezeigt zu haben, daß die dem Unbewußten adäquate Form der Reaktion auf Beleidigungen, Kränkungen und Schädigungen einzig die der Vergeltung sein kann und der Begriff der

Verzeihung für das unbewußte Seelenleben keinerlei Geltung hat. Hier wurde vorläufig der seelische Prozeß nur beim Gekränkten oder Beleidigten verfolgt. Dieser wird sich, so sagten wir, so lange gekränkt und beleidigt fühlen, als er nicht an dem Gegner oder an sich selbst Vergeltung geübt hat. Seine Rachetendenzen werden sich bei einer bestimmten psychischen Konstellation gegen das Ich kehren, und dies um so tiefer, je weniger er Rache am anderen nimmt. Er wird sich an sich selbst für alles das rächen, was er dem anderen antun wollte. Besser gesagt, er wird sich an sich selbst für alles das rächen, was der andere ihm angetan hat – was sinnlos wäre, wenn es sich nicht um das durch Objektidentifikation veränderte Ich handelte. Im Wüten gegen das Ich wird das Wüten des Objektes gegen das Ich fortgesetzt. Es wird darin aber auch die Wut gegen das introjizierte Objekt fortgesetzt, gegen welches die motorische Reaktion unterlassen wurde. Das einmalige Ereignis wird sozusagen in eigener Regie reproduziert und *en suite* gespielt. Es wird an dieser Stelle klar, um wieviel tiefer die analytische Ichpsychologie führt als die *A. Adlers,* welche dieselben Phänomene in einer dem Verständnis breiter Massen allerdings entsprechenderen Art erklärt.

Ein anderes Stück der Ichpsychologie, das die Psychoanalyse noch nicht untersucht hat, ist nicht minder bedeutsam und interessewert. Es ist dies der psychische Vorgang bei dem Beleidigenden oder Schädigenden, nachdem er seine Aktion ausgeführt hat. Ich beziehe mich hier wieder auf einen bestimmten charakterologischen Typ, der neurotisch ist oder den neurotischen Charaktern nahesteht. Es handelt sich hier also um jenen Typ, dessen besondere psychische Einstellung ich in »Geständniszwang und Strafbedürfnis« darzustellen versucht habe. Dort habe ich mich bemüht, die psychischen Mechanismen zu zeigen, denenzufolge sich bestimmte Personen aggressiv gegen jene wenden, denen gegenüber sie sich schuldig fühlen. Die merkwürdige Tatsache reicht weiter: viele Menschen benehmen sich

gerade jenen gegenüber, die ihnen nur Wohlwollen, Freundlichkeit oder sogar Liebe entgegenbringen, besonders feindlich und haßerfüllt. Wohlgemerkt, es handelt sich nicht etwa um jene oft besprochenen Fälle von Mangel an Dankbarkeit, zumindestens nicht nur um diese. Dankbarkeit ist dem Unbewußten ebenso fremd wie Verzeihen; an seine Stelle tritt Liebe. Das paradoxe Phänomen ist vielmehr das, daß sich eine besondere Rachetendenz gerade gegen jene Personen richtet, denen gegenüber man ungewöhnlichen Grund zur Dankbarkeit und Erkenntlichkeit hat. In der Lehre vom Geständniszwang habe ich darzustellen versucht, daß diese eigenartige Einstellung sich aus dem unbewußten Schuldgefühl ableitet und gleichsam demonstriert: »Ich bin dieser Güte oder Freundlichkeit unwürdig; ich verdiene so viele Wohltaten nicht.« Es ist bemerkenswert und doch psychologisch folgerichtig, daß sich diese seltsame Rachsucht um so mehr steigert, je liebevoller, geduldiger oder freundlicher sich die andere, angegriffene Person weiter verhält.
Es kommt unter diesen psychischen Umständen zu einer Art von merkwürdigem Kreislauf der Affekte. Wenn der Beleidigte sich *nicht rächt*, sondern gleichmütig und freundlich bleibt, wird diese Haltung wie etwas Herabsetzendes empfunden und entfacht eine noch intensivere Lust zum Schädigen oder Beleidigen, zur Aggression gegen das geduldige Objekt. Es ist, als ob der Verzicht auf Rache von dem Beleidiger als eine besonders raffinierte und sublimierte Form von Rache oder Hohn verspürt würde – ganz in Übereinstimmung mit dem, was ich früher über die Unmöglichkeit eines unbewußten Verzeihens gesagt habe. Es ist also so, als würde sich diese so seltsame Haltung bemühen, zu zeigen, wie unmöglich es ist, auf die Triebbefriedigung der Rache zu verzichten, als ahne der Beleidigende oder der Feind, wie wir ihn kurz nennen mögen, daß es unmenschlich ist, keine Rache zu üben, und daß der Geschädigte unbedingt starke Rachetendenzen in sich fühlen müsse, mag er sie nun zeigen oder nicht.

Es ist für den Feind ein unheimliches Gefühl, wenn seine Tat – oder Untat, wenn man will – den Geschädigten nicht zur naturgegebenen feindlichen oder vergeltenden Aktion treibt. Er wird es versuchen, diese Aktion durch Häufung oder Steigerung der Beleidigung zu provozieren, denn die unbewußte Gewissensangst sagt ihm, daß die Rache nicht ausbleiben kann, daß es einen endgültigen Verzicht auf Rache nicht gibt. Das freundliche oder verzeihende Verhalten des Beleidigten empört ihn, denn er spürt darin ebenfalls eine Rache von besonderer Art. So mögen die *Römer* die Einstellung der *ersten verfolgten Christen* gefühlt haben; deren Verzicht auf Rache trieb sie dazu, sie noch tiefer zu demütigen, ja trieb sie zu Orgien des Hasses. Sie fühlten die ganze unbewußte Überhebung, die in jenem Verzicht lag, ahnten, daß es sich um eine neue, besondere Art der Rache handelte, gegen die es keinen Schutz gibt, und sie gerieten in Wut[13]. Die ungeheuere Gewissensangst der Römer ist eines der wichtigsten unbewußten Motive der Christenverfolgungen. Diese Angst hatte recht: Rom ist heute christlich, die Stadt des *senatus populusque Romanus* existiert nicht mehr, und jener schmächtige und verachtete Rabbi in Galiläa hat eine fürchterliche Rache genommen.
Ich werde an anderer Stelle an Hand eines Neurosefalles näher auf dieses befremdende Stück der Ichpsychologie eingehen. Hier erübrigt es sich nur darauf hinzuweisen, daß dieser besondere unbewußte Mechanismus keineswegs nur im Seelenleben der Neurotiker nachzuweisen ist. Er findet sich in Andeutungen seiner Wirksamkeit auch bei Menschen, die man als seelisch gesund bezeichnen würde. Der Mann, welcher auf seinen Schneider, dem er Geld schuldet, wütend ist, steht ebenso unter seiner Wirksamkeit wie der Schüler, der sich überraschend schnell von seinem Lehrer, dem er soviel verdankt, lossagt und sich gegen ihn kehrt. Dieser Mechanismus der sadistischen Aggression aus dem unbewußten Schuldgefühl beherrscht sowohl den trotzigen

Verbrecher als auch jene Kinder, die eine Art demonstrativen Schlimmseins produzieren[14]. Die Frau, die ein zu teures Kleid gekauft hat, ist, nach Hause zurückgekehrt, besonders geneigt, dem Ehemann Vorwürfe zu machen, daß er Asche auf die Tischdecke gestreut hat. Der Ehemann, der von einem kleinen außerehelichen Abenteuer kommt, macht es seiner Frau unbewußt zum Vorwurf, daß er sich ihr gegenüber schuldig fühlen muß. Er ist der Versuchung besonders ausgesetzt, einen Streit oder eine eheliche Szene zu provozieren, wenn sein unbewußtes Schuldgefühl über eine gewisse Grenze hinausgeht.

Ich wiederhole: was hier dargestellt wurde, bezieht sich nur auf einen bestimmten psychologischen Typus, auf eine Gruppe von Menschen, deren Anzahl sich allerdings unter dem Einfluß unserer Kulturbedingungen immer mehr steigert. Die analytische Untersuchung dieser Fälle führt also zu dem Ergebnis, daß die Vertreter dieses Typus dem Mitmenschen die *Kränkung*, die *sie* ihm angetan haben, *nicht verzeihen* können, und das *von ihnen beleidigte* oder *geschädigte Objekt* um so tiefer hassen, je weniger dieses Anstalten trifft, sich zu rächen. Die Quintessenz der beobachteten psychischen Tatbestände für diesen Typ kann in zwei Formeln zusammengefaßt werden: Rache an sich selbst für die dem anderen nicht zugefügte Kränkung und Rache an dem anderen für die diesem angetane Kränkung. Diese Personen verzeihen sich selbst nicht, was sie dem andern nicht angetan haben, und sie verzeihen dem anderen nicht, was sie ihm angetan haben[15].

Aus dem Vorhergehenden ist auch ersichtlich, wie geringe psychische Bedeutung der von außen kommenden Verzeihung gegenüber der Kritik und Härte des Über-Ichs bei diesen Personen zukommt. Es geschieht häufig, daß die äußere Verzeihung nur bewußt akzeptiert wird und das Über-Ich das Ich um so unerbittlicher und erbarmungsloser der Zerstörung zutreibt. Die Religionen kennen Analogien zu dieser seelischen Erscheinung, und die katholische Kirche beschreibt sie in dem schwierigen Kapitel, das sie Skrupulosität nennt. Der Sünder fühlt sich z. B. durch die Beichte nicht entsühnt, sondern erst recht schuldig, ja unentschuldbar. Der Katholizismus erwartet dann von der Gratia, der Gnade, die Erlösung des gepeinigten Poenitenten, die Auflockerung jenes trotzigen Schuldgefühles, das sich gegen das Ich wendet und in ihm das Objekt zugleich richten und zugrunde richten will.

Die Verzeihung kann als ein Versuch bewußter Rückgängigmachung, gefühlsmäßiger Dementierung einer Tatsache bezeichnet werden, bei der das Wesentliche der durch sie erregten Affekte unbewußt bestehen bleibt. Ihr Charakter als Reaktionsbildung schließt solches Weiterbestehen der ursprünglichen Tendenzen nicht aus, sondern eher ein. Man hat gesagt, es sei unmenschlich und unnatürlich, die andere Wange zum Geschlagenwerden hinzuhalten, wenn man auf die eine geschlagen wurde. Aber man hat nicht bedacht, daß es sich bei dieser christlichen Lehre um eine Reaktion auf die unbewußte Tendenz handelt, demjenigen, der uns auf die eine Wange schlug, den Schlag auf beide Wangen zu erwidern: die Demut also als Reaktion auf eine besondere Wut und Rachgier[16].

V

Ist so Verzeihung nur als Reaktionsbildung des Bewußten anzuerkennen, so ist doch jene mildere Beurteilung der Menschen, ihrer Willensrichtungen und Handlungen wohl möglich. Als die wichtigste Voraussetzung solcher Einstellung erscheint die Herabsetzung der Idealforderungen. Wer zu hohe Forderungen dieser Art stellt, ist gezwungen, grausam und rachgierig zu werden. Die großen Reformatoren und Ethiker wurden, sobald sie zur Macht über die Menschen gelangten, blutrünstig, weil sie zu hohe Erwartungen an die Menschen stellten. *Robespierre* glaubte unerschütterlich an die Tugend der Menschen. Er mußte deshalb einige tausend Franzosenköpfe abschneiden lassen. Ein geringes Vertrauen in die Möglichkeiten der menschlichen Vervollkommnung ist eine der wesentlichsten Vorbedingungen der Menschenliebe und der Toleranz[17]. Noch seltsamer mag es klingen, daß auch die Toleranz gegen das Ich zu den Voraussetzungen für ein milde und gerechtfertigte Beurteilung des Nächsten gehört. Man muß sich selbst verzeihen können, um anderen zu verzeihen. Wer zu streng gegen sich ist, wird nachtragend und rachsüchtig gegen die anderen sein, was zwar im Gegensatz zur Lesebuchmoral steht, dafür aber den Vorzug psychologischer Wahrheit besitzt[18].

Ich komme hier wieder zu jenem Ausspruche »Alles verstehen heißt alles verzeihen« zurück. Er enthält in der Forderung des ersten Teiles eine ungeheuerliche Arroganz und in der später ausgeführten Gleichsetzung einen nicht minder ungeheuerlichen psychologischen Irrtum. Es ist uns Eintagswesen eines kleinen, erkaltenden Planeten nicht gegeben, alles zu verstehen und, könnten wir alles verstehen, wäre es ebenso sinnlos, Rache zu nehmen als zu verzeihen, weil dann jede Gemütsbewegung und jede Handlung sinnlos wäre. Daß wir lieben und hassen, daß wir immer strebend uns bemühen, ist ja selbst das Ergebnis einer Illusion *(»L'illusion c'est tout«)*. Noch die Wissenschaft ist nur eine kleine und schwache Erhellung der uns einschließenden tiefen Dunkelheit, und wir, die wir uns stolz Forscher nennen, sind einigen verwegenen Maulwürfen zu vergleichen, die minutenlang aus ihren Gräben aufgetaucht sind, mit schmerzenden Äuglein in die Welt blinzeln und sich nun einbilden, sie könnten ihren Mitmaulwürfen eine umfassende Vorstellung von der Erde geben. Auch die Forderung im zweiten Teile jenes Satzes ist, genau genommen, hochmütig. Welches Recht haben wir, vergängliche und erbärmliche Eintagswesen, einander zu verzeihen? Die

Duldsamkeit von aneinander geketteten Galeerensträflingen ist kein Verdienst und kann nicht mit großem ethischen Aplomb gefordert werden.
Im übrigen wird man sich erinnern, daß der praktische Wert solcher Maximen wie der der Mme. de Staël ebenso gering ist wie der anderer moralischer Sätze. Auch die Mahnung zur Toleranz, zum Einanderverzeihen hat gegenüber der unabänderlichen menschlichen psychophysischen Konstitution wenig Aussicht auf Erfolg. Christus nannte sich sanftmütig und pries selig die Friedfertigen. Seine Lehre hat der Welt für immer den Frieden gegeben. Seither gibt es in Europa kein Stückchen Erde, das nicht mit dem Blute ermordeter Menschen getränkt wäre.

Erfolg und unbewußte Gewissensangst

Zur analytischen Schicksalsforschung

I

Die Psychoanalyse, die sich in ihren Anfängen ausschließlich mit der Ätiologie und Therapie der Neurosen beschäftigte, war bald gezwungen, ihre Aufmerksamkeit von den einzelnen Symptomen der Kranken auf andersartige Inhalte zu richten. In Wirklichkeit kam ein überraschend großer Teil des Lebens der Kranken, ihre ganze seelische Entwicklung, das Wesentliche ihrer psychischen Biographie zur Sprache – zu einer Sprache, die nicht nur auf das unzulängliche Hilfsmittel der bewußten Wortvorstellung allein angewiesen war. Die Krankheit erwies sich als ein Stück des *Schicksals* der Person; wichtig genug, da sich das Interesse des Patienten, des Leidenden, darauf konzentrierte und durch sie Arbeits- und Genußmöglichkeiten empfindlich eingeschränkt wurden. So wichtig nicht, als sie ihm, dem Leidenden, in ihrer Isolierung schien, weil sie das Resultat komplizierter, lange vorhergehender, psychischer Prozesse darstellte. Das seelisch Wirksame und Wesentliche lag vor der Krankheit. Die Krankheit, ihre Ätiologie, ihr Verlauf und ihre Prognose, ihre Triebgrundlagen und Triebziele waren dasjenige Stück Schicksal, das sich zunächst dem Analytiker am auffälligsten und lärmendsten darbot und seine angespannte Aufmerksamkeit auf sich zog. Es blieb nicht das einzige. Die wirklich entscheidenden Ereignisse im Leben des einzelnen (sowie im Leben der Völker) sind meistens wenig auffällig und wenig lärmend. Es sind die stillsten Stunden, nicht die lautesten, die über unser Schicksal bestimmen.

Wie mir scheint, hat *Freud* die Wissenschaft näher (am nächsten seit einem Menschenalter) zum Verständnis dieses dunklen Begriffes des Schicksals geführt. Er ist von jener Aufstellung, derzufolge Anlage und Erleben, Disposition und akzidentelle Ursachen ein einander ergänzendes Ganzes bilden, ausgegangen und immer wieder zu ihr zurückgekehrt. Die Zurückführung individueller Konstellationen auf die psychosexuelle Konstitution und auf die Erlebnisse verschütteter Kinderjahre, die Berücksichtigung der Triebanlage und der Libidoentwicklung, der Einflüsse der Familie und der Erziehung, die Beobachtung des Miteinander und Gegeneinander von Triebansprüchen und Anforderungen der Umwelt lassen die Psychoanalyse als einen der wesentlichen Wege zu Aufschlüssen über die individuelle Schicksalsgestaltung erkennen.

Es ist gewiß unrichtig, jenen emphatischen Satz *Schillers*, daß in unserer Brust unseres Schicksals Sterne sind, in seinem Geltungsbereiche zu überdehnen. (Zumindestens leuchten und verlöschen sie anderswo etwa bei einem Krüppel oder einem syphilitisch geborenen Kinde.) Die Konstitutions- und Erbschaftsforschung, die Beachtung biologischer Momente, der einspielenden sozialen und ökonomischen Faktoren zeigen, wie wenig eine solche rein psychologische Auffassung der Kompliziertheit des Sachverhaltes Rechnung trägt. Aber die Analyse hat in ihrer Untersuchung des menschlichen Trieblebens und der unbewußten Prozesse klargestellt, in wie tiefem Ausmaße seelische Vorgänge das Schicksal des einzelnen bestimmen. Sie ist geeignet, in dem Kräftespiel aller jener exogenen und endogenen Faktoren, deren Resultat das menschliche Schicksal darstellt, einige der wichtigsten, bisher nicht gewürdigten Determinanten aufzuzeigen und in ihren Wirkungen darzustellen. Sie ist bestimmt, einen der wesentlichsten Beiträge zu jener Aufgabe der Forschung zu liefern, die man Schicksalsforschung nennen muß. Dies ist die Stelle, wo sie sich dem Bestreben einfügt, die Gesetze des Geschehens zu finden, und die Beziehungen, die zwischen allen einzelnen Geschehen bestehen, aufzudecken. Geben andere Disziplinen Aufschlüsse über die verschiedenartigen bestimmenden exogenen Momente, wie Klima, Landschaft, Rasse usw., so gibt die Psychoanalyse bisher ungesehene, bisher unausgeschöpfte Möglichkeiten zur Hand, psychische Determinanten unbewußter Art in ihren Tiefenwirkungen wissenschaftlich zu erfassen und zu würdigen.

Was bisher gesagt wurde, beansprucht nicht, einen neuen Aspekt für den Psychoanalytiker zu eröffnen, sondern eine bisher nicht bezeichnete Aufgabe der Forschung zu formulieren. Es muß sogleich hinzugefügt werden, daß vielfache, unsystematische Ansätze zu einer solchen analytischen Schicksalsforschung bereits vorliegen. Ohne Absichten der hier bezeichneten Art zu verfolgen, bilden verschiedene analytische Publikationen gleichsam Brücken zu diesem neuen Gebiet der Forschung: ausführliche Krankengeschichten, die analytischen Biographien großer Persönlichkeiten, mannigfaltige Versuche zur Charakterologie. Es ist nicht schwer zu zeigen, in welcher Richtung sich diese Beiträge von den hier gemeinten unterscheiden und wieweit sie doch in dieselbe Richtung gehen.

Die wesentlichen Gesichtspunkte einer analytischen Schicksalsforschung müßten von dieser Art sein: geeignet, die entscheidende (mitentscheidende) Bedeutung unbewußter Faktoren im Leben des einzelnen zu zeigen, soweit sie Krankheit und Gesundheit, Erfolg und Versagen, Liebeswahl und Lebensgestaltung, den Aufstieg und den Verfall usw. bestimmen. Die Rolle des Zufalls, den man nicht unrichtig das »inkognito reisende Schicksal« genannt hat, würde bei solcher analytischer Betrachtungsweise der einzelnen Erlebnisse, ihrer Verknüpfung untereinander und ihres Gesamtablaufes noch mehr eingeschränkt erscheinen. (Eingeschränkt, doch nicht ausgeschlossen.) Der Kulturmenschheit des Westens, gewöhnt, nur die Tatsachen der äußeren Realität anzuerkennen, würde durch die analytische Schicksalsforschung mit sanftem, doch steigendem Zwang nahegelegt werden, die verborgene, aber entscheidende Realität der seelischen Dynamik zu erkennen und anzuerkennen. Diese Art, das Einzelschicksal und das Schicksal vieler einzelner zu sehen, ist sowenig wie irgendeine andere, bis zum heutigen Tag bekannte geeignet, eine Antwort auf die vergebliche Frage nach dem Sinn des Lebens zu geben, aber sie ist vielleicht geeignet, das streng Gesetzmäßige (vielleicht sinnlos Gesetzmäßige) im Erleben weitgehend zu zeigen. Die Vorbildlichkeit des psychosexuellen Lebens für die übrige Daseinsgestaltung würde auch außerhalb des pathologischen Rahmens unter diesen Gesichtspunkten unzweideutig zutage treten.

Gewiß wird auch eine solche analytische Schicksalsforschung teilhaben an der Unvollkommenheit, Unzulänglichkeit, Lükkenhaftigkeit aller menschlichen Erkenntnis. Auch sie wird nur eine winzige Grenzverschiebung zugunsten des Erkennbaren bezeichnen, ein schwaches und oft schwankendes Licht auf einen Streifen des Dunkels, das uns umgibt, werfen. Es wäre falsche Scham, solche Beschränkung der wissenschaftlichen Arbeit scheu verbergen zu wollen. Die Forschung hat keine Schrecken des Erkennens. Sie hat auch keinen *Horror vacui.*

II

Es ergeben sich hier Aufgaben für eine Generation von Psychologen, für »*le grand psychologue de demain*«.

Einer der fesselndsten Gegenstände solcher analytischen Schicksalsforschung wird die Frage von Erfolg und Versagen sein. *Freud* hat, auch hier als erster, als Prodromos der künftigen Forschung, ein Stück des Problems gezeigt; nur einen bestimmten Ausschnitt, aber vielleicht den wesentlichen. Er hat später die

psychologische Bedeutung gerade dieser Art der seelischen Forschung nicht betont, doch hat er gezeigt, daß das Scheitern am Erfolg, das für jene von ihm beschriebenen Fälle typisch ist, aus der unterirdischen Wirksamkeit von Gewissensmächten erklärbar wird. Man kann analytisch nachweisen, daß diese Wirksamkeit primär dem Ödipuskomplex entstammt. Es ist, als wäre jeder spätere Erfolg im Leben durch geheime Fäden mit dem, den wir in unserer Kindheit als den wichtigsten anstrebten, verknüpft. Als bedeute er unbewußt, möge er sich noch so weit von diesem seinem Ursprungsort entfernt haben, die Erreichung jener früh verpönten Wünsche. Die Gewissensreaktion erhält von dort aus ihre Stärke und Nachhaltigkeit. Der Erfolg wird aufgegeben in dem Augenblick, da er erlangt wird.
Die Aufmerksamkeit sei hier auf einen anderen charakterologischen Typus gelenkt, der vorerst wie eine Spielart des von *Freud* analytisch dargestellten erscheint. Scheitert dieser am erreichten Erfolg, so gestattet sich der hier darzustellende Typus niemals – oder nur unter bestimmten inneren Bedingungen – die Erlangung des Erfolges. Es handelt sich um eine große Anzahl von Personen, die zwischen der Aufstellung eines Zieles und seiner Erreichung unbewußt immer wieder neue Hindernisse einzuschieben wissen und so nie oder zu spät die Erfüllung ihrer Wünsche erleben. Das Schicksalsmäßige eines solchen Lebenslaufes erscheint freilich in klarstem Licht in allen jenen Fällen, in denen das Ziel fast erreicht wird und sich plötzlich ein unerwartetes, scheinbar rein äußeres Hindernis ergibt, das nicht bewältigt werden kann. In der Analyse erkennt man dann oft, daß diese Personen selbst als unsichtbare Regisseure jenes unerwartete Hindernis arrangiert oder zumindestens seine Existenz mit außerordentlicher unbewußter Geschicklichkeit benützt haben. Sie sind gleichsam besonders begabte *stage-managers* in diesem schicksalhaften Spiel, dem sie scheinbar nur als Zuschauer beiwohnen. Immer wieder erhält man den Eindruck aus der Ana-

lyse solcher Personen, daß ein großer Aufwand vertan ist gerade in dem Augenblick, da er seine Rechtfertigung erhalten soll. Es kann nicht geleugnet werden, daß in diesen Fällen Erfolg und Versagen nicht nur von der Wirkung unbewußter Faktoren abhängen. Oft genug sind es wirklich äußere Momente, Umstände der materiellen Realität, welche in ein solches tragisches, öfter tragikomisches Schicksal einspielen. Aber manchmal wird es ganz deutlich, daß diese unter ihrem Schicksal leidenden Menschen sich so benehmen wie ein boshafter Demiurg – man mag ihn auch Gott nennen –, der in kunstreicher und sorgfältig konstruierter Art solche Schicksalswendungen produziert, ohne daß sie sich der Nachahmung eines so erhabenen Beispieles bewußt wären. Jeder Analytiker kennt eine große Reihe jener Fälle, in denen sich bei jeder Annäherung an den Erfolg unversehens Hindernisse auftürmen. Der andere bedeutsame Fall ist der, daß der gewünschte Erfolg zwar erreicht wird, aber jede Befriedigung an ihm ausbleibt. Ich kenne den Fall eines sehr intelligenten Mannes, eines Künstlers, in dessen Leben eine typische Situation wiederkehrt. Er ist von einem starken Drang nach Lebensgenuß beseelt, ja oft besessen und gibt ihm nur selten nach. Er schiebt die Befriedigung seiner Wünsche immer wieder auf, bis er dieses oder jenes Ziel erreicht haben würde. Wird aber das Ziel dann erreicht, erscheint es ihm nicht mehr ausreichend, und die Befriedigung seiner Wünsche wird wieder aufgeschoben. In den Pausen seiner Arbeit hat er lebhafte Tagträume, wie er das Leben genießen werde, wenn er erst dieses oder jenes Werk fertiggestellt haben werde. Diese Phantasien bilden seinen besten Trost gegenüber den starken Depressionen, denen er im Widerwillen gegen die Arbeit und im Ringen mit dem spröden Material leicht verfällt. Ist das Werk vollendet und wird es von ihm kritisch geprüft, so erscheint es ihm an dem, was ihm vorschwebte, gemessen, nicht mehr geglückt, voller Fehler und Mängel; es scheint nun seinen Ansprüchen nicht mehr gewachsen. Ein neuer Plan ist aufgetaucht, bis nach dessen Ausführung er die Erfüllung seiner Wünsche aufschieben muß. Er sagt sich immer vor: »Ich werde nach Kairo oder an die Riviera fahren, mit schönen Frauen verkehren und werde mich meines Lebens endlich freuen, wenn ich diese verfluchte Arbeit einmal beendigt haben werde.« In diesem Kreislauf gelangte er nie zu dem ersehnten Genuß. Man erhält eine Ahnung davon, was jener sich steigernde, nie erfüllte Wunsch bedeutet, wenn man etwa in der Biographie *Giovanni Segantinis* einige Züge analytisch betrachtet. Arco war die Geburtsstätte des Malers; er verbrachte dort die ersten fünf Jahre seiner sorglosen Kindheit. Da starb die Mutter, und der kleine Junge mußte die Heimat verlassen. Er hat sie nicht mehr wiedergesehen. Der Wunsch, wieder nach Arco zu gehen, stieg immer wieder in ihm auf, wenn er einsam in den Bergen des Engadin saß und malte. Es war einer seiner drängendsten Wünsche während seiner Arbeit. Immer wollte er die geliebte Stadt wiedersehen und setzte zuletzt als Datum für diese Reise die Zeit fest, da er sein großes Triptychon der Alpenwelt vollendet haben würde. Nach Erreichung dieses Zieles wollte er »zur Belohnung«, wie er schrieb, jenen langgehegten Wunsch erfüllen. Er starb einige Wochen vor der Erreichung des Zieles[1]. In einem von mir beobachteten Falle verband sich der Aufschub der Wunscherfüllung mit einem deutlichen analen Moment. Es handelte sich um einen Geschäftsmann, der immer wieder Pläne machte, sich von seiner Arbeit zurückzuziehen, um *procul negotiis* das mühsam Ersparte in angenehmer und ungezwungener Art zu genießen. Der ersehnte Zeitpunkt wurde aber immer wieder hinausgeschoben, da ihm die verfügbaren Geldmittel stets zu gering erschienen, um ein bequemes und sorgenfreies Leben zu gewährleisten (obwohl sie – objektiv genommen – längst ausreichend waren). Immer wieder, sobald er genügend vorgesorgt zu haben glaubt, sieht er, daß er zur Deckung seiner Bedürfnisse zu wenig besitzt. Er ist gleichsam ein Tantalus im Kleide eines Industriellen.

Die Analyse solcher Fälle läßt keinen Zweifel darüber, daß es eine unbewußte, geheime Angst ist, welche diese Personen um die Früchte ihrer Arbeit bringt, den Aufschub der Befriedigung erzwingt und sie von der Erfüllung ihrer Wünsche abhält. Was wie eine gesteigerte und strenge Forderung der Realität erscheint, ist in Wirklichkeit ein geheimes Verbot des Über-Ichs, das seine Rationalisierung gefunden hat. Dem Analytiker kann es nicht schwerfallen, die Analogie zu diesem eigenartigen Verhalten in der Symptomatologie der Zwangsneurose zu entdekken. Was sich dort an den einzelnen Zwangszügen in pathologischer Verzerrung und Vergröberung zeigt, ist hier verallgemeinert, verschoben und in einer der Realität näheren Form in der Lebensgestaltung, im Schicksal dieser Personen aufzeigbar. Dort wird auf eine Triebbefriedigung aus geheimnisvollen oder undurchsichtigen Gründen verzichtet, oder sie wird nur nach Erfüllung bestimmter, sehr komplizierter und ausgedehnter Schutz- oder Sicherheitsmaßregeln erlaubt. Im Verlaufe der Krankheit werden sich die Bedingungen, die zu erfüllen sind, vervielfältigen, komplizierter werden, schwerer und drückender auf dem Ich lasten. Der Befriedigung der Triebregungen werden immer umständlichere Hindernisse in den Weg gesetzt; sie wird immer schwerer möglich und hinausgeschoben, bis alle jene Bedingungen auf das genaueste und bis in jedes Detail erfüllt werden. Ihre oft zeitraubende und pedantische Einhaltung wird langsam das ganze Leben oder dessen besten Teil ausfüllen. Ein zweiter Zug der zwangsneurotischen Symptombildung, wie ihn die Analyse beobachtet, drängt sich hier zum Vergleich auf. Handelte es sich in der Psychogenese der Zwangskrankheit zuerst und vor allem um eine bestimmte, zum Beispiel sexuelle Triebbefriedigung, so wird allmählich das Netz, das der Zwang auswirft, immer weiter gespannt. Jeder Genuß wird nun aufgeschoben, als sei er der Repräsentant jener verbotenen, libidinösen Befriedigung. Den Aufschub der Triebbefriedigung, bis alle Schutzmaßregeln erfüllt sind, oder ihr Unterbleiben kraft eines inneren Verbotes treffen wir in fast allen Fällen der Zwangsneurose. Einer meiner Patienten, der an Waschzwang litt, hatte ein außerordentlich kompliziertes Zeremoniell zu befolgen, ehe er sich erlauben durfte, etwa ein Theater zu besuchen. Dem lebhaften Drang nach diesem Vergnügen stellten sich immer wieder neue, aus dem System des Waschzwanges stammende Bedingungen entgegen, bis endlich der Besuch des Theaters aufgegeben werden mußte. Ehe alle Zwangshandlungen, die das Gebot des Infektionsschutzes vorschrieb, ausgeführt waren, war die betreffende Vorstellung längst vorbei. In diesem wie in einer Fülle anderer Fälle war es ersichtlich, daß ein an sich harmloses Vergnügen psychisch so behandelt wurde, als sei es ein gefährliches Unternehmen, das man nur nach Durchführung bestimmter Sicherheitsmaßnahmen wagen durfte. Der Aufschub sowie die Bedingungen, die ihn bewirken, erklären sich aus der Abwehr einer unbewußten Angst, die mit der Triebbefriedigung verbunden ist, ihr ursprünglich folgt.

Die Analyse der hier gekennzeichneten Fälle kann durchaus aus der Analogie mit der psychischen Dynamik dieser Zwangssymptome verstanden werden. Es ist eine geheime Angst wirksam, die sich der Erfüllung gerade der stärksten Wünsche entgegenstellt. Es bedarf keines besonderen Scharfsinnes des Analytikers, um zu der Folgerung zu gelangen, die sich aus dem psychischen Effekt auf die wirksamen Motive ergibt. Hat der Aufschub den Sinn und den Erfolg der Abwehr, so wird es klar, daß mit der Erreichung des Triebzieles beziehungsweise mit der Erfüllung jener Wünsche eine Situation gegeben ist, gegen die sich das Ich aus dunklen Gründen sträubt. Es erscheint demnach eine Situation, die zugleich gewünscht und gefürchtet wird; gewünscht von seiten des Trieb-Ichs, gefürchtet von seiten des Ichs. Jene Angst galt ursprünglich der Kastration, wurde zur Todesangst und hat sich in der Front der unbewußten Gewissensangst fortgesetzt. Sie ist undeutlicher, dumpfer geworden, hat sich dem Bewußtsein entzogen, ist darum aber um nichts weniger mächtig. Sie mag sich bei Annäherung an das gewünschte Triebziel in unklarem Unbehagen äußern, gänzlich schweigen oder sich hinter relativ gesteigertem Selbstbewußtsein verbergen, die Angst ist da und um so stärker, je weniger ihr der Weg zum Bewußtsein offensteht. Die dunkle Strafe, die droht, geht nun von unkontrollierbaren Mächten aus, wird vom Schicksal oder von Gott nahend gefürchtet. Je näher man dem Ziele kommt, um so stärker werden die inneren Stimmen, die seine Erreichung verzögern oder verbieten; desto stärker scheinen sich in den nüchternen Alltag Gewalten zu drängen, die wir längst überwunden zu haben glaubten. In die Welt der elektrischen Bogenlampen, der Automobile, der Dynamomaschinen und des Radios tastet hier eine Macht vor, die aus Urvätertagen kommt und zwingender wirkt als aller technischer Auftrieb und aller sogenannter Fortschritt einer Zivilisation, die sich von Gott befreit zu haben glaubt, während sie nur von ihm verlassen ist. An jener Wand erscheint gespenstisch neben den elektrisch beleuchteten Reklameankündigungen, neuesten Nachrichten über Trustbildungen, Börsenkursen, Varieteanzeigen ein Menetekel, von einer unsichtbaren und starken Hand geschrieben.

Die Psychoanalyse gelangt in ihrer Zurückführung der psychischen Prozesse bei dem geschilderten Typus immer wieder über manche Zwischenstationen zu derselben Situation der Kinderzeit, die wie die Keimzelle jener späteren, eigenartigen Einstellung erscheint. Eine Triebregung war aufgetaucht, hatte gebieterisch Befriedigung gefordert und war in Konflikt mit den Forderungen der Außenwelt gekommen. Sie war nur zu befriedigen, wenn jenes Hindernis der Außenwelt entfernt war – hier erhob sich die erste Bedingung, gegen die sich das Ich aus bestimmten Gründen sträubte. Das einfachste und sicherlich das primäre Beispiel einer solchen psychischen Situation ist durch den Konflikt des kindlichen Sexualstrebens und des von außen kommenden Verbotes gegeben. Der Knabe, der seiner sexuellen Regung folgen will, muß in seinen Phantasien auf die Vorstellung des verbietenden und bewunderten Vaters stoßen. Diese hemmende Autorität muß aus dem Wege geräumt werden, wenn die Triebbefriedigung erlaubt sein soll. Aus der ursprünglichen Angst vor der Kastration als Strafe für die Verbotsübertretung hat sich als Reaktionsbildung gegen verdrängte Todeswünsche gegen den Vater die Todesangst für das Ich entwickelt, die in ihrer dumpferen, weniger faßbaren Form als Gewissensangst erscheint. Wenn die Bedingung *sine qua non* für die ungehemmte Triebbefriedigung der Tod des Vaters ist, so wird sich das Ich bemühen, jene starken Wünsche abzuwehren. Der Konflikt zwischen dem Triebdrängen und den Abwehrkräften ist in Permanenz erklärt. Von hier an gibt es keinen Frieden, nur mehr kürzere oder längere Waffenstillstände im Ich. Späterhin wird das urprünglich nur auf die sexuellen Konflikte bezogene Schema auf alle Genüsse, die unbewußt mit den grobsexuellen verbunden sind, verschoben. In der Zwangsneurose kann zum Beispiel alles, wovon sich das Ich Genuß verspricht, in unbewußte Gedankenverbindung mit dem Tod des Vaters oder einer Ersatzperson treten, und diese Verknüpfung kann zum seelischen Motiv werden, den Genuß zu hindern. Man kann es am besten so ausdrücken, daß man den Genuß als Vertretung des Verbotenen, jeden Erfolg als Repräsentanten der ersehnten und gefürchteten Überwindung des Vaters bezeichnet. Von hier aus eröffnet sich der Weg zum ersten Verständnis jener eigenartigen Einstellung zu Genuß und Erfolg, der uns hier beschäftigt. Die Todesangst ist jetzt unbewußt der Triebbefriedigung vorgelagert wie sie ihr früher gefolgt war[2]. Sie wirft ihren Schatten jetzt in das lichte Bild der Erfüllung. Wenn zum Beispiel der onanistischen Betätigung der Pubertätszeit schwere Bußmaßregeln und Sühnepraktiken folgten, so wird später die psychische Reihenfolge umgekehrt. Die

Durchführung immer ausgedehnterer und komplizierterer Schutzmaßregeln soll die Angst bannen, und erst von ihr hängt es ab, ob die Befriedigung erlaubt wird oder nicht. In der Pubertätszeit eines Patienten schloß sich an jeden Rückfall in die Onanie ein Gelübde, zehn Tage abstinent zu bleiben. Wenn dies nicht gelang, sich zum Beispiel eine nächtliche Pollution einstellte, so mußte er das Gelübde verdoppeln und die Zeit der gestatteten Onanie auf das Doppelte, später das Dreifache hinausschieben. In der Folgezeit wurde allmählich jedes Vergnügen in den Umkreis dieser Verschiebung gezogen: er verbot sich also nach und nach Theaterbesuch, Lesen ihn interessierender Bücher, anregende Gesellschaft und Gespräche, ja sogar die Lektüre der Zeitung, bis er eine gewisse Zeit abstinent gewesen war. Dieser ganze Prozeß wurde später durch Einschaltung bestimmter Schutzmaßregeln, welche die Abstinenz sicherstellen sollten, kompliziert. Bestimmte kleine Tätigkeiten mußten ausgeführt werden, bestimmten Forderungen besonderer Art mußte entsprochen werden, ehe er sich nur das geringste Vergnügen erlauben durfte. Da sich jene abgewehrten Befriedigungen immer störender in die Ausführung seiner Zwangshandlungen eindrängten, vermehrten sich auch die Abwehrmaßnahmen, und die Befriedigung seiner Wünsche mußte immer mehr hinausgeschoben werden.

Die Umkehrung jener Reihenfolge Triebbefriedigung–Schutzmaßregel in Schutzmaßregel–Triebbefriedigung ist also der psychologische Ort, von dem aus sich primär die von uns beschriebene schicksalhafte Konstellation verstehen läßt. Dabei wird häufig, je mehr die neurotische Situation sich einer sozial angepaßteren nähert, die Arbeit oder die Leistung an die Stelle der Schutzmaßregel gesetzt. Sie erhält selbst den Charakter der Buße, als erfülle sich jener uralte Fluch der Genesiserzählung. Es wird aber der analytischen Betrachtung nicht verborgen bleiben, daß, je länger dieser Umwandlungsprozeß andauert, um so umfassender und energischer die Arbeit auch den Platz für die verbotene Befriedigung eingenommen hat, wie in den Endphasen der Zwangsneurose die Triebkomponente den Reaktionscharakter des Symptoms überwältigt. Die Sühne wird langsam zur Sünde – könnte man im theologischen Jargon sagen[3].

In dem hier behandelten Typus kann man nun die späte und verallgemeinernde, sozial angepaßtere Wirkung jenes geschilderten psychischen Ablaufes in der ganzen Lebensgestaltung, in der Schicksalslinie der betreffenden Personen nachweisen. Spät erklingt, was früh erklang, und in weitest gespannten Beziehungen spiegelt sich wider, was einst im engsten Rahmen vorging: die Bedingung, die erfüllt werden mußte, ehe die Wunschbefriedigung gestattet wird, deren Aufschub, der schließlich in den Verzicht auf sie, besser gesagt: in ihren Ersatz ausläuft. Dahinter aber wird für den Analytiker noch immer die geheime Angst erkennbar, die sich zwischen die Wunschregung und ihre Befriedigung unbewußt einschiebt. Zwischen dem Auftauchen solcher Wünsche und dem Verzicht auf sie wird jene leidvolle Annäherung und Entfernung fortgesetzt, die nun den Inhalt eines Menschenlebens (jedes Menschenlebens) ausmacht. »Dazwischen hat der Traum von Glück und Liebe nur noch so viel an Raum, daß er zerstiebe« (Hieronymus Lorm).

III

Von der analytischen Betrachtung solcher Fälle aus fällt ein neues Licht auf die Psychogenese des Begriffes der Pflicht: Pflicht ist ursprünglich die Erfüllung jener Bedingungen, die erfüllt werden müssen, ehe man sich die Triebbefriedigung erlauben darf, primär also: eine Wirkung der sozialen Angst[4]. Der tieferen psychologischen Anschauung kann dieser Abwehr- oder protektive Charakter der Pflicht auch dann nicht verborgen bleiben, wenn sie späterhin unter dem Einfluß des steigenden Befriedigungsanteiles einen positiven Inhalt anzunehmen strebt. Es verschlägt wenig, wenn sich dieser Pflichtbegriff allmählich ganz von seinem Ursprung loszulösen schien und in der Folgezeit die funktionale Beziehung zur folgenden Triebbefriedigung fallengelassen wurde. Denn auch diese Folgeerscheinung hängt psychologisch damit zusammen, daß die Ausübung der Pflicht selbst ein Stück Triebbefriedigung an sich gerissen hat, selbst unbewußt zu einer partiellen Befriedigung geworden ist, völlig analog dem Kompromißcharakter neurotischer Symptome. Es kann schwerlich geleugnet werden, daß einige von den psychologischen Zügen, die hier dargestellt wurden, auch dem Begriffe der Moral anhaften. Noch immer ist der imperative und negative Faktor in der Moral der am stärksten betonte; der Triebverzicht in ihr noch immer der wesentliche Zug. Und dies so sehr, daß es zu einem tragikomischen Quiproquo kommen kann: daß manchmal das psychisch als Unlust Gefühlte schon als solches als ethisch empfunden wird. *G. B. Shaw* hat einmal den paradox anmutenden Satz geschrieben: »Ein Engländer hält sich schon für moralisch, sobald er sich unbehaglich fühlt.« Auch das Zeitmoment im Begriff der Moral ist noch deutlich aus ihrem Ursprung als Reaktion und Buße abzuleiten. Von diesem Gesichtspunkt aus läßt sich Moral als diejenige Wartezeit definieren, die man einhalten muß, bis das früher Unmoralische zu tun erlaubt ist.

Die schicksalhafte, unbewußte Verknüpfung von Erfolg und Schuldgefühl, wie sie hier gekennzeichnet wurde, könnte leicht verwechselt werden mit den Beziehungen von Erfolg und Überwindung all jener äußeren Schwierigkeiten, die durch die eherne Realität gegeben sind. Allein manche Sonderzüge in dem Schicksal dieser Personen lassen jeden Zweifel daran schwinden, daß hier seelische Gewalten unbewußter Art mit am Werke sind. Alle äußeren Hindernisse scheinen oft wie mit einem Zauberschlage

entfernt, wenn der Erfolg nicht mehr geschätzt oder auf anderem Gebiet hoch bezahlt wurde, also jedes Motiv zur Angstentwicklung entfällt. Es ist so, als werde der Erfolg erst durch die Durchführung einer ernsthaften Buße erkauft. Der innere Zusammenhang dieses Zuges mit dem Wesen des Gelübdes ist dem Psychologen klar. Was ist ein Gelübde? Ein den höheren Gewalten gegebenes Versprechen, auf eine Triebbefriedigung zu verzichten, um eine andere, höher geschätzte erfüllt zu sehen.
Die aus der Realität stammende Erfahrung, daß der Erfolg nur durch Mühe oder Leid erlangt werden kann, daß die Götter vor ihn den Schweiß gesetzt haben, wird in den Fällen, von denen hier die Rede ist, zum Extrem geführt[5]. Umgekehrt erscheint häufig der Erfolg nicht mehr geschätzt, weil ihm nicht genug Opfer gebracht wurden, der Genuß unvollkommen oder leer, weil er nicht hoch genug bezahlt wurde. In einigen Fällen, die ich beobachten konnte, war die Erreichung des Erfolges unbewußt so innig mit der Bedingung des Todes des Vaters (beziehungsweise des älteren Bruders) verknüpft, daß man in der tiefen Depression, die dem Erfolg *voranging*, ein Stück vorweggenommener, unbewußter Trauer erkennen mußte. (Es scheint, als gehöre das *»skeleton in the cupboard«* wirklich zum notwendigen Mobiliar jedes erfolgreichen und geschätzten Bürgers.) In anderen Fällen erkennt die Psychoanalyse, daß intensive Angstaffekte die psychische Bezahlung für den Erfolg darstellen. So war es bei einer Schauspielerin, die unter starkem Lampenfieber, häufig zu Angstanfällen gesteigert, litt. Die Angst bot sozusagen eine Garantie für den Erfolg auf der Bühne. Wann immer sie voll Selbstvertrauen oder Zuversicht ohne Angst auftrat, war ihr der Erfolg versagt.
Jene unbewußte Gewissensangst vor dem Erfolg, allgemeiner gesprochen: vor dem Glück, ist gewiß nicht auf neurotische Kranke beschränkt. Die Religionen und die Sitten aller Völker legen Zeugnis von der allgemeinmenschlichen Existenz und

Wirksamkeit dieser unbewußten Gefühle ab. Der Glaube an den bösen Blick gehört ebenso in diesen Zusammenhang wie die Libationen, welche die Römer vor ihren Gastmählern den *diis inferis* darbrachten. Die große Bedeutung, welche die tiefgreifende Konzeption der Hybris im Glauben und in der Tragödie der Griechen besaß, darf der psychischen Wirkung jener unbewußten Gewissensangst zugeschrieben werden. Es ist oft, als ergreife die Menschen ein Gefühl der Unheimlichkeit, wenn sie Glück oder Erfolg sehen, die nicht mit Schmerzen aufgewogen wurden. »Dem Glück bezahlt ich meine Schuld«, sagt jener weise König. Den Beobachter des immer Glücklichen grauet vor der Götter Neide, das heißt vor den unterirdisch arbeitenden Schuldgefühlen, die ihre Opfer fordern, bevor sie den Menschen zu jenem armseligen Stück Befriedigung gelangen lassen, das man Glück nennt. »Noch keinen sah ich glücklich enden.« Es ist, als würden die Götter, die deifizierten Väter, ihr Opfer dadurch, daß sie mit »nimmermüden Händen« ihre Gaben streuen, zuerst in trügerische Sicherheit wiegen, um es dann um so fürchterlicher an ihre ungeheure, grausame Macht zu erinnern. Psychoanalytisch gesprochen: das abgewehrte Schuldgefühl wird sich um so siegreicher durchsetzen, je mehr Energie zuerst zu seiner Abwehr aufgewendet wurde. Man bekommt eine Ahnung von den hier wirksamen geheimen seelischen Mächten, wenn man gelegentlich in der Analyse auf besondere Schicksalszüge trifft, die wie eine Bestätigung alter Schicksalsgläubigkeit erscheinen könnten. So wird das Schicksal eines Mannes, den ich studieren konnte, nicht leicht meinem Gedächtnis entschwinden. Sein Vater hatte sein nicht unbedeutendes Vermögen immer wieder im Börsenspiel riskiert und schließlich in der sicheren Hoffnung, das Verlorene zurückzugewinnen, alles aufs Spiel gesetzt, indem er eine große Anzahl bestimmter Effekten kaufte. Er büßte fast sein ganzes Vermögen ein. Der Sohn hatte dem Vater immer wieder die schwersten Vorwürfe wegen seines Spieles gemacht. Es war zu einem schweren Konflikt gekommen, die Beziehungen zwischen den beiden wurden völlig abgebrochen, und der Vater starb unversöhnt in der Fremde. In angestrengter Arbeit hatte sich der Sohn zu einer Position durchgerungen und war langsam auch zu Vermögen gelangt. Unter den schwierigsten Umständen und unter Verzicht auf viele Annehmlichkeiten des Lebens hatte er mit außerordentlicher Umsicht und Energie alle Hindernisse überwunden. Es schien, als könne er widrige und feindliche Umstände bewältigen, die jedem anderen Halt gebieten würden und Schwierigkeiten aus dem Wege räumen, die unbezwingbar waren. Einige Jahre später, bereits in der Zeit der männlichen Reife, lockte es ihn einmal zum Börsenspiel; er gewann und gewann wieder, bis er bestimmte, fast außer Kurs geratene Effekten kaufte, durch die er schwere Verluste hatte. Um dieselbe Zeit, während des gesteigerten Interesses am Börsenspiel, setzten seine neurotischen Symptome ein, deren Schwere sich steigerte. In der Analyse konnte der verdrängte Tatbestand festgestellt werden, daß es sich um dieselben Effekten handelte, durch deren Ankauf der Vater materiell ruiniert worden war und daß sich so eine ähnliche Situation ergab wie die, deretwegen es zum Bruch mit dem Vater gekommen war.

In einigen anderen Fällen schien es wie eine kunstvolle Kongruenz des Schicksals, daß der Erfolg gerade durch dieselben Mittel verdorben wurde, mit denen er angestrebt worden war. Auch hier wurde der Zufall oft unbewußt arrangiert oder zumindestens unbewußt ausgenützt. Man bekommt in diesen Fällen klarer als in anderen den Eindruck, daß der Erfolg nicht nur von den Bedingtheiten der Außenwelt und den Ich-Strebungen, sondern auch von den Beziehungen zwischen Ich und Über-Ich abhängig ist[6]. Gleichzeitig gelangt man zu einer Ansicht darüber, bis zu welcher Tiefendimension die Erreichung des Erfolges von der Gestaltung des individuellen Ödipuskomplexes, der sich in der Konstituierung des Über-Ichs kristallisiert, bestimmt wird. Der

Analytiker hat Gelegenheit, sich täglich davon zu überzeugen, daß der Kampf mit der Umwelt nicht immer der schwerste ist, sondern in seiner Härte von dem zwischen Ich und Über-Ich, in den er sich fortsetzt, manchmal übertroffen wird. Mögen tausend Feinde von außen dem Menschen erstehen, in der Zeit der Reifung kennt das Ich keinen gefährlicheren Feind als das Über-Ich. (Nicht so am Ausgang des Lebens, da als der einzige wirkliche Feind der Tod erscheint, bis auch dieser den müde gewordenen Augen zur »mildesten Form des Lebens« wird.)

IV

Es führt nur wenig über die hier gezogene Linie hinaus, wenn in dem nachstehenden Abschnitt ein ähnlicher charakterologischer Typus in den Umkreis der analytischen Betrachtung gezogen wird. Es ist dies eigentlich ein Sonderfall, eine besonders ausgeprägte Variation des früher Dargestellten. In seinem Schicksal ergibt sich eine eigenartige, tragisch betonte Konstellation. Das Zusammentreffen äußerer und innerer Umstände, die kombinierte Wirkung mehrerer Faktoren, läßt den lange angestrebten oder heißgewünschten Erfolg gerade dann eintreten, wenn er sinnlos geworden ist, läßt eine intensiv begehrte Befriedigung dann in greifbare Nähe rücken, wenn sie nicht oder nicht mehr genossen werden kann. Das Schicksal mancher der großen Menschen, welche wir bewundern, zeigt diesen tragischen Zug. Er wird verstärkt durch den Umstand, daß die betreffenden Personen im Tiefsten verspüren, wieviel ihnen jener Erfolg geholfen, wieviel ihnen diese Befriedigung bedeutet hätte, wäre sie früher oder unter veränderten Umständen erlangt worden. Das Wort des sterbenden *Hebbels* »Zuerst fehlt der Becher, dann fehlt der Wein«, spricht in knapper und beredter Weise von solchem tragischen Schicksal. Lord *Beaconsfield*, der allmächtige englische

Premierminister, zu dem der blasse, verhöhnte und tief eingeschüchterte Judenjunge, der Sohn Isaak d'Israelis, geworden war, antwortete seinen Freunden, die ihm auf der Höhe seiner Laufbahn gratulierten: »Für mich ist es zwanzig Jahre zu spät. Gebt mir eure Gesundheit und eure Jugend!« Er erkennt, daß der Erfolg, der zu spät kommt, kaum mehr diesen Namen verdient: »das heißt zu gleicher Zeit den Tod und die Unsterblichkeit erreichen«. Man hört ihn, sechsundsiebzigjährig, gefeiert wie einen Gott, immer wieder den Spruch vor sich hinmurmeln, den ihm einmal ein früh weiser Freund geschickt hatte:

What is life? a little strife
Where victories are vain
Where those who conquer
Do not win
Nor those receive who gain.

Wir finden die Vorbilder solchen tragischen Schicksals in verzerrt-pathologischer Form häufig genug in den Analysen neurotisch Erkrankter. Hier, wie in manchem Schicksal, das nicht mehr der Neurose seine Gestaltung verdankt, wird es klar, wie das Über-Ich den Erfolg so lange zu verhindern gewußt hat, bis er keinen Gewinn mehr bedeutet oder nicht mehr die erträumte Befriedigung gibt. Das Tragikomische solcher, scheinbar nur durch äußere Umstände bestimmter Schicksale blickt durch, wenn die betreffenden Personen erkennen, wieviel Leid sie sich selbst zugefügt haben, wie vergeblich viele Opfer, Entbehrungen und Verzichte gewesen, wie sinnlos (nur psychologisch sinnreich) so viele Kämpfe und Schmerzen waren und um wieviel leichter sie sich jenen überschätzten Erfolg, jene in der Phantasie übertriebene Befriedigung hätten verschaffen können. Wer immer das Schicksal vieler neurotisch Erkrankter oder Gesunder unter analytischen Gesichtspunkten studiert hat, weiß, wieviel »Menschenopfer unerhört« dem überstrengen Über-Ich gebracht wurden. Was rückschauend in dem Bericht solcher

Schicksalsläufe klagt, anklagt und schließlich verstummt, legt deutlich Zeugnis ab von der grotesk-komischen Begabung jenes Demiurgen, Jahve geheißen[7].

War das unbewußte Schuldgefühl in vielen dieser Fälle nicht mächtig genug, den Erfolg völlig zu verhindern, so hat es seine Wirksamkeit doch entfaltet, indem es ihn so lange hinausschob, bis er nicht das mehr bedeutete, was er einst dem Individuum galt. In manchen Fällen wirkt es wie eine tragische Ironie, daß die Wünsche von einst erfüllt werden, die jetzt ihren Sinn verloren haben, und daß das gerade noch in einem Zeitpunkt geschieht, da die Herzen noch nicht soweit ermattet sind, um dies nicht zu erkennen. Die tiefgreifende Vorbildlichkeit der Gestaltung des Ödipuskomplexes wird auch hier merkbar, das psychosexuelle Leben des einzelnen auch hier noch immer seinen Einfluß auf die übrigen Daseinsgebiete erkennen lassen. Jenes Wort: »*Si jeunesse savait, si vieillesse pouvait*« spiegelt ein Stück jener melancholischen Erkenntnis wieder.

Was die Forschungsreisenden und Missionare über einige wilde Stämme Zentralaustraliens berichten, scheint fast wie ein völkerpsychologisches Korrelat eines solchen individuellen Schicksalablaufes, an dem wir alle einen mehr oder minder großen Anteil haben. Bei manchen Völkerschaften dieses Kontinentes sind die jungen Männer von der Pubertät an weitgehenden Beschränkungen in bezug auf den Zeitpunkt der Heirat und des Genusses bestimmter, von den Primitiven hochgeschätzter Speisen unterworfen. Die Männer des Stammes dürfen während ihrer besten Jahre nicht heiraten und nicht von jenen geliebten Speisen essen. Je älter sie werden, desto weniger streng werden die Verbote eingehalten. Wenn sich an ihrem Kinn genügend weiße Haare zeigen, wird ihnen die Heirat erlaubt. Wenn die Zähne bereits auszufallen drohen, wird den Männern auch das Essen jener Delikatessen freigegeben.

Diesen unseren armen Vettern, die von den Segnungen der Kultur noch verschont sind, und uns, die wir von ihnen beglückt werden, bleibt in der gemeinsamen Not immerhin der Hinweis auf eine gerechte Weltordnung und die trostvolle Gewißheit: droben überm Sternenzelt muß ein lieber Vater wohnen.

Der Glaube an die ausgleichende Gerechtigkeit

Gibt es so etwas wie ein *Talionsprinzip in der Natur?* Dies war die Frage, die ein angesehener Naturforscher unlängst in einer Broschüre zu beantworten versuchte. Er meinte, durch Einschaltung eines solchen Gesichtspunktes die *Darwin*sche Selektionstheorie, die Hypothese des Weiterlebens angepaßterer Gattungen, ersetzen zu können. Die Spezies, die lange auf Grund überlegener Körperkräfte die schwächeren bedrängte, muß dieser, die sich im Kampfe Abwehrmittel besonderer Art geschaffen hatte, allmählich weichen. Die Sieger unterliegen schließlich den Besiegten. Es muß der Naturwissenschaft überlassen bleiben, die Behauptungen des Gelehrten nachzuprüfen. Der erste Eindruck einer solchen Kombination von teleologischer und moralischer Betrachtungsweise des Prozesses von Werden und Vergehen ist der Theorie nicht günstig. Doch vielleicht ist erst der dritte, vierte, xte entscheidend. Immerhin, jener Forscher vertritt mit Energie die Anschauung, daß das Naturgeschehen von dem Prinzip der *ausgleichenden Gerechtigkeit* beherrscht werde[1]. Der erste Eindruck ist, wie gesagt, nicht entscheidend. Man darf sich nicht einmal dem weitaus stärkeren Eindruck überlassen, daß das Naturgeschehen von einer ausgleichenden Ungerechtigkeit geordnet werde.

Das menschliche Schicksal scheint vielleicht besser geeignet, Probleme dieser Art der Lösung näherzubringen. Es ist aber nicht besser geeignet. Es bildet ja selbst einen Teil jenes uner-

kennbaren Prozesses, der durch die Mitwirkung psychischer Momente nur noch komplizierter und schwerer durchschaubar wird. Da es uns nicht gegeben ist, die alten Fragen zu lösen, ist es vielleicht besser, unsere Aufmerksamkeit der neueren zuzuwenden, wieso es psychologisch zu dem *Glauben* an eine ausgleichende Gerechtigkeit, der so tief in den Menschenseelen wurzelt, kommen mag. Glauben wir nicht noch immer insgeheim, daß nach einer Leidenszeit bessere Tage kommen, daß, wer immer strebend sich bemüht, erlöst werden könnte? Und sträuben wir uns nicht noch immer gegen die Tatsache, daß diese Erlösung erst in jenem besonderen Zeitpunkt erfolgt, da nach dem Worte des griechischen Weisen allein der Mensch glücklich zu preisen ist? Noch immer teilen wir unbewußt den Wahn, daß den Guten der Erfolg, den Bösen der Mißerfolg winke, obwohl es weder Gute noch Böse gibt und obwohl Erfolg wie Mißerfolg winzige Wellen im Meer der allgemeinen Vergänglichkeit sind.
Die Psychoanalyse ist in der Lage, einen gewichtigen Beitrag zu dem Problem der Genese solchen Schicksalsglaubens zu geben. *Freud* hat das Wesentliche darüber, von der Psychologie der Zwangsgedanken ausgehend, bereits gesagt. Was hier ergänzend bemerkt wird, stammt ebenfalls aus der analytischen Praxis. Es geht aber von der Analyse von Stimmungen aus, die sich manchmal des Ichs bemächtigen. Es sind also festgehaltene, analytisch gedeutete Eindrücke von nachdenklichen Augenblicken, in denen ein Glaube der beschriebenen Art in Menschen erwacht und in denen sie sich wie angerührt fühlen von der Schicksalshaftigkeit bestimmter Wendungen, die sie eher als Fügung empfinden. Am besten ist es, von *isolierten* Zügen auszugehen, die wie Arabesken zu dem in einem früheren Aufsatze geschilderten Typus aussehen. Einen solchen Eindruck machte eine bestimmte Situation im Leben eines Mannes, in dessen Jugend dem Wunsche nach dem Besitz und der Lektüre vieler und interessanter Bücher eine große Bedeutung zukam. Er war damals mittellos und hatte

wenig Möglichkeiten, seine monomanisch gesteigerte Sehnsucht zu erfüllen. Unlängst saß er, nun zum Manne gereift, vor seinem Schreibtisch und sah mit nachdenklichem Blick auf die vielen ungelesenen Bücher seiner Bibliothek, die alle Wände seines Arbeitszimmers bis zur Decke füllten. In jenen Augenblicken, gleichsam einer Pause des Lebens, kam ihm mit fast schmerzlicher Klarheit die Erinnerung an viele Stunden seiner Knabenzeit wieder, da seine tiefste Sehnsucht dem Besitz und dem Lesen von Büchern galt. Der alte Wunsch ist noch immer stark in ihm, aber, vielen Pflichten verhaftet, von großen und verantwortungsvollen Arbeiten überbürdet, kann er jetzt kaum mehr Zeit und Gelegenheit finden, jenem Vergnügen nachzugehen. Einen ähnlichen Aspekt ergibt die Konstellation im Leben eines Patienten, die wie eine Darstellung der kunstvollen Inkongruenz des menschlichen Daseins wirkt. Der Patient liebte als Kind eine bestimmte Fleischspeise besonders. Seine Eltern waren arm, und dieses kostspielige Gericht kam nur äußerst selten auf den Tisch der Familie. Jetzt könnte er es sich leicht gestatten, täglich jene geliebte Speise zu essen, aber ein ernsthaftes organisches Magenleiden verbietet es, davon zu genießen.

Einen psychologischen Einblick in die Genese und Struktur solcher Einzelzüge, die Schicksalswendungen tragikomischer Art widerzuspiegeln scheinen, kann die *Analyse* in manchen, nicht in allen Fällen geben. Man erkennt dann, wie die Kombinierung aktueller, äußerer Faktoren und unbewußter Determinanten nicht selten zu einem Ergebnis von so schicksalhafter Prägung führen kann. Ich denke etwa an die Analyse folgender kleinen Szene, die ein Patient beschrieb. Er saß eines Abends vor dem Schreibtisch, um eine Arbeit, zu der er verpflichtet war und die ihm viel Mühe machte, fertigzustellen. Im Nebenraum spielte sein kleiner Sohn und sprang ziemlich lärmend durch das Zimmer. Der Arbeitende fühlte sich zuerst leicht abgelenkt und gestört, bemühte sich aber in seinen Gedanken, wieder zu seinen

Berechnungen zurückzukehren. Je länger aber das lärmende Spiel anhielt, um so unmöglicher wurde ihm dies und desto ungeduldiger und reizbarer wurde er selbst. Er fühlte den Wunsch, in das Nebenzimmer zu eilen und das »schlimme« Kind in derber Form zurechtzuweisen sowie dessen Rücksichtslosigkeit streng zu tadeln. Er beherrschte sich noch einen Augenblick, dem starken Drange nachzugeben, erstaunt über die Heftigkeit seiner Ungeduld, die fast den Charakter blinder Wut annahm und fühlte gleichzeitig einen merkwürdigen dumpfen Druck in der Herzgegend, der sich mit Atemnot verband. Plötzlich und scheinbar unvermittelt mußte er an den eigenen Vater denken, wie er ihn in dessen letzten Lebensjahren gesehen hatte. Er sah deutlich das Bild des alternden Mannes aufsteigen, wie er die Tür zum Kinderzimmer aufmachte und ihn selbst strenge ansah. In der Analyse dieser Gefühle, die auf meinen Analysanden einen besonders starken Eindruck machten, wurde es klar, was das Auftauchen dieser affektbetonten Gedanken bedeutete. Als der Patient noch ein kleiner Junge war, etwa im Alter, in dem sich jetzt sein Sohn befindet, hatte er oft ebenso lärmend und rücksichtslos gespielt und war oft vom Vater heftig gescholten worden. Er hatte sich über den besonderen und unverständlichen Zorn, den der Vater bei solchen Gelegenheiten zeigte, häufig gewundert und gekränkt und ihm in Gedanken ungerechte Behandlung vorgeworfen. Erst später war es ihm klargeworden, wie sehr des Vaters Aufregungszustände von dessen rasch fortschreitendem Herzleiden beeinflußt gewesen waren. Während jener Szene, in der er seinen Sohn im Nebenzimmer herumtollen hörte, waren ähnliche Gefühle wie damals im Vater in ihm selbst aufgestiegen, und unbewußt müssen alle jene schmerzvollen Erinnerungen an die Feindlichkeit, an frühe Todeswünsche gegen den Vater in ihm erwacht sein. Jener Augenblick bezeichnet also die Erkenntnis, wie ähnlich er dem Vater seelisch geworden war und ist von unbewußter Gewissens- und Todesangst erfüllt. Je-

nes Staunen über sich selbst und seine ungewöhnliche Heftigkeit und Wut stellten sich wie der Anfang eines menschlichen Begreifens der Haltung des Vaters dar, deren Geltung durch das Erleben weit über die eines verstandesmäßigen Erfassens hinausgeht. Der Schmerz in der Herzgegend und die Atemnot waren wirklich Sensationen gewesen, über die sich der Vater später beklagt hatte. (Die ärztliche Untersuchung ergab die Wahrscheinlichkeit, daß jene Empfindungen bei dem Patienten den ersten Mahnungen derselben Affektion entsprachen.)
Rückblickend sprach der Patient mit einem gewissen Schauer von den Gefühlen jener Szene: es war, wie wenn er das Rauschen der Flügel des Schicksals über seinem Haupt gehört hätte. Ihr Eindruck war so, als spiele sich in ihr geheimnisvoll etwas ab, was er »ausgleichende Gerechtigkeit« nannte. Es waren in ihm, der sich sonst soviel auf seine Selbstbeherrschung und Sanftmut zugute tat, unversehens dieselben heftigen Affekte aufgetaucht, aus denen er seinem Vater einst einen so schweren Vorwurf gemacht hatte. Er hatte plötzlich in sich den Drang verspürt, sich in derselben ungestümen und ungerechten Art zu benehmen, die ihm beim Vater so unverständlich, ja unverzeihlich erschienen war. Seine Erschütterung war eine Art Abbitte an den längst Verwesenen. (So werden Eltern zu Erziehern jenseits des Grabes, die auf Erden niemals hervorragende Pädagogen waren.) Der Einfluß der Vergeltungsangst und des unbewußten Schuldgefühles ist aus der Affektbetonung und aus der Art der geschilderten Sensationen klar zu ersehen. Er wird auch für den Glauben an die »ausgleichende Gerechtigkeit«, zu dem sich der Patient bekannte, bestimmend gewesen sein.
Ähnlich wird sich das psychologische Bild einer Stimmung darstellen, über die eine Patientin berichtet. Sie hatte am Tage vorher plötzlich ein lebhaftes Gefühl des *déjà vécu* erlebt, das von leise wehmütigen Empfindungen begleitet gewesen war. Sie hatte in halbliegender Stellung auf ihrem Diwan geweilt und

»gedankenlos«, wie sie sagte, dem Spiel ihrer vier Kinder zugesehen. Sie war sich bewußt, daß ihr Blick eher flüchtig auf den Kindern geweilt hatte. Plötzlich wurde sie sich in merkwürdiger Art der Stellung auf dem Sofa, des ins Zimmer fallenden Lichtes, der vor ihr spielenden Kinder und der ganzen Situation bewußt. Sie beschrieb ihre Gefühle so, als habe sie eine Art sekundenlanger Absence gehabt, gleichzeitig aber den ganzen Raum und, was in ihm vorging, mit ihrem Blick umfaßt, und als habe sie sich selbst dabei irgendwie zugesehen. Man konnte aber nicht von einem Depersonalisationszustand sprechen, denn während sie den spielenden Kindern zusah, fühlte sie eine merkwürdige Wehmut, so etwas wie eine Abschiedsstimmung. Sie muß wohl, gibt sie zu, irgendwelche Gedanken dabei gehabt haben, aber sie kann über deren Art und Inhalt nichts angeben. Nur soviel könne sie sagen, daß sie schon einmal eine ganz ähnliche Situation mit ähnlichen Gefühlen erlebt haben müsse.
Die analytische Untersuchung zeigt dann, daß diese besondere Stimmung, diese von ihr betonte Gefühlskonstellation ihre Rätselhaftigkeit verliert, wenn man annimmt, daß eine unbewußte Erinnerung in ihr aufgestiegen ist. Alle in den späteren Assoziationen auftauchenden Gedanken drängen zur Rekonstruktion einer Erinnerung an die Mutter der Patientin. Tatsächlich konnte sie sich dann an eine Szene erinnern, in der sie die Mutter einmal gesehen hatte und die auf sie – sie weiß nicht warum – einen tiefen Eindruck gemacht hatte. Damals war die Mutter ähnlich auf einem Sofa gelegen wie jetzt sie selbst und hatte mit einem besonderen, merkwürdigen Blick auf die Kinder gesehen, die in ihrem Zimmer spielten. Die Patientin war damals etwa in dem Alter gewesen, das jetzt eines ihrer Kinder hat. Es war aus bestimmten, zeitlich bedingten Umständen zu rekonstruieren, daß die Mutter bereits damals an einem Gebärmutterkrebs leidend gewesen war. Die Patientin muß sich in jener Szene intensiv mit der Mutter identifiziert haben. Darüber hinaus muß in ihr

eine Ahnung davon aufgestiegen sein, wie der Mutter damals zumute war, als sie vielleicht in Gedanken an einen frühen Tod wehmütig dem Spiele der Kinder zusah. Die ganze Erinnerung aber war in der Situation selbst unbewußt gewesen; das Gefühl des *déjà vécu* wies darauf hin. Daneben das Gefühl des Sichselbstzusehens, das sich als Nachhall der aufmerksamen Beobachtung der Mutter in jener vergessenen Szene erweist. Einzelne Züge werden den Analytiker hier auf den Weg in die verschollene Kinderzeit verweisen: die Situation der Mutter und der spielenden Kinder, der schwermütige Blick, der beobachtend und nach innen gekehrt zugleich ist, gehören hierher. Darüber hinaus wird das auf der unbewußt gewordenen Kenntnis beruhende intuitive Erfassen der kleinen Szene entscheidend sein. Gerade in den letzten Tagen hatte die Patientin an Unterleibsschmerzen gelitten, und es war leicht zu ergänzen, daß sie unbewußt Angst vor einer drohenden Gebärmuttererkrankung hatte, obwohl die Ärzte eine andere harmlosere Diagnose gestellt hatten.
In beiden Fällen kann man behaupten, daß sich in den beschriebenen Szenen eine unbewußte Identifizierung auf Grund einer Erinnerung aufbaute. Der Identifizierungsprozeß machte die betreffenden Personen fähig, die besondere Stimmung des Objektes, mit dem sie sich identifizierten, in der ähnlichen Situation besser zu verstehen und psychologisch zu würdigen. Jener Anfang eines menschlichen Begreifens, des gefühlsmäßigen Verständnisses für Affektvorgänge in den alten, von der Ambivalenz getroffenen Objekten kann übrigens nicht völlig Neues sein. Mag auch die Annäherung an dieselbe Situation und das Älterwerden die Identifizierung und die Vertiefung des Verständnisses befördern, daneben müssen auch andere unbewußte Momente in der psychischen Genese jener besonderen Stimmungen, jener verrauschenden und doch eindrucksvollen Augenblicke mitwirken. Das gefühlsmäßige Verständnis kann nicht primär aus der Ähnlichkeit der Situation hervorgehen. Es muß sich

vielmehr um eine Art Regression auf das kindliche Verständnis handeln, das damals vielleicht noch ohne zulängliche Wortvorstellungen die psychische Situation der Eltern erfaßte. Was noch in der analogen Lage kein Verstand der Verständigen sieht, sondern vom Unbewußten erfaßt wurde, eignete damals dem beobachtenden Kinde. Neben allem affektiven Staunen muß bereits damals in den Kindern eine Art besonderen psychologischen Verständnisses dafür wirksam gewesen sein, was die unerklärliche Heftigkeit des Vaters bedeute und warum der Blick der Mutter so voll Schwere und Schwermut auf den Kindern ruhte. Die Art des Wissens und Verständnisses der Kleinen ist schwer zu bestimmen und am ehesten einem instinkthaften Erkennen zu vergleichen. Daneben wird man das besondere psychologische Interesse, das vielen Kindern eignet, anerkennen müssen. Es gibt ihnen oft merkwürdig richtige Ahnungen der Zusammenhänge, die sie verstandesmäßig nicht erfassen könnten, und läßt sie manchmal intuitiv die innersten Motive menschlichen Handelns erkennen, deren Verständnis Erwachsenen so häufig entgleitet. Es handelt sich demnach nicht um eine neue Erkenntnis, sondern um ein Wiedererkennen psychischer Prozesse. Dieses wird aber durch mehrere Momente bedingt, unter denen der unbewußten Gewissensangst eine besondere Bedeutung zukommt. Die ungewöhnliche Art der Gefühle in diesen Szenen sowie die ganze Situation zeigen, daß solches Verständnis aus der Erinnerung an Krankheit und Tod der Eltern hervorging und eine seiner Quellen in der eigenen Todesfurcht hat. Thanatos wird hier zum Lehrer; die Reaktion auf die Todesangst eröffnet geheime, bisher verschlossene Gänge. Es sind unbewußte Gewissensmächte, welche jenes Verständnis vorbereiten und ihm zum Durchbruch verhalfen. Schon hier dämmert uns die Einsicht, daß es sich bei der Aufstellung des Prinzips der »ausgleichenden Gerechtigkeit« weniger um eine metaphysische als um eine psychologische Tatsache handelt.

Dieser Eindruck wird verstärkt durch Beispiele wie etwa das folgende, das aus der Lebensgeschichte einer neurotisch gestörten Frau stammt. Als junges Mädchen war Mary, wie wir sie nennen wollen, oft im Hause einer älteren verheirateten Freundin eingeladen gewesen, mit der sie die Studienjahre verbracht hatte. Der Mann der Freundin übte eine steigende Anziehung auf sie aus und, je stärker sie sich dagegen sträubte, um so tiefer fühlte sie das Interesse an ihm werden, das er in demselben Grade erwiderte. Gemeinsame Interessen und Arbeiten förderten diese Neigung. Nach lange dauerndem, seelischem Konflikt ließ sich Mary bewegen, eine geheime Liebesbeziehung zu dem Mann ihrer Freundin einzugehen. Es kam zur Scheidung des Ehepaares und zum Abbruch der alten Freundschaft. Glücklich und voll froher Hoffnung trat das Mädchen nun nach solcher Leidenszeit in die Ehe, deren Harmonie zuerst ungetrübt schien. Nach einiger Zeit lernte Mary ein junges Mädchen kennen, dessen eigenartig zuversichtliches und fröhliches Wesen auf sie einen besonderen Reiz ausübte. Sie zog sie in ihren Kreis, wußte sie für ihre und ihres Mannes soziale Interessen zu gewinnen und schloß sich der Freundin innig an. Es machte durchaus den Eindruck einer affektiven Blendung, daß sie durch viele Monate nicht merkte, wie ihr Mann immer stärker in den Bannkreis dieses Mädchens geriet und daß dieses selbst sich in einem inneren Konflikt befand, der jenem von ihr durchlebten völlig glich. Und so war es Mary endlich bestimmt, in sich alle jene leidvollen Gefühle zu erleben, welche die erste Frau ihres Mannes, ihre überwundene Rivalin, einstens verspürt hatte, dieselben Affekte der Eifersucht, des Trotzes und der verschmähten Liebe zu erdulden, welche sie der Freundin bereitet hatte. Es war für den oberflächlichen Blick allzu klar, daß sich hier das alte Spiel wiederholte, nur daß die Rollen vertauscht waren. Die einst Siegerin gewesen, war jetzt die Besiegte; die früher überwand, unterlag jetzt; die jetzt duldete, ließ früher andere dulden. Es kam zum Bruch mit der

Freundin, und der Mann verließ Mary, um der Jüngeren und Anziehenderen zu folgen, wie er es früher getan hatte. Die Folge war für Mary ein psychischer Zusammenbruch, der sie in die Analyse führte. Diese mußte zu früh abgebrochen werden, half ihr aber anscheinend, nach so schweren Schicksalen ein neues Gesicht oder zumindestens eine neue Illusion, die sie Glück nannte, zu finden.

Verfolgt man diesen ganzen Schicksalslauf, so erhält man zuerst den Eindruck, wie wenn er mit seinem Auf und Ab, seinem Glanz und Elend, die hier nur in äußerster Abbreviatur erscheinen, irgendwie konstruiert wäre. Der Gläubige könnte hier wirklich den Wahn eines Gesetzes der ausgleichenden Gerechtigkeit bestätigt finden. Ihm würde es genügen, daß das Willkürliche, Unberechenbare, Irrationale hier zurückzutreten und ein Element der Symmetrie oder des Ausgleiches im Schicksal in den Vordergrund zu rücken scheint. Die Linie, der ein solches und manches andere Schicksal folgt, scheint nicht mehr ein unerkennbares Zick-Zack, wirr und verworren. Und doch wäre ein solcher Eindruck unzutreffend.

Was sich an kausaler Gesetzmäßigkeit in der Analyse erkennen läßt, führt durchaus auf die Feststellung bestimmter, in der Tiefe nachwirkender Kindereindrücke, auf Besonderheiten der libidinösen und der Ichentwicklung, auf Einflüsse der Erziehung und der Umwelt zurück. War es z. B. Zufall, daß Mary jenes Mädchen immer inniger an sich zog und sie gerade ihrem Manne zuführte, und war nicht ein Stück verborgener, homosexueller Neigung hier wirksam? War es ein von außen kommendes Schicksal, ein von dunklen Mächten verhängtes Los, daß sie jetzt alles Leid zu erleben hatte, das sie jener anderen Frau bereitet hatte, und war es nicht eher die langsam sich durchsetzende, in den unbewußten Tiefen wirkende Identifizierung mit der älteren Freundin, die sie so sehr geliebt hatte? Sollte die oft auftauchende Erinnerung daran, daß der Vater Marys die Mutter verlassen hatte, um »*the other woman*« zu folgen, ein kurzer Aufenthalt des Kindes bei dieser, das Schwanken zwischen Mutter und Vater keinen Einfluß auf die Gestaltung von Marys Schicksal gehabt haben? Sollte eine ähnliche Situation im Elternhaus des Mannes keine seelische und damit keine schicksalsbestimmende Bedeutung haben?

Man sieht, wie der Schein einer transzendenten, ausgleichenden Gerechtigkeit schwindet und zerstiebt. Was von jenem Schein übrigbleibt, kann in der analytischen Betrachtung auf die Wirkungen der seelischen Dynamik reduziert werden. Was in dem entgleitenden Geschehen, das wir menschliches Schicksal nennen, auf metaphysische Wirkungen hinzudeuten scheint, tritt in der Analyse als ein Miteinander von äußeren Umständen und unbewußten Faktoren hervor. Das Schicksalsdrama der Dichter würde freilich mit gutem Recht Aufstieg, Peripetie und Abstieg in diesem Lebenslauf oder in anderen zu erkennen versuchen und in ihm mit geringerem Recht Sinn und Bedeutung suchen. Was sich aber an Sinn erkennen läßt, ist kein metaphysischer, sondern ein psychologischer Zusammenhang. Hier hat an Stelle der metaphysischen Betrachtungsweise, die nach alter Philosophenweise das Wasser trübt, damit es tief erscheine, die metapsychologische Betrachtung im Sinne *Freuds* einzusetzen. Die Triebschicksale und die Gestaltung des Über-Ichs, die Wirkungen der Triebmächte und die der von ihnen ableitbaren Gewissensmächte werden hier wichtiger als das Walten überirdischer, unfaßbarer Mächte. Der Schleier ist weniger vom Transzendenten zu ziehen als von den Seelen. Nicht Schuld oder Unschuld kommt etwa in der Ausprägung des Schicksals, das hier dargestellt wurde, und so vieler, die darzustellen wären, zum Ausdruck, sondern die Wirkungen eines unbewußten Schuldgefühles, welches das noch schwache, noch unentwickelte Ich einst in der Kindheit erwarb und nicht loszuwerden vermochte.

Man soll sich einer endgültigen Aussage über das Weltgeschehen am besten entschlagen. Vielleicht ist sogar der Eindruck der prästabilierten Disharmonie, der konstruierten Unordnung, des durchgängigen Wirrwarrs unangemessen. Jedenfalls aber ist von einer ausgleichenden Gerechtigkeit nichts zu verspüren, es sei denn jener Kinderglaube in unserem unbewußten Seelenleben. Es ist an der Zeit, auch diesen aufzugeben. »Laß die heil'gen Parabolen, laß die frommen Hypothesen.« Was übrigbleibt, wenn man versucht, die »verdammten Fragen« ohne Umschweife zu lösen, ist eine Ahnung davon, wie tief die unbewußten Kräfte unseres Seelenlebens unser Schicksal mitbestimmen und wie abhängig wir noch immer sind von Anschauungen verschollener Ahnen, die längst Staub und Asche sind. Die Gläubigen, deren Mehrzahl heute außerhalb der Kirchen zu finden ist, erkennen in Schicksalswendungen besonderer Art das Wirken einer ausgleichenden Gerechtigkeit, unterscheiden Schuld und Unschuld. Die Einsichtigeren wissen, daß es sich um die gemeinsame Wirkung exogener Momente sowie seelischer Triebregungen handelt und daß dabei oft ein alter Wahn, eine nie völlig überwundene Illusion die Übermacht über das seelische Leben des einzelnen gewonnen hat. Die reine Freude am Glauben bleibt nur den Heiligen und einigen Professoren der exakten Naturwissenschaften vorbehalten.

Zur Psychogenese des Über-Ichs

Die Genese des Über-Ichs ist von *Freud* in klarer Weise dargestellt worden. Die Konzeption dieses Faktors und seiner psychischen Wirkungen ist in ihrer Bedeutung für das Seelenleben noch keineswegs voll gewürdigt. Zu solcher Würdigung rechne ich auch die Diskussion einiger wesentlicher Punkte, die der Klärung bedürfen. Dabei ist nicht zu erwarten, daß solche Erörterung völlige Klarheit bringen wird; sie wird eher den Charakter der psychologischen Erwägung haben. Wer weiß, daß in diesen Gängen der psychischen Unterwelt noch bis vor kurzem völlige Dunkelheit geherrscht hat, wird nicht erwarten, daß das erste Licht, das in sie dringt, alles erleuchtet. Es werden sich gewiß noch viele irrige oder ungenaue Beobachtungen ergeben, aber das enthebt der Forschungspflicht nicht. »Man muß auch den Mut des Fehlens haben«, sagte Jakob Grimm gelegentlich.

Die Über-Ich-Bildung, die *Aufnahme des Vaters ins Ich,* kann erst erfolgen, wenn der Widerstreit der aus dem Ödipuskomplex stammenden Regungen und der Angst eine bestimmte Intensität und eine bestimmte Gestalt gewonnen hat. Man hat nicht Unrecht, wenn man behauptet, die Über-Ich-Bildung sei eine psychische Folgeerscheinung der Kastrationsangst, aber diese Aussage erscheint zu unbestimmt. Die ursprüngliche Identifizierung des kleinen Knaben mit dem Vater wird durch die Aufnahme des Vaters ins Ich in der Form des Über-Ichs fortgesetzt. Es ist so, daß die Über-Ich-Bildung ein Versuch ist, die Angst vor dem realen Vater zu bewältigen, ein Versuch, dem andere vorausgegangen sind. Man hat noch zu wenig beachtet, daß die Konstituierung des Über-Ichs selbst zeigt, daß sie eine Reaktionserscheinung auf eine phantasierte Erledigung und Bewältigung des Vaters ist. Sie verewigt zwar die Macht des Vaters, aber ersetzt sie auch ein Stück weit, macht seine Wirkungen in einem gewissen Maße überflüssig, indem sie seine Machtsphäre übernimmt. Wer jene Verbote in sich aufgerichtet hat, bedarf des äußeren Vetos nicht mehr so sehr, das doch im Hintergrunde bestehen bleibt.

Es ist aufschlußreich, diesen psychischen Prozeß mit der *Bildung der Realitätsfunktion,* die ihm vorausgeht, zu vergleichen. Das der Wahrnehmungswelt zugewandte Ich erfährt äußere Reize, die Erinnerungsspuren hinterlassen und die das Ich später allmählich erkennen lassen, von welchem dieser Reize es Lust und von welchem es Unlust erwarten kann. Diese Erinnerung funktioniert dann bei der Annäherung an den Reiz wie ein Signal, wie ein Hinweis auf etwas Bekanntes. Das Ich erspart es sich allmählich, dieselben unlustvollen Erfahrungen immer wieder zu machen, durch die Erinnerung gewarnt. Ihr Auftauchen ist gleichsam ein abgekürztes, probeweises Wieder-Durchleben der verspürten Unlustsensation. Die äußere Erfahrung wird durch die Erinnerung an sie dem Besitz des Ichs einverleibt; ihre Wiederholung wird dadurch überflüssig gemacht.

Es gibt auch Mittelglieder zwischen diesem Erwerb des Realitätssinnes und der Über-Ich-Bildung. Ich greife das wichtigste davon heraus: die Warnungen der Eltern vor den möglichen Gefahren der Realität, die Hinweise auf Schädigungen, die Mahnungen, eine unmittelbare Triebbefriedigung aufzuschieben, usw. Späterhin werden diese Warnungen und Mahnungen durch zwei Momente zurückgedrängt und schließlich überflüssig gemacht: durch die wachsende Erfahrung des Ichs und durch die Introjektion der Eltern als Warner. In den Analysen verwöhnter

oder mit besonderer Sorgfalt erzogener Kinder erkennt man häufig die Umsetzung einer solchen äußeren Warnung in eine innere, wobei ihr Ursprung oft unbewußt bleibt. Die elterliche Warnung oder Mahnung hat sich jetzt in eine Mahnung des Ichs verwandelt. Die Selbständigkeit des heranwachsenden Kindes wird sich jetzt oft genug ärgerlich oder unwillig dagegen wenden, daß die Mutter oder der Vater es vor möglichen Gefahren warnt, und sagen: »Ich weiß das schon selbst.«
Wie in diesem Aufbau der Realitätsfunktion der Anteil, den die Eltern daran nehmen, allmählich zum inneren, unbewußten Besitz wird, der die Warnungen der realen Eltern überflüssig macht, so wird die elterliche Autorität im Aufbau des Über-Ichs und der Moral ein Stück weit erledigt. Dasselbe Phänomen, das von ihrem inneren Machtgewinn zeugt, läßt das Sinken ihrer äußeren Macht erkennen. Was hier zum inneren Sieg gelangt, mußte erst gründlich besiegt werden. Der Reaktionscharakter des Über-Ichs zeigt sich in dieser Inthronisierung der väterlichen Gewalt nach der Revolution. Man hat in den Kreisen der Analytiker die psychologische Tatsache noch zu wenig gesehen, daß sich das Ich in der Konstituierung des Über-Ichs des Vaters bemächtigt. Man hat nur den freilich wichtigeren Sachverhalt betont, daß sich darin der Vater des Ichs bemächtigt. Es ist nun nicht mehr der reale Vater, der gefürchtet und geliebt wird; es ist ein Stück Ich, vor dem die Furcht rege wird. Das Über-Ich, ein Teil des Ichs, sagt nun: »Du sollst nicht« – nicht mehr der reale Vater, der weit geringer erscheinen mag als dieser innere Faktor und an dem der kleine Knabe gelegentlich sogar scharfe Kritik üben kann. Es ist der Über-Vater im Ich, der gebietet und verbietet[1]. Es muß noch einmal betont werden, daß die Psychogenese des Über-Ichs einen Versuch darstellt, die Angst vor dem Vater zu überwinden. Zu gleicher Zeit ist zu bemerken, daß dem im Über-Ich transformierten Vater eine viel größere Macht und Bedeutung zugewiesen wird, als sie dem realen Vater um diese Zeit

zuerkannt wird. Am besten erscheint es, die Über-Ich-Bildung mit einem Konservierungsakte zu vergleichen. Die Voraussetzung dafür ist, daß das Objekt selbst tot ist, mag es dann in der veränderten Form noch durch Jahrtausende bestehen und Schauer und Angst erwecken. Die Über-Ich-Bildung bezeichnet also die Erledigung und Erhöhung des Vaters zugleich, gibt den Punkt an, von dem aus sein Fall zum Übergang seines stärksten Triumphes wurde.

Die Schwierigkeiten der psychologischen Erklärung in der individuellen Entwicklung lassen es gerechtfertigt erscheinen, auf die Analogie im kollektiven Seelenleben überzugehen und dies um so mehr, als das Über-Ich nach *Freuds* Erklärung alles das widerspiegelt, was die Biologie und die Schicksale der Menschen im Es geschaffen und hinterlassen haben. Der Urvater der primitiven Horde war ein mächtiger, gewaltsamer und gefürchteter Tyrann gewesen. Sein Untergang wurde nach Jahrhunderttausenden die Bedingung seines Aufstieges. Die Legendenbildung um ihn begann sicher schon zu seinen Lebzeiten, aber sie entwikkelte sich zu ihrer höchsten Ausbildung, je weiter man sich von seinem Tode entfernte. In der Erinnerung wuchs er wieder zum Urbild des Allgewaltigen. Nie stand seine Übermacht so strahlend vor seinen Söhnen als lange, nachdem sie sich von seiner Ohnmacht überzeugt hatten. Mit der zeitlichen Entfernung von seinem Verschwinden wurde sein Bild immer leuchtender. Je tiefer die Gewißheit, die Sicherheit wurde, daß er tot war, um so lebendiger wurde er in ihnen. Was sich allmählich von der Erde loslöste und an den Himmel rückte, mußte erst tief unter der Erde versenkt sein. Aus seinem Verwesungsprozeß wurde eine neue Welt, und aus dem Dunkel, in das er immer tiefer rückte, wuchs eine Helle, welche die Erde erleuchtete.

Auch hier wiederholt sich jener psychische Vorgang, durch den Fall und Aufstieg zu einem in sich geschlossenen Ereignis wird. In einer religionspsychologischen Arbeit »Ödipus und die

Sphinx« habe ich versucht, die *Projektion des Totemtieres an den Himmel* als den typischen Fall ihrer psychischen »Erledigung« aufzufassen[2]. Dort wurde dargestellt, daß sie in eine Zeit fällt, da die Religionsentwicklung tatsächlich bereits über den totemistischen Gottesbegriff zu andersartigen vorgeschritten war: »nun konnte sie die unbrauchbar gewordenen Totems in die überirdische Rumpelkammer werfen.« Dort wurde gesagt, daß das Höhersteigen des Gottes nicht nur ein Avancement, sondern unbewußt auch eine Entfernung und, wenn wir von der Erde ausgehen, einer Art geheimer Depossedierung bedeutete. In dieser neuen religiösen Vorstellung herrschen noch immer die alten psychischen Mechanismen, welche überhaupt in der Religionsbildung wirksam sind. Der Respekt, die Liebe und die Achtung vor der Gottheit sind auf den höchsten Punkt gestiegen; im gleichen Maße aber brechen die revolutionären unbewußten Wünsche, die seine Entfernung anstreben, durch. Dieser Vorgang bedeutet aber bereits eine zweite oder dritte Auflage eines ähnlichen, ihm weit vorangehenden. Bereits der Totemismus stellte einen durch den Verschiebungsmechanismus durchgeführten Versuch dar, die Angst vor dem Vater zu bewältigen. Ebenso kann man die Verschiebung der Angst in der infantilen Tierphobie als einen Versuch zur Angstbewältigung auffassen. Die Über-Ich-Bildung schließt sich nur als letztes Glied in dieser Kette an. Sie setzt die Tötung des Vaters in der Form der Ich-Einverleibung fort. Sie bezeichnet das Denkmal seines Sieges, aber auch das seines Unterganges, ist ein Wahrzeichen der Unsterblichkeit, aber auch der Vergänglichkeit seiner Macht. Sie verewigt ihn, indem sie ihn real zurückdrängt. Sie ist die Darstellung eines psychischen: *le roi est mort, vive le roi,* wobei der neue König das um das Über-Ich bereicherte Ich ist.
Es muß mit den hier dargestellten Zügen zusammenhängen, daß das Über-Ich mit dem *Älterwerden* des Individuums seine Strenge gewöhnlich *abmildert.* (Es gibt freilich Ausnahmen von

dieser allgemeinen Regel.) Die affektive Einstellung zum Vater wird durch partielle Erreichung der in der Kinderzeit gewünschten Ziele verändert; die Strebungen des Es sind weniger drängend geworden, und das Ich hat sich dem Vater abgeähnelt. Das absolutistische Regime verwandelt sich allmählich in ein demokratisches, das die Toleranz und die Schwäche zeigt, die allen Demokratien eigen sind. Die Gewaltherrschaft des Es und des Über-Ichs weicht einer maßvolleren Behandlung; die *non-violence*-Technik im Seelenleben hat gesiegt. Man kann diesen Vorgang der allmählichen Angleichung an den Vater und der sinkenden Strenge des Über-Ichs manchmal in der Analyse der Neurosen beobachten. In den Schicksalen vieler neurotischer Charaktere stellt sich mit vorrückendem Alter oft eine Art *späten Friedens* ein, der alle seelischen Krisen und Kämpfe abklingen läßt. Dieser Friede bezeichnet eher die psychische Zermürbung als den Sieg über die Macht jener oft bekämpften Triebregungen. Er bedeutet eher ein Asyl für seelisch Obdachlose als eine Wohnstätte. Dennoch läßt es sich nicht verkennen, daß solches Sicheinfügen und Sichunterordnen (oft nachdem das Über-Ich in Verbindung mit den grausamen Es-Regungen das Ich an den Rand des Verderbens geführt hatte) auch dem Absinken der Strenge der moralischen, selbstzerstörenden Faktoren des Ichs zu verdanken ist.

Eines jener nachdenklichen, noch in ihrer Heiterkeit schwermütigen Worte, die in meinem Volke fortleben, drängt sich hier auf: *»Was für ein Glück, daß nicht nur die Gejagten müde werden, sondern auch der Jäger!«* Das mag ein Trost für die Gehetzten sein. Es ist keiner mehr für diejenigen, welche mit gebrochenen Augen auf der Strecke geblieben sind. Diese wie jede andere Weisheit dieser Welt läßt sie nun ziemlich kalt.

Anmerkungen

Der unbekannte Mörder

1 Julius Glaser, Handbuch des Strafprozesses. Bd. I. Leipzig 1883, S. 738.
2 Erich Anuschat, Spuren in der kriminalistischen Praxis. Die Polizei, 5. April 1931.
3 Edmond Locard, die Kriminaluntersuchung und ihre wissenschaftlichen Methoden. Berlin 1930, S. 26.
4 Bercher, L'œuvre de Sherlock Holmes et la Police scientifique. Paris 1926.
5 A study in scarlet.
6 Weingart, Kriminalistik. Leipzig 1904, S. 109.
7 Der Chef des Lyoner Erkennungsdienstes, Dr. Edmond Locard, hat in einer instruktiven Studie ›Policiers de roman et de laboratoire‹ (Paris 1930), Gemeinsamkeiten und Unterschiede der Methoden scharf hervorgehoben.
8 Nach Hans Gross, Handbuch für Untersuchungsrichter. 5. Aufl. München 1908, Bd. I, S. 310.
9 Weingart, Kriminalistik, a.a.O., S. 157.
10 New York 1926, S. 231.
11 Zum Teil nach Weingart, Kriminalistik, a.a.O., S. 120, 181. Viele ähnliche Fälle in den bekannten Handbüchern von Gross, Nicefort-Lindenau, Reiss, Ottolenghi usw.
12 W. Schatz, Hilfsindizien. Kriminalistische Monatshefte, 1928, S. 271 ff.
13 Man vergleiche: Dennstedt, Die Chemie in der Rechtspflege. Leipzig 1910; Jeserich, Chemie und Photographie im Dienste der Verbrechensaufklärung, 1931; ferner die Beiträge von Popp, Schütze u. a. in: Archiv für Kriminalanthropologie; sowie Look, Chemie und Photographie bei Kriminalforschungen. Düsseldorf. Alle diese Schriften enthalten eine Fülle solcher Beispiele.
14 Edmond Locard, Die Kriminaluntersuchung und ihre wissenschaftlichen Methoden. Berlin, S. 125.
15 Der Altertumsforscher Fiorelli hat bekanntlich in der Asche von Pompeji Spuren von Kleidungsstücken gefunden, die so deutlich waren, daß man Zeichnung und Art der verwendeten Stoffe feststellen konnte.
16 Weingart, Kriminalistik, a.a.O., S. 111.
17 Zur kriminalpsychologischen Bedeutung des Verbrecherwerkzeugs. Archiv für Kriminalanthropologie, Bd. 52, S. 249 ff. »Im Allgemeinen«, bemerkt der

Autor, »kann man mit annähernder Genauigkeit aus den Qualitäten der Verbrecherwerkzeuge auf die psychischen Voraussetzungen der Tat schließen, um so mehr dann, wenn die Erhebungen und Nachforschungen dasselbe ergeben, was aus der Beschaffenheit entnommen und bestimmt werden kann.«

18 Henze, zit. von Weingart, Kriminalistik, S. 87.

19 Dieses wie einige frühere Beispiele von dem Berliner Kriminalkommissär Erich Anuschat, Spuren in der kriminalistischen Praxis, 1931.

20 Erich Anuschat, Die Gedankenarbeit des Kriminalisten. Berlin 1921, S. 44.

21 Gross, Handbuch, S. 187.

22 »Mit jedem Fortschritt der Kriminalistik fällt der Wert der Zeugenaussage und steigt die Bedeutung der realen Beweise«, sagt Hans Gross. (Vorwort zur 3. Aufl. des Handbuches für Untersuchungsrichter.)

23 »Your peculiar facility for deduction«, nennt es sein getreuer Watson (›The Greek Interpreter‹). Holmes selbst rühmt sich dieser »faculties of deduction which I have made my special province« (›The Adventure of the Copper breechers‹).

24 Kriminalistische Denklehre. Berlin 1927; ebenso weisen Locard, Anuschat u. a. auf Sherlock Holmes' Vorbild hin.

25 S. Bernfeld hat auf die Ähnlichkeit des analytischen Deutungsverfahrens und der kriminalistischen Arbeit hingewiesen. (Die Krise der Psychologie und die Psychoanalyse; Int. Zeitschr. f. Psa., Jg. XVII, 1931, Heft 2.)

26 Edmond Locard meint, der Kriminalist baue aus den Spuren die Person des Schuldigen auf wie der Erforscher der Vorgeschichte urzeitliche Lebewesen aus ihren Überbleibseln. (Die Kriminaluntersuchung usw., S. 200.)

27 D. F. Krüger, Begriff und Grenzen der kriminalistischen Kombination. Krim. Monatshefte, 1927, I.

28 Lothar Philipp, Kriminalistische Denklehre. Berlin 1927.

29 Anuschat, Die Gedankenarbeit des Kriminalisten, S. 7.

30 Lothar Philipp, Einführung in die kriminalistische Denklehre, S. 84. Der Satz ist übrigens nicht uneingeschränkt gültig, da es auch auf den Wert der Indizien ankommt, ihre Vieldeutigkeit in Betracht genommen werden muß usw.

31 Man vergleiche Schopenhauers berechtigte Zurechtweisung: »Der gesunde Mensch ist gar nicht in Gefahr, schlecht zu schließen, aber gar sehr, falsch zu urteilen. Falsche Urteile gibt es in Menge, hingegen falsche Schlüsse, im Ernst gemacht, sehr selten sind, sie können bloß einer Übereilung entspringen und werden berichtigt, sobald man sich besinnt. Die Schwierigkeit und die Gefahr zu fehlen liegt im Aufstellen der Prämissen, nicht im Ziehen der Konklusionen daraus, dieses erfolgt notwendig und von selbst, aber die Prämissen finden, das ist das Schwere.«

32 Goddard, The Hupa, zitiert von Th. Preuss, in: Archiv für Religionswissenschaft, IX, S. 102.

33 Polizeidirektor Tenner, Kriminaltaktische Grundsätze. Kriminal. Monatshefte, 1930, Heft 12.

34 Die Gedankenarbeit des Kriminalisten, S. 28.

35 Vgl. die gute Diskussion der Gutachten im Halsmann-Prozeß von W. Gutmann. Das Fakultätsgutachten im Falle Halsmann, Berlin 1931.
36 Wir wählen aus einer übergroßen Anzahl von Fällen irgendein beliebiges Beispiel dieser Art. Viele ähnliche in den Büchern von Sello, Alsberg, Hellwig usw.: Otto Götz wurde am 5. Dezember 1919 wegen Giftmordes an seiner Braut zum Tode verurteilt. Das Urteil ruhte in erster Linie auf dem Gutachten eines Apothekers als Sachverständigen, der – ohne von irgendeiner Seite Widerstand zu finden – behauptete, Zyankali sei als Abtreibungsmittel unbekannt. Es war ihm freilich unbekannt, daß alle Gifte, auch Zyankali, zu Abtreibungszwecken verwendet werden. Nachdem Götz neun Jahre im Zuchthaus gesessen hatte, wurde sein Fall wiederaufgenommen. Sein zweites Urteil am 27. Februar 1929 am Schwurgericht Augsburg lautete auf vier Jahre Zuchthaus wegen versuchter Abtreibung in Tateinheit mit fahrlässiger Tötung.
37 Kriminalpsychologie, S. 157.
38 Kriminalistische Monatshefte, I. Jg., Heft 5.
39 Die Art dieser Psychologie ist übrigens kaum stärker als die dieser Logik. Der Verteidiger argumentiert: Wenn (nach Meinung des Staatsanwaltes) nur Diebe nachts den Humboldtpark besuchen, warum geht denn überhaupt ein Dieb hin, da er doch nur Kollegen dort treffen kann? Die vielfache Motivierung menschlicher Handlungen kommt in einer solchen Betrachtung ebensowenig zu ihrem Recht, wie die nicht nur theoretisch bestehende Möglichkeit, daß auch Diebe einander bestehlen.
40 Auch Albert Hellwig (Kriminalistik als Lehre von den Spuren der Tat. Monatsschrift für Kriminalpsychologie, 12. Bd., 1921/22, S. 345) muß zugeben, »daß die Feststellung des Tatbestandes letzten Endes lediglich ein psychischer Prozeß ist«.
41 Philipp (Einführung in die kriminalistische Denkarbeit. Berlin 1927, S. 82): »Die restlichen Möglichkeiten prüfe man auf ihre psychologische Möglichkeit, wobei es allerdings nötig ist, daß man sich in die Psyche des vermeintlichen Täters hineinversetzen muß.«
42 Vgl. Reik, Geständniszwang und Strafbedürfnis.
43 Auf dem Londoner Gefängniskongreß im August 1925 sagte der oberste Richter Großbritanniens (Lord Chief Justice): »Lassen Sie uns nicht vergessen, daß die Hälfte aller zu harten Gerichtsurteile in dem mangelnden Einfühlungsvermögen, d. h. der Unfähigkeit der Richter, sich in die Seele des Täters hineinzuversetzen, ihren Grund hat.« Die Forderung nach psychologischer Ausbildung der Kriminalisten ist in den letzten Jahren so oft und so eindringlich erhoben worden, daß man – nach dem Resultat zu schließen – fast meinen könnte, sie stehe an Stelle ihrer Durchführung. Es erübrigt sich, hier Gewährsmänner aus den Kreisen der Richter und Anwälte anzuführen. Statt vieler soll nur eine Stimme gehört werden. (E. Sello, die Hau-Prozesse und ihre Lehren. Berlin 1908, S. 133 f.) »Wer als Strafrichter, Staatsanwalt oder Verteidiger mit der empirischen Alltagspsychologie auszukommen wähnt, hänge das Handwerk ruhig an den Nagel. Kein Beruf bedarf einer so strengen, wissenschaftlichen psychologi-

schen Schulung, theoretischer wie praktischer, wie der des Strafrechtsjuristen, denn keinem liegt die praktische Lösung gleich schwieriger und verantwortungsvoller Probleme ob. Er dürfte, so paradox es klingt, eher der Rechtswissenschaften entraten, als der Psychologie.«

44 In den ›Brüdern Karamasow‹. Schon in ›Radion Raskolnikow‹ heißt es von Porphyri Petrowitsch, er habe in seiner Verfolgung »gar nichts, keine Tatsachen, nichts Positives, nichts außer diesem Fieberwahn und außer der Psychologie, die ihre zwei Seiten hat.«

45 Vgl. Albert Hellwig, Zur Frage der Befangenheit des Angeklagten. Archiv für Krim.-Anthrop., 57, S. 274; derselbe, Befangenheit als Verdachtsgrund. Ebenda, 37, S. 377.

46 Vom vierten Band von Zolas ›Evangelien‹, der ›Justice‹ heißen sollte, sind nur wenige flüchtige und unvollständige Aufzeichnungen vorhanden. Er hätte, wäre er vollendet worden, sicherlich die Psychologie des Untersuchungsrichters ausgezeichnet dargestellt.

47 Ein paar Beispiele aus der Kriminalistik: Im Frenzel-Prozeß in Potsdam sprach der Staatsanwalt von den erotischen Beziehungen zwischen zwei (anwesenden) halbwüchsigen Mädchen als von »Schweinereien«. In dem Wiener Mordprozeß gegen Gustav Bauer, in dem die Entscheidung zum großen Teil von der Bewertung charakterologischer Indizien abhing, rief der Staatsanwalt dem Angeklagten voll Hohn zu: »Sie sind also der Mann, der zwei Frauen zu gleicher Zeit lieben kann!« Nicht alle Menschen antworten auf Fragen solcher Art in derselben ruhigen und unbeirrten Art wie der Arzt Dr. von Hirsch-Gereuth, der im Meineidprozeß Kolb als Zeuge einvernommen, gefragt wurde: »Haben Sie bemerkt, daß der Angeklagte im Zustande der Erregung bisweilen Worte gebraucht, die er nicht voll verantworten kann?« – »Das habe ich bei allen Menschen bemerkt«, antwortete der lebenskundige Arzt.

48 Der Verbrecher und seine Richter. Internationaler Psychoanalytischer Verlag, 1929.

49 »Die Analyse ist in den Gerichtssaal eingedrungen und wird von dort auf die Dauer nicht mehr verschwinden.« (Hugo Staub, Einige praktische Schwierigkeiten der psychoanalytischen Kriminalistik. Imago, 1931, Heft 2.)

50 Freud, Das Fakultätsgutachten im Prozeß Halsmann, sowie Erich Fromm, Ödipus in Innsbruck. Psa. Bewegung, 1930, Heft 1.

51 Gehalten Juni 1906 in Professor Löfflers Seminar an der Wiener Universität. (Ges. Schriften, Bd. X, S. 197 ff.)

52 Erich Fromm, Zur Psychologie des Verbrechens und der strafenden Gesellschaft. Imago, 1931, Heft 2.

53 Die Polemik gegen die oben dargestellte Auffassung einiger Analytiker erscheint mir auch deshalb notwendig, weil sie irrigen Anschauungen mancher Kriminalisten und Strafrechtslehrer nahesteht. Ein so ruhiger und verständiger Beurteiler der analytischen Beiträge zur Kriminalistik wie der Kölner Strafrechtslehrer Prof. G. Bohne findet es durchaus zutreffend, wenn die Psychoanalytiker annehmen, ihre Lehre werde die Kriminologie und Strafrechtswissenschaft in

einschneidender Weise beeinflussen. Die grundlegende Reform des Strafrechtes, an deren Anfang wir heute stehen, werde aber nicht in der Ersetzung der Strafen durch sichernde und bessernde Maßnahmen, auch nicht in der Erweiterung der richterlichen Ermessensfreiheit, sondern vielmehr in einer völligen Umgestaltung der Beweismethoden, in einer Verarbeitung psychologischer und naturwissenschaftlicher Erkenntnisse für das Beweisverfahren bestehen. Dieses Beweisverfahren werde nicht mehr wie früher auf den äußeren Hergang des zur Aburteilung stehenden Ereignisses, auf die materiellen Spuren der Tat beschränkt sein, sondern vor allem auf die innere Konstellation des Täters, auf die immateriellen psychischen Spuren erstreckt und damit der Strafzumessung dienstbar gemacht werden. (Psychoanalyse und Strafrecht. Archiv f. Strafrechtswissensch., 1929, S. 445.) Wir sind mit Prof. Bohne einverstanden, wenn er annimmt, die durch die Psychoanalyse notwendig gemachte Reform des Strafrechts werde am Beweisverfahren beginnen und nicht, wie viele Analytiker annehmen, im System der Bestrafung, des Strafvollzuges, der psychologischen Betrachtung des Täters usw. Dem verehrten Herrn Gegner gegenüber aber meine ich, daß diese Reform sich zuerst in der Zersetzung des bisherigen Beweisverfahrens auswirken wird. Dafür sprechen viele Zeugnisse: Dieses Buch über den stärksten Beweis des jetzigen Strafprozesses, den Indizienbeweis, reiht sich ihnen an. Die Argumente, die man gegen diese Zersetzung von seiten der Richter anführen wird und deren Bedeutung man keineswegs unterschätzen darf, werden den Eindruck nicht abschwächen, daß sie ein Rückzugsgefecht des untergehenden Strafrechtes darstellen. Es handelt sich nicht um eine »Änderung unseres durchaus ungenügenden Beweisrechtes« (Bohne), sondern um sein Verschwinden. Gegenüber Prof. Bohne sowie meinen analytischen Kollegen (E. Fromm u. a.) vertrete ich die Ansicht, daß die psychischen Spuren keinen Platz im Beweisverfahren beanspruchen dürfen. A. Hellwig hatte ebenfalls eingeräumt, daß die Psychoanalyse für verschiedene Aufgabenkreise der Strafrechtspflege Bedeutung gewinnen könne; so werde sie insbesondere für das Gebiet der Pönologie wichtig werden. (Psychoanalyse und Strafrechtspflege. Juristische Rundschau, 1930, Heft 3.) Derselbe Autor gibt neuerdings seiner Entrüstung darüber Ausdruck, daß in letzter Zeit Psychoanalytiker, »die mitunter nicht einmal Ärzte, geschweige denn Psychiater sind, als Sachverständige vor Gericht geladen werden« (A. Hellwig, Psychoanalyse und Strafrechtspflege. Juristische Wochenschrift, 23. Mai 1931.). Er weist auf die analytisch-kriminalistische Arbeitsgemeinschaft am Berliner Psychoanalytischen Institut hin, die eingerichtet wurde, »um Richter, Staatsanwälte und Verteidiger für die Lehren der Psychoanalyse zu gewinnen und sie zu veranlassen, in allen geeigneten Fällen an Stelle der psychiatrischen Sachverständigen Psychoanalytiker heranzuziehen.« Man darf ernsthafte Zweifel daran hegen, daß dies das Ziel jener kriminalistisch-psychoanalytischen Arbeitsgemeinschaft war. Hellwig meint übrigens, noch ein anderes ihrer Ziele zu erkennen: »Ja letzten Endes wird sogar erstrebt, die Organe der Strafrechtspflege psychoanalytisch so weit zu schulen, daß wir imstande seien, die Hilfe eines psychoanalytischen, aber auch die eines psychologischen oder eines psychiatrischen Sachverständigen zu entbehren.« Ich glaube dies nicht. Eher würde ich noch glauben, daß erstrebt wurde, die betreffenden Organe der Strafrechtspflege so weit zu schulen, daß wir imstande sind, sie, die Strafrechtspflege und ihre Organe, zu entbehren.

54 Die französischen Kriminalpsychologen haben diese psychische Konstellation besser verstanden als ihre deutschen Kollegen. So macht Edmond Locard (Policiers de roman et de laboratoire. Paris 1929, S. 145) darauf aufmerksam, daß ein anonymer Brief voll Obszönitäten fast nie von einer Prostituierten oder einem Lebemann stammt, ja kaum von einer Frau oder einem Mann mit normalem Sexualleben. Man könne den Beamten, die sich darüber verwundern, daß so schamlose Briefe von jungen »keuschen« Mädchen aus guter Familie geschrieben werden, geradezu sagen: »L'anonymographie est un brevet de virginité.« Natürlich handle es sich nur um körperliche Keuschheit, die sehr wohl mit phantasierten Orgien vereinbar wäre. Der bedeutende Kriminalist setzt hinzu: »Et je ne crois pas qu'on puisse trouver de meilleur illustration à la thèse de Freud, sans le nom de psychoanalyse, que cette prédominance de l'idée sexuelle dans des lettres où la personnalité s'exprime en se dissimulant.« Ein von Locard ausführlich dargestellter Fall dieser Art (S. 251 ff.) zeigt die vorzügliche psychologische Beobachtung des Lyoner Kriminalisten.

55 Freud, Dostojewski und die Vatertötung, in: Die Urgestalt der Brüder Karamasow. Leipzig 1930.

56 Die Versuchung, diesen Kompetenzbereich zu überschreiten, liegt nicht nur dem Psychologen, sondern insbesondere dem Richter, dem Staatsanwalt, dem Kriminalbeamten nahe. Neuerdings sind wieder komplizierte Versuche unternommen worden, psychologische Beweismethoden zur Lösung der Tatfrage auszuarbeiten, wie etwa die in ihrer Naivität manchmal geradezu rührende Bemühung des Leipziger Landgerichtsdirektors C. Leonhardt (Psychologische Beweisführung. Monatsschrift für Kriminalpsychologie und Strafrechtsform, 22. Jg., März 1931, 3. Heft).

57 Kriminalpsychologie, S. 228.

58 Weingart, Kriminalistik. Leipzig 1904, S. 123.

59 Der folgende Bericht nach Egon Erwin Kisch, Der Fall des Generalstabschefs Redl. Berlin 1924.

60 Hans Gross, Handbuch für Untersuchungsgefangene, 1. Teil, S. 21.

61 Wulffen, Kriminalpsychologie, S. 249.

62 Handbuch für Untersuchungsrichter, S. 21.

63 Weingart, Kriminalistik, S. 165.

64 »For murder, though it have no tongue will speak with most miraculous organs.« Hamlet II, 2.

65 Reik, Geständniszwang und Strafbedürfnis. Internationaler Psychoanalytischer Verlag, 1925.

66 Unlängst berichtete Pollke in den ›Kriminalistischen Monatsschriften‹ (Jg. 1928, Bd. 2, S. 205) folgenden ähnlichen Fall: Der Pole Michael Wolca, der bei einer Baustelle im Duisburger Wald Beschäftigung gefunden hatte, hatte am

2. September 1927 seinen Wochenlohn mit seinen Kollegen im Gasthaus vertrunken und verspielt. Nach dem Verlassen des Gasthauses ging W. zur Baubude des Unternehmers, wo die Arbeitskleider der ganzen Kolonne aufbewahrt waren. Er wollte die Kleider stehlen und verkaufen. Das Schloß der Hütte widerstand seinen Anstrengungen. W. stieg auf einen Holzballenstapel, der vor der Baubude stand. Er zwängte einen zirka zwei Meter langen Wuchtbaum zwischen Dach und Seitenwand der Hütte. Mit dessen Hilfe hob er nun das Dach so weit, daß er seinen Kopf und den rechten Arm durchzwängen konnte. Schon hatte er einige der Kleider, die an der Innenwand hingen, herausgezogen und auf den Boden geworfen, da kippte der Bohlenstapel um, und der Dieb verlor den Halt unter den Füßen. Das Dach schnellte in seine ursprüngliche Lage zurück, so daß W. zwischen Dach und Seitenwand der Bude hängen blieb. Er wurde tot aufgefunden.

67 »There is something of the worst in the best of us, there is something of the best in the worst of us.«

68 Kriminalpsychologie, S. 265.

69 Ein eigenartiger Diebsaberglaube in Europa und Asien. Arch. für Krim.-Anthrop., 1908, S. 302 f.

70 Neues zur Kotuntersuchung in Kriminalfällen. Archiv für Kriminologie, Bd. 84, Mai 1920, S. 14 ff.

71 Freud, Aus der Geschichte einer infantilen Neurose. Ges. Schriften, Bd. VII, S. 523.

72 Hellwig, Die Bedeutung des grumus merdae für den Praktiker. Archiv. f. Krim.-Anthrop., Bd. 23, S. 188 ff.

73 Kriminalistische Aufsätze. Archiv für Krim.-Anthrop., 1908, S. 302

74 Kriminalistische Aufsätze, S. 310.

75 Kriminalpsychologie, S. 235 ff.

76 Wulffen, Kriminalpsychologie, S. 237.

77 Kriminalpsychologie, S. 238.

78 Vgl. Freud, Jenseits des Lustprinzips. Ges. Schriften, Bd. XI.

79 F.M. Dostojewski hat diese unbewußten Tendenzen weit tiefer erkannt als die modernen Kriminalpsychologen. Petrowitsch im ›Raskolnikow‹ schildert das eigenartige Verhalten des Verbrechers einige Zeit nach der Tat »...er beginnt sich selbst vorzudrängen, beginnt sich hineinzumischen, wo man ihn nicht fragt, spricht in einemfort über Dinge, über die er im Gegenteil schweigen müßte, läßt allerhand Allegorien vom Stapel, kommt selbst und fragt, warum man ihn so lange nicht festnimmt...« Natürlich bezieht sich diese Schilderung nur auf einen bestimmten Verbrechertyp.

80 Petrowitsch kalkuliert: »Wenn ich nun einen solchen Herrn ganz allein lasse, ihn nicht festnehme und nicht beunruhige – aber er soll jede Stunde und jeden Augenblick wissen oder wenigstens ahnen, daß ich alles weiß, sein ganzes Geheimnis – Tag und Nacht ihn beobachten lasse, restlos über ihn wache, und wenn er sich bewußt unter eigenem Verdacht und in ewiger Angst fühlt – bei Gott, da wird er nicht aus und ein wissen, er wird tatsächlich selbst kommen...,

was dem Zweimalzwei bestimmt ähnlich sein wird, was sozusagen wie ein mathematisches Exempel aussieht...«

81 Erzählt nach A. Gleichen-Rußwurm, Weltgeschichte in Anekdoten und Querschnitten. Leipzig 1929.

82 »Dort drängt die Menge sich zum Bösen. Da muß sich manches Rätsel lösen.« (Faust, Walpurgisnacht).

83 Wer meint, daß diese Ansicht übertrieben ist, lese etwa, was ein hervorragender Rechtswissenschaftler selbst zu der Frage zu sagen hat: *Die Rechtsgeschichte ist noch zu einseitig Institutionsgeschichte.* Sie beschreibt Rechtseinrichtungen und Rechtsnormen. Sie bespricht den Werdegang und die Auswirkungen dieser Institutionen ... Mit einem Worte: Die Rechtsgeschichte ist zuviel Institutions- und zu wenig Geistesgeschichte. Läuft sie auf den heutigen Bahnen weiter, so gerät sie in Gefahr, eine Unsumme von Stoff zu häufen und zu beschreiben, aber Stoff ohne tiefes und festes geistiges Fundament ist tot. Die Rechtsgeschichte als Stoffgeschichte muß langsam auf ein totes Gleis laufen. Sie wird einen immer kleineren Kreis von Menschen beschäftigen, zuletzt nur noch den Rechtshistoriker selbst. Statt an der Erkenntnis des Menschengeschlechtes wird sie nur noch an der Erkenntnis des Rechtsstoffes arbeiten.« (Hans Fehr, Gottesurteil und Folter, Festgabe für Rudolf Stammler, zum 70. Geburtstag. Leipzig 1926, S. 231).

84 Die hier angedeutete Rückführung der Strafe auf ein Bußzeremoniell verdient eine eingehende Untersuchung.

85 Ch. Keysser, Aus dem Leben der Kaileute, in: R. Neuhaus, Deutsch-Neu-Guinea, Bd. III, S. 62 ff.

86 Auf die Analogie in den Symptomen der Zwangsneurose sei hier hingewiesen.

87 Über den Gegenstand gibt jetzt das Werk von I. G. Frazer, ›The Belief in Immortality and the Worship of the Dead‹ (London, 1913), ausführliche Auskunft.

88 M. Dobritzhoffer, Historia de Apibonibus. Wien 1784, Bd. II, S. 92, 240.

89 C. Gay, Fragment d'un Voyage dans le Chili et au Cuso. Paris 1848, S. 25.

90 K. von den Steinen, Unter den Naturvölkern Zentral-Brasiliens. Berlin 1894, S. 344, 348.

91 E. F. im Thurn, Among the Indians of Guiana. London 1884, S. 330 ff.

92 J. I. Monteiro, Angola and the River Congo. 1874, Vol. I, S. 65.

93 H. M. Bentley, Pioneering on the Congo. Vol. I, S. 275.

94 Father Abinal, Astrologie Madagasce. Missions Catholiques 1879, XI, S. 506.

95 Nach Erich Sello, Die Irrtümer der Strafjustiz und ihre Ursachen. Bd. I, Berlin 1911, S. 397 f.

96 Bronislaw Malinowski, Crime and Custom in Savade Society. London 1926, S. 87 ff.

97 Rev. J. H. Bernau, Missionary Labours in British Guiana. London 1847, S. 561.

98 R. Neuhaus, Deutsch-Neu-Guinea, Bd. III, S. 134.

99 George Brown, Melanesians and Polynesians, S. 197.

100 Stanbridge, On the Aborigines of Victoria. Transaction of the Ethnological Society, 1861, Bd. I, S. 299.

101 G. Taplin, The Narrinyerie Tribe, S. 19 f.

102 George Brown, Melanesians and Polynesians, S. 385 f.

103 A. W. Howitt, The Native Tribes of South-East Australia, S. 448.

104 J. Dawson, Australian Aborigines, S. 68

105 W. Bosman, Voyage de Guinée, 13e lettre, S. 227

106 W. Plehn, Beiträge zur Völkerkunde des Togogebietes. Mitteilungen des Seminars für orientalische Sprachen, Bd. III, S. 97.

107 Vgl. K. Lehmann, Das Bahrrecht. Germanist. Abhandl. f. Konrad v. Maurer, 1893, S. 23 ff.

108 Rud. His, Der Totenglaube in der Geschichte des germanischen Strafrechtes. Münster 1929, S. 15 f.

109 K. Lehmann, Das Bahrrecht, S. 42. – Eine Erinnerung an die Bahrprobe lebt noch im § 88 der deutschen Strafprozeßordnung, demzufolge dem Beschuldigten die Leiche zur Anerkennung vorzuzeigen ist. Bei dieser Gelegenheit wird natürlich der Versuch gemacht, den angeblichen Täter zum Geständnis zu bringen. (Hans Schneickert, Verheimlichte Tatbestände. Berlin 1924, S. 21.)

110 Richard der Dritte, I. Akt, 2.

111 Bei den Kpelle, einem Negerstamm in Liberia, wird dem Toten ein scharfes Messer in das Grab gelegt, damit er *seinen* Mörder töte. (Nach Dietrich Westermann, Die Kpelle. Göttingen 1921, S. I.80.)

112 Im altgermanischen Strafrecht wird der Ermordete vor Gericht getragen, die Verwandten begleiten den Leichnam mit gezogenen Schwertern und erheben das formelle Klagegeschrei. Es liegt nahe, anzunehmen, daß der Tote ursprünglich selbst der Kläger ist und seine Verwandten erst später sozusagen als sein Vormund auftreten. Auch Brunner (Deutsche Rechtsgeschichte, Bd. I, 1906, S. 252) ist ähnlicher Ansicht: »Nur so lassen sich die verschiedenen Funktionen des Toten im Rechtsgang, die Klage mit dem Toten, die Beredung des Toten, der Gewährschaftszwang auf den Toten, der Tote als Eideshelfer und als Zeuge und die Rolle des Toten bei der Bahrprobe unter einen einheitlichen Gesichtspunkt bringen.« – Vgl. ferner W. His, Der Totenglaube, S. 18. Hans Scheuer, Das Recht der Toten. Zeitschrift für vgl. Rechtswissenschaft, 34. Bd., 1916.

113 Handbuch für Untersuchungsrichter als System der Kriminalistik, I. Teil, S. 183.

114 Es ist beachtenswert, daß in Schillers Ballade die Szene auf dem Theater das unbewußte Geständnis des Verbrechers psychologisch vorbereitet.

115 Diese ursprüngliche Form ist natürlich hypothetisch angenommen; sie liegt den auf uns gekommenen Berichten, welche Schiller zur dichterischen Gestaltung anregten, zugrunde. Bekanntlich hat der Dichter den Stoff dem Wörterbuch des Suidas entnommen sowie je eine Stelle aus Plutarch und aus der griechischen Anthologie verwertet.

116 J. Dawson, Australian Aborigines, S. 68.

117 A. Oldfield, The Aborigines of Australia. Transactions of the Anthropological Society, Vol. II. 1865, S. 246.
118 Vgl. Ludwig Hopf, Tierorakel und Orakeltiere in alter und neuer Zeit. Stuttgart 1888.
119 G. P. Steinmetz, Rechtsverhältnisse von eingeborenen Völkern in Afrika und Ozeanien, S. 278.
120 Man vergleiche außer Wundts Völkerpsychologie Rudolf Kleinpaul, Die Lebendigen und Toten. Leipzig 1898, S. 12 ff.
121 Die Sage vom Tode des Ibikus von Rhegium hat ihre deutsche Parallele in der Erzählung vom heiligen Meinrad und seinen Raben. Die Vögel verfolgen den Mörder des Heiligen, erheben ein furchtbares Geschrei, fliegen um den Kopf und bringen so das Verbrechen zur Aufklärung.
122 Es hat eine magische Bedeutung für Hektor (Ilias XII. 329), wohin die Vögel sich wenden: »Ob sie rechts hinfliegen, zum Tagesglanz und zur Sonne / Oder auch links dorthin, zum nächtlichen Dunkel gewendet.«
123 Zu diesen Tieren gehört auch die Fliege. Die Brut der Leichenfliege *(Sarcophage Mortuorum)* nährt sich von Leichen. – In der Philisterstadt Ekron gab es (2. Kön. 12) ein Fliegenorakel, zu dem der israelitische König Ahasja schickt. Der als Orakel benützte Baalzebub ist der Herr der Fliegen. Bei den skandinavischen Stämmen der Germanen waren auch die Fliegen neben den Pferden und Vögeln Orakeltiere. (Hopf, Tierorakel und Orakeltiere, S. 115 ff.)
124 André Siegfried, Les Etats-Unis d'aujourd'hui. Paris 1928.
125 Es kann nicht unsere Aufgabe sein (es ist auch für unsere Zwecke unwesentlich), zu überprüfen, ob hier die dargestellte kriminalistische Schlußfolgerung richtig ist oder zu Einwänden berechtigt; es kommt uns lediglich auf die Rekonstruktion des psychologischen Prozesses an.
126 Vgl. A. Hellwig, Verwendung von Polizeihunden. Preußisches Kommunalarchiv. Bd. 2, S. 398 ff. – Friedo Schmidt, Verbrecherspur und Polizeihund. Augsburg 1910; sowie: Polizeihundeerfolge deutscher Schäferhunde und neue Winke für Polizeihundführer, Liebhaber und Behörden. Augsburg 1911.
127 Hier sei nur ein einziges Beispiel der Arbeit und des Erfolges von Polizeihunden angeführt, das ich A. Hellwig (Moderne Kriminalistik. Leipzig 1914, S. 33 f.) entnehme: »Auf dem Gute Dallmin in der Westpriegnitz war ein neunjähriges Mädchen in eine Tannenschonung gelockt und ermordet worden; am Abend fand man die Leiche. Am nächsten Morgen fuhren zwei Schöneberger Schutzleute mit ihren Polizeihunden ›Prinz‹ und ›Bolko‹ nach Dallmin, wo unterdessen schon ein Havelberger Polizeihund vergeblich versucht hatte, die Spur zu verfolgen. Witterung wurde an den Kleidern des Kindes gegeben. ›Prinz‹ führte, während es fortgesetzt schneite, durch die Schonung und dann zu dem Kutscherhaus des Gutes; von dort aus war die Spur des tiefen Schnees wegen nicht mehr zu verfolgen. Doch hatte man einen gewissen Anhalt, daß der Täter unter den Gutsleuten zu suchen sei. Verdächtig war ein Arbeiter wegen seiner Kratzwunden im Gesicht und ein sechzehnjähriger Gärtnerlehrling, der aber von dem Vater der Ermordeten und von dem Untersuchungsrichter für unschuldig gehal-

ten wurde. Dieser Lehrling wurde unter den Gutsleuten aufgestellt und dem Hunde darauf an dem unteren Teil der Schürze des Mädchens Witterung gegeben, da es sich offenbar um einen Lustmord handelte. Der Hund suchte zunächst im Zimmer herum; als er an den Lehrling kam, bellte er sofort und blickte abwechselnd seinen Führer und den Verdächtigen an. Der Lehrling beteuerte zunächst auch weiterhin seine Unschuld und gab an, er sei vom Hund nur deshalb gestellt worden, weil er beim Suchen nach der Leiche diese unter den Armen gefaßt und hochgehoben habe. Erst als man ihm vorhielt, daß der Hund nur an dem unteren Teil der Schürze Witterung erhalten habe, gab er das Leugnen auf. Er gestand auch, daß er das zur Mordtat benutzte Taschenmesser in der Schonung weggeworfen habe. Am nächsten Tag wurde in der Nähe des Tatortes ›Bolko‹ an den Händen des Mörders Witterung gegeben, worauf er nach kurzer Zeit das unter einer Tanne liegende Mordmesser apportierte.«

128 Diesen Märchenstoff hat bekanntlich Gustav Mahler für sein ›Klagendes Lied‹ verwertet.

129 Grimm, Kinder- und Hausmärchen, Nr. 28.

130 Monseur, L'os qui chante. Bulletin de Folklore, Bd. I, S. 39 ff., 89 ff., 2, 219 ff., 245 ff., 3, 35 ff.; S. Mackensen, Der singende Knochen, 1923. Schweizer Arch. f. Volkskunde, 25, 147.

131 Anton Mailly, Deutsche Rechtsaltertümer. Wien 1929, S. 195.

132 A. Schiel, 23 Jahre Sturm und Sonnenschein in Südafrika. Leipzig 1902, S. 228 ff.

133 S. Pinto, Wanderungen quer durch Afrika. Leipzig 1881, Bd. I, S. 121, 123.

134 W. E. Roth, North Queensland. Ethnograph. Bulletin, 9, Nr. 13.

135 K. W. Schmidt, in: J. D. Lang, Queensland, S. 360 f.

136 R. Salvado, Mémoires historiques sur l'Australia, S. 332 f.

137 L. Levy Bruhl, La Mentalité primitive. Paris 1922, S. 194.

138 Hugh Low, Sarawak, S. 262 f.

139 Albert A. C. Le Soulf, Notes on the Natives of Australia, in: R. Brough Smiths Aborigines of Victoria. Melbourne/London 1878, Vol. II, S. 289 f.

140 Man vergleiche ähnliche Beispiele bei Rudolf His, Der Totenglaube in der Geschichte des germanischen Strafrechts. Münster 1929, S. 16 f.

141 E. Hesselink, Ein verräterisches Eichenblattstückchen. Archiv für Kriminalanthropologie und Kriminalistik, 80. Bd., 1927, S. 55 ff.

142 Lorimer Fison und A. W. Howitt, Kamilaroi and Kurnai. Melbourne 1880, S. 250 ff.

143 Freud, Bemerkungen über einen Fall von Zwangsneurose. Ges. Schriften, Bd. VIII, und Totem und Tabu. Ges. Schriften, Bd. X.

144 Hubert und Mauss, in: Année sociologique. Bd. VII, 1904.

145 Frazer, The Magic Art. Bd. I., S. 120, 122 u. a.

146 A. E. Crawley, in: Encyclopaedia of Religion and Ethics. Vol. VI, S. 507, macht darauf aufmerksam, daß diese Periode annähernd mit Hilfe zweier Tatsachen abgegrenzt werden kann: Die kulturell tiefstehenden Australneger kennen kein Ordal, und die europäischen Völker haben das Gottesurteil im ausgehenden

Mittelalter verlassen.
147 A. H. Post, Afrikanische Jurisprudenz. Leipzig 1887, Bd. II, S. 149.
148 E. Peschuel-Loesche, Volkskunde von Loango. Stuttgart 1907, S. 112.
149 Die Gottesurteile bei den Bantuvölkern, Sudannegern und Hamiten. Weida i. Th. 1909.
150 Neben dem Abendmahl gehört auch die Brotprobe (judicium offae) in diese Gruppe; der Bissen mußte ungekaut geschluckt werden; bleibt er im Halse stekken, ist die Schuld offenbar. Felix Dahn (Studium zur Geschichte der germanischen Gottesurteile. München 1857, S. 13) ist der Meinung, das Abendmahl wurde zum Gottesurteil in Anlehnung an das heidnische Ordal des Probebissens umgewandelt. Er verweist auf den Ausdruck communicare, der ebenso von dem kommunizierenden Priester als auch von dem Brot und Käse verschluckenden Angeklagten gebraucht wird. Ein berühmtes geschichtliches Beispiel für die unter Provokation augenblicklichen Todes vollzogene Kommunion gibt der Bericht, wonach der Papst Gregor VII. in seinem Streit mit Kaiser Heinrich IV. das Abendmahl genommen hat, indem er plötzlichen Tod auf sich herabbeschworen, wenn er der von der kaiserlichen Partei ihm zur Last gelegten Verbrechen schuldig sei. – Zum Ordalcharakter des Abendmahles vgl. den Ausspruch des Radbertus, daß, wer das Fleisch Christi unwürdig esse und sein Blut unwürdig trinke, sich selbst das Gericht esse. (Benno Hilse, Das Gottes-Urteil der Abendmahlprobe. Berlin 1867, S. 50.): Der Angeklagte empfing die Hostie, nachdem er gesagt hatte: »Si aliter est quam dixi et juravi tunc hoc domini nostri Jesu Christi corpus non pertranseat gutter meun, sed haereat in faucibus meis, strangulet me suffocet me ac interficat me statim in momento.« (F. Dahn, Bausteine. Berlin 1879, Bd. II, S. 16.)
151 Müller, in: Globus, Bd. 81, S. 280.
152 De Compiègne, L'Afrique équatoriale. Paris 1875, S. 309, 320.
153 J. H. Johnston, Der Congo. Leipzig 1884, S. 375.
154 Encyclopaedia of Religion and Ethics. Vol. IX, S. 526 ff.
155 Vgl. Frazer, Pausanias. London 1898, IV, S. 175.
156 Zit. nach Encyclopaedia of Religion and Ethics, Vol. IX, S. 508.
157 Encyclopaedia of Religion and Ethics, Vol. IX, S. 526 ff.
158 Gouvernement Général de l'Afrique Occidentale Française. Notices publiées par le Gouvernement Général à l'occasion de l'Exposition Coloniale de Marseille. La Côte Ivoire. Corbeil 1901, S. 570–572.
159 Calabar and its Mission. Edinbourgh/London 1901, S. 34 ff.
160 A Journey in W. Issu-ch-uan. Royal Geographical Society. Suplementary Paper. London 1886, Vol. I, S. 70.
161 Peschuel-Loesche, Volkskunde von Loango. Stuttgart 1907, S. 434 f.
162 Das Erbrechen, d. h., das Herausgeben des Gefressenen ist das Vorbild des Geständnisses. Es ist sozusagen die primitive Form der Reue. Wer das Gefressene, den verzehrten Leichnam, »bei sich behält«, nicht erbricht, ist schuldig.
163 Die Psychoanalyse kann manche bisher unaufgeklärte Formen der Ordalien durch den Hinweis auf die Symbolik verstehen. So wird z. B. bei den Lattuka in

Afrika eine der ehelichen Untreue bezichtigte Frau gezwungen, eine glühende Lanzenspitze anzufassen. (Fr. Stuhlmann, Mit Emin Pascha ins Herz von Afrika. Berlin 1894, S. 781.)

164 Im Sinne des antiken und primitiven Denkens wird auch die Divination, durch welche etwa der Zauberpriester einen unbekannten Verbrecher ermittelt, durch eine Berührung ausgelöst. Der Geist des Toten hat von dem Priester Besitz genommen; der Zauberer ist von ihm besessen.

165 Das babylonische Wort für Eid Mamêtu kann auch für Fluch gebraucht werden. Ich muß im Sinne der Raumersparung für die folgenden Ausführungen auf die Beibringung von belegendem wissenschaftlichem Material leider verzichten.

166 Hermann Kurz in Germania, 15. Bd, S. 235.

167 Die amerikanischen Kriminalisten nennen eine bestimmte Art des Verhörs noch immer »the third degree«, der Slang umschreibt das Verhör eines Angeklagten mit »to put him on the grill«.

168 Dasselbe Phänomen konnte ich in der Genese und der weiteren Gestaltung einer anderen sozialen Institution studieren und darstellen: Je mehr der Glaube an das Dogma als Heilswahrheit schwand, um so schärfer und scharfsinniger wurde es präzisiert, um so größer wurde seine offizielle Bedeutung, um so spitzfindiger und ausführlicher wurde es bewiesen (Reik, Dogma und Zwangsidee. Stuttgart u. a. 1973).

169 Zumindest bin ich in der mir zugänglichen rechtshistorischen und rechtsvergleichenden Literatur keinem derartigen Hinweis begegnet.

170 Deutsche Rechtsaltertümer. Halthaus 172, 1607 u. a.

171 Über das Ergebnis der Beweisaufnahme entscheidet das Gericht nach seiner freien, aus dem Inbegriff der Verhandlung geschöpften Überzeugung (§ 261).

172 Albert Hellwig, Moderne Kriminalistik. Leipzig 1914, S. 89.

173 Ch. Keysser, Aus dem Leben der Kaileute, in: R. Neuhauss, Deutsch-Neu-Guinea, Bd. III.

174 Erich Sello, Die Irrtümer der Strafjustiz. Berlin 1911. – Albert Hellwig, Justizirrtümer. Minden 1914. – Theodor Rittler, Der Indizienbeweis und sein Wert. Schweizerische Zeitschrift für Strafrecht, 43. Jahrg., 1929. Vgl. ferner das reiche Material in den Schriften von Max Alsberg, Gross u. a.

175 »Was ist das Allgemeine? Der einzelne Fall. Was ist das Besondere? Millionen Fälle.« (Goethe.)

176 Der Bericht über den Fall, den Staatsanwalt Nemanitsch in: Gross, Archiv, Bd. VI, S. 272 ff., gegeben hat, gibt nur die Vornamen. Die hier hinzugefügten Namen sind erdichtet und nur im Interesse leichterer Darstellbarkeit angeführt.

177 Der Staatsanwalt Dr. August Nemanitsch, der diesen Strafprozeß im Archiv für Kriminalanthropologie, Bd. 6, 1901, dargestellt hat (»Ein fataler Indizienbeweis«), sagt, Juliane sei im Ort »als Tochter der Venus vulgivaga« verschrien gewesen. Von Gregor behauptet er dagegen, »der Mann hätte leicht sein Auslangen finden können, wenn er nicht zuviel dem Bacchus und der Venus gefrönt hätte.« So mythologisch drückten sich die Staatsanwälte um die Jahrhun-

dertwende aus, wenn sie Angeklagte zu beurteilen hatten.

178 Als Beispiel der so laut gewordenen Vox populi sei die Äußerung des greisen Franz Pürnagl angeführt: »Ich kann mich der festen Überzeugung nicht verschließen, daß niemand anderer als Gregor Adamsberger, um dem ewigen Drängen wegen Geld zu entgehen und die Mitwisserin seines Geheimnisses zu beseitigen, an Juliane Sandbauer Hand angelegt hat und wird diese Überzeugung von den meisten Bewohnern von Finkbrunnen geteilt. Ich wüßte auch nicht, wer außer Gregor Adamsberger an dem Tode der Juliane Sandbauer, die ja gar kein Vermögen besaß, ein Interesse hätte.« An der Aufrichtigkeit einer solchen Meinung ist auch dann nicht zu zweifeln, wenn man sich darüber verwundert, daß die Bauern von Finkbrunnen ein typisches Juristendeutsch sprechen.

179 Es war die Brandstiftung, deren ihn die Geschworenen gleichfalls schuldig gesprochen hatten, die ihn vor dem unvermeidlichen Todesurteil rettete. Die Kerkerstrafe für dieses Verbrechen konnte nach österreichischem Recht als Verschärfung der Todesstrafe angesehen werden, was durch das Gesetz verboten ist. Gregor wurde nicht zum Tode verurteilt, weil er mehr als den die Todesstrafe rechtfertigenden Mord begangen hatte. Die Anwendung des Gesetzes führt in ihrer strengen Logik gelegentlich zu nützlichen Konsequenzen.

180 Gross, Anmerkungen. Archiv für Kriminalanthropologie, Bd. VI, S. 290 ff. sowie: Ein fataler Indizienbeweis. Gegenbemerkungen zu den Bemerkungen in diesem Falle. Ebenda, Bd. VII, S. 323 ff.

181 Stooß, Ein fataler Indizienbeweis. Ebenda, Bd. VII, S. 312 ff.

182 Archiv, Bd. VI, S. 290.

183 Archiv, Bd. VII (1901), S. 327.

184 Bierling (Juristische Prinzipienlehre. Tübingen 1911, Bd. IV, S. 117) führt als Grundgedanken des Indizienbeweises zwei Erfahrungen an: Die erste besagt, daß aus einer einzelnen konkreten Tatsache niemals ein sicherer positiver Schluß auf eine andere konkrete Tatsache gezogen werden kann, wenn auch ihre Beweiskraft um so größer wird, je eigenartiger sie ist. Die zweite Erfahrung zeigt, daß mehere an sich wenig bedeutende Tatsachen, die unabhängig voneinander sind, unter Umständen eine sehr starke Wahrscheinlichkeit für eine andere, noch nicht festgestellte Tatsache begründen können.

185 Auch für den Indizienbeweis gilt mit einigen Einschränkungen, was Erich Kaufmann im Referat über Gleichheit vor dem Gesetz auf der Tagung deutscher Staatsrechtslehrer 1926 von der juristischen Technik behauptet hat, sie sei eine Hure, die jedem zu allem willig sei.

186 Eine Patientin erinnert sich, daß sie in einem Alter, das dem der Konfirmandin entspricht, gewöhnlich statt Südfrüchte Sündfrüchte las. Das Verlesen ist natürlich durch die unbewußte Erinnerung an die Bezeichnung »Früchte der Sünde« in schlechten Romanen bestimmt.

187 Auch im Leben sonst deuten wir mimische Zeichen, Betonungen, Gesten, die wir bewußt nicht apperzipieren, im Sinne der unbewußten Regungen der anderen und schlagen so eine Brücke zwischen dem Unbewußten des anderen zu dem unseren.

188 Der Verteidiger Neuda hat ihn in Katschers ›Schuldlos verurteilt‹ (Leipzig 1895, S. 74 f.) dargestellt. Ebenso Sello, in: Die Irrtümer der Strafjustiz, S. 212 f.
189 Dr. Neuda hatte die Nichtigkeitsbeschwerde gegen das Urteil eingebracht.
190 Sir George Grey, Journal of two Expeditions of Discovery in North-West and West-Australia. London 1841, Vol. II, S. 238.
191 J. G. Frazer, The Belief in Immortality and the Worship of the Death. London 1913, Vol. I.
192 S. Nachtigal, Sahara und Sudan. Berlin 1879, Bd. II, S. 686.
193 Eduard Pechuel-Loesche, Die Loango-Expedition. Stuttgart 1907, 3. Abt. 2. Hälfte, S. 335.
194 »Das Recht ist und bleibt ein verhältnismäßig ganz grobes Instrument, ein Beil, kein Rasiermesser oder Mikrotom« (J. J. Anossow, Tat und Täter. Monatsschrift für Kriminalpsychologie und Strafrechtsreform, 22. Jahrg., Sept. 1931, 9. Heft).
195 Der vorzügliche Artikel von J. J. Anossow, ›Tat und Täter‹ (siehe oben), bringt einige solcher Perspektiven der künftigen Strafrechtspflege.
196 Professor Meixner, zit. in W. Gutmann, Das Fakultätsgutachten im Falle Halsmann. Berlin 1931, S. 59.
197 »Erklären Sie mir, bitte, wie es kam, daß Dreyfus, wenn er wirklich ein Verräter wäre, sich so unbeliebt gemacht hätte, wie es hier behauptet wurde. Wäre er ein Verräter gewesen, so hätte er sich gewiß mit allen seinen Kameraden auf guten Fuß gestellt...« (Sept. 1889).
198 Von der psychischen Wirkung des Glaubens an die Allmacht der Gedanken zeugen auch die Selbstbezichtigungen verschiedener Art. Ihre analytische Untersuchung würde eine besondere Arbeit erfordern und lohnen.
199 »Rechtsprechung ist nicht nur rein juristisch-technische Kunst, ist auch Willensakt, ja in viel höherem Maße als jene.« Deinhardt, Erfahrungen und Anregungen zur Kunst der Rechtspflege. Jena 1909, S. 43.
200 Max Rumpf, Der Strafrichter. Berlin 1912, S. 98.
201 Handbuch für Untersuchungsrichter, I. Teil, S. 34.
202 So hat Calvin auf Grund äußerst scharfsinniger logischer Beweisführung in vier Jahren über fünfzig Personen aus theologischen Gründen hinrichten lassen. Luther meinte bei dieser Gelegenheit, daß »die Henker nicht die besten Doktores« seien.
203 Kein Geringerer als Emile Zola hat geschildert, wie sich aus kleinen Verdachtsgründen beim Untersuchungsrichter eine bestimmte Überzeugung bildet und sich gegen alle Argumente siegreich erhält, sogar Absurditäten in Kauf nimmt, Zufälle ausschließt, wo sie nicht in das gedankliche System passen, Unwahrscheinlichkeiten gelten läßt und alle widerstrebenden Momente in ihrem Sinne umdeutet (»La Bête Humaine«). Zola zeigt, wie ein Untersuchungsrichter dem Geständnis eines Mörders einen unbesiegbaren Unglauben entgegenbringt, weil einige Einzelheiten in dessen Erzählung nicht in das System passen. Der Untersuchungsrichter folgt seiner mit großem Scharfsinn aufgebauten und gestützten falschen Theorie mit der unbewußten Leidenschaftlichkeit, die Monomanen

zeigen. Der Vorgang des Verbrechers muß sich so abgespielt haben und nicht anders; auch hier wird der Glaube an die Allmacht der Gedanken für die Beweiserhebung verhängnisvoll.

204 Jetzt haben auch andere Beobachter unter dem Einfluß der analytischen Lehren auf die Wirksamkeit dieser unbewußten Triebregungen hingewiesen (z. B. Max Alsberg, Das Weltbild des Strafrichters. Berlin 1930). Sello (Psychologie der cause célèbre. Berlin 1910, S. 19) zitiert den Ausspruch eines erfahrenen Verteidigers während der Verhandlung eines sensationellen Mordprozesses: »Die Sache steht schlecht, es ist zuviel Blut darin.« Dieses Zuviel bezieht sich auf den Richter; auch seine Phantasie hat Blut geleckt. – Der wahnsinnige Lear erkennt, daß im Richter dieselben Triebkräfte, die im Verbrechen ihre Befriedigung fanden, in der Urteilsbildung latent wirksam sind: »Sieh, wie jener Richter auf den einfältigen Dieb schmält! Horch' unter uns: den Platz gewechselt und die Hand gedreht, wer ist Richter, wer ist Dieb?«

205 Der Verteidiger Max Alsberg bemerkte, es sei unter deutschen Richtern nicht selten der Aberglaube anzutreffen, »das Eingeständnis, die zur Verurteilung erforderliche Überzeugung nicht gewinnen zu können, diskreditiere über den Einzelfall hinaus die ganze Strafrechtspflege«. Der Anwalt setzt hinzu: »Ich schöpfe nicht aus dem hohlen Faß, wenn ich offen ausspreche, daß es Richter gibt, die in einer Freisprechung ein Armutszeugnis erblicken, das man nicht ausstellen könne ohne das bittere Gefühl, der Strafrechtspflege in ihrer Gesamtheit zu schaden.« (Zitiert nach Rudolf Olden und Josef Bernstein, Der Justizmord an Jakubowski. Berlin 1928, S. 6. Die Gelegenheit soll nicht vorbeigehen, ohne das Studium dieses kleinen Buches demjenigen, der sich für den Indizienbeweis interessiert, zu empfehlen.)

206 Man erzählt, daß der Löwe, der einen Sprung getan und sein Opfer nicht erreicht, beschämt von dannen zieht. Etwas von dieser Scham lebt unbewußt in dem Richter, der einen Angeklagten freisprechen muß, weil der Indizienbeweis nicht ganz gelungen ist. Gegen die Annahme einer solchen unbewußten Gesinnung des Richters, Staatsanwalts usw. werden gewiß manche Einwände geltend gemacht werden können. Manche Beobachter leugnen freilich auch jenen Kleinmut des Löwen in der bezeichneten Situation, aber nur wenige dürften behaupten, daß der Löwe befriedigt, sein Opfer schonen zu können, nach dem Fehlsprung froh seines Weges geht.

207 Hirschberg gibt (Zur Psychologie des Wiederaufnahmeverfahrens. Monatsschrift für Kriminalpsychologie, 21. Jahrg., 7. Heft, 1930, S. 407) viele Beispiele solchen Sträubens gegen das berechtigte Wiederaufnahmeverfahren, ebenso Sello (Die Irrtümer der Strafjustiz, Bd. I. Berlin 1911, S. 462). Im gleichen Sinne spricht sich Alsberg (Justizirrtum und Wiederaufnahme. Berlin 1913, S. 47 ff.) aus. – Der Richter betrachtet es, wie Hirschberg meint, als eine moralische Niederlage, »wenn er anerkennen soll, daß der Staat an einem Nichtschuldigen die Vernichtung vollzogen hat«.

208 Ich glaube: Alfred Polgar.

209 Im Februar 1911 wurde der Fleischer Eduard Trautmann wegen Ermor-

dung der Arbeiterin Emma Sander verurteilt. Der Staatsanwalt verlangte von den Geschworenen auf Grund eines lückenlosen Indizienbeweises die Todesstrafe für Trautmann mit den Worten: »Vernichten Sie diese Bestie in Menschengestalt!« Sechzehn Jahre später, nach sechzehn Jahren Zuchthaus, wurde Trautmann freigesprochen. Es hatte sich herausgestellt, daß die Sander ein Opfer des Wütens des Massenmörders Karl Denke gewesen war, der zwanzig Morde verübt hatte, bevor die Kriminalisten seine Spur fanden.

210 Wie bereits angedeutet, stellt es vermutlich eine rationalistisch umgearbeitete Wiederkehr jenes Charakters der Indizien dar, wenn die Kriminalpolizei jede Berührung der Indizien im Interesse der »Spurensicherung« verbietet.

211 Manchmal in der Form, daß wir Menschen umgebracht haben könnnten, ohne es zu wissen. Wo die Realitätsprüfung beim Auftauchen solcher Gedanken verloren geht, kann es zu wahnhaften Bildungen von großer Resistenz kommen. Arthur Schnitzler hat in seiner letzten Novelle »Die Flucht in die Finsternis« (Berlin 1931) eine vorzügliche Darstellung des Übermächtigwerdens solcher Gedanken gegeben.

212 Auch die Eile in der Verbrechensaufklärung ist durch rationelle Momente allein nicht erklärbar und bezeugt die unbewußte Wirksamkeit jener affektiven Tendenzen des Kriminalisten. Im Anfang einer Detektivgeschichte von Conan Doyle ›The Naval Treaty‹ wird ein solcher psychologischer Zusammenhang unversehens deutlich. Sherlock Holmes äußert, mit der Aufklärung eines Verbrechens betraut, plötzlich: »I suspect myself...« – »What?« – »Of coming to conclusions too rapidly.«

213 Freud bemerkt, es sei nicht zufällig, daß drei Meisterwerke der Literatur aller Zeiten das gleiche Thema der Vatertötung behandeln (Dostojewski und die Vatertötung, S. XXVIII). Es ist hinzuzufügen, daß – ebensowenig zufällig – die Entdeckung und Überführung des unbekannten Mörders einen wesentlichen Teil der äußeren und inneren Handlung des Sophoklesschen Ödipus, des Hamlets Shakespeares und der Brüder Karamasow Dostojewskis bildet. Es ist des Nachdenkens wert, welche Mittel der Verbrechensaufklärung in diesen Werken erscheinen (Orakel, Ordal, Indizienbeweis) und wie verschieden die Kriminaltaktik in der Ermittlung des Täters vorgeht. (»Wie finden wir die Spur der längst verjährten Schuld?« Ödipus, I.) Eine eingehende analytische Untersuchung würde zeigen können, in welchen Formen sich der Glaube an die Gedankenallmacht bei den drei Dichtern verbirgt und verrät.

214 Die Hervorhebung eines gemeinsamen Problems in den früher angeführten Meisterwerken zeigt, daß ich die so verbreitete Verachtung der Kriminalliteratur nicht teile. Wie ich glaube, ist diese Meinung auf die Wirkung bestimmter unbewußter Faktoren zurückzuführen. Nicht nur die drei angeführten Werke erweisen, daß viele der hervorragendsten Werke der Weltliteratur als Kern eine Kriminalgeschichte haben. Diese ist oft nur eine andere Form der Darstellung der wichtigsten Probleme, wenn die verbotene Tat ausgeführt ist und die Sphinxfrage lautet: »Wer ist der Täter?«

215 Deutsche Übersetzung: Der Fall der Margaret Odell. Berlin 1931.

216 Wir benehmen uns in dieser verborgenen Erwartungsvorstellung ähnlich wie die Wilden, die zwar zugeben müssen, daß dieses Krokodil den A. getötet habe, aber sagen, der Zauberer B. habe dem Krokodil den Auftrag zu der bösen Tat gegeben.
217 »Death do tell tales.«

Der Schrecken

1 Zur Psychoanalyse der Kriegsneurosen. Wien 1919.
2 Jenseits des Lustprinzips (1920). Ges. Schriften, Bd. VI.
3 In der von mir sorgfältig durchgesehenen medizinischen Literatur über traumatische Neurosen habe ich ebensowenig wie in den allgemeinen Lehrbüchern der Nervenkrankheiten eine Annäherung an die folgende Hypothese finden können. Der obige Aufsatz ist 1924, also vor der Publikation von Freuds »Hemmung, Symptom und Angst« geschrieben. Die Schrift Freuds hat gezeigt, in wie vielen Punkten die hier niedergelegten Anschauungen einer Modifizierung bedürfen und in wie vielen sie sich mit denen Freuds decken.
4 Traumdeutung. Ges. Schriften, Bd. II, S. 222.
5 20. Année, 1895: Egger, La durée apparente des rêves; Le Lorain, Le rêve D..., L'appréciation du temps dans le rêve.
6 Gesammelte Schriften, Bd. II, S. 385.
7 Zitiert nach Dr. R. Liertz, Harmonien und Disharmonien des menschlichen Trieb- und Geisteslebens. 1925, S. 196.
8 Die spezielle Literatur der traumatischen Neurosen zeigt zahlreiche Beispiele ähnlicher Situationen, die zur Krankheitsveranlassung wurden. Wir wollen Oppenheims Lehrbuch der Nervenkrankheiten (6. Aufl., Bd. II, S. 1538) nur folgende Bemerkung entnehmen: »indes kann jede andere Verletzung, selbst solche, die nur einen peripheren Körperteil (Hals, Fuß usw.) trifft, das Leiden im Gefolge haben... Einigemale sah ich z. B. schwere Neurosen nach gewaltsamem Sturz oder Stoß gegen die Kuppe eines Fingers oder auch nach lange dauernder Abklemmung eines Fingers eintreten.« – Die obigen biographischen Daten über A. Maury entnehme ich dem Artikel »La durée apparente des rêves« von Victor Egger (Revue philosophique, 1895). Der Autor berichtet dort (S. 45), daß »le rêve de la guillotine a eu lieu vers 1840; Maury né en 1817, avait vingt trois ans; c'était l'epoque ou il étudiait simultanément le droit, la médecine et en géneral, toutes les sciences.« Leider konnte ich trotz eifrigen Suchens in den Pariser Bibliotheken keine näheren belangreichen biographischen Daten über Maury finden.
9 Die Bedeutung der Kastrationsangst für dic Entstehung der traumatischen Neurosen wurde bereits von Sadger dargestellt. Auch die Erfahrungen Simmels bezeugen diesen für den Nicht-Analytiker schwer erkennbaren Zusammenhang.
10 »Geständniszwang und Strafbedürfnis«, 1926. Neuausgabe in Psychoanalyse und Justiz. Frankfurt 1974.

11 Das Ich und das Es. Ges. Schriften, Bd. VI.

12 Es braucht kein Geist aus dem Grabe der alten Bewußtseinspsychologie herzukommen, um uns zu mahnen, daß solche Ausdrucksformen dem Traum fremd sind. Wir wissen auch, daß wir uns streng genommen einer falschen, dem Bewußtseinsbereich entnommenen Sprache bedienen, wenn wir die Funktion des Traumes als die der Wunscherfüllung bezeichnen. Eigentlich müßten wir jedesmal sagen: wenn es möglich wäre, die sich im Traume abspielenden psychischen Prozesse in der Sprache des Bewußtseins zu beschreiben, müßten wir behaupten, es gehe im Seelenleben des Träumers etwas vor, das wir nur als diesen oder jenen Wunsch fassen können. Allein der von den Philosophen formulierte Einwand kann nicht das Wesentliche der analytischen Theorien treffen. Der Psychoanalytiker kann ebensowenig für die Unzulänglichkeit und Ärmlichkeit der menschlichen Sprache verantwortlich gemacht werden wie für so viele andere Unzulänglichkeiten, die ihm zur Last gelegt werden.

13 Einer meiner Patienten berichtet, daß er kurz nach dem Tode seines Vaters, in der Nacht aus schwerem Schlafe erwachend, den außerordentlich lebhaften Eindruck hatte, den Vater, als Vagabunden gekleidet, neben seinem Bette stehen zu sehen. Dabei war die Kenntnis, der Vater sei gestorben, erhalten. (Zur Deutung: wahrscheinlich Nachklang aus einem Traum. Der Vater hatte der Mutter oft, als der Patient noch ein wilder und renitenter Junge war, im Ärger zugerufen: »Wirf den kleinen Vagabunden hinaus!«) Diese Halluzination war gewiß ein außerordentlich unheimlicher Eindruck, auf den er mit starkem Angstgefühl, Herzklopfen und Zittern reagierte. Trotz aller Lebendigkeit der Vision, die von dem Patienten immer wieder betont wurde, muß doch ein Zweifel an ihrer Realität fortbestanden haben, denn der Patient kniff sich schmerzhaft in die Wangen und riß sich an den Haaren, um sich zu überzeugen, ob er schlafe oder wache. Ein solcher Zweifel, der erst der Bestätigung durch die eigenen Körpersensationen bedarf, ist im traumatischen Unfall wohl durch die Evidenz der Körperempfindungen ausgeschlossen, er kann ihm aber nachfolgen.

14 Jenseits des Lustprinzips (Ges. Schriften, Bd. VI, S. 222) – Vielleicht ist die Vermutung nicht ungerechtfertigt, daß die Unlust der mechanischen Erschütterung durch Affektumkehrung jener Lust, welche das Kind am passiven Bewegtwerden (Gehoben-, Niedergelassenwerden usw.) verspürt, zustande gekommen ist. Die Verfolgung dieser psychologischen Entwicklung führt vielleicht bis zum Intrauterinzustand zurück.

15 Die Psychoanalyse hat ja dargestellt, wie es zur psychischen Bildung solcher höherer Mächte kommt. Weltanschauungsfragen sind nicht Sache der wissenschaftlichen Forschung. Wenn hier die Fortdauer unserer seelischen Abhängigkeit bis tief in die Reifezeit, ja streng genommen, bis an unser Lebensende betont wurde, so hat dies nichts mit metaphysischen Problemen zu tun, sondern bedeutet das Konstatieren von psychischen Tatsachen. Solche Feststellung kann schwerlich dazu benützt werden, jene alten Überzeugungen selbst als ewig und unerschütterlich anzusehen. (Eher schon – woferne hier eine Ansicht zu äußern gestattet ist – dazu, sich darüber zu verwundern, wie wenig weit sich die Krone

der Schöpfung, wie sich der Mensch mit Vorliebe bezeichnet, von den übrigen Säugetieren entfernt hat.)

16 Es gibt auch einen »freudigen« Schreck, d. h. jene Gefühlsreaktion, die wir verspüren, wenn etwas, was wir einmal gehofft haben und woran wir nicht mehr glauben konnten, plötzlich Realität wird.

17 Freud hat diese Auffassung selbst schon als möglich in Betracht gezogen, wenn er sagt: »Sollten wir durch die Träume der Unfallsneurotiker nicht an der wunscherfüllenden Tendenz des Traumes irre werden, so bleibt uns etwa noch die Auskunft, bei diesem Zustand sei wie so vieles andere auch die Traumfunktion erschüttert und von ihren Absichten abgelenkt worden, oder wir müßten der rätselhaften masochistischen Tendenzen des Ichs gedenken.«

Libido und Schuldgefühl

1 Ein rumänisches Sprichwort sagt: »Wovor du davonläufst, das läuft dir nach.«

2 Deshalb dürfen die Gläubigen den Fall des Menschen inbrünstig als »Felix culpa« besingen.

Über den Zusammenhang von Haß und Angst

1 Es ist erwähnenswert, daß der Haß die Nähe des Objektes sucht wie die Liebe. So wie sich noch in der platonischen Neigung Spuren der Tendenz, sich dem Objekt anzunähern, finden, ebenso in der sublimiertesten Haßregung. Auch der »Haß auf Distanz« scheint den Menschen ganz zu mißfallen.

2 In der Analyse mancher Liebesbeziehungen erhält man den Eindruck, daß der Haß gegen das Objekt aus der Angst herrührt, welche auf die Abhängigkeit des Ichs von ihm reagiert. Der Haß erscheint so als eine psychische Reaktionserscheinung auf starke masochistische Tendenzen. In einigen Fällen erkennt man, daß der Haß, mit dem Frauen auf die Annäherung eines bestimmten Mannes reagieren, eine seiner Quellen in jener Angst hat, die sie erwarten läßt, in der Beziehung mit ihm viel Leid zu erfahren. Ein Motiv dieses scheinbar unbegründeten Hasses ist also die Angst für die Erhaltung und Behauptung des Ichs, ursprünglich: die Angst vor dem Überwältigtwerden. (Man vergleiche die frühere, tiefer führende Erklärung aus Angst aus dem Sträuben gegen Regungen aus den Todestrieben.)

Der Traum von der Theorie des Gedächtniszwanges

1 Es muß an der Traumbildung auch der Wunsch mitbeteiligt gewesen sein, Gelegenheit zur psychoanalytischen Forschung an wirklichen Verbrechern zu ha-

ben. Über die psychischen Möglichkeiten des Mordes, die ich hier in mir finde, habe ich mich nicht so entsetzt, als man hätte erwarten sollen. Samuel Butler sagte, als er einen Mörder an ihm vorüber zur Exekution führen sah: »Here but by the grace of God goes Butler.« Die meisten Strafrechtstheoretiker, Richter und Staatsanwälte scheinen entweder solche psychische Möglichkeit für ihre Person für ausgeschlossen zu halten oder ein besonders ausgeprägtes Gottvertrauen zu besitzen.

2 »Anders ausgedrückt: der Geständnischarakter des Traumes, der uns als Ganzes entgegentritt, wird durch die Umsetzung, welche die latenten Traumgedanken in der Traumarbeit erfahren, bewirkt und bezieht sich nur auf diese psychische Schicht der Gegenbesetzungen. Die Tatsache, daß eine solche Traumentstellung notwendig war, ergibt die Mitwirkung des Geständniszwanges in der Traumbildung.« (Geständniszwang und Strafbedürfnis, S. 65.)

3 Die psychische Verbindung dieser starken Tendenz mit anderen geht aus der fragmentarischen Traumanalyse hervor. Und wenn sie sagen: ›Ich bin gerecht‹, so klingt es immer gleich wie: ›Ich bin gerächt‹« (Nietzsche, Also sprach Zarathustra).

Verzeihung und Rache

1 Vgl. Freud, Die Verneinung. Ges. Schriften, Bd. XI.

2 Gegenüber allem humanitären Geschwätz, das so beredt verkündet, daß der Mensch gut sei, und das von seinen Fortschritten schwärmt, sei das aufrichtige und von moralischem Mut geführte Bekenntnis Heinrich Heines hierher gesetzt: »Ich habe die friedlichste Gesinnung. Meine Wünsche sind: eine bescheidene Hütte, ein Strohdach, aber ein gutes Bett, gutes Essen, Milch und Butter, sehr frisch, vor dem Fenster Blumen, vor der Tür einige schöne Bäume und, wenn der liebe Gott mich ganz glücklich machen will, läßt er mich die Freude erleben, daß an diesen Bäumen etwa sechs oder sieben meiner Feinde aufgehängt werden. Mit gerührtem Herzen werde ich ihnen vor ihrem Tode alle Unbill verzeihen, die sie mir im Leben zugefügt haben. Ja, man muß seinen Feinden verzeihen, aber nicht früher, als sie gehenkt werden.« (Gedanken und Einfälle)

3 Eine ähnliche seelische Situation zeigt Freud in der Psychogenese des tendenziösen Witzes. (Der Witz und seine Beziehung zum Unbewußten. Ges. Schriften, Bd. IX.)

4 Die oben geschilderten Stimmungen, welche der Abwehr der motorischen Racheaktion sowie der Objektintrojizierung folgen, sind auch in der Dichtung, z. B. in der Gestalt des Prinzen Hamlet aufzeigbar. Gerade dieses Drama wird für den Analytiker ein Beispiel der psychischen Wirkungen der abgewehrten Rachetendenzen. Die Melancholie sowie das Schuldgefühl des Prinzen werden in dieser Beleuchtung klarer.

5 Der Moses des Michelangelo. Ges. Schriften, Bd. X.

6 »Ein Kind wird geschlagen.« Ges. Schriften, Bd. V.

7 Vgl. Anna Freud, Schlagephantasie und Tagtraum. Imago, VIII (1922), Seite 317 ff.

8 Ich habe Gründe anzunehmen, daß die besondere Art grausamer Selbstironie, welche die Witze der Juden über die Schwächen und Mängel ihres eigenen Volkes aufweisen, aus einer ähnlichen Einstellung stammt, an der die von außen gelegene Unmöglichkeit, Rache an ihren Feinden zu nehmen, einen entscheidenden Anteil hatte. Hier ergibt sich das Beispiel einer völkerpsychologischen Erscheinung, welche die hier dargestellte psychische Dynamik bestätigt: die von außen kommende Beleidigung oder Verletzung, die durch die reale Übermacht des Gegners bedingte Unterdrückung der Rache, die Introjektion des gehaßten Objektes ins Ich und das Wüten gegen dasselbe. Das Besondere des interessanten Phänomens ist aber, daß sich nun die Aggression gegen dieses Ich Ausdruck schafft in jenen Witzen, welche die eigenen Schwächen und Fehler so erbarmungslos geißelten und mit denen verglichen die Verhöhnung der Juden seitens der Wirtsvölker wie plumpe oder brutale Schwänke erscheinen. Die besondere Schärfe und Treffsicherheit des Judenwitzes gegen die Juden ist gerade durch die Unterdrückung der Rache mitbedingt, denn diese Rache ist im Geheimen in ihm enthalten. Der Judenwitz gegen das eigene Volk trifft ins Herz, der Angriff der Wirtsvölker, so roh und gewaltsam er auch sein mag, verletzt kein edleres Organ. Nur selten kommt es von dieser zweiten Entwicklungsphase der Aggression aus zur dritten, in der nicht mehr das (veränderte) Ich, sondern wieder das äußere Objekt, der Beleidiger, angegriffen wird. Auch für diese Hemmung wird die andauernde Übermacht des Objektes bestimmend sein. Es kann indessen nicht verkannt werden, daß bereits in der Aggression, welche der jüdische Witz gegen das eigene Volk richtet, die Wirtsvölker in latenter Art, doch für das Unbewußte erkennbar, mitgetroffen werden. Die besondere Art dieses Witzes zeigt noch in der Selbstdemütigung und Selbstparodie den unterdrückten Aufruhr, trifft noch in ihrer Wendung gegen das Ich das ins Ich aufgenommene Objekt, als wolle sie sagen: »Seht her, was wir durch euch und eure Schuld geworden sind! Seht her, zu wie kläglichen, schwachen und verängstigten Kreaturen ihr uns gemacht habt!« Ohne Verständnis der hier dargestellten seelischen Mechanismen, die erst mit Hilfe der Psychoanalyse erschlossen werden, wird eine Psychologie des Judenwitzes immer an der Oberfläche bleiben. (Vgl. meine Arbeit: Zur Psychoanalyse des jüdischen Witzes. Imago, 1929, Heft 1.)

9 Es ist dem Psychologen verständlich, daß solche Wortausbrüche einen verbalen Ersatz der Aktion bilden. Sie nähern sich magischen Handlungen, mit denen sie sich übrigens gerne vergesellschaften. Man braucht nur auf viele alte Volksgebräuche dieser Art hinzuweisen, die dem Gebiete der »schwarzen Magie« angehören. Es ist nicht erstaunlich, daß man gelegentlich denselben Phänomenen bei kulturell sehr hochstehenden Persönlichkeiten begegnet. So berichtet Disraeli von sich selbst, daß er sich niemals an einem Beleidiger räche; er schreibe vielmehr dessen Namen auf ein Stückchen Papier und versenke dieses in eine Lade. Es sei merkwürdig, wie rasch der Träger des betreffenden Namens bei ihm in Vergessenheit versinke. (Nach A. Maurois, La vie de Disraeli. Paris 1928, S.

264.) Die Psychoanalyse wird leicht erkennen, daß es sich in dieser Praxis um eine symbolische Aktion handelt, die einem Begräbnis gleichkommt und daß die den Namen des Feindes einschließende Lade dessen Sarg vertritt.

10 Die Vertiefung des unbewußten Schuldgefühles durch den Aufschub der Rache ist in der Psychologie Hamlets leicht erkennbar. Ebenso die Wendung der Rachetendenzen gegen das Ich, dessen Zerstörung angestrebt wird. (»Sein oder Nichtsein...«). Tatsächlich führt dieses schwere Schuldgefühl des Prinzen ihn gleichzeitig mit der Objektvernichtung zum Untergang. Der Aufschub der Rache wird von ihm selbst als Schuld verspürt wie in den Endphasen der Zwangsneurose die Unterlassung der ursprünglich verbotenen Handlungen. Der Ausdruck »durch des Gedankens Blässe angekränkelt«, den Hamlet gebraucht, um zu beschreiben, wie Unternehmungen voll Mark und Nachdruck den Namen Tat verlieren, weist deutlich auf die gegen das Ich gerichteten Todeswünsche (Blässe als Zeichen des Todes) hin. Die Hemmung der Rachereaktion wird auch von Shakespeare als tragische Schuld seines Helden empfunden und bedauert. Noch zuletzt verkündet Fortinbras, daß er durch sie verhindert war, den Thron zu besteigen, auf dem er, »wär er hinaufgelangt«, sich höchst königlich bewährt hätte.

11 Man vergleiche das Harakiri des Japaners, der sich vor der Tür eines Feindes tötet.

12 Meine analytische Technik des Drängens war in diesem Falle durchaus fehlerhaft: erst die Auflockerung des Schuldgefühles hätte es erlaubt, den von Haß geleiteten Einfall zu sagen. Es ergibt sich von hier aus ein bedeutsames Streiflicht auf manche Probleme der analytischen Technik.

13 Die analytische Betrachtungsweise vermag hier, die psychologische Erklärung, die Nietzsche der Entstehung der Ressentimentgefühle gegeben hat, durch die Mechanismen der Objektintrojektion zu vertiefen.

14 Vgl. Geständniszwang und Strafbedürfnis, in Psychoanalyse und Justiz. Frankfurt 1974, S. 31.

15 Frauen benehmen sich häufig in dieser nur scheinbar unlogischen Art. – Eine Patientin kam mißgelaunt in die Analysestunde und erklärte, sie sei zornig auf mich: »It is, as if you have given me grounds to feel guilly against you.« Dieselbe Patientin erwartet, daß die anderen mit ihr besonders nett sein sollen, wenn sie sie schlecht und brutal behandelt. Ihre Forderung besteht psychologisch zu Recht. Es ist, als wolle sie sagen: »Wie unglücklich muß ich sein, um mich so schlecht zu benehmen«. Über die Aggression aus unbewußtem Schuldgefühl vgl. Geständniszwang und Strafbedürfnis. a. a. O.

16 Es wird noch in der Analyse dieser Reaktionsbildung klar, daß die Verdrängung der aggressiven Tendenzen zu ihrer Intensivierung führt. Ich stelle zwei Beispiele der entgegengesetzten, hier geschilderten Reaktionen zum Vergleich nebeneinander: Die Patientin X weigert sich, mir die Hand zu reichen, und erklärt, sie sei böse mit mir, weil sie heute nacht onanieren mußte (Tabu der Hand). Der Patient Y, der sich nicht dazu bringen kann, zeitlich in der Früh aufzustehen, wird wütend auf sich selbst und läßt sich vom Bett auf den Boden fallen, wobei er sich erheblich verletzt.

17 »Ich hab' immer das Schlechteste von den Menschen geglaubt, besonders von mir selbst, und ich hab' mich noch selten geirrt.« (Nestroy)

18 Damit ist kein Gegensatz aufgestellt zur Bemerkung Freuds, daß, wer die Aggression gegen die Außenwelt einschränkt, strenger gegen das Ich wird (Ges. Schriften, Bd. VI), sondern eher eine Ergänzung dieses Satzes. Wenn diese Strenge nämlich übergroß geworden ist, macht das Ich einen Versuch der Rettung, indem es zur Rückwendung der Aggression gegen die Außenwelt kommt. Wie immer sieht sich die analytische Forschung auch hier zuletzt vor ein Problem der Triebquantitäten gestellt. Ich glaube andernorts gezeigt zu haben, daß das Sichselbstverzeihen, die Toleranz gegen das Ich die Voraussetzung dafür bildet, daß wir einiges in uns selbst und in anderen verstehen. (Wie man Psychologe wird. Wien 1927.)

Erfolg und unbewußte Gewissensangst

1 Merkwürdigerweise übersah K. Abraham diesen bedeutsamen Zug in seiner schönen Studie »Giovanni Segantini« (2. Aufl. 1925), in der mit Recht soviel Gewicht auf die Beziehung des Künstlers zu seiner frühverstorbenen Mutter gelegt wird.

2 In zwei Fällen war dieser seelische Zusammenhang besonders klar. Es handelt sich in beiden Fällen um den Wunsch, eine bestimmte Stadt zu sehen, und die betreffenden Personen waren von einer unbestimmten Angst erfüllt, daß etwas geschehen würde, wenn sie sich diesen Wunsch erfüllten. (In dem einen Falle: daß man selbst sterben würde.) In dem einen Falle spielte eine alte Prophezeiung mit, der mein Analysand jenen Sinn gegeben hatte; im zweiten berief sich die Person auf das Wort: »Neapel sehen und dann sterben«, das vielleicht seine Existenz selbst einem solchen Aberglauben verdankt. Die psychologische Verwandtschaft solcher Ahnungen und Befürchtungen mit Zwangsphänomenen wird klar, wenn man etwa an einen Gedanken denkt, der für einen Patienten Freuds zum Ausgangspunkt zahlreicher Grübeleien wurde: »Mehrere Jahre nach dem Tode des Vaters drängte sich dem Sohne, als er zum erstenmal die Lustempfindung des Koitus erfuhr, die Idee auf: ›das ist doch großartig; dafür könnte man seinen Vater ermorden‹ (Freud, Bemerkungen über einen Fall von Zwangsneurose. Ges. Schriften, Bd. VIII, S. 311). Ähnliche Aufklärungen konnte die Analyse in einigen Fällen liefern, in denen eine dumpfe Angst vor der Erreichung eines bestimmten Lebensalters bestand. Ein Zwangskranker war von der Angst gequält, er würde im 40. Lebensjahre sterben: es war das Lebensalter, das der Vater erreicht hatte.

3 Auch in dieser Richtung hat die Kirche einen sicheren psychologischen Instinkt bewiesen, indem sie eine übergroße Selbstkasteiung als Sünde bezeichnet und verwirft. Sie weiß aus Erfahrung, daß in der Reue noch ein Nachgenießen der bereuten Tat wirkt, und weiß, daß der verzweifelte Versuch, etwas ungeschehen machen zu wollen, oft bedeutet, es noch einmal geschehen zu lassen. Die

Psychologie des Flagellanten, des Büßers, in der die Sühne für die Fleischeslust selbst zur Lust des Fleisches wird, war ihr bekannt. Die analoge Erscheinung findet sich in den Endphasen der Zwangsneurose, in der schließlich die Krankheit selbst sowie die Reaktionsbildungen gegen die abgewehrten Triebregungen als Schuld empfunden werden. Ebendort alle jene Phänomene, die ich in der Formel: »die Sühne wird zur Sünde« zusammengefaßt habe. – Dieser ganze Prozeß ist nicht nur aus der Triebspannung, aus der Libidostauung zu verstehen, sondern auch aus der entschiedenen Mitwirkung des übergroßen Schuldgefühles, denn die überstarke Reue produziert eine Schwermut, deren Entlastung nur durch das Begehen einer neuen, verpönten Tat möglich ist. Dabei wirkt sicher der reaktive Haß gegen denjenigen, der uns mit so starken Reuegefühlen belastet hat, mit.

Hier fügt sich ein, was über die Unterscheidung von auf das Ich bezogenem und entlehntem Schuldgefühl gesagt werden muß. Jene Unterscheidung Freuds ist theoretisch und praktisch sehr bedeutsam, vermag aber die Tatsache nicht aufzuheben, daß es primär nur entlehntes Schuldgefühl gibt, daß jedes Schuldgefühl ein entlehntes ist. Dies ist nicht nur genetisch, sondern auch affektdynamisch zu verstehen: noch im Schuldgefühl wird ein anderer beschuldigt, derjenige nämlich, der für die Entstehung eines solchen Schuldgefühls verantwortlich ist; noch im unbewußten Schuldgefühl wird das Objekt im Ich getroffen. Was sich so anklagt, klagt die anderen, die Eltern, an. (»Ihr stoßt ins Leben uns hinein, Ihr laßt den Armen schuldig werden.«) Mit anderen Worten: das auf das Ich bezogene Schuldgefühl ist eine Differenzierung, die sich aus dem primären, entlehnten Schuldgefühl ableitet. Nehmen wir an, eine Billardkugel, die in menschlicher Art fühlen könnte, stoße hart an eine andere am selben Brett. Ist nicht ihr Schuldgefühl wegen der Beschädigung der anderen Kugel ein Wahn? Wurde sie nicht selbst gestoßen?

4 Freud hat das Schuldgefühl als soziale Angst gekennzeichnet. Damit ist der Ursprung des Schuldgefühls bestimmt. Das Triebmoment innerhalb dieser noch dunklen Reaktion wird vielleicht stärker betont, wenn man Freuds Ausführungen ergänzend hinzufügt, daß das Schuldgefühl sich auf zwei Erinnerungen zurückführen läßt: auf die der Triebbefriedigung und auf die der Straferwartung. Das Schuldgefühl läßt sich demnach als die soziale Angst beim Aufsteigen einer verbotenen Triebregung bezeichnen. Aus dieser Charakterisierung erhellt auch, wie im Schuldgefühl die Erinnerung an die verbotene Triebbefriedigung mitwirkt und wie noch der Reueprozeß ihr unbewußtes Wiedergenießen in der Phantasie einschließt.

5 Ein masochistischer Patient sprach oft seine Befürchtung aus, die Analyse gehe nicht gut vorwärts, wenn er sich relativ wohl fühle, von seinen Symptomen nicht gequält werde oder keine Depression verspüre.

6 Man vergleiche Napoleons Wort: »Glück ist auch eine Eigenschaft.«

7 Er war es auch, der in alten Zeiten ein Paradigma jenes eigenartigen Schicksals gab, da er Moses die Israeliten nach Kanaan führen ließ und ihm dann befahl, auf jenen Berg Nebo zu steigen, um das verheißene Land zu sehen. »Denn«, so

sprach er, »nur dir gegenüber sollst du das Land sehen, aber betreten sollst du das Land nicht, das ich den Israeliten verleihen werde.« (5. Mos. 32/52).

Der Glaube an die ausgleichende Gerechtigkeit

1 Während der Lektüre dieser wissenschaftlichen Arbeit klang in mir die Erinnerung an eine uralte Melodie wieder, die ich in der Kinderzeit oft von meinem Großvater gehört hatte. Es ist das Lied »Chad gadjo«, das eine schwermütige jüdische Volksweise begleitet: »Ein Lämmchen, ein Lämmchen / Gott richtet Welt und Wesen / die Guten und die Bösen. / Dem Würger gab er Tod zum Lohn, / weil er gewürgt des Menschen Sohn, / der hingeführt zur Schlächterbank, / den Ochsen, der das Wasser trank, / das ausgelöscht den Feuerbrand, / in dem der Stock den Rächer fand, / der Stock, der ohne Recht und Fug / den Hund tot auf der Stelle schlug, / der in der Wut die Katz zerriß, / die das unschuld'ge Lämmchen biß. / Das Lämmchen meinem Vater war, / er kauft es für zwei Suse bar; / ein Lämmchen.« J. M. Landau fügt der Übersetzung des »Chad gadjo« in seiner Hagada (Prag 1846) folgende Notiz bei: »Ich habe über dieses uralte Lied in einer der ersten Ausgaben meiner (mit jüdisch-deutschen Lettern) übersetzten Hagada (1837) in einer Vorerinnerung bemerkt, daß es die alten Kabbalisten als die Hülle eines versteckten mystischen Kerns betrachteten und nach ihrer Weise erklärt haben. Mir schien es, als wollte der unbekannte Verfasser den talmudischen Satz (Sabbath 32a), daß das Gute und das Böse durch das Böse gefördert werde und niemand seinem Schicksal wie der verdienten Strafe entgehe, in dieser Schicksalsverkettung symbolisieren.«

Zur Psychogenese des Über-Ichs

1 Der nach außen projizierte Über-Vater heißt nun Gott. Diese Psychogenese des Gottesglaubens aus der Idealisierung des Vaters ist nur möglich, wenn sich die Figur des Vaters selbst in die Reihe der idealisierten Ahnen einfügt:

»Ich als Idol ihm, dem Idol, verband ich mich.
Ich schwinde hin und werde selbst mir zum Idol.«

(Goethe, Faust II.)

2 Imago, VI (1920), S. 95 ff. Ebendort findet sich S. 110 die Bemerkung »Die ägyptischen Götter waren sterblich; aber während ihre Leiber bandagiert und umwickelt im irdischen Grabe lagen, erglänzten ihre Seelen als helle Sterne am Firmament.«

Psychologie

Jean Piaget/
Bärbel Inhelder
Die Psychologie des Kindes
Band 6339

Theodor Reik
Hören mit dem dritten Ohr
Band 6766
Der unbekannte Mörder
Band 6767

Gitta Sereny
Ein Kind mordet – Der Fall Mary Bell
Band 6721

A. C. Robin Skynner
Die Familie. Schicksal und Chance
Band 6729

Stuart Sutherland
Die seelische Krise
Band 6720

Thomas S. Szasz
Die Fabrikation des Wahnsinns
Band 6321
Psychiatrie
Band 6389

Thomas S. Szasz
Recht, Freiheit und Psychiatrie
Band 6722
Schizophrenie
Band 6743

Claire Wesley/
Frank Wesley
Die Psychologie der Geschlechter
Band 6728

Rainer Winkel
Pädagogische Psychiatrie für Eltern, Lehrer und Erzieher
Band 6709

Lew S.Wygotski
Denken und Sprechen
Band 6350

Reader zum Funk-Kolleg
Pädagogische Psychologie
Band 6113: Entwicklung und Sozialisation
Band 6114: Lernen und Instruktion

Funk-Kolleg
Pädagogische Psychologie
Band 6115/Band 6116

Geist und Psyche

Begründet von Nina Kindler 1964

In der Taschenbuchreihe ›Geist und Psyche‹, der einzigen, die sich ausschließlich der Psychologie und ihren Grenzgebieten widmet, kommen nicht nur Psychologen und Psychotherapeuten klassischer und neuerer Schulen mit ihren Arbeiten zu Wort, sondern auch Verhaltenstherapeuten und -forscher, Lern- und Sozialpsychologen, Pädagogen und Graphologen. Doch bei aller thematischer Vielfalt liegt der eigentliche Schwerpunkt der Reihe in der Tiefenpsychologie. Aber nicht nur die Neopsychoanalyse und die psychosomatische Medizin, auch neue Wissensbereiche sind hinzugekommen, so die analytische Gruppentherapie, die pränatale Psychologie oder die analytisch orientierte Anthropologie. Neben Lizenzausgaben wichtiger Veröffentlichungen aus den genannten Gebieten erscheinen, wie in anderen Taschenbuchprogrammen auch, immer mehr Originalausgaben deutscher Wissenschaftler und deutsche Erstausgaben bedeutender ausländischer Publikationen.

Die Reihe ›Geist und Psyche‹ ist ein unentbehrlicher Informationsfundus für Wissenschaftler. Doch auch der an praktischen Hinweisen und Ratschlägen interessierte Laie findet hier seine Lektüre.

Die Reihe erreicht auch Lesergruppen, die Antworten auf die Grundfragen der menschlichen Existenz suchen, und das sind nicht nur Ärzte, Lehrer, Berufsberater, Seelsorger, Sozialarbeiter, Kindergärtnerinnen oder Studierende geistes- und naturwissenschaftlicher Fächer, sondern auch Eltern, die Rat in Erziehungsfragen brauchen, Partner mit Beziehungsschwierigkeiten und die vielen jungen und älteren Menschen mit Lebensproblemen.

Fischer Taschenbuch Verlag

Geist und Psyche
Begründet von Nina Kindler 1964

Hilda Abraham
Karl Abraham
Band 42213

René Allendy
Die Liebe
Band 42003

Gordon W. Allport
Werden der Persönlichkeit
Band 42127

Günter Ammon
Kindesmißhandlung
Band 42202
Dynamische Psychiatrie
Band 42215
Günter Ammon (Hrsg.)
Gruppenpsychotherapie
Band 42165
Psychotherapie der Psychosen
Band 42146

Mary Barnes
Meine Reise durch den Wahnsinn
Band 42203

Muriel Beadle
Begreif doch, was dein Kind begreift
Band 42227

(Hrsg.) **Kurt E. Becker u. Hans-Peter Schreiner**
Anthroposophie heute
Band 42224

Gaetano Benedetti
Der psychisch Leidende und seine Welt
Band 42139

Eric Berne
Was sagen Sie, nachdem Sie Guten Tag gesagt haben?
Band 42192
Struktur und Dynamik von Organisationen und Gruppen
Band 42201

Bruno Bettelheim
Aufstand gegen die Masse
Band 42217

Wilhelm Bitter
Die Angstneurose
Band 42072
Freud, Adler, Jung
Band 42091

John Bowlby
Verlust
Band 42243

Fischer Taschenbuch Verlag

Geist und Psyche
Begründet von Nina Kindler 1964

John Bowlby
Trennung
Band 42171
Bindung
Band 42210

Medard Boss
Sinn und Gehalt der sexuellen Perversionen
Band 42080
Aspekte der Angst
Band 42086

Rosalind D. Cartwright
Schlafen und Träumen
Band 42233

Leon Chertok
Hypnose
Band 42102

Leon Chertok/ Dietrich Langen
Psychosomatik der Geburtshilfe
Band 42230

Hans Christoffel
Skizzen zur menschlichen Entwicklungspsychologie
Band 42245

Gion Condrau
Einführung in die Psychotherapie
Band 42115
Medizinische Psychologie
Band 42154

J. Cremerius/Sven O. Hoffmann/W. Trimborn
Psychoanalyse, Über-Ich und soziale Schicht
Band 42206

René Diatkine/ Janine Simon
Der Fall Carine
Band 42231

Maurice Dongier
Neurosen
Erscheinungsformen und Beispiele aus der psychotherapeutischen Praxis
Band 42241

Hans Driesch
Parapsychologie
Band 42030
Alltagsrätsel des Seelenlebens
Band 42053

Fischer Taschenbuch Verlag

Geist und Psyche
Begründet von Nina Kindler 1964

Hermann Glaser
Sexualität und Aggression
Band 42158

Jürgen H. A. Götte
Wenn wir in den Wolken wohnen
Band 42207

Leon Grinberg/Marie Langer/Emilio Rodrigue
Psychoanalytische Gruppentherapie
Band 42094

Georg Groddeck
Verdrängen und heilen
Band 42140
Der Mensch als Symbol
Band 42174

Georg Groddeck/Sigmund Freud
Briefe über das Es
Band 42117

Klaus E. Grossmann
Entwicklung der Lernfähigkeit in der sozialen Umwelt
Band 42177

Klaus E. Grossmann/Rainer Winkel
Angst und Lernen
Band 42181

Martin Grotjahn
Die Sprache des Symbols
Band 42182

Annelise Heigl-Evers/Franz Heigl
Gelten und Geltenlassen in der Ehe
Band 42128
Geben und Nehmen in der Ehe
Band 42151

Renate Hoesch-Daffis
Ehe und Scheidung
Band 42214

Manon Hoffmeister
Michael Balint und sein Beitrag zur Theorie und Technik der Psychoanalyse
Band 42232

Karen Horney
Neurotische Menschen
Band 42002

Fischer Taschenbuch Verlag

Geist und Psyche

Begründet von Nina Kindler 1964

Karen Horney
Neue Wege in der Psychoanalyse
Band 42090
Unsere inneren Konflikte
Band 42104
Gruppendynamik der Kreativität
Band 42120
Neurose und menschliches Wachstum
Band 42143

C. G. Jung
Welt der Psyche
Band 42010

David Kadinsky
Die Entwicklung des Ich beim Kinde
Ein Beitrag zur analytischen Kinderpsychologie
Band 42242

Werner W. Kemper
Der Traum und seine Bedeutung
Band 42184

Melanie Klein
Ein Kind entwickelt sich
Band 42222

Melanie Klein
Die Psychoanalyse des Kindes
Band 42109

Christa Kniffki
Transzendentale Meditation und autogenes Training
Band 42197

Peter Kutter
Psychiatrie
Band 42188

Peter Kutter/Jörg K. Roth
Psychoanalyse an der Universität
Band 42228

Abraham A. Maslow
Psychologie des Seins
Band 42195

Karl Menninger
Strafe – ein Verbrechen?
Erfahrungen und Thesen eines amerikanischen Psychiaters
Band 42244
Das Leben als Balance
Band 42129

Fischer Taschenbuch Verlag

Geist und Psyche
Begründet von Nina Kindler 1964

Stavros Mentzos
Hysterie
Band 42212
Konfliktverarbeitung
Band 42239

Hans Molinski
Die unbewußte Angst vor dem Kind
Band 42223

Mario Montessori
Erziehung zum Menschen
Band 42237

Erich Neumann
Tiefenpsychologie und neue Ethik
Band 42005
Ursprungsgeschichte des Bewußtseins
Band 42042

Ilse Ollendorff-Reich
Wilhelm Reich
Band 42234

Gertrud Orff
Die Orff-Musik-Therapie
Band 42193

Gisela Pankow
Gesprengte Fesseln der Psychose
Band 42126

Uwe H. Peters
Übertragung-Gegenübertragung
Band 42185

(Jean Piaget)
Jean Piaget, Werk und Wirkung
Band 42168

Erving Polster/ Miriam Polster
Gestalttherapie
Band 42150

Josef Rattner
Die Individualpsychologie Alfred Adlers
Band 42071

Theodor Reik
Die verschlungenen Wege des Selbst
Band 42235

Fischer Taschenbuch Verlag

Geist und Psyche
Begründet von Nina Kindler 1964

Carl R. Rogers
Partnerschule
Zusammenleben will gelernt sein – das offene Gespräch mit Paaren und Ehepaaren
Band 42236
Die klientenzentrierte Gesprächspsychotherapie
Band 42175
Die nicht-direktive Beratung
Band 42176

Geza Roheim
Die Panik der Götter
Band 42144

Peter Schellenbaum
Homosexualität des Mannes
Band 42218

Emil Schmalohr
Frühe Mutterentbehrung bei Mensch und Tier
Band 42092

Hans J. Schneider
Das Opfer und sein Täter – Partner im Verbrechen
Band 42205

Flora Rheta Schreiber
Sybil
Band 42178

Hermann Schreiber
Wörterbuch der Psychologie
Band 42240

Kurt Seelmann
Kind, Sexualität und Erziehung
Band 42089

Alexander Stachiw/ Georg Spiel
Entwicklung der Aggression bei Kindern
Band 42169

Rudolf Steiner
Aspekte der Waldorfpädagogik
Band 42145
Der anthroposophische Mensch
Band 42238

Driek van der Sterren
Pränatale Psychologie
Band 42123

Fischer Taschenbuch Verlag